Jean Moulin

Du même auteur

Colette en guerre. 1939-1945, Flammarion, 2022.
L'Affaire Touvier. Les révélations des archives, Flammarion, 2016.
Les Secrets de Vichy, Perrin, 2015.
Pétain, Perrin, 2014.
Histoire de l'épuration, Larousse, 2010.
Les Vichysto-résistants, de 1940 à nos jours, Perrin, 2008.
Les Français au quotidien, 1938-1949, avec Éric Alary et Gilles Gauvin, Perrin, 2006.
Vichy en prison. Les épurés à Fresnes après la Libération, Gallimard, 2006.
Le Docteur Ménétrel, éminence grise et confident du maréchal Pétain, Perrin, 2002.

Bénédicte Vergez-Chaignon

Jean Moulin
l'affranchi

Flammarion

ISBN : 978-2-0804-1971-2

Pour Antoine et Constance,
hasta la victoria siempre

Vingt-cinq jours dans une vie

Jean Moulin a donné son nom à plusieurs milliers de rues et à plus d'une centaine d'établissements scolaires. À tel point qu'il figure en tête des palmarès des noms les plus attribués en France. Il est honoré par plusieurs dizaines de monuments, mémoriaux, lieux de mémoire, musées ou centres de recherche sur tout le territoire. Son nom est cité spontanément quand on sonde les Français sur les hommes illustres qui sont au Panthéon.

Jean Moulin est le synonyme de la Résistance. Renaud peut chanter « y'avait pas beaucoup de Jean Moulin » pour dénoncer les lâchetés françaises, et tout le monde comprend [1].

Jean Moulin est le sujet d'une photo iconique. Une photo tellement forte, tellement connue, tellement lisible qu'elle peut être suggérée, détournée, colorée, dessinée sans cesser d'être reconnue et de toujours signifier Jean Moulin et la Résistance.

Jean Moulin est un nom formé du prénom le plus français qui soit, avec un patronyme qui est un nom commun, sympathique et familier. Comme si une correspondance existait entre la forme et ce qu'elle représente. Le lien entre le signifiant et le signifié semble si approprié que, pour un peu, il abolirait l'arbitraire du signe. L'ensemble est presque trop parfait pour nommer ce qu'il nomme. Jean Moulin, lui-même, quand il s'inventera des alias : Romanin, Joseph Mercier, Jacques Martel, Régis, n'atteindra pas cette percutante adéquation. Mais ceux qui le feront pour lui se rapprocheront de cette puissante simplicité : Monsieur X., Rex, Max.

Jean Moulin est plus qu'un nom. C'est une expression qui a acquis son propre sens. C'est le nom d'un homme qui n'appartient plus à cet homme. C'est le nom d'un homme qui ne s'appartient plus.

Jean Moulin est le nom d'une vie ou, plutôt, c'est le nom d'un destin. Mourir jeune, mourir trahi, mourir torturé, mourir pour une cause signifient plus que mourir. En mourant dans ces circonstances, Jean Moulin fait plus que cesser de vivre. Il perd sa vie et celle-ci devient un destin et un emblème. Sa vie cesse de lui appartenir et il cesse de s'appartenir. Il devient un héros.

Le paradoxe de ce destin, c'est que personne – et Jean Moulin pas plus qu'un autre – n'est né pour avoir un destin. Personne n'est né pour être un héros. Personne n'a une vie de héros, du premier au dernier jour de son existence. D'ailleurs, Jean Moulin n'a jamais prétendu avoir une vie de héros. Il n'a jamais posé au modèle, même s'il a parfois posé comme modèle.

Il aurait voulu être un artiste mais n'y est pas vraiment parvenu. Il a voulu être un bon fils, un haut fonctionnaire efficace, un homme utile. On peut lui donner quitus dans ces domaines. Mais la postérité a fait de lui quelque chose qui dépasse ce que furent ses projets et ses ambitions.

Lorsque, en 1989, Daniel Cordier, qui fut son secrétaire dans la Résistance, publia les deux premiers tomes de la suite biographique qu'il consacra à Jean Moulin, il y eut, au nombre des critiques, des personnes pour déplorer que l'on y apprenne que Jean Moulin était parfois regardant et superficiel. Comme si on n'avait pas envie de lire que le héros comptait combien lui coûtait son petit déjeuner, se vantait sans délicatesse excessive de ses bonnes fortunes d'un soir ou avait pris l'habitude d'emprunter de l'argent à ses parents, y compris pour des motifs aussi peu louables que l'achat d'une voiture (de sport). Tous ces détails étaient révélés par sa correspondance privée qui, dans son esprit, n'avait jamais été destinée à se muer en archives historiques scrutées par des générations d'exégètes.

Dans cette biographie très fouillée, la carrière préfectorale de Jean Moulin apparaissait logiquement comme une longue suite de rapports formels, courriers administratifs, discours convenus et corvées diverses. Même sous l'occupation nazie, même dans la clandestinité, sa vie s'apparentait bien moins à un film d'action qu'au prolongement de ce qu'il avait toujours fait et savait faire : analyser une situation, mettre en œuvre une politique, répercuter et faire appliquer des ordres, négocier, rendre compte à sa tutelle et recommencer. Les récits personnels de ses collaborateurs témoignaient d'une existence quotidienne où le danger imminent se perdait dans la routine et où les sacrifices devenaient fastidieux. À bien des moments, rien ne ressemble plus à une vie héroïque qu'une vie ordinaire. Cette vie ordinaire qui, précisément, devait servir de couverture aux activités interdites.

C'est en 1989 que Jean Moulin entra dans ma vie par accident, à l'occasion d'un job d'étudiant prévu pour trois semaines et qui dura finalement dix ans. Quand le correcteur me remit pour une première lecture un sous-chapitre du manuscrit dont j'étais supposée vérifier les notes de bas de page, je n'augurai rien de bon de ce travail. Il s'agissait d'un passage consacré à une séance du conseil général de la Somme, alors que Jean Moulin était secrétaire général de la préfecture. Dans ces pages plutôt inintéressantes, je fus frappée par une des mentions entre parenthèses indiquant un point à améliorer : « dans la salle aux lourds rideaux de velours verts *(vérifier)*... » Quoique encore peu aguerrie en matière de recherche historique, je restais songeuse, me demandant comment il serait possible de vérifier ce détail et tremblant que cette tâche improbable m'échoie.

Plus tard dans la matinée, je fis la connaissance de l'auteur. Il s'agissait, on l'aura deviné, de Daniel Cordier, dont je n'avais jamais entendu parler, comme la plupart des gens et même la majorité des historiens, apprentis ou confirmés. Engagé dans la France libre en juin 1940, secrétaire de Jean Moulin dans la Résistance de juillet 1942 à juin 1943, devenu peintre, collectionneur et galeriste après avoir quitté les services secrets, il se consacrait depuis douze ans à écrire une biographie de Jean Moulin qui réponde aux attaques dont son ancien patron faisait périodiquement l'objet. L'homme me parut parfaitement excentrique en même temps que très au fait de son sujet. Ayant passé sans encombre un examen d'embauche en forme de déjeuner qui n'était que de pure forme et durant lequel je fus surtout préoccupée de savoir si je pouvais bien manger mes asperges avec les doigts, j'entrai dans le vif du sujet.

À cette époque antédiluvienne de la bureautique, les notes n'étaient pas magiquement rattachées au texte sous Word. Chaque modification dans le texte, ajout, coupure, déplacement, désorganisait les notes qui se perdaient ou se décalaient. Le résultat était rapidement surréaliste et très difficile à rétablir, car Daniel Cordier et sa petite équipe ne cessaient de réécrire ou corriger plusieurs dizaines de pages par jour depuis des mois. La secrétaire avait baissé les bras devant une tâche d'autant plus compliquée qu'il n'y avait non pas un, mais deux systèmes d'appels de notes. Un numéroté en chiffres pour les notes de référence, et un numéroté en lettres pour les notes de commentaire. J'étais censée avoir un œil suffisamment aiguisé pour réattribuer le bon contenu de note au bon appel dans le texte. Ce qui, à moins de se fier essentiellement à sa chance ou de se lancer dans des devinettes, impliquait de reprendre tous les textes pour pointer les notes et de se reporter aux archives, aux articles ou aux livres cités. Pour comble de malheur, Daniel Cordier avait eu fâcheusement tendance à découper des passages tirés de documents photocopiés de toutes natures qui servaient de sources, afin d'inclure des citations dans ses manuscrits. Autant dire que je n'avançais pas très vite dans une tâche souvent austère.

Après quelques semaines passées à remettre les notes en ordre, je fus jugée digne de préparer le bâti d'un sous-chapitre intitulé : « Les premières fiançailles de Jean Moulin. » Sur la base de quelques lettres photocopiées de lui et de son père, j'écrivis avec application ce premier texte, que j'espérais allègre et précis. Après lecture, Daniel Cordier me convoqua au bureau qui était installé dans son jardin (nous étions en mai), et se produisit alors la première manifestation du rituel qui allait marquer nos dix années de collaboration. Il commença par m'accabler de compliments. La lecture de ces quelques pages, qui témoignaient d'une telle sensibilité, d'un tel talent littéraire en même temps que d'un tel savoir-faire méthodologique et de connaissances historiques si étendues, l'avait à la fois ravi et atterré. En effet, après douze années passées à s'échiner pour essayer de rendre justice à Jean Moulin dans la mesure de ses faibles capacités, il en venait à se demander s'il ne devait pas renoncer et me confier l'écriture de son livre. Puis, après m'avoir assommée de ces compliments extravagants, il me demanda très gentiment de tout refaire, en particulier en citant presque intégralement les lettres dont nous disposions.

Quoique la bonne petite élève en moi ait été passablement vexée par la conclusion inattendue de ce déluge de dithyrambes, je fis non seulement ce qui m'était demandé, mais je me le tins pour dit durant les dix années qui allaient suivre. Quand, bien plus tard, j'eus le courage de lui demander pourquoi il me couvrait d'éloges disproportionnés au lieu de me demander directement les modifications qu'il souhaitait, il me répondit qu'il avait vu faire ainsi dans l'armée, qui était la seule formation professionnelle qu'il eût jamais reçue. J'eus toutefois du mal à croire que, dans les Forces françaises libres et dans les services secrets du général de Gaulle, cette méthode de management par les trompettes célestes ait été si en vogue. J'appris néanmoins deux choses grâce à ce procédé légèrement extravagant : le culte des archives et l'attention maniaque pour les dates.

Alors que je m'ébattais avec une grande autonomie dans le manuscrit géant qui deviendrait les deux premiers tomes de *Jean Moulin, l'inconnu du Panthéon*, je n'avais pas le droit de prendre connaissance des trois cents pages qui serviraient de préface à l'ensemble, classées « top secret ». J'étais trop inexpérimentée pour m'étonner vraiment qu'une préface fasse trois cents pages. Et je ne m'offusquais pas du tout de n'y avoir pas accès, estimant que j'avais déjà fort à faire sans elle. Avant la parution des livres, Daniel Cordier m'engagea solennellement à ne rien révéler à quiconque de cette préface. Je ne risquais pas de trahir sa confiance, ne sachant effectivement pas de quoi il retournait. Je n'allais pas tarder à le savoir.

En prenant ce travail tout à fait par hasard, je savais très grossièrement qui était Jean Moulin. À dix-neuf ans, j'avais lu – ou, pour être plus honnête, lu en partie – *L'Énigme Jean Moulin* d'Henri Frenay, livre proposé par un professeur pour illustrer les déchirements de la mémoire autour de la Seconde Guerre mondiale. Cette lecture m'avait vaguement choquée, preuve de la place qu'occupait Jean Moulin dans l'histoire nationale pour les gens de ma génération. Pour le reste, je n'avais guère compris ce que je lisais car il faut, pour y parvenir, posséder une connaissance pointue de l'histoire de la Résistance, de ses rapports avec la France libre et des années qui suivirent la Libération. À mon corps défendant, j'allais devoir l'acquérir.

La publication des deux premiers tomes du livre de Daniel Cordier suscita, à cause de la préface et de ce qu'elle disait d'Henri Frenay, une véritable déflagration. C'est d'autant plus remarquable que cette année 1989 ne manqua certes pas d'événements d'une portée considérable : place Tian'anmen, bicentenaire de la Révolution française, révolutions de velours dans les pays du bloc de l'Est, chute du mur de Berlin...

Mais quarante-cinq ans après la Libération et alors que la Shoah en était venue à occuper une place centrale dans notre vision de la Seconde Guerre mondiale, il était tout à fait impossible d'écrire qu'un chef de mouvement de la Résistance (Henri Frenay) pouvait avoir été à la fois un pionnier de la Résistance et un partisan du maréchal Pétain, y compris sur certains aspects les plus contestables de la politique de la Révolution nationale, sans provoquer un concert de protestations et de querelles entre témoins et spécialistes, qui débordait largement dans le grand public. À cette époque, beaucoup d'acteurs étaient encore en vie, ce qui donnait à la discussion un tour passionnel, à grand renfort d'arguments d'autorité. L'accès aux archives publiques restait toujours contingenté, ce qui suscitait – à tort – l'impression qu'on nous « cachait quelque chose ».

En conséquence, la suite du travail de Daniel Cordier tint compte de tout ce qui avait été dit, contesté, apporté par les contempteurs ou les soutiens des deux premiers tomes, et la « biographie » de Jean Moulin prit une ampleur inusitée, non seulement à cause de la présence d'abondantes préfaces et post-faces, mais aussi dans son développement même, jusqu'à ressembler à une histoire de la Résistance des chefs. D'ailleurs, plusieurs projets intermédiaires de livres supplémentaires, finalement abandonnés, intervinrent pendant la préparation des tomes suivants. Ils furent plus ou moins recyclés, accentuant mon impression que nous écrivions éternellement le même ouvrage sans fin.

À partir des années 1950, les mises en cause avaient plu sur Jean Moulin, le dépeignant tour à tour en cryptocommuniste, puis en agent soviétique ou en espion américain. Avait-il trahi de Gaulle ? Avait-il trahi la Résistance et/ou la France, avec ou sans l'assentiment de De Gaulle ? Chaque nouvelle polémique nous replongeait dans un travail de fourmi. J'ai lu et décortiqué tant de fois les mêmes textes, réécrit et corrigé tant de fois les mêmes passages qu'à force de détails, je n'avais presque plus de vue d'ensemble. Le pauvre Jean Moulin devenait souvent pour moi un travail, avec tout ce que nous mettons de pesant derrière ce mot.

Quoique le passage des années ait agréablement teinté de nostalgie ce qui fut alors un quotidien parfois aussi routinier qu'exaltant, je ne suis pas revenue à Jean Moulin pour refaire ce que j'avais, à ma place, contribué à faire il y a vingt-cinq ans. Je n'ai pas cherché à redémontrer que Jean Moulin avait travaillé de toutes ses forces à la libération de la France et au rétablissement de la République telle qu'il l'entendait depuis son enfance, qu'il s'y était attelé en se montrant loyal vis-à-vis des autorités auxquelles il avait choisi de faire allégeance, quitte à brusquer les sentiments et les désirs des résistants, dont pourtant il respectait le courage. Je n'ai pas cherché non plus à trouver un nouveau scoop ou à réfuter ceux des autres.

Avec le recul, je suis en effet convaincue qu'un personnage historique connaît inévitablement des vicissitudes liées au regard que l'on porte sur lui à un moment donné. Au temps de l'affrontement des blocs Est-Ouest, les « révélations » tournaient autour de la prise de position que Jean Moulin aurait adoptée – ou pas – vis-à-vis du communisme. Aujourd'hui, je constate que son rapport au genre et son identité sexuelle suscitent l'intérêt. Parce que ses premières fiançailles (les fameuses) et son unique mariage furent des échecs cuisants, on imagine qu'il pourrait avoir été homosexuel. Pour les mêmes raisons et parce que les dessins humoristiques de Romanin (son pseudonyme d'artiste) sont volontiers misogynes, on l'accuse de sexisme. On pourrait d'ailleurs relever que ces dessins nous paraissent aussi racistes, xénophobes et démagogiques. L'avenir seul dira ce sur quoi les générations futures trouveront à s'interroger. C'est l'apanage des personnages historiques.

C'est précisément ce rapport que nous entretenons tous avec Jean Moulin comme personnage historique qui m'a poussée à revenir à lui après toutes ces années, à la lumière des travaux que j'ai menés depuis et de ma propre sensibilité. J'ai été fascinée par l'idée que, tandis qu'il menait sa vie, Moulin ne pouvait évidemment pas savoir qu'elle serait ultérieurement décortiquée dans ses moindres détails, parfois avec bienveillance, voire complaisance, parfois sans ni l'une ni l'autre. Plus encore, il ne pouvait pas présumer qu'il serait un jour un personnage historique et, pour tout dire, un héros. Il a donc vécu pour lui-même, pour ceux qu'il aimait ou pour ce à quoi il croyait, et non pour le regard que nous portons sur lui. J'aime ainsi l'idée de quelques « journées particulières », qui sont particulières soit pour lui, soit pour nous, et parfois – mais parfois seulement – à la fois pour lui et pour nous. J'aime l'idée qu'il s'agisse littéralement de « tranches de vie », mais qu'elles prennent place dans notre histoire nationale sans que Moulin ait pu l'envisager, bien sûr, et qu'elles le fassent souvent avec retard.

Les journées particulières que j'ai choisies scandent sa vie. Elles relèvent de l'enfance et de l'intimité comme de l'action publique et la clandestinité. Elles le placent, comme un très grand nombre de ses contemporains, face aux événements nationaux ou internationaux. Elles deviennent, sans qu'il le sache, des dates de l'histoire de France. Elles sont considérables pour lui et infimes pour nous. Elles passent presque inaperçues pour lui et s'avèrent être, pour nous, pleines de significations. Elles commencent banalement et elles sont lourdes de conséquences. À deux reprises, elles le conduiront à choisir la mort. Elles restituent par petites touches son quotidien et son tempérament, ce qu'il est, ce qu'il voudrait être ou ne pas être, et ce que nous voudrions qu'il soit. Au point que ces journées particulières continuent, en son nom, après sa disparition.

Dans le chaos d'une vie en mouvement, faite davantage de jours ordinaires que de jours extraordinaires, ces journées particulières dessinent une trajectoire, mais rendent aussi le héros éponyme à la condition humaine. Celle qu'il partage avec nous.

1

Vue du balcon
21 juin 1907

Le 20 juin 1907, Jean fête ses huit ans avec ses parents, sa sœur et sa cousine Jeanne, qui vit avec eux. Jeudi est un jour sans école. Et le lendemain, il n'y aura pas classe non plus, à cause d'événements exceptionnels.

Dans la soirée s'est répandue une nouvelle aussi triste qu'inquiétante : à Narbonne, la troupe a tiré par deux fois sur des manifestants qui avaient mis le feu à la sous-préfecture et tenté d'attaquer la mairie. Il y a six morts. Mais le plus inouï est à venir : vers 6 heures du matin, le 21, un régiment entre dans Béziers, chantant *L'Internationale*, tambours battant et clairons sonnant la charge. La stupeur, l'affolement ou la curiosité s'emparent des Biterrois. Jean est consigné à la maison. Comme cinq semaines plus tôt. Cela ne l'empêche pas de se poster, cette fois encore, sur le balcon pour essayer d'apercevoir quelque chose de ces événements extraordinaires.

Jean Moulin est né en 1899 à Béziers, une active sous-préfecture où son père enseigne le français et l'histoire au collège Henri-IV. Enfant accidentellement et tard venu, il a un frère de onze ans son aîné et une sœur de six ans de plus que lui. La famille habite un appartement au troisième étage d'un immeuble neuf, construit dans le quartier résidentiel récent qui fait face au dépôt de la cavalerie. Entre les immeubles et la caserne s'étendent les deux hectares du Champ-de-Mars, terrain de jeu et lieu de spectacles toujours recommencés : le marché aux bestiaux, les parties de boules, les exercices quotidiens des cavaliers, parfois des revues militaires et des cirques de passage qui ont largement de quoi éblouir les enfants, sans parler des concours hippiques, des feux d'artifice ou du feu de la Saint-Jean. On ne peut pas être davantage aux premières loges.

Le dimanche 12 mai 1907, déjà, la perspective a été bouleversée. Confiné sur le balcon, Jean a découvert à perte de vue les manifestants regroupés autour des quelque deux mille charrettes qui les ont conduits en ville et dont le roulement a réveillé la famille dès l'aube. Sur la place se retrouvent les vignerons venus de tout le département de l'Hérault. Dans la ville, des lieux ont été assignés aux différents groupes. Chacun, formé en cortège, drapeaux, banderoles, pancartes et fanfares en tête, devra converger, à partir de midi, vers le centre. Cent vingt mille personnes ont envahi la cité qui ne compte même pas soixante mille habitants. La presse est telle que les occupants du Champ-de-Mars ne s'ébranleront qu'à 4 heures de l'après-midi. Ils passent le temps en chantant, en criant des slogans et en acclamant des orateurs improvisés. Ils brandissent des calicots et des pancartes et crient leur désespoir : « Au secours », « Je n'ai plus de pain et six enfants à la maison », « La faim justifie les moyens », « Plutôt mourir en combattant que de crever de faim », « La misero nous fa courre », « Lou darnier croustet »… « Nous fûmes très impressionnés, Jean et moi, à la vue de ces débordements populaires », racontera sa sœur [1].

Jean déchiffre et entend les slogans. Il voit les petites guillotines ou les pendus qu'agitent des manifestants. Que comprend-il ? Que lui explique-t-on ? Qui sont ces gens et pourquoi sont-ils en colère ?

Au XIXe siècle, la vigne s'est étendue dans le Languedoc. Peu touchée par la crise du phylloxéra, la région de Béziers en a fait son activité économique dominante, générant de grosses fortunes. Réputée capitale du vin, la ville a changé de physionomie pour devenir une petite métropole prospère à la vie politique et culturelle foisonnante. Mais, depuis 1900, les cours ne cessent de baisser, à cause de la surproduction de vins à faible degré d'alcool délaissés par les consommateurs, de la mauvaise organisation du marché, ainsi que de la concurrence des vins d'Algérie et de ceux résultant de mélanges et d'ajouts de sucre. La mévente frappe durement les ouvriers agricoles, mal payés ou licenciés, et les petits propriétaires. Des grèves se sont produites, provoquant parfois l'intervention de l'armée. Déjà en juillet 1905, quinze mille personnes se sont rassemblées à Béziers pour attirer l'attention des pouvoirs publics sur leur misère.

Les élections législatives de 1906, qui ont vu la victoire des radicaux-socialistes, n'ont pas donné les résultats attendus en termes d'évolution de la législation sur le coupage du vin. Qui plus est, la crise s'est approfondie après une très bonne récolte, si bien qu'un comité de défense viticole s'est formé dans l'Aude, commençant à organiser des meetings qui n'ont cessé de prendre de l'ampleur. Ce 12 mai 1907, les manifestants se sont transportés pour la première fois dans une grande ville, précisément la « capitale du vin ».

Leur succès n'en est qu'à ses débuts. De dimanche en dimanche, les manifestations grossissent et se déplacent de ville en ville. Le 19 mai, ce sera à Perpignan, où l'on attend jusqu'à cent cinquante mille personnes. À cette date, Béziers doit être le théâtre d'une corrida et d'un concours de musique annuels. Aussi, le 16 mai, trois cents protestataires se sont-ils présentés devant la mairie pour exiger le report des festivités, mal venues tandis que tant de gens se battent pour leur survie, et pour réclamer la subvention des billets de train qui permettront aux manifestants locaux de gagner Perpignan. Le maire cède sans difficulté sur les réjouissances, mais se déclare impuissant à financer ces billets. La porte de la mairie est enfoncée, des dossiers et du mobilier sont incendiés. Le conseil municipal démissionne, emboîtant le pas au comité de défense viticole qui appelle désormais à la grève de l'impôt et à la démission des municipalités pour signifier au gouvernement l'urgence de répondre aux revendications du Midi en révolte. Le lendemain, Béziers est placé en état de siège. Le sous-préfet nomme, pour administrer la cité, une délégation provisoire.

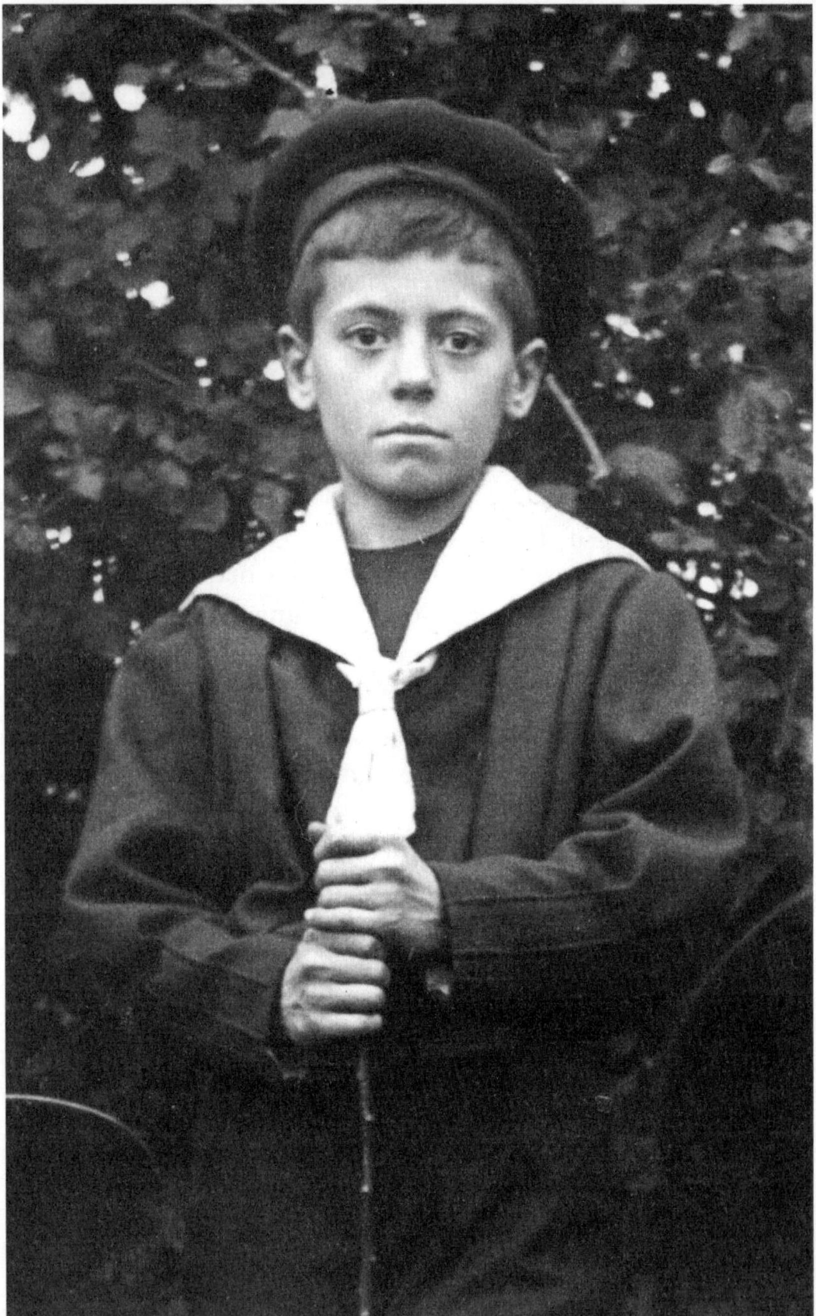

Quoique peu enclin à la nostalgie, Jean Moulin gardera un souvenir heureux de son enfance à la Belle Époque.

À la manifestation de Perpignan ont succédé celles de Carcassonne, Nîmes puis Montpellier où le mouvement connaît une apothéose, avec un demi-million de participants. La foule va de ville en ville, à pied, en charrette, en train. Elle découvre sa force, encouragée par les soutiens venus aussi bien des socialistes que des royalistes, et portée par la pléthorique presse locale et les très nombreuses cartes postales qui sont autant de reportages. Les municipalités démissionnent les unes après les autres. La fédération des départements viticoles se dessine contre la capitale et le pays qui les ignorent.

À la tête du gouvernement se trouve alors Georges Clemenceau, en outre ministre de l'Intérieur, qui s'est illustré en réprimant très durement des insurrections ouvrières. Tout en incitant les élus locaux à reprendre leurs démissions, il ordonne l'arrestation des leaders du mouvement vigneron et fait quadriller la région par la troupe. Des heurts violents se produisent à Montpellier, placé en état de siège, puis à Narbonne où, les 19 et 20 juin, les militaires ouvrent le feu sur les manifestants.

À cette époque, il n'y a pas de forces policières du maintien de l'ordre. C'est l'armée qui est appelée lorsqu'il faut intervenir contre des révoltes ou des grèves insurrectionnelles. Ce qui implique de faire venir des unités de quelque distance car les conscrits font généralement leurs trois années de service dans leur région d'origine. On ne peut donc imaginer que très difficilement d'employer dans le Midi les soldats qui sont sur place. Le risque de mauvaise volonté, d'abstention, de désobéissance, voire de solidarité avec les manifestants est trop élevé.

C'est la raison pour laquelle la décision est prise, dans la soirée du 18 juin, d'éloigner provisoirement de Béziers les deux bataillons de conscrits du 17e régiment d'infanterie qui y sont encasernés en plein centre-ville. Ils sont envoyés à Agde, à environ 25 kilomètres, où se trouve en temps ordinaire le reste du régiment, en attendant de les stationner dans le Larzac.

Partis non sans réticence, les jeunes soldats se persuadent qu'on va leur ordonner de tirer sur des manifestants ou, au contraire, les disperser loin de chez eux. Après bien des discussions, des craintes et des hésitations, cinq cents d'entre eux quittent

Les vignerons en colère sur le Champ-de-Mars à Béziers (1907).
L'extraordinaire fait irruption sous les fenêtres de la famille Moulin.

leur caserne d'Agde dans la soirée du 20 juin et décident de regagner leur ville de départ. Ils marchent une grande partie de la nuit, portant leur fusil crosse en l'air pour montrer qu'ils n'ont pas d'intention agressive.

Ce sont ces hommes que les Biterrois voient entrer en ville aux premières heures, le 21 juin, alors que courent les rumeurs les plus inquiétantes ou les plus folles sur la révolte du Midi. Ils s'installent sur les allées Paul-Riquet, haut lieu de promenade et de sociabilité de Béziers, où déambulent les dimanches familles, amoureux et badauds.

Là, les soldats désœuvrés sont ravitaillés par une population dans son ensemble favorable, voire enthousiaste. Aux circonstances très particulières de leur manifestation s'ajoute une évidente familiarité. La caserne qui abrite ordinairement le 17e RI est en plein centre-ville, à côté d'ailleurs des allées Paul-Riquet. L'armée vit à proximité des civils. Les soldats en uniforme (mille cinq cents en tout) font partie du paysage urbain. Les conscrits viennent du département. Ils ont là de la famille et des amis. L'ambiance, pourtant, est électrique. Chacun se demande ce qui peut advenir. Des parents incitent d'ailleurs leur fils à regagner Agde. Des renforts vont-ils arriver ? Si oui, ouvriront-ils le feu ou, au contraire, feront-ils sécession à leur tour ? Que risquent les mutins ? La situation peut-elle empirer ? La population civile est-elle en danger ou doit-elle se joindre au mouvement ? Dans l'état d'énervement et d'incertitude où se trouvent les soldats, n'existe-t-il pas une forte probabilité qu'un incident dégénère ? Jusqu'où tout cela pourrait-il aller ? Les rumeurs vont bon train, contradictoires, venant d'on ne sait où.

Les officiers essaient de ramener les meneurs à la raison. Les élus locaux, les leaders viticoles s'entremettent. On discute longuement, on négocie. Finalement, le président de l'association des viticulteurs du Biterrois fait valoir un (faux) télégramme de Clemenceau : les mutins ne seront pas traduits en conseil de guerre (où ils encourraient la peine de mort), il n'y aura pas de sanctions individuelles. Ils ont la journée pour regagner leur caserne. Vers 17 heures, les mutins consentent à déposer leurs armes. Ils devront repartir à Agde le lendemain [2].

Les manifestations viticoles et la mutinerie du 17e de ligne ont-elles été davantage, pour le petit Jean, qu'un extraordinaire spectacle, fascinant ou inquiétant, qui faisait irruption au cœur de la cité ? Ce serait présumer de son intérêt pour la politique – dont est, toutefois, saturé l'appartement familial – que de penser qu'il a compris ce qui se passe sous ses yeux. Et pourtant, il est probable que ce qu'il a vu et ressenti se soit durablement installé dans son souvenir, ravivé par leur récit renouvelé et les commentaires qu'il pouvait entendre de la part de son père, suffisamment concerné pour les avoir d'ailleurs livrés publiquement.

Émile Antoine Moulin – couramment appelé Antonin – est en effet une figure biterroise du parti radical, le parti qui est au pouvoir tant à la mairie de Béziers qu'au gouvernement. Animateur de nombreuses associations, ancien président de la section locale de la Ligue des droits de l'homme, dreyfusard de la première heure, franc-maçon, ancien conseiller municipal élu pour la première fois en 1884 (à vingt-sept ans), Antonin Moulin, qui ne détient plus de mandat électif, est pourtant loin d'avoir renoncé à l'action politique.

Écrivant régulièrement dans *L'Union républicaine*, le quotidien radical-socialiste de Béziers, il y a manifesté des réticences – fort impopulaires – à l'égard des manifestants. Il considère en effet que la crise viticole et la détresse bien réelle des vignerons servent de prétextes aux manœuvres de ceux, socialistes et réactionnaires, qui veulent abattre la République. Cette crise ne fait, à ses yeux, que renouveler le combat qu'il a mené toute sa vie durant contre les entreprises du général Boulanger et des nationalistes, contre les antidreyfusards, contre les cléricaux. Pour lui, c'est là que résident la clef et la mesure de tout l'engagement politique : la défense de la République et de la démocratie. C'est à la légalité républicaine que le dernier mot doit toujours rester.

Pour autant, Antonin Moulin réclame immédiatement la clémence des pouvoirs publics pour les mutins. Tout en approuvant le principe d'une sanction, il la souhaite modérée et proportionnée aux responsabilités effectives de ces « pauvres enfants dont beaucoup, estime-t-il, marchèrent sans entrain ou sous la contrainte, soit par une solidarité mal comprise, soit sous la menace d'une balle ou du sabre-baïonnette »[3]. Il n'oublie pas que, parmi ces soldats de vingt ans, on compte probablement certains de ses anciens élèves et, qu'à peu de chose près, son fils aîné aurait pu se trouver avec eux[4].

Pour un petit garçon de la Belle Époque, les soldats appartiennent au décor familier, à la fois proches et merveilleux. Jean, à l'âge de trois ans, s'est trouvé plus souvent qu'à son tour emmené en promenade près de la caserne par la bonne qui achetait son silence à grand renfort de sucreries, tandis qu'elle flirtait avec un caporal. Rien d'étonnant à ce qu'il ait écrit au Père Noël pour lui demander « une bouate de solda a vaic un peti ca non a vaic une peti te gerite », ajoutant, pour faire bonne mesure : « zevouzanbrasbien »[5].

Les petits soldats étaient l'un des jeux qu'il partageait avec son grand frère, qui se montrait fort complaisant. Mais Joseph est tombé malade, si longuement et si gravement que Jean a été éloigné de la maison. Il a donc fait sa rentrée à l'école de Saint-Andiol, le bourg des Bouches-du-Rhône dont est issue sa famille.

Cher petit frère,

C'est le premier jour que je vé a l'école jé fait trois Multiplications un problème tout estait bon. Monsieur martin madonné deux bons points jai fait un Exercice de grammaire nous avon lu deux page de lecture courante une page d'écrîture et la moitie d'une page de géographi.

tout ça dans un jour

je t'embrase bien fort,

Jean Moulin

Il fait tré frai nous n'avons pas pu aller nous promener au pré de la chèvre Il fait 6°[6].

Joseph est finalement mort le 2 mars 1907, des suites d'une péritonite. Et dorénavant, Jean est le seul garçon de la maison. Son père est écrasé de chagrin et cependant, trois semaines plus tard, il est bien présent au premier rang pour l'inauguration du monument commémoratif à Casimir Péret, maire républicain

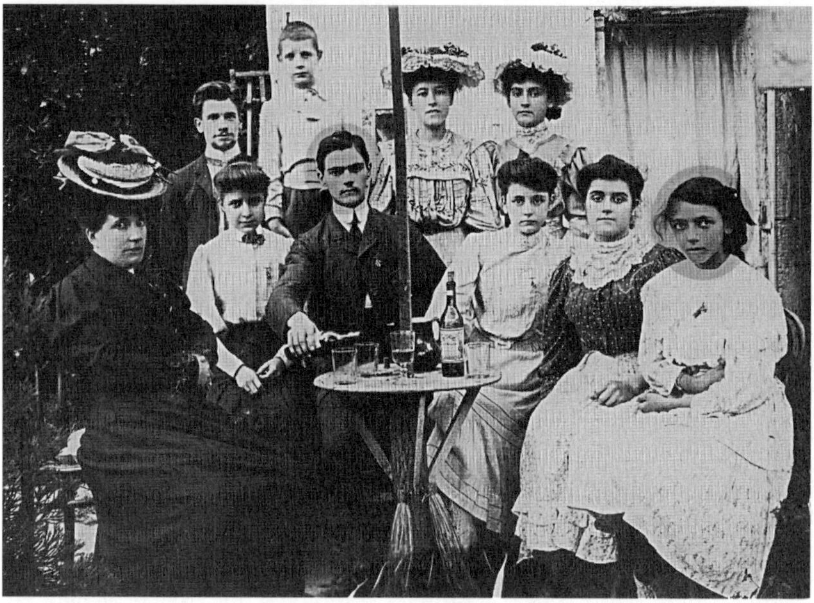

Au centre, Joseph, le frère aîné dont Jean Moulin ne parle jamais.
Il mourra à dix-neuf ans. Tout à droite, sa sœur Laure.

victime de la répression après le coup d'État de Louis-Napoléon Bonaparte, le 2 décembre 1851. Cette cause, pour laquelle il avait organisé et fait aboutir une souscription publique, au prix d'une intense propagande, l'avait obligé à délaisser son fils durant sa maladie.

Ce monument, érigé place de la Révolution, fait dès lors partie du paysage urbain de Béziers. Complexe et assez imposant, il ne lésine pas sur les symboles. Sur un piédestal, un médaillon présente le profil du « martyr de la déportation impériale », mort en essayant de s'évader du bagne de Cayenne. Une allégorie en pied de la Résistance s'appuie à cette colonne, apparemment songeuse, mais tenant un glaive. Le tout est entouré de huit bornes, qui délimitent un socle en mosaïque sur lequel s'entrecroisent les palmes de la victoire et du sacrifice. La colonne est surmontée d'un buste de la République, d'autant plus remarquable que l'ensemble est l'œuvre d'un sculpteur biterrois de très grand renom, Jean Antoine Injalbert, qui n'est autre que l'auteur du buste de Marianne commandé par l'État pour le centenaire de la Révolution en 1889, buste qu'on retrouvera dans de très nombreux édifices publics de 1890 à 1933. Une belle jeune femme résolue, coiffée d'un bonnet phrygien.

Jean Moulin revendiquera toute sa vie cet héritage républicain, se définissant d'ailleurs comme « le petit-fils d'un homme qui a connu les prisons du Second Empire pour avoir osé proclamer son attachement à la République »[7]. Au contraire, il ne parlera jamais de la mort de son frère. À tel point que ses amis ignoreront ou découvriront sur le tard son existence[8].

Pourtant, au moment de prendre son premier pseudonyme pour entrer dans l'illégalité, c'est le prénom de Joseph qu'il choisira.

2

Publié !
3 juillet 1915

— Dis donc, pourquoi qu't'y parles pus à Totor ?
— Penses-tu, paraît qu'il a un cousin « germain » !

Le dessin est en noir et blanc, la ligne claire. Au premier plan, deux gamins en culottes courtes, aux chaussettes tire-bouchonnées, sont les protagonistes du dialogue rapporté dans la légende. Au second plan, à gauche, une toute petite fille assise tient une poupée habillée en soldat. À côté d'elle, un animal en peluche ou en tissu semble avoir connu des jours meilleurs. À l'arrière-plan, à droite, un garçonnet en sarrau passe de dos, portant au creux du bras un panier chargé. Le décor représente une rue un peu miteuse, à peine plus que suggérée.

Le dessin n'est ni très percutant ni très drôle. Il présente quelques petites fautes de perspective. Mais il est très lisible et agréable à regarder. Il a été, en tout cas, jugé d'une qualité suffisante pour être publié dans une revue satirique, ayant pignon sur rue. Et sur toute une demi-page.

En bas, à gauche, se détache dans un espace vide une signature très nette, accompagnée du nombre 15 pour indiquer l'année : Jean Moulin.

Ce 28 octobre 1915, le jeune Jean Moulin, âgé de seize ans, voit pour la première fois l'un de ses dessins signé publié dans un vrai journal professionnel.

À dire vrai, si c'est une première pour la signature, ce n'est pas une première pour la publication en couleurs puisque, le 3 juillet, ce même journal a reproduit un dessin sans signature, titré *Au rapport* où, une fois prévenu, on reconnaît effectivement le trait assez rond et les arrière-plans relâchés du jeune dessinateur [1]. La parution signée du 28 octobre 1915 est donc venue couronner un été de travail plus que prometteur puisque c'est un hebdomadaire national, ayant pignon sur rue, qui accueille ses premiers pas dans le métier de dessinateur de presse.

Un journal qui, malgré la guerre, paraît sur un papier de bonne qualité, en impression polychrome, et avec un tirage élevé [2]. Et Jean Moulin reçoit de surcroît une rémunération pour ce dessin. Sept ou dix francs, selon les souvenirs forcément imprécis de ses proches, soit entre une fois et demie et deux fois le montant du salaire journalier d'un ouvrier [3].

Quel plaisir et quelle satisfaction il doit éprouver ! Et ils peuvent être encore augmentés par la nature même de l'hebdomadaire qui accueille cette première parution. *La Baïonnette* est, comme son titre l'indique, un journal né avec la guerre sous un titre plus explicite encore : *À la baïonnette !* Il a été créé par Henri Maigrot, dit Henriot, vétéran du dessin de presse, directeur du *Charivari*, pourvoyeur de planches pour *Le Pèlerin*, *Le Journal amusant*, *L'Illustration* ou *L'Almanach Vermot* où il est le père de l'imputrescible « Comment vas-tu… yau de poêle ? ». Il est aussi arrivé à Henriot de publier dans *Le Petit Méridional*, l'un des quotidiens que lit Antonin Moulin. Il attire à *La Baïonnette* la fine fleur des dessinateurs, tant de l'ancienne génération que de la nouvelle, de différents bords politiques et aux styles variés. La plupart des dessinateurs que Jean Moulin connaît, dont il s'inspire, se retrouvent là, à commencer par Sem, Paul Iribe ou Hermann-Paul. Le sujet du numéro spécial dans lequel est paru le dessin de Jean Moulin est « Nos gosses », un thème de la propagande de guerre parmi tant d'autres [4]. Place a été faite aux illustrateurs qui représentent fréquemment des enfants (Poulbot bien sûr, mais aussi Jean Ray, spécialisé dans les bébés) ou dessinent pour eux. Peut-être a-t-il paru approprié d'accueillir pour l'occasion un tout jeune dessinateur. D'ailleurs,

AU RAPPORT

LE UHLAN (*qu'on avait chargé d'aller reconnaître un bois*). — *Vous comprenez, herr lieutenant, il y avait tellement d'arbres, que je n'ai pas pu voir la forêt !*

(Dessin de Jean Moulin.)

— Dis donc, pourquoi qu't'y parles pus, à Totor ?
— Penses-tu, paraît qu'il a un cousin « germain ! »

En haut, le premier dessin de Jean Moulin publié : « Au rapport », *À la baïonnette*, 3 juillet 1915.
En bas, le premier dessin signé de son nom dans *La Baïonnette*, 28 octobre 1915.

Jean Moulin n'est pas le seul jeune à avoir débuté dans les pages de *La Baïonnette*.

Le tout-Montmartre et la presse satirique de la Belle Époque se sont donné rendez-vous dans ce numéro, sans doute pour la plus grande joie de l'adolescent qui côtoie ainsi, par dessin interposé, le milieu même qui le fait rêver.

Son dessin voisine avec ceux de Poulbot (dont il est fan), Benjamin Rabier, Willette, mais aussi d'un aréopage d'illustrateurs de premier plan : Chéri Hérouard, Charles Genty, Élisabeth Branly, André Hellé, Jean Ray, Georges Delaw, Weiluc. Une compagnie flatteuse, complétée par les auteurs des textes dont Maurice Donnay, auteur de boulevard, mais académicien français. Sur la double page, son dessin – le plus grand – est placé sous ceux de Maurice Radiguet et de Marcel Arnac et fait face à ceux d'Henriot. C'est la gloire !

Depuis l'enfance, Jean Moulin dessine, avec un sens du trait qui étonne ses proches. En grandissant, son goût persiste et son talent s'affirme, au point que sa sœur considérera que « c'était la seule chose qui l'intéressât vraiment »[5]. Il s'y applique effectivement et y consacre une grande partie de ses loisirs. Il trouve surtout son inspiration dans les dessins de presse, car son père est un très gros lecteur de journaux, et dans les illustrés pour enfants, qu'on ne lui marchande pas. Sa production des années de guerre montre un éclectisme de styles qui prouve qu'il cherche encore sa voie en démarquant des modèles – fort bien, d'ailleurs.

Si l'on en croit le peu qui a été conservé, l'actualité constitue, dans sa production des années 1915-1917, le motif presque exclusif, travaillé dans tous les genres : caricatures, gags, planches constituant une mini bande dessinée, mais aussi scène de bataille. Durant cette période, également, son trait s'affermit et acquiert une qualité professionnelle. En 1914, son dessin était encore scolaire et trahissait son jeune âge. Deux ans plus tard, *La Curée* fait la démonstration de sa maîtrise dans le tracé et la composition[6]. En outre, les caricatures qu'il exécute de certains de ses professeurs, comparées aux photos de ces derniers, témoignent d'une ressemblance évidente[7]. On peut comprendre, dans ces conditions, que Jean Moulin ait commencé à entretenir l'espoir de voir son talent inné se transformer en vocation professionnelle.

D'autant que ces parutions à *La Baïonnette* ne font que précéder d'autres succès. À deux reprises, les 14 et 15 décembre 1915, il est en une de *La Guerre sociale*, un quotidien national.

Le premier dessin publié dans *La Guerre sociale* représente encore des enfants. Une douzaine d'entre eux, certains bien campés, d'autres esquissés. Ils jouent à la guerre sur un terrain vague, à grand renfort de sabres de bois. Une fillette costumée en infirmière bande le poignet d'un gamin hilare. Au centre du dessin, un garçon, qui vient d'interrompre son jeu, en interpelle un autre, manifestement en train de bouder :

— Pourquoi tu t'bats pas ?
— ?????
— Fais donc pas ton Constantin.

Un peu cryptique pour le lecteur actuel, cette légende est une allusion à l'actualité très claire pour les contemporains. Elle évoque l'attitude du roi de Grèce (Constantin Ier) dans le contexte de la guerre européenne[8]. Tout en continuant à ne représenter que des scènes où des enfants jouent à la guerre, Jean Moulin s'est donc ici risqué un peu plus franchement sur le terrain politique qui caractérise le dessin de presse.

Le lendemain, sa signature figure de nouveau en une, au bas d'un dessin. Là encore il s'agit d'une saynète montrant des enfants pour lesquels la guerre est une référence familière. Deux petits garçons « en armes » se tiennent dissimulés derrière un pan de mur. Ils observent à la dérobée un troisième enfant, pleurnichant, les basques au vent et le pantalon aux chevilles, que console une forte ménagère.

— Pourquoi qu't'as les jambes nues ?
— Ils voulaient que je soye l'Écossais.

Si, cette fois aussi, le contexte de la guerre est le motif central (par l'allusion aux soldats écossais en kilt), le commentaire « politique » est abandonné au profit de la simple plaisanterie.

Avec ces deux parutions, non plus dans une revue satirique, mais dans un authentique quotidien national, le jeune dessinateur élargit ses perspectives. Bien sûr le tirage d'un peu moins de cent mille exemplaires n'est guère impressionnant en comparaison des mastodontes de la presse quotidienne d'alors. Néanmoins, *La Guerre sociale* passe pour bien informée. Les éditoriaux de son directeur, Gustave Hervé, sont très remarqués[9]. Et c'est sous l'éditorial, précisément, qu'est imprimé le dessin de une. Volonté ou non, le rapprochement de l'un avec l'autre forme un clin d'œil puisque le premier éditorial est intitulé « La défense de Salonique » et le second « Le commandement ». C'est comme si le petit dessin, avec son décalage, gagnait quelques galons en tant que commentaire. Ce comble d'honneur est encore augmenté lorsqu'on constate que le lendemain de cette double parution de dessins de Moulin, c'est ni plus ni moins qu'Hermann-Paul qui reprend le crayon.

*

Au rapport est un dessin qui s'inspire très exactement des dessins satiriques qui ont cours depuis le déclenchement de la guerre. Il s'agit de se moquer de la bêtise et de la lourdeur germaniques qui (heureusement) empêchent les succès militaires de l'ennemi. Un uhlan aussi ahuri que désemparé s'adresse depuis son cheval à un officier prêt à noter dans un carnet :

> (Un uhlan qu'on a chargé d'aller reconnaître un bois) :
> « Vous comprenez, herr lieutenant, il y avait tellement d'arbres que je n'ai pas pu voir la forêt. »

La plaisanterie, pas très drôle et qui nécessite une mise en situation écrite que le dessin ne suffit pas à fournir, comme le tracé perfectible (si Jean Moulin a su, à peu près, dessiner les chevaux, il ne sait pas encore dessiner les mains...), suggèrent que ce premier dessin pourrait bien avoir été retenu par *À la baïonnette* pour boucher un trou dans le dernier numéro à paraître avant le lancement d'une nouvelle série qui devait alors retenir l'attention de la rédaction. Il n'occupe d'ailleurs qu'un quart (inférieur) de page.

Avec le recul, il présente toutefois un grand intérêt parce que, dans sa maladresse même, il témoigne de l'impact du contexte sur le jeune Moulin. Le uhlan, très reconnaissable à sa vareuse et à sa tschapka (une bombe surmontée d'un plateau plat), est emblématique des débuts de la guerre. Tout en incarnant le souvenir malheureux de la défaite de 1870, il est l'emblème de l'offensive allemande en Belgique et dans le nord de la France et des fameuses « atrocités allemandes ». En lui donnant un côté ridicule, le dessin contribue à le priver de sa position de redoutable guerrier. D'autant qu'il lui adjoint un officier de comédie, habillé comme pour aller prendre le thé, portant monocle et fumant cigare. Ces personnages sont à l'évidence très directement inspirés des dessins que le jeune garçon a vu dans les journaux illustrés, et ils datent déjà un peu. Sur ce terrain, un Biterrois de seize ans peut sembler condamné à copier, éventuellement avec retard, des modèles, sans pouvoir apporter de touche personnelle puisqu'il ne sait rien du front.

De ce fait, malgré son amour du dessin d'actualité et de la caricature, Jean Moulin choisit d'essayer de décaler son travail, pour répondre mieux aux premières sollicitations de *La Baïonnette*. Les dessins que, par la suite, il exécute et réussit à placer parlent d'enfants et de civils, ce qui le ramène à évoquer ce qu'il connaît.

Les trois dessins de Jean Moulin publiés à l'automne 1915 forment un ensemble où sont représentés les mêmes enfants. En effet, l'un des petits garçons mis en vedette dans *La Baïonnette* se reconnaît dans le second dessin paru dans *La Guerre sociale*. D'ailleurs, le décor de rue est sensiblement identique. À ceci près que, cette fois, c'est une petite fille qui passe au loin, portant un panier. Le trait est le même, ainsi que le propos : la façon, erronée mais convaincue, dont les enfants s'approprient ce qu'ils entendent dire de la guerre.

Cette similitude suggère que Jean Moulin a réalisé au moins deux dessins dans la même veine et les a proposés à *La Baïonnette* qui n'en a retenu qu'un seul. Il a placé le second à *La*

Guerre sociale, qui lui a en pris un en sus d'une facture légèrement différente, dont les finitions semblent d'ailleurs moins soignées.

Les courriers reçus par Jean Moulin de la part de *La Baïonnette* permettent de deviner comment il a proposé ses dessins au journal. Apparemment, c'est son père qui a d'abord soumis quelques exemplaires de ses œuvres. Quoique le journal se défende de publier les travaux d'amateurs, il a retenu le premier dessin publié, anonymement, en juillet 1915 comme bouche-trou. On a suggéré à Antonin Moulin que son fils envoie d'autres dessins, en soumettant bien à l'avance des croquis en rapport avec les intitulés des numéros spéciaux à venir [10]. Parmi ces thèmes figurent « les gosses », pour lequel son dessin fut accepté, et « les stratèges en chambre », pour lequel Jean Moulin réalisa un dessin s'inspirant de ce qu'il voyait et entendait dans les cafés de Montpellier, mais qui ne fut pas retenu [11].

Peu après, *La Baïonnette* le relance afin qu'il présente un projet pour un numéro dédié au « Karnaval du Kaiser ». Moulin envoie un dessin qui plaît, mais qu'il faut faire évoluer en fonction d'un changement de légende. Finalement, le dessin n'est pas publié [12]. Tout comme la planche intitulée « Affreux dilemme. Gretchen s'efforce de concilier les exigences de la mode et de la guerre », demeurée dans les papiers de Jean Moulin [13].

Parmi les rares dessins de Jean Moulin datés de 1916 et conservés, on reconnaît clairement l'écho de ses premiers succès. Il existe deux autres dessins qui reprennent le thème des enfants incarnant à leur manière l'actualité. L'un, intitulé *Furia francese*, se situe sur un terrain vague comme dans *Fais pas ton Constantin*, avec certains des mêmes enfants, reconnaissables à leurs vêtements et à leurs cheveux. Celui qui reprochait à son camarade boudeur de ne pas vouloir se battre est dorénavant en train de botter les fesses de ce même boudeur, qui porte un explicite casque à pointe. En parallèle, un gamin poursuit à la baïonnette un autre garçon, avec calot allemand et croix de fer, qui détale.

« Holà les potes, dit la légende, ne tapez pas si fort. Vous oubliez que ce n'est pas des Boches pour de bon... ».

Le deuxième dessin est consacré à un thème particulièrement présent dans la presse et le dessin humoristique en 1915 et 1916 : les embusqués, c'est-à-dire les hommes en âge de porter les armes qui se débrouillaient pour ne pas être mobilisés ou du moins pour ne pas être envoyés au front [14]. Là encore, le commentaire est fait par des enfants. Enfants qui, cette fois, nous sont inconnus, mais qui se trouvent dans une rue que nous reconnaissons parfaitement, celle du *Cousin germain* et de *L'Écossais*. Multipliant les références, Jean Moulin y replace la poupée habillée en soldat, le lampadaire, le volet à demi ouvert et, très au loin, la silhouette d'un enfant portant un panier. Au graffiti « Vive Poulbot » qu'il avait écrit sur le mur de « l'Écossais » répond une affiche où l'on devine deux personnages emblématiques de Poulbot, la petite infirmière et le gamin déguisé en soldat [15].

On ne peut se défendre d'imaginer que, fort de ses premiers succès, Jean Moulin a envisagé de creuser la même veine. Le trait, toutefois, a évolué, il est plus précis, plus soigné et plus sophistiqué. Dans ses œuvres datées de 1916 et 1917, on constate les mêmes progrès dans le tracé, même si le style personnel fait encore défaut.

Arriver à placer d'autres dessins ne paraît pas insensé. Non seulement il l'a déjà réussi, mais sa technique a progressé. En outre, dans ce domaine professionnel comme tant d'autres, la mobilisation et la mort obligent à solliciter les jeunes et les anciens pour poursuivre l'activité. Il y aurait de quoi nourrir l'espoir d'en faire un débouché pérenne. Après tout, d'autres débutants ont fait leurs premières armes à *La Baïonnette* et vont faire carrière dans le dessin. Ce sera le cas, par exemple, de Jean Oberlé, de six mois le cadet de Moulin, qui par la suite publiera dans de grands journaux et exposera dans les salons. Il deviendra une figure du Montparnasse des années 1920, lié d'une grande amitié avec Max Jacob et protégé d'André Derain. Il aura, en quelque sorte, la vie dont le jeune Moulin pouvait rêver à Béziers, en 1916. Nommé correspondant du *Journal* à Londres en mai 1940, Oberlé sera bientôt l'un des piliers des « Français parlent aux Français » sur les antennes de la BBC [16].

*

Jean Moulin, manifestement avec l'accord paternel, s'est décidé, pendant l'été 1915, à faire des offres de service à des journaux, estimant que son travail présentait dorénavant un standard de qualité suffisant. Ce qui était en partie vrai. Mais il n'y a pas eu de nouvelles publications par la suite. Il a eu beau envoyer de nouveaux dessins, ils ont été refusés. Il a pu constater à la fois que les succès et même les sollicitations pouvaient être sans lendemain, et que les délais (deux jours) comme les impératifs des commandes étaient incompatibles avec sa scolarité. Durant l'année scolaire 1916-1917, le jeune homme se rabat sur les illustrations d'un journal potache, *Le Philosophard*, fabriqué avec d'autres lycéens [17]. Il n'est pas exclu que les encouragements prodigués par son père pendant les grandes vacances se soient mués en interdictions une fois la rentrée venue, Jean Moulin n'étant pas bon élève.

Les témoignages de Laure Moulin et de Marcel Bernard, ami d'enfance de Moulin, laissent penser que ces premières parutions dans la presse nationale avaient été accueillies avec joie et fierté dans la sphère familiale et amicale. « Voir qu'un ami recevait de l'argent pour un dessin comme ça, tous ses amis étaient admiratifs [18]. » Pour autant, elles n'ont pas convaincu son père de l'encourager à persévérer dans cette voie. Antonin Moulin se serait inquiété que son fils rencontre, dans une carrière artistique, « de grandes difficultés avant d'arriver au succès, si jamais il devait l'atteindre ». Quoi de plus logique de la part d'un professeur biterrois, n'ayant pas de considérables moyens financiers, ne disposant pas de relations dans ce milieu et voyant probablement dans la fonction publique le meilleur moyen de se procurer les deux ancrages pour lui primordiaux : la sécurité financière et la liberté politique ?

D'ailleurs, en choisissant de s'exprimer par le moyen du dessin de presse, plutôt que dans la peinture ou dans l'illustration, Jean ne lui a-t-il pas paradoxalement prouvé qu'il partageait bel et bien son intérêt pour la politique ? En outre, il se montre un élève peu studieux et assez indiscipliné, et c'est apparemment contre toute attente qu'en juillet 1916, il est reçu à la première partie au baccalauréat avec la mention passable, c'est-à-dire sans avoir besoin du rattrapage. Dès lors, tous les espoirs sont permis, malgré un début d'année de philosophie tout à fait calamiteux. « La méningite ne le menace pas pour l'instant », écrivit son père pour caractériser la minceur de son investissement durant les cours [19].

En juin 1917, Jean Moulin obtient son bac. Il est encore mineur pour les trois ans à venir et il doit s'attendre à être mobilisé dans un délai de quelques mois, puisque l'appel des classes se fait par anticipation depuis 1915. Quant à savoir ce qu'il adviendra de lui au front, il est suffisamment lucide pour envisager qu'il peut être tué ou rester invalide. Pourquoi, dans ces conditions, ne pas accepter l'offre qui lui est faite de s'installer à Montpellier, d'y commencer des études de droit et de contribuer à les financer en acceptant le poste d'attaché au cabinet du préfet de l'Hérault que peuvent lui procurer les accointances politiques de son père, devenu en 1913 conseiller général ? À quoi bon se lancer dans des entreprises d'envergure qu'il faudra de toute façon interrompre sous peu ? Il sera bien temps de réfléchir à son avenir s'il survit à la guerre. À défaut d'autre chose, il s'inscrit alors auprès d'une école anglaise de dessin de presse pour prendre des cours par correspondance [20].

Après son incursion précoce et encourageante, mais éphémère, dans le monde du dessin de presse, Jean Moulin remise pour l'heure les crayons, l'encre de Chine et le papier au rayon des loisirs.

3

« Nous n'avons rien fait jusqu'à présent » 11 novembre 1918

Quel sursaut j'ai fait ce matin dans mon plumard lorsqu'on est venu m'apprendre cette nouvelle. Quels hourras et quels cris de joie sortaient du fond de toutes les cagnas. Personne n'avait plus envie de dormir [1].

Est-ce ainsi que l'annonce de l'armistice, prévue pour 11 heures, est parvenue jusqu'à Socourt, ce 11 novembre 1918 ? C'est dans ce tout petit village des Vosges que Jean Moulin cantonne, en ce jour qui sera le dernier de la Grande Guerre sur le front français.

Très probablement, Moulin, une fois la nouvelle connue, s'est rendu avec des camarades à Charmes, ville distante de 5 kilomètres où il avait l'habitude d'aller durant son temps libre. La presse locale raconte que, ce matin-là, un peu avant 11 heures, les soldats venus des environs pour se voir confirmer la nouvelle au plus tôt se sont joints à la foule qui commençait à se rassembler devant l'hôtel de ville. Enfin, à 11 h 25, une voiture arrive avec les dernières informations.

Les soldats se précipitent, l'entourent, la prennent d'assaut puis, chantant, se dispersent par la ville, clamant à qui veut l'entendre que l'armistice est signé.

Les cloches sonnent à toute volée. Le tambour municipal annonce la bonne nouvelle dans tous les recoins de Charmes et donne l'ordre de pavoiser.

> Ah ! les gens ne se font pas prier et, en quelques instants, chaque maison à son drapeau. Les bonnes bouteilles sortent des cachettes où elles se dissimulaient depuis quatre ans et on les vide, en chantant à la Victoire. Une musique militaire vient sur la place où elle joue *La Marseillaise* qui est écoutée au milieu d'un silence profond pendant que la sentinelle, la baïonnette ornée d'un grand drapeau tricolore, présente les armes. Les dernières mesures sont à peine finies qu'une grande acclamation s'élève où on distingue les cris de « Vive la France ! Vivent les Alliés ! » Des groupes se forment et se promènent dans les rues[2].

Les festivités continuent toute la journée. Les cafés ont reçu l'autorisation d'ouvrir et de servir les militaires. Ils ne désemplissent pas. Dans l'après-midi, la musique militaire joue tout son répertoire, au milieu des vivats. Puis on se rend au monument commémoratif de la guerre de 1870. Par chance, le soleil d'automne est présent pour un providentiel été de la Saint-Martin. À la tombée de la nuit, les rues s'illuminent. Tous les camouflages sont ôtés des réverbères et des fenêtres. Une retraite aux flambeaux s'improvise, tandis que partent des pétards. Un feu d'artifice est tiré, avant un grand bal.

Peut-être est-ce à cette occasion que Jean Moulin fait la connaissance des deux jeunes filles avec lesquelles il est photographié, en compagnie d'un autre soldat. Le cliché porte la mention manuscrite « Charmes 11-18 ». À en croire une lettre envoyée à Moulin par un camarade de régiment, les femmes constituent une préoccupation majeure de ces jeunes soldats et un grand sujet de conversation entre eux[3]. On n'en sera pas surpris…

Jean Moulin n'a pas écrit ce jour-là à sa famille. Et par la suite non plus, il ne leur a pas fait le récit du déroulement de cette journée. Comme le reconnaissait un soldat, « je ne peux pas vous donner tous les détails de la façon dont nous avons fêté l'armistice, ils sont très nombreux, ne vous intéresseraient pas et tous ne vous regardent pas »[4].

On n'en sait pas davantage sur les sentiments qu'il a éprouvés. De l'émotion comme cet autre soldat cantonné dans les Vosges, en se disant que les deux versants en « sont maintenant français et pour toujours », parce que l'Alsace et la Lorraine sont reconquises[5] ?

Du soulagement parce que la grande offensive de Lorraine devait commencer le 14 novembre ? Charmes était compris dans la zone de la bataille, à équidistance du quartier général du groupe d'armées de l'Est et de la 8e armée. Le but de cette ultime opération, prévue pour durer une douzaine de jours, était d'obtenir la capitulation en rase campagne de l'armée allemande et d'entrer en vainqueur en Sarre. Les préparatifs n'avaient pas pu échapper même aux soldats les moins aguerris, puisque les nouvelles unités, y compris américaines, se concentraient en masse depuis la fin octobre. La bataille de Lorraine aurait constitué pour le sapeur Jean Moulin, âgé de dix-neuf ans, le baptême du feu attendu et redouté. Mais la guerre s'achève ainsi sans qu'il ait combattu. Dès ce moment, il n'a qu'une hâte : être rendu à la vie civile.

À quelques jours près peut-être, Jean Moulin n'est donc pas un « ancien combattant » semblable aux huit millions de Français qui ont participé aux opérations de guerre et qui, dans les décennies à venir, irrigueront la société et le champ politique. Au moins a-t-il, tout comme eux, été mobilisé.

Étudiant et jeune attaché de cabinet du préfet à Montpellier, Jean Moulin a passé le conseil de révision le 15 février 1918. Il a été déclaré bon pour le service armé. Ayant la possibilité de choisir entre l'artillerie, à Carcassonne, et le génie à Montpellier, il a préféré ce régiment pour rester près de sa famille et de ses amis. Un mois et demi plus tard, le Parlement a voté l'incorporation anticipée de la classe 1919 et il a été mobilisé le 17 avril.

Il a rejoint la caserne pour faire ses classes. En dehors des habits qui selon lui, « sont affreux », tout se passe bien : « On nous a donné une gamelle, un quart, une cuiller et une fourchette neuves. Le rata était bon. Très propre et chaud. [...] Nous n'avons rien fait jusqu'à présent[6]. » Il remédie à ce désastre vestimentaire en commandant un uniforme de fantaisie, avec soutache rouge et jambières de cuir noir, avec lequel il se fait photographier. Tout sérieux et gourmé du haut de ses dix-huit ans, posant sur le traditionnel fond de rideau drapé, en appui sur une table aux improbables pieds chantournés, il est l'involontaire et juvénile réplique de l'officier embusqué qu'il croquait du crayon l'année précédente[7].

Après avoir apprivoisé les punaises qui le faisaient sauter dans son lit et constaté qu'il n'a pas assez à manger, Jean Moulin contracte une intoxication alimentaire qui l'envoie quelques jours à l'infirmerie. « Je m'ennuyais à mourir là-dedans[8]. »

L'ennui devient d'ailleurs son compagnon le plus redouté. Aussi ne boude-t-il pas les exercices, en particulier sur l'eau, comme les manœuvres à la godille ou les constructions de ponts de bateaux supposés préfigurer le travail des soldats du génie.

Tandis qu'il est à la caserne, à plus de 650 kilomètres du front, les combats font rage car la guerre de mouvement a repris. Le 27 mai, après une série de succès, les Allemands obtiennent la percée et atteignent la Marne. Ils se rapprochent de Paris. On envisage le pire : l'abandon de Verdun, de Nancy et des Vosges pour raccourcir le front, le départ du gouvernement hors de la capitale. Ne serait-ce pas le moment de battre le rappel de tous les renforts disponibles ?

À compter de la mi-juillet, les armées alliées reprennent l'offensive. Les victoires se succèdent, provoquant un revirement de la situation militaire bien plus complet et rapide qu'on ne pouvait l'espérer.

Le 18 septembre, Jean Moulin apprend que son régiment est envoyé dans la zone des armées toutes affaires cessantes. Il n'aura pas le temps de revoir sa famille.

> Je ne pourrai venir à Saint-Andiol. Je pars après-demain vendredi. J'ai passé la visite aujourd'hui. J'ai été déclaré apte. On vide les dépôts maintenant. Il va passer des Inspecteurs du Ministère dans toutes les casernes. Je partirai à 6 h 28 comme les autres. Que papa ne se dérange pas pour venir, c'est trop tard pour aller à Avignon[9].

Pour la première fois de sa vie, Jean Moulin quitte le Midi pour aller bien au nord de la Loire, vers une destination qu'il ignore encore. Le voyage dure trois jours. Les jeunes conscrits

L'armistice de 1918 à Charmes, dans les Vosges.
Mobilisé en avril 1918, Jean Moulin n'aura jamais combattu.

voyagent en train, en deuxième classe même sur les deux tiers du parcours. Passés par Avignon et Dijon, ils arrivent le 22 septembre au soir à Nancy. Au bout de quelques jours, ils repartent non pas pour le front, mais pour Socourt, un village des Vosges, sur la rive droite de la Moselle, situé à une soixantaine de kilomètres du front. Entre-temps, l'offensive générale a commencé.

Une vie de cantonnement s'organise à Socourt.

> Nous sommes bien ici. Nous cantonnons dans des maisons du village. [...] Nous sommes bien nourris, nous avons du pain délicieux. Puis il y a beaucoup de vaches ici. Le lait n'est pas cher.
>
> Aujourd'hui, le temps est superbe. Le soleil est resplendissant, ça nous rappelle presque la Provence.
>
> Nous sommes maintenant bien installés, nous avons des couchettes en bois et de bonnes paillasses. Il commence à faire un peu froid mais nous sommes bien couverts.
>
> Le dimanche nous faisons du football, des courses à pied. Le lieutenant, le [médecin] major donnent des prix.
>
> Je crois que j'engraisse tous les jours. L'air des Vosges me fait du bien.
>
> Nous sommes allés pêcher sur la Moselle avec trois de mes camarades. Nous avons rapporté une bonne friture. Vous voyez que nous ne nous en faisons toujours pas [10].

Même s'il en rajoute un peu dans le genre bon air de la montagne, il ne se passe effectivement pas grand-chose, si ce n'est qu'il a été nommé sapeur de première classe. Il s'ennuie surtout. Le dimanche, il est possible d'aller jusqu'à Charmes, la bourgade natale de Maurice Barrès, qui a lui-même avoué avoir tout loisir d'y cultiver son amour de la routine. Quelques édifices Renaissance, le pont aux douze arches et les bords pittoresques de la Moselle constituent les seules ressources touristiques de la localité. Autre attraction : la présence de militaires britanniques avec lesquels il est possible de parler un peu et de sympathiser. C'est toujours mieux que l'humble Socourt, avec ses trois cents habitants, qui ne tient la comparaison ni avec Béziers ni avec Saint-Andiol, le berceau provençal de sa famille.

> Ici, c'est toujours la même vie monotone, confirme Moulin. Deux ou trois fois par semaine, nous avons le cinéma des Armées qui vient nous donner des représentations après souper. Ça fait passer le temps[11].

Sait-il qu'en face, sur l'autre rive de la Moselle, se trouve Chamagne, la patrie du Claude Gellée dit le Lorrain, le peintre de la lumière ? Serait-il inspiré par les paysages de l'enfance du maître qu'on ne le saurait pas, puisqu'il semble avoir pour l'heure abandonné le dessin.

*

Un jour de l'hiver 1917-1918 à Montpellier, Jean Moulin fut pris à partie, alors qu'il se rendait au cinéma avec d'autres étudiants, par de jeunes soldats qui les traitèrent de fils à papa et d'embusqués, l'une des pires injures en ce temps. Moqués par les passants qui se rallièrent naturellement aux mobilisés, les jeunes garçons se réfugièrent dans un café puis firent le coup de poing pour se dégager. Les quelques horions reçus ne furent pas grand-chose. Plus cuisante fut la blessure d'amour-propre d'avoir été pris pour des « planqués »[12].

Plusieurs biographes de Moulin se sont étonnés qu'il n'ait pas, au moins après avoir obtenu son bac, devancé l'appel pour s'engager volontairement et partir se battre[13]. Chaque année, entre deux cent cinquante et trois cents jeunes Biterrois ont fait ce choix pendant la Grande Guerre[14]. Ce volontarisme est rétrospectivement attendu de ceux qui connaissent son engagement de 1940, d'autant plus qu'il aurait été conforme au patriotisme sourcilleux qu'on lui avait enseigné dans sa famille et à l'école et auquel il semblait adhérer.

En effet, la lecture de ses compositions françaises des années 1915-1917 regorgent des envolées patriotiques attendues. Mais non sans une certaine ambivalence :

> Après quelques mois de repos, nous allons reprendre nos études et je pense que plus que jamais nous devons travailler pour remplacer nos frères tombés à l'ennemi. C'est grâce à son courage

mais aussi grâce à son instruction que la France a été sauvée de l'écrasement. C'est en apprenant la langue, les usages et le caractère de nos adversaires que nous arriverons mieux à les vaincre. En connaissant bien la géographie de notre pays nous pourrons mieux le défendre et l'étude de son histoire, nous pourrons éviter les fautes que nous avons commises et les grands hommes nous serviront d'exemples.

Car si, un jour, la patrie a besoin de nous, il faut que nous soyons prêts et dignes de la servir. Mais l'heure de la victoire est proche [15].

En clair, le Jean Moulin de seize ans n'est pas très pressé de courir sus à l'ennemi et ne s'imagine pas vraiment en train de porter les armes. Pour lui comme pour les gamins qu'il campe exactement au même moment dans ses dessins humoristiques, la guerre semble être faite de mots plus que de réalités. Et les mots ne coûtent pas cher. Ses caricatures de ses professeurs engoncés dans leurs uniformes de territoriaux montrent que leur engagement, certes modeste, est uniquement pour lui un sujet de plaisanterie. Ses imitations de poulbots, qui ne comprennent rien à la guerre, prennent le contre-pied des enfants combattants et héroïques dont la propagande rebat les jeunes oreilles.

La guerre ne fait partie de son quotidien que par des échos assourdis et assez formels : lecture des journaux et des affiches, proclamations patriotiques des autorités, fêtes publiques pour l'entrée en guerre de la Roumanie ou de l'Italie, prises d'armes, remises de décorations, expositions de trophées de guerre, manifestations des œuvres en faveur des victimes.

Elle se répercute dans la vie quotidienne dans sa dimension la plus matérielle, avec des difficultés d'approvisionnement concernant le sucre et le charbon, la moindre qualité du pain ou du lait. Mais il n'y a rien de comparable dans la famille Moulin à ce que connaissent la majorité de leurs compatriotes : la fuite devant l'avancée des armées allemandes, la menace du feu ou de l'invasion ennemis, le départ du père, du mari, du fils, l'attente anxieuse des lettres qui confirment qu'il est encore en vie, l'annonce terrible de la perte d'un être cher, de plusieurs êtres chers, la nécessité de remplacer le chef de famille au travail, de trouver de nouveaux revenus. Il semble y avoir eu de la part de Jean Moulin et de sa famille une accoutumance à la guerre, restée finalement lointaine.

Antonin Moulin a dépassé de presque dix ans l'âge d'être mobilisable et il continue sa vie professionnelle comme à l'accoutumée. Son fils est encore jeune. Le conformisme avec lequel, élève médiocre et dissipé, il répond quand il s'agit de traiter de la vertu éducatrice de la guerre, qui formerait des enfants sérieux et laborieux autant que patriotes, montre un manque de maturité qui n'exclut pas une certaine habileté. Il est assez imperméable à la culpabilité qu'on installe dans l'esprit des enfants et des adolescents en leur signifiant pesamment les sacrifices faits pour eux [16]. Il ne répond pas à l'appel à la main-d'œuvre scolaire lancé dans tous les départements agricoles pour les périodes de vacances, sans pour autant prêter la main aux travaux pendant qu'il est en famille à Saint-Andiol.

Seule sa sœur Laure a fait l'effort de prendre des cours et de se proposer comme infirmière bénévole pour les hôpitaux de ce très lointain arrière du front. Dans ses souvenirs, elle évoque la disparition des jeunes gens et des hommes autour d'eux, tout en constatant que le seul chagrin qui frappe Jean Moulin à cette époque est la mort de maladie de sa cousine Jeanne. « Tous ces deuils chez nos proches nous affligeaient beaucoup, mais Jean était encore jeune et, après la tristesse du moment, la vie reprenait ses droits. »

« Quand la guerre avait éclaté, ajoute-t-elle, il paraissait inimaginable qu'elle se prolongerait assez pour qu'il y prît part. Nous étions donc, au début, sans inquiétude à son sujet [17]. »

Cette guerre, qu'on croyait devoir être courte et décisive, s'enlise ensuite dans les tranchées et les mois puis les années commencent à passer. L'échéance, d'improbable, devient plus précise pour le jeune Jean. Ses parents, qui ont perdu un fils dix ans plus tôt, ne sont pas pressés, on le comprend, de voir celui-ci risquer sa vie. Quant à lui, il attend les événements, sans chercher à en brusquer ou à en détourner le cours, avec un certain fatalisme.

C'est dans cet état d'esprit que la mobilisation le trouve, en avril 1918, avec un an et demi d'avance sur la date théorique de son service militaire. Il n'a donc encore que dix-huit ans. Sans qu'il puisse prévoir, bien sûr, que la guerre prendra fin dans un délai de quelques mois, avant qu'il ait été engagé sur le front. Au contraire, le printemps 1918 marque, on l'a vu, la reprise des offensives allemandes en France, alors que la Russie révolutionnaire a conclu une paix séparée et que les États-Unis tardent à envoyer au combat des troupes nombreuses et opérationnelles.

Jean Moulin est déclaré apte au service armé par le conseil de révision et n'exprime à cet égard aucun regret, au contraire. Sa classe fut celle où le rendement d'incorporation fut la plus faible de toute la guerre (75 %, à comparer par exemple avec 95 % pour la classe 1917), parce que l'opinion publique s'inquiétait de plus en plus de la jeunesse des conscrits et que l'économie avait besoin de bras. Elle fut aussi l'une de celles qui comptèrent le plus de versements dans le service auxiliaire.

Mais Jean ne cherche à aucun moment à bénéficier d'une quelconque exemption. Son incorporation à Montpellier même, dans un régiment du génie, ne doit pas laisser croire non plus qu'il a obtenu une affectation privilégiée du fait de ses fonctions à la préfecture. Tous les conscrits commençaient en effet par effectuer une période de classes de trois à sept mois dans leur région d'origine, puis étaient envoyés au front en fonction des besoins de leur unité. Le génie faisait partie des armes techniques en expansion, selon les besoins de la guerre moderne. Le régiment auquel il est incorporé a participé depuis 1914 aux campagnes en Flandres, en Champagne, en Artois, mais aussi en Macédoine ; il a fait la guerre de mines en Argonne, en Champagne, dans l'Aisne et à Verdun. Les compagnies formées à Montpellier comptent parmi les plus décorées.

L'engagement volontaire à partir de 1917 n'était d'ailleurs plus ce qu'il avait été en 1914, synonyme d'engouement patriotique, en particulier de la part d'adolescents craignant de ne pas avoir le temps de prendre part à la guerre. Par la suite, le constat des ravages meurtriers des combats joint à celui que toutes les affectations ne sont pas aussi dangereuses donne une prime à l'engagement volontaire compris aussi comme la possibilité de choisir son arme d'incorporation, donc une arme moins meurtrière[18]. Jean Moulin ne pouvait manquer de connaître ce mécanisme : s'il avait opté pour une autre arme que l'infanterie, sa démarche n'aurait donc pas été la preuve d'une ferveur patriotique plus grande que d'attendre le sort que lui réserveraient les lois d'incorporation et les hasards de la guerre.

À cet égard, sa situation de 1917 ou 1918 n'a rien à voir avec celle de 1939, quand il cherchera obstinément à être mobilisé en sachant bien que, faute de démarches résolues de sa part, il ne serait pas mobilisé du tout et demeurerait à son poste préfectoral comme affecté spécial[19].

Jamais, après la Grande guerre, Jean Moulin n'a entretenu la moindre ambiguïté sur ses états de service. Il ne se présente pas comme « ancien combattant », en dépit de la position en porte-à-faux où il se trouve placé dans ses fonctions officielles et dans son rôle de représentation. Dans les nombreux discours qu'il est amené à prononcer devant des monuments aux morts, il parle toujours du devoir qui incombe à la République d'honorer ceux qui se sont sacrifiés pour la patrie, sans prétendre s'identifier à eux[20]. De la « génération du feu », il ne garde essentiellement que le pacifisme, extrêmement répandu, en prenant position en faveur de la sécurité collective incarnée par la Société des nations et en saluant, en particulier au début des années 1930, l'action d'Aristide Briand, qu'on appelle alors « l'apôtre de la paix » (et qui est haï par la droite nationaliste).

Ce n'est qu'après l'armistice que Jean Moulin, paradoxalement, a eu l'occasion de découvrir par lui-même les ravages de la guerre. En effet, il mène pendant l'année 1919 une vie itinérante au rythme de ses affectations à Metz, Nancy, Châlons-sur-Marne, Reims, Verdun, Mourmelon, Schiltigheim et en banlieue parisienne. La plupart du temps, il se trouve donc sur les lieux mêmes des batailles ou dans des villes détruites. À chaque fois, il envoie à ses parents des cartes postales aux illustrations si explicites qu'il n'ajoute qu'un bref commentaire :

« Vous pouvez juger par la carte que je vous envoie, écrit-il depuis Verdun, dans quel triste état se trouve la ville[21]. »

Il est également bouleversé, quoiqu'il l'exprime avec une grande retenue, en voyant la détresse de militaires britanniques, prisonniers de guerre libérés :

> À Charmes, il passe des prisonniers anglais qui reviennent d'Allemagne. Ils font peur. Ce ne sont que des squelettes. J'ai causé avec un, à la cantine anglaise. Il ne devait pas peser plus de trente kilos. Ils me racontaient tout ce qu'ils avaient souffert. C'est affreux. Ils étaient encore plus mal traités que les Français. On est obligé de les garder quelques jours ici pour les soigner avant de les envoyer chez eux. On est obligé de les rationner. Beaucoup, paraît-il, sont morts en route pour avoir trop mangé.

Certaines eaux-fortes qu'il réalisera quinze ans plus tard évoquent ces corps décharnés et souffrants ou des charniers où l'on devine l'empreinte de ses visions de jeunesse[22]. Pour l'heure, il se remet à dessiner un peu, sur un mode plus anecdotique. Il en reste deux croquis de soldats et l'esquisse d'un paysage de Verdun.

Cette gravité est rare dans sa correspondance de l'année 1919, d'abord anodine, puis toute tendue vers les perspectives de sa démobilisation. En effet, les dernières recrues sont celles qui devront patienter le plus longtemps pour être rendues à la vie civile. Attendre la conclusion du traité de paix (juin 1919), attendre surtout que huit millions de soldats aient le temps de se résorber dans la société et dans l'économie. Il prend d'abord son mal en patience.

> J'ai d'abord été menuisier, puis terrassier et enfin quelques jours téléphoniste à la chefferie du génie. J'aurai tout fait étant soldat.
>
> Je suis affecté au dépôt de démobilisation du Génie de Châlons-sur-Marne, comme secrétaire [...] Il fait bien chaud ici. Aussi nous restons couchés une bonne partie de la journée[23].

Mais il commence à ronger son frein[24]. Il met à profit sa modeste expérience administrative pour guetter les dispositions réglementaires qui pourraient le concerner. Aussitôt qu'il a repéré la possibilité offerte aux étudiants de demander un sursis pour reprendre leurs études, il active à distance son père, trouvant là une plume soudain plus diserte.

En août 1919, il a obtenu sa première permission depuis presque un an. Il a rejoint ses parents à Saint-Andiol et retrouvé avec bonheur ses habitudes anciennes. Sans doute ce séjour le conforte-il dans sa décision de reprendre sa vie là où il l'avait laissée : les études de droit, auxquelles il a finalement pris goût, le travail à la préfecture où il réussit plutôt bien. Le 1er novembre 1919, Jean Moulin est de retour à Montpellier pour entamer sa deuxième année de droit et retrouver son poste d'attaché de cabinet du préfet de l'Hérault. Il a vingt ans. La guerre est finie. La carrière qu'il s'est désormais choisie peut commencer vraiment.

Jeanne Auran, qui aurait pu devenir la femme de Jean Moulin et, probablement, infléchir le cours de sa vie.

4

« Je l'aime trop pour parler de ça à la légère »
6 août 1923

Dans les premiers jours du mois d'août 1923, Jean Moulin se rend à Paris pour concrétiser un projet de mariage déjà bien avancé. Mais les choses ne se passent pas vraiment comme prévu. Ce qui aurait dû être un mariage d'amour était aussi un mariage très convenable, au point que beaucoup de monde – trop sans doute – s'en est mêlé.

Alors qu'il était encore mobilisé, après l'armistice, Jean Moulin a été affecté quelque temps au Plessis-Trévise, une petite commune située à une vingtaine de kilomètres à l'est de Paris. Cette affectation lui offre l'occasion de ses premières visites dans la capitale. Mais, plutôt que de laisser un garçon de dix-neuf ans livré à lui-même, sa famille le recommande aux bons soins de Mme Auran, la nièce d'une de ses tantes par alliance. Cette recommandation « à la mode de Bretagne » provient pourtant bien de Saint-Andiol où tout le monde s'est, au fil des années, fréquenté assez assidûment pour que MM. Moulin et Auran se tutoient.

Mme Auran et son mari, Abel, ne sont pas tout à fait des Parisiens ordinaires puisqu'ils possèdent, rue de la Gaîté, un établissement qui a connu, au XIXe siècle, une histoire à la fois canaille et prestigieuse : le café des Mille Colonnes. Ancienne guinguette, ancien bal de réputation sulfureuse, le café s'est assagi depuis le début du siècle en s'adjoignant une salle de cinéma.

Jean Moulin est d'emblée conquis par le Montparnasse artiste
et bohème dont il deviendra l'illustrateur caustique.

Peu prolixe en détails dans ses lettres à ses parents, Jean note toutefois que les Auran le traitent « comme à l'habitude, admirablement bien »[1]. Bien accueilli, probablement bien nourri et distrait, il découvre en outre le quartier Montparnasse qui l'éblouit et restera toute sa vie le plus cher à son cœur. Il trouve une compagnie de son âge en la personne de Jeanne, la fille des Auran. Les photos nous la montrent fort jolie et délicieusement apprêtée à la mode du tout début des années 1920[2]. Pendant sa première longue permission, il retrouve Jeanne Auran et sa mère à Saint-Andiol, où ses parents se font fort de leur témoigner leur reconnaissance pour la gentillesse qu'elles ont manifestée au jeune soldat.

> Elles ne sont restées qu'une journée à Saint-Andiol, raconte-t-il à sa sœur, et l'ont toute passée à la maison. Maman, ce jour-là, s'est distinguée et a mis les petits plats dans les grands. Le dîner a été très réussi[3].

Quelques semaines plus tard, il fait une dernière visite aux Mille Colonnes, que les Auran ont vendu pour acheter, au 109, rue Saint-Lazare, une brasserie avec un vaste comptoir d'écailler, le restaurant du Havre[4]. Le souvenir, ravivé par ses séjours ultérieurs à Paris, en restera prégnant : dans les années 1920, le Dôme figure l'arrière-plan de nombre de ces dessins et aquarelles, titrés « Montparnasse ».

Démobilisé peu après, revenu à Montpellier pour y reprendre ses études de droit et son poste d'attaché au cabinet du préfet de l'Hérault, Jean Moulin déserte Paris. Mais une fois nommé chef de cabinet du préfet de la Savoie, le voilà de retour dans la capitale où il visite les expositions, commence à côtoyer les artistes et s'efforce de se ménager des appuis professionnels au sein du personnel politique. Il continue à fréquenter régulièrement les Auran, partageant aussi bien des sorties avec eux. Le dimanche de l'Ascension 1922, ils font ensemble une excursion dans la forêt de Fontainebleau, durant laquelle sa sœur remarque qu'il reste volontiers en compagnie de Jeanne. Les billets de train lui ont coûté cent francs, mais, au diable l'avarice !, « car nous avons fait un circuit merveilleux et les Auran sont tellement aimables avec nous que cela leur était bien dû »[5].

Quel jeune homme est-il alors ? Très juvénile de traits comme d'allure. Pas très grand, mais assez mince et vif pour paraître bien découpé. Habillé très strictement, il a l'air du jeune fonctionnaire provincial qu'il est. En bon Méridional, il aime la discussion, s'enflamme et n'a pas toujours un caractère facile. Mais il est aussi bon camarade, populaire même, et plein d'humour, voire de fantaisie. Très discret sur ses activités tant professionnelles que privées, il donne l'impression d'être secret, ce qui ne l'empêche pas de laisser voir sa sensibilité[6].

Jeanne, croit-on savoir, est amoureuse. Maintenant que Jean a fini ses études et qu'il est doté d'une situation dans l'administration, une autre cousine tâte le terrain auprès des Moulin de la part des Auran. Tout le monde semble envisager un projet de mariage avec faveur, à défaut de véritable enthousiasme. Les deux pères de famille s'abouchent. « Les sentiments que [Jeannette] a pour Jean sont partagés depuis longtemps », confirme Antonin[7].

Ce dernier écrit bien entendu à son fils pour le mettre au courant des ouvertures qui lui ont été faites. Il ajoute apparemment que Jeanne Auran, fille unique de commerçants prospères, est ce qu'on appelle communément un bon parti. Abel Auran lui a écrit très franchement à ce sujet :

> La situation que nous lui ferons ne sera pas mauvaise – nous n'avons qu'elle et nous ne travaillons que pour elle. [...] Aussi la dote *[sic]* que nous ferons à Jeannette sera-t-elle assez importante pour que ces jeunes gens soient heureux[8].

Mais, précise Antonin, son fils reste tout à fait libre de ses choix. Se montrant très réfléchi, Jean répond qu'il s'est rallié à la suggestion, mais il tient à préciser qu'il n'est pas poussé par le désir de « faire une bonne affaire » :

> Je ne cache pas d'avoir ressenti pour Jeanne Auran, bien auparavant, un sentiment qui certainement était plus que de l'amitié. Et c'est peut-être sa seule situation de fortune, si supérieure à la mienne, qui a fait que je ne me suis pas attaché davantage à cette idée et aussi, il faut le dire, le peu d'envie que j'avais alors de me

marier. Ce sentiment s'est augmenté du jour où j'ai su ce qu'elle pensait à mon égard.

Mais maintenant que le voilà lancé, il entend bien agir par lui-même. Il demande à ses parents de n'en parler à personne, fût-ce dans la famille. Toutefois, son père peut avertir Abel Auran que l'affaire suit son cours et adresser à Jeanne leurs « affectueux souvenirs ». Il va se rendre lui-même à Paris pour discuter directement avec les intéressés. « Je tiens à vous remercier bien sincèrement, conclut-il, de m'avoir laissé, en cette circonstance, toute mon indépendance. Je vous en suis très reconnaissant[9]. »

C'est un jeune homme raisonnable plutôt qu'un amoureux transi qui prépare son voyage à Paris. Petit problème : il est, comme d'habitude, à court d'argent et, pour faire bonne figure, il emprunte cent cinquante francs à sa sœur[10].

Au début du mois d'août 1923, ayant obtenu un congé, il part pour Paris et se lance. Il va faire sa demande, jouant toutefois franc jeu. « Il ne faut pas que les parents ignorent que ma situation (qui n'en est pas une actuellement) est bien instable et que, brusquement, je peux voir mon préfet suspendu ou mis dans les Finances [...] Je l'aime trop [Jeanne] pour parler de cela à la légère[11]. » Bref, il n'est pas si sûr d'être en situation de fonder une famille. Son traitement reste, il est vrai, assez modeste et il ne considère jamais avec désinvolture les questions financières.

Or le père de la jeune fille paraît soudain partager son avis. Croyant arriver en terrain conquis, Jean découvre des réticences inattendues :

> Je crois qu'Abel n'a jamais beaucoup tenu à ce mariage. C'est surtout Jeannette qui le désirait, soutenue en cela par sa mère. [...] Il m'a dit d'autre part que je n'avais pas une situation pécuniaire très brillante et que mon traitement de 7 000 francs[12] ne pouvait pas faire vivre deux personnes. [...] Il m'a dit d'ailleurs qu'il ne pouvait rien donner à sa fille, tout ce qu'ils possédaient étant dans leur commerce, surtout depuis l'achat de la villa de Montrond.

Toutefois, Abel Auran ne ferme pas la porte. Si le jeune homme est nommé sous-préfet ou s'il trouve à Paris un emploi plus rémunérateur, le mariage deviendra possible. Mieux, l'organisation de la cérémonie est évoquée de manière assez précise, surtout quant aux frais à engager, ce qui achève de mettre Jean Moulin hors de lui :

> Et puis le bouquet, c'est la noce ! [...] ils voudraient que ce soit princier (pour épater les confrères sans doute) : messe extraordinaire avec des artistes de l'Opéra. Rien que la messe coûterait 5 000 francs. [...] La noce, enfin, d'après leurs calculs, coûterait environ 16 000 à 18 000 francs. Mais après cela, quand on aurait bien épaté le public, la sous-préfète ferait la vaisselle et frotterait le parquet [13] !

En écrivant aussitôt à ses parents une longue lettre pour leur apprendre et leur expliquer son échec, le jeune homme semble l'amplifier et le rendre définitif. Chacune des réserves présentées par le père de Jeanne Auran lui paraît insurmontable. D'ailleurs, il argumente et dénonce leur mauvaise foi. Les Auran se disent dans l'impossibilité de doter leur fille, occupés pour l'heure par la construction de leur villa à Montrond, une petite ville de la Loire qui connaît alors son modeste apogée en tant que station thermale. Une villa avec salle de billard, chauffage central, salles de bain et « plus de soixante prises électriques » ! On lui demande de trouver un emploi sûr et mieux payé ? Mais il ne peut envisager le commerce puisqu'il n'a pas de capitaux. Il ne peut pas postuler dans un ministère, faute de diplômes et de compétences scolaires.

> Il y a à l'heure actuelle des concours d'entrée très durs pour lesquels sont préparés une foule de jeunes gens à Paris, à l'École des Hautes Études ou ailleurs. Nous avons eu récemment le malheureux exemple d'Ollier, qui est pourtant un garçon intelligent, très travailleur, n'ayant pas cessé ses études, possédant un doctorat ; il s'est fait coller honteusement avec une différence de points énorme.

La dernière chose que Jean Moulin soit disposé à subir est un vain bachotage suivi d'une humiliation. Quant à attendre d'être promu sous-préfet, impossible d'y penser. Non point, cette fois, qu'il doute de sa réussite, mais parce qu'il faudrait probablement attendre trois ans !

Une chose est certaine. Il n'y a guère de sacrifice que Jean Moulin soit prêt à consentir pour rendre ce mariage possible. Son affection pour Jeanne n'a rien d'une passion dévorante. « Cette pauvre petite, je m'empresse de le dire, est tout à fait étrangère à toutes ces combinaisons comme à toutes les idées de grandeur de ses parents. » C'est un camouflet, plutôt qu'un chagrin qu'on lui a infligé. Antonin Moulin, un peu frappé à la réception de la lettre de son fils, ne se fâche pas pour autant avec Abel Auran. Il est partisan de rechercher un compromis, se montrant, peut-être, le plus sentimental dans cette affaire. « Elle lui plaît infiniment, explique-t-il à son correspondant, et il a cru comprendre qu'il lui plaisait aussi [...] Ces enfants qui s'aiment et se connaissent parfaitement, pouvons-nous leur infliger une aussi longue attente sans danger pour leur santé physique et morale ? » Il propose que les parents mettent des deux côtés la main à la poche pour compléter les revenus du jeune ménage. Il a fait à part lui ses calculs, prévoyant de répartir également entre ses enfants deux cent mille francs [14] qu'il possède en titres et en propriétés. La seule chose sur laquelle il ne transige pas, c'est l'appartenance de son fils à l'administration préfectorale qui constitue l'alpha et l'oméga de son ambition paternelle.

Jean Moulin garde quant à lui de cet échec une impression très déplaisante, qui lui fait soupçonner une machination quelconque. Ce qui, probablement, soulagerait son amour-propre. « J'avais la sensation que les rôles étaient absolument renversés. Ce n'étaient plus eux qui me proposaient leur fille, comme au début. C'était moi qui insistais pour qu'on me la donne. »

On devine que sa vanité a été blessée par les atermoiements de la famille Auran qui suggèrent qu'on le voit comme un fonctionnaire contractuel provincial, désargenté, à l'avenir incertain et aux capacités aléatoires, ce qui contraste péniblement avec l'image de lui-même que lui renvoient par exemple les notes accordées par son supérieur hiérarchique :

> D'une intelligence très développée et d'un esprit ouvert et averti. Possède un jugement très sûr et supérieur aux hommes de son âge. Travailleur, montre une très grande régularité dans l'expédition des affaires, qu'il comprend rapidement et expédie de même. M. Moulin compte, avec ses services de mobilisation, sept ans et demi de services qui lui ont permis d'acquérir une expérience et une autorité rares à son âge. Il fera un excellent sous-préfet ou secrétaire général[15].

On lui préférerait, constate-t-il avec amertume, un limonadier lesté d'un bon pécule. Cet apport, conclut-il vengeur, permettrait aux Auran, qu'il soupçonne d'avoir fait de mauvaises affaires au restaurant du Havre, de continuer « à mener grand train sans avoir de gros capitaux »[16]. Qu'on sache bien que tout provincial qu'il est, il n'est pas dupe de cette esbroufe. Pour lui, cette histoire prend fin définitivement aussitôt revenu du malheureux voyage à Paris.

Cette rude blessure d'amour-propre sera compensée deux ans plus tard par une éclatante nomination comme sous-préfet, à l'âge de vingt-six ans (ce qui en faisait pour l'heure le plus jeune sous-préfet de France...), et par un mariage mené au pas de charge avec une jeune fille d'un milieu plus relevé que celui de Jeanne, que son père décrivait très prosaïquement comme « élevée dans toute l'exception *[sic]* du mot en *commerçante* »[17].

Abel Auran aura su que ses pronostics avaient été démentis et il put d'autant mieux suivre les avancées fulgurantes de la carrière de Jean Moulin que, militant du parti radical, il lui arriva même d'en être le délégué (pour Montrond, lieu de la fameuse villa aux soixante prises électriques) lors de congrès. Côtoyant à quelque distance les grandes figures du parti – dont Pierre Cot, devenu entre-temps le patron de Jean Moulin –, il ne pouvait pas manquer de constater qu'en moins de dix ans, le prétendant éconduit était parvenu à parcourir un chemin qui l'avait mené jusqu'aux cabinets ministériels[18]. Il n'eut toutefois pas l'occasion d'avoir des regrets : Jeanne s'était mariée deux semaines avant la promotion de Jean Moulin.

Tout de même, on ne peut tout à fait se défendre d'imaginer combien la vie de Jean Moulin aurait été différente s'il avait, à vingt-quatre ans, épousé Jeanne Auran, fille de restaurateurs parisiens aisés. Aurait-il orienté autrement sa carrière ? Aurait-il eu des enfants dont il aurait eu la responsabilité en 1940, ce qui aurait pu avoir des répercussions sur ses choix ? De manière plus anecdotique, Jeanne aurait-elle été une bonne épouse de sous-préfet ou de préfet ? Autant de questions que les réticences d'Abel Auran envers un jeune chef de cabinet légèrement impécunieux laissent sans réponse.

5

Lettre à son père
13 mai 1925

Il n'est que trop évident, y compris pour Jean Moulin lui-même, qu'il doit son entrée dans la vie professionnelle aux relations de son père. Il peut même douter que son travail soit apprécié sans arrière-pensée. Au moment de lui attribuer ses notes annuelles, en 1921, le préfet de l'Hérault a cru judicieux d'encenser au passage Antonin Moulin :

> Il est du reste le fils d'un conseiller général de Béziers, très républicain, jouissant dans l'assemblée départementale d'une considération méritée et d'une influence justifiée par ses capacités et son dévouement au bien public[1].

Son premier succès personnel incontestable lui vient lorsque l'ancien secrétaire général de la préfecture de l'Hérault, Maurice Mounier, l'appelle à ses côtés comme chef de cabinet quand il est nommé préfet de la Savoie. Jean Moulin s'est fait fort de l'annoncer à ses parents, sans d'ailleurs leur demander leur avis sur une promotion qui implique de s'éloigner de sa famille et des lieux de sa jeunesse[2]. Jean Moulin a vingt-deux ans et il prend son indépendance dans tous les domaines. Elle est symbolisée par l'appartement de fonction personnel qui lui échoit dans la partie médiévale de préfecture de Chambéry, ancien château des ducs de Savoie.

Il fait ses preuves dans son nouveau travail et s'intègre dans la société chambérienne. Il avait redouté que la ville soit « un trou » et il avait craint d'avoir froid. Il découvre les randonnées et le ski avec enthousiasme et, avec non moins d'enthousiasme, les excursions en Italie, à Megève ou à Aix-les-Bains, lieu de villégiature à la mode où la vie culturelle et mondaine est intense pendant la saison. Il y assiste avec plaisir ou étonnement aux spectacles venus en tournée depuis la capitale. Il fréquente des jeunes gens de son âge, va au bal et s'amuse.

C'est aussi à cette époque qu'il choisit le pseudonyme de Romanin pour son avatar artistique. Tout en peignant des aquarelles inspirées des paysages de la région, il se met à croquer les silhouettes des provinciaux et à caricaturer les Parisiens en vacances, avec une certaine prédilection pour les nouveaux riches, les femmes entretenues et les gigolos. Il participe à des expositions locales, prenant part à des concours d'affiches comme il l'a fait à Montpellier. Surtout il se remet à publier des dessins dans la presse de façon rémunérée et semi-professionnelle. Il se lie avec Jean Saint-Paul, fils d'un conseiller de la préfecture et jeune peintre, qui gagne sa vie comme barman et lui présente quelques artistes. Il offre à ce jeune provincial son premier accès direct à la bohème artistique qui l'avait tant fait rêver, aussi revêt-il à ses yeux un incontestable prestige.

Ces nouvelles fréquentations le changent des artistes académiques qu'il a pu côtoyer jusqu'alors dans le sillage du sculpteur biterrois Injalbert et qu'il commence à désigner avec cruauté comme « statuaires pour collège de garçons » [3]. Il lit les critiques d'art dans la presse, les journaux spécialisés et il s'achète des livres d'art et des monographies sur les peintres, malgré la cherté de ces ouvrages et la qualité moyenne des reproductions en noir et blanc. Il prend l'habitude de passer une partie de ses congés à Paris, y compris pour y visiter des expositions, des salons et voir des spectacles comme les Ballets russes. Le reste du temps passé dans la capitale est dévolu à cultiver ses accointances au ministère de l'Intérieur et à soigner ses relations avec les parlementaires. Car, du moment qu'il s'est résolument engagé dans une carrière préfectorale, il entend y réussir vite et bien.

Il utilise ses talents de caricaturiste pour portraiturer – anonymement – les hommes politiques savoyards dans un virulent

Jean Moulin vu par Romanin.

tract qui soutient le Cartel des gauches lors des élections législatives de 1924. Nonobstant le cocktail de neutralité républicaine et de discipline à l'égard du gouvernement de rigueur dans l'administration préfectorale, il ne se cache pas de ses convictions politiques et est prêt à courir des risques – calculés puisqu'il a l'appui de son préfet – pour les promouvoir. Il apporte donc sa modeste pierre à l'édifice de la victoire de l'alliance électorale conclue entre le parti radical et la SFIO contre le Bloc national dont est issu le gouvernement Poincaré.

Partisan de cette union des gauches, eu égard à un scrutin proportionnel avec prime aux majoritaires qui défavorise les solitaires, Jean n'en reste pas moins un radical de cœur. « Dans cet heureux pays, explique-t-il à ses parents en exposant la situation savoyarde, les socialistes n'ont pas autant à présenter que dans de nombreux départements et tous, radicaux et socialistes, ont été d'accord pour présenter une liste de trois candidats radicaux[4]. »

À son poste de chef de cabinet du préfet, Jean Moulin est amené à participer à l'organisation des élections et à scruter la vie politique locale pour informer sa tutelle, y compris en participant à la rédaction du rapport mensuel dans lequel le préfet rend compte des événements et de l'état d'esprit de son département. Il pense en conséquence avoir acquis une très bonne connaissance de la politique. C'est sans doute l'une des raisons pour lesquelles, en mai 1925, il décide de prodiguer à son père des conseils en vue de sa réélection comme conseiller général et pour la suite de sa carrière politique. Le contexte de cette lettre est d'ailleurs très particulier puisque, depuis qu'il a atteint ses vingt-cinq ans, Jean Moulin s'estime en mesure de postuler pour l'étape suivante en visant une nomination comme sous-préfet.

Durant l'été 1924, à la faveur de la victoire du Cartel des gauches et de la nomination au ministère de l'Intérieur de Camille Chautemps, radical, franc-maçon et membre de la Ligue des droits de l'homme, Antonin Moulin entreprend une manœuvre d'envergure afin d'obtenir une sous-préfecture dans l'Hérault pour son fils. Il active les parlementaires radicaux du département. Mais Lodève est déjà réservée pour un autre candidat et la sous-préfecture de Saint-Pons fait l'objet d'âpres négociations entre les notables locaux. On lui fait comprendre qu'il ne faut pas compter sur un poste dans le département, ce qui suscite chez lui une vive déception. Déception que son fils semble ne pas partager, car il est apparemment peu désireux de rentrer si tôt au bercail [5]. Il choisit de briguer une promotion en Savoie même, ce qui implique que, cette fois, ce soit lui qui prenne les commandes du lobbying auprès des soutiens politiques et administratifs, et non plus son père. Dans un premier temps, il en résulte une proposition d'affectation en Alsace-Lorraine qui le surprend et qu'il décline en arguant – à juste titre – ne pas maîtriser assez bien l'allemand pour travailler dans des départements qui ne sont redevenus français que depuis cinq ans. À dire vrai, se mettre sur les rangs alors que la victoire du Cartel avait provoqué une vague inouïe de sollicitations, promotions et mutations avait été une fausse bonne idée.

Ne patientant qu'à peine après que le ministre Chautemps a rappelé les fonctionnaires et leurs soutiens politiques à un peu plus de retenue, Jean Moulin relance ses démarches et, dès la fin de l'hiver 1924-1925, il se voit près d'aboutir. Son préfet s'est engagé à fond pour l'aider, lui accordant des notes dithyrambiques, vantant sa tenue élégante, la maturité de son jugement, sa droiture, son autorité sur ses subordonnés, la considération dont il jouit, sa rapidité et sa régularité dans le travail, et conclut sur son insistance à le voir obtenir au plus vite sa nomination comme sous-préfet ou secrétaire général [6]. Malheureusement pour lui, le gouvernement dirigé par Édouard Herriot, qui vient de se fourvoyer sur le terrain financier et dans la conduite des affaires internationales, est renversé le 10 avril. La chute du gouvernement implique la désignation d'un nouveau ministre de l'Intérieur, Abraham Schrameck, lui-même préfet à trente-trois ans et donc très bien placé pour savoir comment se passe l'avancement. Tout le patient lobbying des mois précédents est à refaire et c'est au tour de Jean Moulin d'être amèrement déçu.

À la suite de ce contretemps, il adresse à son père une lettre dans laquelle il tranche des questions politiques et lui exprime,

Antonin Moulin, tel qu'en lui-même :
un petit notable passionné de politique.

sans avoir d'ailleurs été sollicité, son avis sur l'éventualité de sa réélection comme conseiller général. Cette lettre contraste, par sa longueur et son intérêt, avec celles qu'il adresse en temps habituel à ses parents.

Sa correspondance, en effet, s'est raréfiée depuis son arrivée à Chambéry. Il se retranche derrière sa charge de travail pour excuser ses silences de plusieurs semaines, quoiqu'il trouve par ailleurs largement le temps pour dessiner et sortir. Ses lettres sont affectueuses, mais assez creuses, avec plus de considérations sur la météo que d'informations sur la substance de ses journées, pour ne rien dire de ses sentiments. Il se montre discret sur son travail autant que sur sa vie privée, comme on s'en rendra compte à propos de ses fiançailles[7]. Pour faire plaisir à sa mère, il donne des renseignements sur sa santé et son confort matériel. À l'usage de son père, il fournit quelques commentaires politiques brefs. Il ne retrouve généralement sa verve que pour détailler les démarches accomplies ou à accomplir pour favoriser son avancement. Et il demande régulièrement de l'argent, dans des termes assez secs qui masquent probablement son embarras, alors même qu'il est si jaloux de son indépendance.

La lettre qu'il rédige le 13 mai 1925 commence prudemment. Son père lui a « laissé entendre » qu'il va se représenter aux élections cantonales au mois de juillet. Il n'a certes pas de conseil à lui donner, affirme-t-il en préambule, si ce n'est de n'en rien faire dans le souci de ménager sa santé. Comme le ferait tout fils aimant. Mais sa santé n'est pas la seule que le retrait permettrait de ménager : son amour-propre aussi. Car il est manifeste que Jean Moulin ne croit pas aux chances paternelles de réélection.

Selon lui, en prenant position publiquement contre un accord avec les socialistes pour les élections municipales qui viennent de s'achever, Antonin Moulin s'est décrédibilisé aux yeux des électeurs.

> Ton opposition au Cartel des Gauches, alors que tu n'étais pas directement intéressé à la lutte, t'a sûrement aliéné beaucoup d'électeurs biterrois. Tu auras beau me dire que vous n'avez fait

que mettre en pratique la tactique préconisée par le parti radical, je te répondrai que l'électeur est simpliste et qu'il ne se préoccupe pas de ces combinaisons. Il comprend difficilement aussi que son journal, *Le Petit Méridional*, lui propose en 3e page une liste opposée au Cartel des Gauches, alors qu'en 1re page, on l'invite à voter pour les candidats de ce Cartel [8].

Qui plus est, Antonin a pris le risque de se voir opposer un candidat socialiste pour les élections cantonales, voire carrément un radical-socialiste rallié à la formule du Cartel des gauches. « Jusqu'à présent, on n'a pas osé t'attaquer ouvertement ; il est dommage que tu leur aies donné le prétexte qu'ils recherchent pour le faire. »

Or son erreur n'est pas seulement tactique. Elle trahit, ce qui est plus grave, qu'il est dépassé par la marche de l'histoire. À cet égard, il fait figure de fossile perpétuant les combats et les idéologies du XIXe siècle, en comparaison avec des jeunes gens plus entreprenants (Antonin Moulin a alors soixante-huit ans). La remarque est d'autant plus cruelle que Jean Moulin paraît se compter dans les rangs de cette génération soucieuse de renouvellement et d'action, quand il critique sans aménité la manière dont son père exerce son mandat, sous couvert de l'aider seulement à sauver son siège.

> Ce qu'il importe de faire, à mon avis, c'est d'aller dès maintenant dans les communes rurales du canton. Tu y as certes beaucoup d'amis, mais avoue que tu n'y vas jamais et que tu te fies un peu trop aux amis que tu y comptes. Il faut que tu y ailles le plus possible, que tu t'occupes de leurs intérêts viticoles, etc., et surtout que tu n'y envoies pas à ta place, comme tu le fais souvent, des jeunes gens *qui te tirent dans les jambes*. Tout n'est pas perdu, mais il faut que tu t'en occupes sérieusement. On se laisse vivre, on compte sur sa popularité, mais on s'aperçoit, comme quelqu'un que tu connais bien, qu'on est lâché.

Comme si ce sermon ne suffisait pas, il assène à son père, sous prétexte de lui enjoindre de ne pas se sacrifier pour lui, que son influence, de toute évidence déclinante eu égard aux résultats non obtenus depuis un an, ne lui sert plus à rien pour faire avancer sa carrière, dont il s'occupera mieux tout seul.

« Sans doute est-ce pour moi que tu le fais. Je t'en remercie, mais crois-tu que ça me donnera plus de chances d'être nommé ? Je n'y crois pas trop… »

Pour étayer son point de vue, il y ajoute une leçon de pragmatisme et de modernité, en célébrant les mérites du Cartel, qui a effectivement remporté un succès aux municipales, avec une importante prime pour les candidats SFIO que le parti communiste a consenti à soutenir pour le second tour. Bizarrement, s'il réfléchit en termes d'efficacité électorale, il ne dit pas un mot des déboires que la majorité de Cartel connaît à la tête des affaires du pays. L'échec patent du gouvernement Herriot l'a en effet fait entrer dans une lente agonie qui se terminera par le retour au pouvoir de la droite… avec l'appui du parti radical.

> Il est d'ailleurs un fait certain, c'est qu'à l'heure actuelle, la formule du Cartel des Gauches fait le maximum. Il y a comme cela des courants qu'on ne remonte pas. On a beau mettre des imbéciles ou des crapules sur une liste, elle passera si elle a l'étiquette du Cartel. Le coefficient de sympathie ne joue plus. Qu'on le veuille ou non, toutes les élections sont devenues des élections politiques.
>
> D'ailleurs le Cartel n'est pas si mauvais que cela et ce n'est pas toujours, comme on le prétend, un marché de dupes avec les socialistes. Tu as pu voir que, dans beaucoup de localités où le Cartel ne s'est pas fait, *ce sont les socialistes seuls qui sont passés.*
>
> Votre grosse erreur, à quelques-uns, c'est de n'avoir pas cru au succès du Cartel…

Éprouvant un certain embarras en constatant la vigueur de ses reproches et son ton comminatoire, Jean Moulin finit sa lettre assez abruptement, mais en recherchant évidemment la conciliation. « Ne te fâche pas de tout ce que je t'ai dit et reçois mes meilleurs baisers[9]. »

Quels qu'aient pu être les sentiments forcément mélangés d'Antonin Moulin à la lecture de cette lettre, il ne se fâche pas. L'affection et la fierté éprouvées à l'égard de son fils font que, cette fois comme d'autres, il ne lui marque pas sa désapprobation, mais continue à le soutenir fidèlement. Il tiendra d'ailleurs sa discrète revanche en obtenant au premier tour des élections deux fois plus de voix que le candidat socialiste et dix fois plus que le communiste, puis en étant réélu conseiller général et en le demeurant jusqu'au moment où il fera le choix de se retirer, en 1931.

Mieux, lorsqu'en août 1925 Jean Moulin lance une nouvelle campagne pour décrocher la sous-préfecture d'Albertville, il sollicite bel et bien son père pour qu'il active ses amis politiques. « Il ne serait pas mauvais, si M. Lafferre [sénateur de l'Hérault depuis 1898] est encore à Paris, que papa lui envoie encore un mot pour le prier d'intervenir une fois encore auprès de M. Schrameck qui le tient, paraît-il, en haute estime [10]. » C'est donc bien avec l'aide agissante de son père, dont il avait affecté pouvoir se dispenser, qu'il est finalement nommé, en octobre, à vingt-six ans, sous-préfet de troisième classe. Trois ans et demi plus tard, il aura encore besoin de lui pour l'aider à obtenir son changement d'échelon, puis une nouvelle affectation.

Si l'ambition d'Antonin Moulin était satisfaite avec l'entrée officielle de son fils dans l'administration préfectorale, celle de Jean Moulin ne faisait que commencer.

6

Mariage éclair, divorce éclair
27 septembre 1926
(et 19 juin 1928)

Quelle date choisir pour parler du mariage de Jean Moulin et de Marguerite Cerruti ? Celle de la cérémonie ou celle du divorce ? Elles sont si proches qu'elles illustrent ce que fut ce mariage, aussi vite conclu que rompu. Non sans larmes.

On n'en connaît pas de photo. Pourtant on imagine très bien les mariés. Elle avec une robe blousante telle qu'on en portait dans les années 1920 et un voile retenu par un bandeau enserrant le front. Lui en jaquette et gilet noirs, pantalon rayé et guêtres claires, col à coins cassés au-dessus d'un petit nœud papillon, plutôt guindé, comme sur la photo prise de lui dans son bureau par un collègue [1]. Pas de photo donc, mais deux récits, celui de la mariée et celui de la sœur du marié qui rapportent qu'au moment de répondre aux toasts, Jean Moulin se mit à pleurer. Sous l'effet de l'émotion ou sous celui du stress, selon les versions [2].

En 1923, Jean Moulin s'était vu éconduit pour des raisons matérielles aussi frustrantes que vexantes. Cette fois, il a pris sa revanche sur le terrain de sa carrière. Reste à se rattraper aussi sur le terrain matrimonial. Son accession au poste de sous-préfet (de troisième classe) lui permet d'envisager financièrement de fonder un foyer. Elle l'encourage de surcroît à se faire accompagner d'une épouse qui convienne à sa nouvelle position.

Le projet de 1923 était un mariage arrangé. Celui de 1926 en prend totalement le contre-pied. Le 19 juin, veille de son vingt-septième anniversaire, Jean Moulin annonce de but en blanc à ses parents stupéfaits sa prochaine union avec une jeune fille que non seulement ils ne connaissent pas, mais dont ils n'ont jamais entendu parler : Marguerite Cerruti.

Elle a dix-neuf ans. Jean Moulin a fait sa connaissance lors d'un bal donné à la préfecture de Chambéry. Son père, mort depuis dix ans, était trésorier-payeur général et administrateur de sociétés. Même si sa famille appartient à une bourgeoisie plus aisée et plus ancienne que la sienne, on pourrait au moins croire que, cette fois, on ne lui reprochera pas d'être fonctionnaire.

Il mène les préparatifs tambour battant. Hésitation entre saphir ou émeraude pour la bague de fiançailles. Liste de mariage donnant la préférence à l'argenterie. Choix des témoins (son ancien préfet) et des enfants d'honneur (la fille de son ancien préfet, le fils de l'actuel). La réception aura lieu à Betton-Bettonet, entre Chambéry et Albertville, où la mère de la future mariée possède une maison de campagne. Ce sera plus pratique et moins coûteux qu'à Paris (où les deux femmes vivent une partie de l'année)[3]. Tout sera bouclé avant la fin de l'été.

Est-ce la passion qui l'anime si fort et le fait tant se hâter ? On ne connaît qu'une seule lettre écrite à Marguerite, mais elle date du mois de mai 1925. Elle n'excède pas de beaucoup la camaraderie, mais témoigne très sûrement du terrain sur lequel les deux jeunes gens se rejoignent. Il lui parle dessin pour son compte et musique pour elle, car la jeune fille rêve d'une carrière de cantatrice[4]. Dans d'autres extraits, cités dans le livre publié par Marguerite cinquante ans plus tard, on trouve des encouragements pour qu'elle travaille le solfège et le chant et des compliments pour ses petits succès. Il semble également compatir aux objections mises par sa mère à ses projets de devenir chanteuse[5]. À cet égard, même si la lettre est signée « Jean », c'est sans doute Romanin qui l'a rédigée. En ce qui concerne le domaine sentimental à proprement parler, on ne peut que

Marguerite Cerruti et Jean Moulin :
un couple apparemment bien assorti dont le mariage conclu
à l'arraché durera moins de deux ans.

supposer que leurs relations avaient substantiellement évolué en un an.

Mis au pied du mur, Antonin Moulin s'exécute et adresse une demande en bonne et due forme à Mme Cerruti (Marguerite étant de toute façon mineure). Il le fait avec plus de bienveillance que d'enthousiasme, sur papier à en-tête du conseil général de l'Hérault, pour donner plus de poids à sa démarche.

> Notre fils Jean est venu tout dernièrement nous faire connaître son projet de mariage avec Mlle Marguerite, votre fille, et nous demander notre consentement. Nous le lui avons donné bien volontiers en apprenant la haute honorabilité de votre famille, qui est la qualité essentielle à nos yeux. Comme l'affection mutuelle de nos chers enfants semble leur assurer un heureux avenir, je pense que rien ne s'oppose à leur laisser suivre le penchant de leurs cœurs et nous serions satisfaits d'apprendre que vous voyez favorablement cette prochaine union comme nous la voyons nous-mêmes[6].

Sur ce, voici Blanche et Antonin Moulin qui s'installent toutes affaires cessantes à la sous-préfecture, à la demande de leur fils, pour le seconder dans ses préparatifs. Le 21 juillet, Mme Cerruti finit par les inviter dans son bel hôtel particulier de Chambéry. La rencontre ne s'avère pas très concluante, malgré la remise officielle de la bague : « un saphir très beau et très épais (2 carats) entouré de brillants très bien montés »[7]. Jean Moulin a bien vu que ses parents ont tiqué en découvrant la mère de la mariée.

> Tu connais papa et maman, explique-t-il à sa sœur Laure. Ils ont l'habitude de fréquenter des gens calmes et pondérés et ils ont été surpris de tomber dans un milieu de gens ayant vécu à Paris, ayant voyagé, ayant même un grand train de vie, faisant de la musique, du chant, etc. Ils ont toutefois reconnu que la jeune fille était douce et gentille et je leur ai fait comprendre qu'après tout, je ne me mariais pas avec la mère. Il y a maintenant une question qui se pose, c'est la question d'intérêts que papa et maman sont peut-être un peu trop pressés de résoudre.

En clair, ses parents sont des petits-bourgeois provinciaux, mais la fiancée leur plaît. Il déchanterait s'il pouvait lire ce qu'écrit sa mère à Laure au même moment, prose d'autant plus remarquable qu'il est extrêmement rare de la lire :

> Jusqu'à maintenant on n'a parlé de rien et nous trouvons que ces gens-là ne sont pas gênés. La mère a dit qu'elle n'avait pas de linge à donner à sa fille quand nous avons dit le peu que nous apportions. La fille a répondu ensuite : nous en achèterons. La fille est jolie mais elle est un peu grosse [ce que ne confirme pas l'unique photo connue du jeune couple [8]], mais la mère a un genre qui ne nous a pas plu. J'ai aperçu un chapeau souple et blanc garni d'un velours bleu nature, tu vois d'ici cela, et avec cela nous, poires, nous y sommes allés de la bague achetée à Chambéry de 4 000 francs [2 550 euros] avec un grand regret après coup. Mais trop tard [9].

Bien entendu, la mauvaise impression est tout à fait réciproque (et n'épargne pas Laure, venue rejoindre sa famille quinze jours plus tard).

> Un petit homme sec et triste mais sachant se composer un visage plus engageant quand il faut, courtois, mais ne tolérant la contradiction que dans les limites bien précises, une femme un peu empâtée et déjà fanée au sourire timide, campagnarde dans ses manières et évitant la conversation ; une fille sans grâce au-delà de la trentaine, aux airs pincés, volontiers volubile et certainement intolérante [10].

Sur d'aussi bonnes bases, on ne s'étonnera pas que Jeanne Cerruti tarde à accorder son consentement. On peut sans doute y voir un certain mépris social et de la réticence à remettre à sa fille la part d'héritage qui lui vient de son père. Au vu de ce qu'il advint par la suite, on peut penser que la mère de Marguerite, connaissant sa fille, savait que les choses tourneraient aussi mal qu'elles le firent. Elle semble avoir été en outre à la fois possessive et fantasque. Choisissant peut-être l'esquive, Jeanne rentre seule à Paris sans avoir donné de réponse ferme. Tant et si bien que, le 23 août, Jean Moulin lui pose un ultimatum :

> Vous savez tout l'amour que j'ai pour votre fille et aussi quels sentiments d'affection j'ai pour vous. Aussi m'est-il particulièrement

pénible d'avoir à vous écrire cette lettre et à vous demander très nettement une réponse que vous me mettez dans l'obligation de vous poser. Je suis profondément, je dirais même douloureusement surpris de votre attitude à mon égard. Je ne croyais pas avoir mérité, soit par mes actes, soit par mes paroles, quelque ressentiment de votre part envers moi-même ou envers ma famille. Et cependant depuis plus de deux mois que je suis le fiancé de votre fille, vous m'avez fait subir, ainsi qu'à ma famille, toutes sortes de vexations [11].

Comme il est hors de question de revivre un camouflet comparable à celui de 1923, il exige de recevoir, d'ici au 26 août, une réponse fixant la date du mariage au plus tard le 8 septembre, faute de quoi il retirera sa demande. Ayant reçu une réponse qu'il estime dilatoire (que nous ne connaissons pas), Jean Moulin prend acte de cette rupture dont il déclare Mme Cerruti seule responsable [12].

Pourtant, la mère de Marguerite finit par céder sur l'insistance de sa fille qui la boude théâtralement pour faire pression. Mais à contrecœur et sans s'en cacher. Elle revendique auprès de sa fille le rôle de « la mère méchante » et de Jean Moulin celui de « détestée belle-mère » [13]. Pendant ce temps, Antonin Moulin a imposé le 1er octobre comme ultime délai, prétextant devoir rentrer impérativement à Béziers (alors qu'il est retraité). C'est dans cette ambiance pesante que la date du mariage est enfin fixée au 27 septembre. D'ultimes tractations financières semblent être intervenues pour laisser à Jeanne Cerruti le contrôle de l'héritage de sa fille, en tant qu'usufruitière.

Arrêtée un lundi, la cérémonie se déroule à Betton-Bettonet. Il a fallu concéder un mariage religieux qui ne correspond ni aux convictions ni à la pratique de Jean Moulin. Mais c'est à l'époque banal. Son père s'y était plié avant lui.

À l'issue du repas, Jean fond en larmes au moment de répondre aux félicitations du préfet. On mettra ses pleurs sur le compte de l'émotion, quelle qu'elle soit.

La nouvelle sous-préfète est jeune et d'un caractère enjoué. Cela ne l'empêche pas de trouver fort longues les journées d'hiver qu'elle passe seule pendant que son mari travaille ou sillonne son arrondissement. Jean Moulin s'efforce de lui offrir des compensations. Ils reçoivent beaucoup pour dîner, jouer au bridge ou faire de la musique. Ils sortent dès qu'il est possible de profiter des ressources des stations touristiques savoyardes. Un soir, en rentrant de Val-d'Isère, un pneu de leur voiture éclate et le véhicule finit dans le ravin. Jean Moulin est simplement contusionné, mais sa femme est plus sérieusement blessée. Venus l'aider, les parents puis la sœur et la cousine du sous-préfet constatent que les querelles sont nombreuses et vives au sein du jeune couple. Pourtant, Jean Moulin encourage sa femme dans sa vocation de cantatrice. Aussi, elle se rend souvent à Paris pour prendre des leçons de chant et préparer le concours d'entrée au conservatoire. Elle le présente apparemment et échoue, en 1927. Marguerite semble décidée à le retenter, en dépit des séparations répétées que son choix impose.

En mars 1928, ils séjournent justement tous deux dans la capitale. Au terme du congé prévu, elle prend prétexte d'un retard dans la livraison des robes qu'elle a commandées pour prolonger son séjour de deux jours. Jean Moulin rentre seul à la sous-préfecture d'Albertville. Elle ne viendra jamais le rejoindre. Pire, elle ne donne plus aucun signe de vie.

Moulin commence par cacher la situation à sa famille. Dans une longue lettre à son père, datée du 2 avril, il s'étend sur le commentaire des élections législatives à venir et sur les péripéties de la vie interne du parti radical. Comme si de rien n'était [14]. Il vient seul voir ses parents à Saint-Andiol en prétendant que Marguerite a dû se rendre auprès de sa mère. Veut-il les ménager ou ménager son amour-propre ? Pense-t-il que les choses peuvent encore s'arranger ? Il ne patiente guère toutefois. Au début du mois de mai, il demande le divorce pour abandon du domicile conjugal. Ce n'est que la veille qu'il en a averti ses parents, aussi choqués par ce dénouement qu'ils l'avaient été par l'annonce subite des projets matrimoniaux de leur fils moins de deux ans auparavant.

Il obtient le divorce dès le 19 juin, aux torts de l'épouse. Marguerite non seulement ne s'est pas présentée au tribunal, mais elle n'a même pas désigné d'avocat. Là où Jean Moulin a choisi une figure du barreau de Chambéry.

> Il avait fait avec sa femme, lit-on dans les minutes du greffe, un voyage à Paris pour dissiper un malaise persistant qu'il sentait dans son mariage ; la femme avait prétexté un futile motif de toilette pour rester quarante-huit heures de plus à Paris, laissant le mari rentrer seul à Albertville où l'appelaient ses fonctions et, depuis, bien loin de revenir, elle avait disparu sans laisser d'adresse [15].

De cet échec aussi retentissant que blessant, il ne parle pas. Il se contente de répondre très factuellement à son père qui s'inquiète de savoir si la procédure a bien abouti (et qui a contribué aux frais de justice) :

> Comme tu le supposes, le jugement de mon divorce est devenu définitif depuis le 13 [décembre 1928], sans aucune opposition, mais il faut un certain nombre de formalités : transcription, etc. qui seront terminées d'ici une quinzaine de jours [16].

S'ouvre alors une période où il profite de son célibat retrouvé. Il prend des cours pour apprendre les danses à la mode comme le fox-trot et le shimmy. Au programme : drague dans les stations de ski et les dîners, aventures d'un soir.

> Une fois seul, je me dis que c'était bien beau de faire du ski mais qu'il ne serait pas incompatible de se livrer à d'autres genres d'exercices et Megève sent terriblement le *sex-appeal* : grosse proportion de jolies femmes et surtout de jeunes femmes. Ce serait une erreur de croire cependant qu'il n'y a pas d'hommes. Il y en a aussi beaucoup ; mais en général de tout jeunes gens et des messieurs d'âge mûr. Notre génération fait prime [17] !

Quand, par la suite, il lui arrivera – exceptionnellement – d'évoquer l'éventualité de se (re)marier, il parlera de *mariage* et non de *remariage*. Marguerite est sortie de sa vie aussi complètement qu'elle l'a souhaité…

Car la famille de Jean Moulin n'a pas encore renoncé à le voir marié. On peut la comprendre. Il a trente ans. Il est bel homme et sympathique. Et, quoi que semblent en penser les

Avec Pierre et Nena Cot en Autriche, en février 1934.
Une grande amitié sur fond de passions communes :
la politique et le ski.

belles-familles potentielles ou réelles affrontées jusqu'ici, il a une situation. Une situation qui va d'ailleurs en s'améliorant : sous-préfet de 2e classe depuis 1930, membre d'un cabinet ministériel en 1932 et 1934. Il jouit de l'appui de parlementaires éminents, ce qui laisse augurer une carrière en expansion. Laure a passé les quarante ans et n'est pas mariée. Son frère, lui, peut encore fonder une famille, ce qui paraît très logique, même dans la France démographiquement déprimée des années trente.

Et c'est Laure qui, en juin 1934, se prend soudain au rôle d'entremetteuse. Des amis montpelliérains de ses parents évoquent avec elle leur jeune cousine, Jeannette B. Jean est divorcé. Elle aussi. Elle a dû se séparer en catastrophe d'un mari qui avait installé sa maîtresse au domicile conjugal... Elle n'a que vingt-six ans, et des connaissances communes la décrivent comme « charmante, affectueuse et assez naïve ». « Elle était moyennement douée pour les études, confie un de ses anciens professeurs, mais bonne musicienne. » Elle possède d'ailleurs des atouts dont Laure fait l'inventaire à son frère, après avoir consulté leurs parents :

> D'après les D., c'est une jeune femme grande, mince et très élégante (ses parents ont plusieurs millions). Elle a un joli type de blond vénitien et les yeux noirs. Elle est très [un mot effacé] et serait, paraît-il, très capable de recevoir avec amabilité et tact. Elle est très affable et affectueuse et élevée par sa mère dans des habitudes d'ordre et d'économie malgré qu'on dépense beaucoup chez elle en raison de la grande aisance qui y règne.

Le père possède, précise-t-elle, « une grosse situation dans le commerce ». De fait, ils seraient « très nouveaux riches, la mère surtout »[18]. Ce qui n'est pas un compliment. Or, à la réception de cette lettre, Moulin n'oppose pas de fin de non-recevoir. Il ne se plaint pas de voir sa sœur, ses parents et leurs amis s'immiscer dans ses affaires. Au contraire. Dans les jours qui suivent, il prend contact avec la famille de la jeune femme et accepte de leur rendre visite.

> Pour vous montrer que je suis loin d'être hostile à l'idée de me marier, j'ai accepté bien volontiers le rendez-vous que M. B. m'a fixé il y a trois jours.

Antoinette Sachs, l'une des compagnes de la maturité.

Malheureusement, malgré mon vif désir de ne pas me montrer difficile… j'avoue que je ne me sens pas le courage de finir mes jours aux côtés de sa fille !

Le père est sympathique, la mère lui semble insupportable. « Mais tout cela ne serait rien si la fille me plaisait. » Nous n'en saurons pas beaucoup plus, si ce n'est par antiphrase. « Il est facile de comprendre, explique-t-il, que si elle était *distinguée*, *jolie* et *intelligente*, elle serait mariée depuis longtemps étant donné sa fortune ! » Moyennant quelques mensonges polis, il coupe court.

Un coup pour rien, donc.

En dépit de toute la bonne volonté qu'il affiche, son manque de conviction est flagrant. « Je tiens à répéter que je n'avais aucune idée préconçue et qu'au contraire ce mariage me paraissait sympathique [19]. » Le tout a été envisagé, exécuté et soldé en huit jours.

Parmi les mensonges polis dont il a usé pour couper court sans vexer les amis de ses parents, la nécessité pour lui de gagner au plus tôt son nouveau poste de secrétaire général de la préfecture de la Somme.

Là aussi, ses talents de danseur, sa voiture de sport, sa gentillesse et son charme font effet. Louise Jozon, fille du préfet et petite-fille du président du Sénat, est persuadée qu'il va la demander en mariage et s'en ouvre à ses jeunes amies [20]. Sauvé par le gong ou ayant perdu une superbe occasion, Jean Moulin quitte abruptement le département pour rejoindre un cabinet ministériel.

Homme de bonnes fortunes et de rencontres d'un soir, Jean Moulin s'est installé dans une vie de célibataire endurci à la faveur de ses séjours parisiens et de ses vacances, qui lui assurent la discrétion, loin des regards de ses administrés. Ce n'est apparemment que dans la deuxième moitié des années 1930 que, pendant que ses fonctions le retiennent dans la capitale, il va connaître des liaisons plus durables. Avec Antoinette Sachs, d'abord, une femme peintre, avec laquelle il entretient une longue amitié amoureuse sans engagement, parce qu'elle est déjà la compagne du poète Paul Géraldy. Avec Gilberte Lloyd, une mondaine polyglotte et fortunée, deux fois divorcée, d'un comte russe et d'un homme d'affaires américain, plus disposée à vivre une passion qu'à lui être fidèle. Elle sera d'ailleurs son dernier chagrin d'amour quand, lassée de le voir épisodiquement au milieu des risques de la Résistance, elle rompra abruptement, au début de 1943, pour faire un confortable mariage. À chaque fois, des femmes de quarante ans, de véritables partenaires, indépendantes et, en réalité, guère disponibles avec lesquelles il n'était pas question de se « ranger ».

Gilberte Lloyd, la dernière passion de Jean Moulin.

7

Une semaine en voiture
26 janvier-1er février 1930

C'est une Amilcar modèle Grand Sport. Le capot est long, strié d'ouïes pour le refroidissement du moteur et maintenu fermé par des sangles de cuir. L'arrière, court, est fuselé comme sur une voiture de course. La publicité garantit 115 km/h. Une trompette avertisseur à poire en caoutchouc est vissée sur le flanc, à portée de la main du conducteur, pour prévenir du danger quand le véhicule est lancé à pleine vitesse. Le bouchon du radiateur représente un petit cheval ailé et cabré. Pégase fend les airs en touchant à peine terre. Et ce bolide est rouge. Bref, ce n'est pas un véhicule très sous-préfectoral.

Il date du mariage de Jean Moulin et va avec cette période excentrique où les envies de Romanin ont pris le pas sur les habitudes raisonnables du jeune provincial qui comptait ses sous. Elle a d'ailleurs coûté trois mille francs (deux mois de salaire) et nécessité un emprunt auprès de sa sœur. C'était tout de même un bon investissement qui a survécu au divorce. Le sous-préfet a fait changer la capote pour affronter les rigueurs de l'hiver puisqu'il prend la route, ce 25 janvier 1930, pour rallier Albertville à Châteaulin, en passant par Moulins, Tours, Nantes et Quimper. Mille cent kilomètres à parcourir en une petite semaine.

Il part rejoindre son nouveau poste, une sous-préfecture de deuxième et non plus de troisième classe, conquise de haute lutte, à force de ténacité et d'entregent.

Voyant arriver ses trente ans, Jean Moulin a, comme cinq ans plus tôt, tenu à marquer le coup par une promotion, avec le double objectif d'obtenir son avancement personnel et une affectation dans une sous-préfecture de l'échelon supérieur. C'est bel et bien avec l'aide de son père qu'encore une fois les manœuvres s'enclenchent. Parlementaires de l'Hérault et de la Savoie sont priés d'appuyer, individuellement puis collectivement, l'avancement de Jean Moulin auprès du ministre de l'Intérieur. L'intéressé lui-même monte à Paris pour rencontrer des députés et sénateurs, et déjeuner avec les collaborateurs d'hommes influents.

Mais les résultats tardent à venir (« on reclasse d'abord les anciens combattants »[1]) et Jean Moulin change de tactique : abandon de l'avancement personnel au profit d'une nomination comme secrétaire général de la préfecture de Nîmes, dont son ancien patron à Chambéry est désormais titulaire. Cette fois, il sollicite des parlementaires du Gard, tandis que son père est chargé d'atteindre le président de la République par l'intermédiaire du *Petit Méridional*, quotidien de Montpellier où Gaston Doumergue écrivit il y a bien longtemps. Nouvelle incursion à Paris, nouveaux dîners ou déjeuners offerts, nouvelles dépenses nécessitant d'en appeler à la bourse paternelle pour finir le mois.

L'argent est dépensé en vain, la nouvelle tactique n'ayant pas plus abouti que la précédente.

Nouveau changement de pied : Jean Moulin essaie de faire élever sa sous-préfecture d'Albertville de la troisième à la deuxième classe. Cette troisième tentative se heurte à un troisième changement de gouvernement depuis qu'il s'est mis en campagne. Qui plus est, cette fois, avec un déplacement accentué de la majorité vers la droite, ce qui l'oblige à reconsidérer l'éventail de ses appuis politiques. L'avantage certain qu'il y a à compter sur les radicaux, lesquels forment toujours peu ou prou le centre ou l'appoint de toutes les majorités parlementaires, atteint ses limites, en particulier quand ils se divisent. Il faut alors se reporter sur les parlementaires qui ont investi et soutiennent le gouvernement, ceux qui « votent pour ». Jean Moulin découvre alors les vertus de

L'Amilcar modèle Grand Sport fait
du sous-préfet Moulin, un homme moderne et libre.

Charles Guilhaumon, député de l'Hérault, inscrit au groupe des « indépendants de gauche » et soutien du nouveau gouvernement.

> Celui-ci, explique-t-il à son père, a, peut-être momentanément mais incontestablement, une grosse influence en raison de sa position politique et du concours qu'il apporte au ministère. Les radicaux qui votent contre [le gouvernement] sont évidemment gênés de demander des faveurs (si tant est qu'on puisse appeler ça une faveur) [2].

Cette dernière remarque, assez orgueilleuse, montre que le sous-préfet estime que ses mérites devraient suffire, bien mieux que la brigue, à justifier son avancement. Il n'en apprécie pas moins le renfort que lui propose Antonin Moulin par l'intermédiaire d'un ancien collègue, dont il connaît d'ailleurs bien le fils, de quatre ans son cadet. Le jeune Georges Izard, entré au cabinet de Charles Daniélou, sous-secrétaire d'État à la Marine, vient d'épouser sa fille Catherine. Or, Charles Daniélou, député du Finistère, est prêt à appuyer un candidat à la sous-préfecture de Châteaulin, dont dépend son fief de Locronan. Le 12 décembre 1929, il reçoit Jean Moulin à la Chambre et lui donne son accord. Lui parle-t-il des projets grandioses qu'il nourrit pour sa circonscription : un phare géant destiné aux avions sur les hauteurs de Locronan et un aéroport pour les vols transatlantiques sur la presqu'île de Crozon ?

Muni de son approbation, Moulin emporte les ultimes défenses du ministère : passer devant des collègues possédant plus d'ancienneté, trouver un successeur pour la sous-préfecture d'Albertville et obtenir la décision du président du Conseil et ministre de l'Intérieur, André Tardieu. Le tout à vive allure et en continuant à faire jouer les appuis parlementaires. Cette fois est la bonne : le décret qui le nomme sous-préfet de Châteaulin paraît au *Journal officiel* le 8 janvier 1930. Il lui reste moins de trois semaines pour faire ses bagages.

Il faut tout empaqueter. L'Amilcar ne peut pas contenir beaucoup plus que des vêtements et des affaires de toilette. Le reste suivra et il en profite pour liquider les dernières séquelles de son mariage, comme le piano.

Il n'a pas pris la peine ou pas osé s'enquérir de l'allure et de l'équipement de la sous-préfecture qui l'attend à l'autre bout de la France. Mais il a bien retenu la consigne : Daniélou veut « un sous-préfet qui ait une auto, en raison des difficultés de communication de l'arrondissement »[3]. Qu'à cela ne tienne : il fera le trajet en voiture. « Ce sera aussi une bonne épreuve pour la nouvelle machine[4]. »

Dans un premier temps, ce sont les adieux à son arrondissement. Jean Moulin remercie les maires de la bonne collaboration des quatre années écoulées.

> Je mentirais si je ne vous disais pas que j'éprouve une certaine mélancolie à quitter cette Savoie si prenante par ses beautés naturelles et plus encore par les solides qualités de ses habitants. Les années que j'ai passées au milieu de vous qui, pour la plupart, avez été les témoins de débuts dans la vie administrative et auprès de qui j'ai puisé tant de hautes leçons, compteront, soyez-en persuadés, parmi les meilleures de ma carrière[5].

On lui répond sur le même ton aimable et la presse de droite se plie sans mauvaise grâce à cet exercice obligé. Les querelles électorales sont – presque – oubliées.

> Homme courtois et distingué, accomplissant ses fonctions administratives sans éclat ostentatoire, mais avec conscience et l'impartialité – plutôt restreinte – que lui permettaient ses obligations politiques, M. Moulin laissera dans l'arrondissement de nombreuses sympathies et des regrets[6].

En termes nettement moins convenus, François de Menthon, alors jeune président de l'Action catholique de la jeunesse française, implanté dans la Haute-Savoie voisine, le trouve, lui, sectaire, arriviste et coureur[7]. On admettra que ces deux jeunes gens évoluaient dans des univers très dissemblables.

Une chose est certaine : Jean Moulin regrettera le ski, qui a été une des grandes révélations de ces années savoyardes, et les amis qu'il abandonne non sans avoir multiplié les déjeuners et les dîners d'adieu. Enfin il prend la route, seul et sans attache.

Une première étape de 300 kilomètres l'amène à Moulins, après un arrêt à Lapalisse pour prendre le thé chez le sous-préfet. Il fait doux et, en dépit du brouillard, il a bien roulé. Il est très satisfait de la capote. « J'ai presque l'illusion d'être dans un cabriolet[8]. »

Le lendemain, il rallie Bourges qu'il visite longuement.

Quand il repart, la pluie commence à tomber. Les routes deviennent glissantes et il roule à quarante. Elles se gâtent, à tel point que les amortisseurs de la voiture sautent et l'obligent à une halte à Romorantin pour faire réparer. On lui déconseille la route de Tours, pour éviter que ses déboires ne se répètent, et il se détourne vers Blois où il passe sa deuxième nuit. Le lendemain, il prend le temps de visiter le château avant de s'apercevoir que l'un de ses pneus est dégonflé. Il y remédie sans avoir à utiliser la roue de secours fixée par des courroies de cuir sur le flanc de l'Amilcar. Et le revoilà en route pour Tours, puis Saumur et enfin Nantes, en suivant les bords de Loire.

Après avoir parcouru Nantes, il entame sa dernière grande étape qui doit le conduire jusqu'à Quimper. Il touche au but, le 31 janvier, peu avant l'heure du déjeuner, tout de suite captivé par « les vieilles maisons boisées et des tas de gens en costumes bretons »[9].

Tout au long de ce périple, il a envoyé des cartes postales à ses parents pour leur faire partager ses découvertes. Bien que sa correspondance soit, comme à l'ordinaire, très factuelle et anodine, on devine qu'il est enchanté de ce qu'il voit. Et on peut lire qu'il est au moins aussi enchanté de sa voiture.

> Mon voyage s'est effectué dans les meilleures conditions. Ma voiture s'est comportée merveilleusement et plus je marchais et mieux le moteur tournait. Je n'ai pas une fois eu besoin de soulever le capot, soit pour nettoyer le carburateur soit pour nettoyer les bougies. Si ce n'était pas qu'elle n'est pas très bien suspendue, ce serait le rêve[10].

La parenthèse, pourtant, s'achève.

Le 1er février, Jean Moulin déjeune à la préfecture. L'accueil est aimable. Pas de consigne : le préfet estime sans doute que ce sous-préfet apparu miraculeusement sous les auspices de l'homme fort du département n'a pas besoin de lui pour savoir ce qu'il a à faire. Dans l'après-midi, il gagne finalement Châteaulin. C'est un peu la douche froide en découvrant un modeste bourg encaissé le long de l'Aulne, l'horizon barré par les collines et une sous-préfecture sans gaz ni salle de bains, dont les pièces à vivre sont réparties sur trois niveaux, sans qu'on comprenne vraiment quel dessein a présidé à cet aménagement. « Ce qu'il y a de curieux, confie le nouveau sous-préfet dubitatif, c'est qu'on a installé le lavabo sur le palier de l'escalier du second. C'est une drôle d'idée[11]. »

Mais, curieux ou pas, c'est là qu'il va commencer une nouvelle étape de sa vie.

Pendant qu'il roulait au volant de cette si aimable Amilcar, Jean Moulin a fait le bilan des années écoulées. À n'en pas douter, d'ailleurs, il a choisi ce mode de transport et cette coupure d'une semaine pour se réserver un peu de temps pour lui-même. Le loisir de visiter, de découvrir, de se distraire. Le temps de réfléchir aussi. La pause est bienvenue sans doute après la frénésie des dernières semaines, entre les démarches pour obtenir sa promotion, les remerciements à envoyer une fois le but atteint, et les préparatifs de départ. Un ami médecin, le trouvant surmené, a d'ailleurs conseillé un peu de détente et de repos[12].

Dans ses adieux officiels, il a évoqué avec modestie ses débuts comme sous-préfet. Que se dit-il en son for intérieur ? À trente ans, le voici une fois encore le plus jeune promu dans sa catégorie. Il faut dire qu'il a déjà plus de dix ans de carrière derrière lui. Comme attaché de cabinet, il a su se faire remarquer par un « patron » qui lui a mis le pied à l'étrier. Comme chef de cabinet, il a acquis une très bonne expérience professionnelle qu'il a pu valoriser. Comme sous-préfet, il a tiré son épingle du jeu avec une certaine aisance, dans la routine quotidienne ou lors des circonstances exceptionnelles, qu'elles soient dramatiques ou plaisantes. Les relations avec la plupart des parlementaires de son département ont été bonnes, voire excellentes. De surcroît, il a noué avec l'un d'entre eux des liens privilégiés.

Deux ans plus tôt, il a en effet fait la connaissance d'un juriste encore jeune et férocement ambitieux, candidat radical à la députation aux élections de 1928 : Pierre Cot. D'emblée il a admiré son énergie, son éloquence et sa hardiesse. Venu de la droite, peu implanté dans le département, cet avocat parisien, protégé de Raymond Poincaré, a su s'imposer au sein du parti radical local avec de puissants appuis émanant des instances nationales. Il a rallié le soutien des socialistes, parlé au nom des anciens combattants et de la jeune génération.

Les deux hommes se sont trouvés en accord sur tous les sujets et Jean Moulin a prêté la main à sa vigoureuse campagne contre le député sortant, en donnant anonymement des dessins pour son journal, *Le Réveil des gauches*. Il en a parlé en termes mesurés à sa famille : « à Chambéry-Nord un jeune et brillant avocat du barreau de Paris, Cot, originaire du canton de Chamonix, mène la vie dure à Delachenal » [13].

Et c'est avec la plus grande satisfaction que Moulin l'a vu réussir à se faire élire. Pierre Cot compte depuis parmi ses soutiens et lui a apporté sa contribution lors de sa récente campagne d'avancement. Il est entendu entre eux que l'éloignement géographique n'altérera pas leur relation qui est en train de se muer en une véritable amitié. Perspective d'autant plus agréable qu'il paraît assez évident que Cot a les moyens de ses ambitions et pourrait assez vite se faire une place dans les plus hautes sphères. En outre, la mutation en Bretagne de Moulin, loin de lui nuire en l'éloignant de l'orbite de Cot, semble prometteuse car Charles Daniélou, personnalité de tout premier plan dans sa région, jouissant d'une grande assise politique et mondaine à Paris, secrétaire d'État à plusieurs reprises et ami intime d'Aristide Briand, est susceptible de devenir, pour le jeune sous-préfet, un soutien de poids. C'est presque explicite dans la lettre que Daniélou a pris la peine d'envoyer à Antonin Moulin :

> J'ai été très heureux de pouvoir m'assurer dans mon département la collaboration de votre fils ; je souhaite que la Bretagne lui plaise et qu'il y fasse du bon travail – pour son avenir [14].

Beautiful people à Saint-Tropez sur le bateau des Chatin.

Cette traversée de la France de Sud-Est en Nord-Ouest représente un pari qui l'éloigne encore un peu plus de son Languedoc natal, sans beaucoup le rapprocher de Paris – du moins géographiquement. Mais elle est destinée à donner un nouvel essor à sa carrière qui est plus que jamais au cœur de ses préoccupations, nonobstant ses succès croissants dans le domaine du dessin de presse, puisqu'il publie depuis 1924 dans d'importants journaux satiriques, comme dans le politique *Carnet de la semaine.* Il ne peut qu'espérer voir ses rêves se réaliser, sans deviner toutefois qu'ils prendront un tour inattendu, à la faveur de ce séjour dans ce qui lui semble sans doute alors une toute petite et bien morne bourgade.

8

L'ombre et les proies
19 décembre 1932

Le téléphone retentit à la sous-préfecture de Châteaulin. Pierre Cot vient d'être nommé sous-secrétaire d'État aux Affaires étrangères dans le gouvernement formé la veille. Jean Moulin accepterait-il d'entrer dans son cabinet ?

Comment refuser ce qui est à la fois un honneur, une joie et une récompense ? Mais comment accepter sans prendre trop de risques ? Le sous-préfet va montrer qu'il n'est pas prêt à lâcher la proie pour l'ombre, quelle que soit l'importance qu'il accorde à ses convictions politiques.

Huit mois auparavant, lors de la campagne des législatives, Jean Moulin s'est engagé à fond pour favoriser la réélection de Charles Daniélou et, plus globalement, la victoire des candidats « républicains » – comprendre radicaux ou apparentés – dans son département. Il a fait tout ce qu'un sous-préfet peut faire sans contrevenir à la loi, mais en abandonnant la réserve et même la prudence. Il a en particulier sillonné la circonscription pour faire valoir le bilan du député sortant et demander aux notables locaux et aux maires ruraux de le soutenir. Son attitude est d'autant plus audacieuse que le président du Conseil, André Tardieu, homme de droite, semble décidé à conquérir au plan national une majorité favorable et, au plan local, à contrecarrer la réélection de Daniélou qu'il tient pour un traître depuis qu'il a quitté les rangs de la droite cléricale pour rallier le Cartel des gauches. Il est probable que Tardieu a d'ailleurs suscité – et peut-être même financé – une candidature « radicale indépendante » pour diviser les voix susceptibles de se porter sur Daniélou et créer un effet d'aubaine pour le candidat de droite, jusqu'alors donné perdant.

Le sous-préfet de Châteaulin dénonce carrément dans les rapports qu'il adresse à sa hiérarchie la provenance suspecte des fonds dont dispose ce « radical indépendant », très inspiré, malgré son « étiquette incolore », par la droite populiste. Il le soupçonne, à mots à peine couverts, d'être payé pour se présenter et porter tort à Daniélou. En outre, il affiche un certain mépris pour le candidat de droite et présente le succès de Daniélou comme logique :

> M. Larvol, qui a obtenu un joli succès lors des dernières élections cantonales, bénéficiera, à droite, d'un nombre important de suffrages. Il en aura aussi dans les milieux paysans où son chapeau breton et sa qualité de cultivateur lui attireront des sympathies.
>
> Mais étant donné son peu d'instruction et l'impossibilité dans laquelle il va se trouver de prendre la parole en réunion publique, il ne peut prétendre à grouper sur son nom la masse des électeurs modérés et de droite ; il est d'autre part en présence d'un député [Daniélou] qui jouit d'un réel prestige et qui, indépendamment des voix de gauche, doit pouvoir compter sur un sérieux apport de voix personnelles [1].

Dans la première circonscription de Châteaulin, la campagne électorale est étonnamment âpre. Des accusations de lâcheté pendant la Grande Guerre, de stupidité, d'inexpérience, d'arrogance, d'opportunisme sont échangées sur fond d'injures et de calomnies, lors des meetings et par organes de presse interposés. Les rivaux de Daniélou se retrouvent pour l'accabler de critiques et de sarcasmes, jusqu'à laisser les observateurs dubitatifs sur ses chances de conserver un siège qu'il détient depuis 1919.

Au milieu de ces affrontements, le fait que le sous-préfet ait outrepassé la neutralité administrative et soit, de surcroît, allé à l'encontre de la tendance du gouvernement dont il est en principe le représentant et l'exécutant, n'est pas passé inaperçu.

Charles Daniélou dans sa maison de Locronan
où il accueille Jean Moulin au milieu de sa nombreuse famille
et des artistes locaux.

Vautré dans l'herbe tendre, le sous-préfet d'Alphonse Daudet rimait des vers en mâchonnant des violettes. Le sous-préfet de Châteaulin a des goûts moins idylliques. Il fait de la propagande électorale. Ce sont là sans doute deux façons très différentes d'utiliser les loisirs qu'accorde un gouvernement débonnaire, si différentes qu'elles semblent n'offrir aucun point de comparaison. Elles ont pourtant, aux yeux du vulgaire, ceci de commun d'être, l'une comme l'autre, illégales et extra-administratives. Car, à première vue, un sous-préfet ne semble pas créé, mis au monde et payé par le gouvernement pour se livrer au racolage électoral[2].

L'information est remontée jusqu'à Paris et, selon toute apparence, jusqu'au chef du gouvernement lui-même. Tant et si bien qu'au soir du premier tour, le 1er mai, alors que Daniélou est mis en ballottage défavorable, le sous-préfet est convoqué séance tenante au ministère de l'Intérieur. Il est si évident qu'on veut l'empêcher de rien faire qui puisse aider Daniélou durant la semaine qui précède le scrutin final, qu'il a tout lieu de craindre, d'une part l'algarade qui l'attend au ministère et, d'autre part, les conséquences fâcheuses pour lui-même et sa carrière si le camp qu'il a ostensiblement choisi ne gagne pas les élections générales. Moulin ne s'y trompe pas, comme il l'explique à son père, avec une aigreur chez lui assez rare :

> Pendant qu'à Béziers, tu soutenais la politique de M. Tardieu [les radicaux soutenaient son gouvernement au Parlement], ce même Tardieu voulait bien s'intéresser personnellement à ma modeste personne. N'ayant pu avoir la peau de Daniélou (qu'il a juré d'avoir), il a voulu assouvir sa petite vengeance sur son sous-préfet.

Moulin ne prévient personne à Châteaulin, pour que son départ ne puisse « servir d'argument ni à un parti ni à un autre », et s'abstient tout aussi bien de rencontrer aucun parlementaire en arrivant dans la capitale. Reçu le 5 mai par le ministre de l'Intérieur en personne, il a la surprise de le trouver très affable. Albert Mathieu, sénateur de la Gauche démocratique proche des radicaux, devait avoir à cœur de ne pas insulter l'avenir.

> C'est un homme charmant, qui a été extrêmement gentil avec moi et qui m'a paru très peiné qu'un homme de la valeur de Tardieu s'abaisse à de pareilles mesquineries. Il m'a approuvé pleinement pour mon attitude et m'a seulement demandé de rester à Paris jusqu'à samedi [veille du second tour][3].

Bien lui en a pris, puisque non seulement Charles Daniélou est élu, mais les candidats du deuxième Cartel des gauches obtiennent la majorité. À dire vrai, le cas minuscule du sous-préfet de Châteaulin se trouve de toute façon englouti sous une actualité brûlante : l'avant-veille du scrutin, alors que Moulin se trouvait encore à Paris, le président de la République Paul Doumer s'est fait tirer dessus par un émigré russe qui se réclamait du fascisme. Il est mort le lendemain.

Le ministère issu de la nouvelle majorité a le soutien des socialistes, qui refusent toutefois d'entrer au gouvernement. Dirigé par Édouard Herriot, il est composé de radicaux et de républicains-socialistes, alliés à des modérés de centre-droit. Au premier abord, on semble en présence de la revanche de l'expérience malheureuse du premier Cartel, en 1924.

Rentré dans sa sous-préfecture, Jean Moulin est accueilli comme l'un des leurs par les vainqueurs. Il a plus que jamais gagné, par son engagement, le soutien des parlementaires et des élus radicaux du Finistère. Dans les mois qui suivent, ils ne lui marchandent pas les hommages publics. Lors du banquet donné en l'honneur de Charles Daniélou par le syndicat d'initiative de Pont-de-Buis, Jean Moulin est acclamé par les convives qui reconnaissent son rôle déterminant durant les élections. Il est salué dans plusieurs des discours et paré de toutes les vertus : « accueillant aux humbles », « juste défenseur de nos bonnes lois démocratiques ». Il « fut à la peine, souligne le sénateur et président du conseil général. Il est aujourd'hui à l'honneur »[4].

Dans son compte rendu à ses parents, Jean Moulin est plutôt laconique : « Cinq cents personnes environ assistaient au banquet ; huit parlementaires, dix discours ! Ce fut très réussi[5]. » Peut-être juge-t-il préférable de ne pas les alarmer en révélant à quel point il est dorénavant identifié à un camp politique. Tant et si bien qu'il encourt les foudres de la droite locale :

> Pour avoir fait de la « retape » en faveur de M. Daniélou, le sous-préfet de Châteaulin connaît aujourd'hui la publicité de *La Dépêche* et la gloire que dispensent ses rédacteurs [...] M. Daniélou dit toute sa gratitude à M. Moulin, sous-préfet de Châteaulin, dont il n'a pas oublié le dévouement lors de la campagne électorale. C'est une véritable pluie de roses, un déluge de bénédictions qui s'abat sur M. Moulin. C'est lui le grand triomphateur de la journée. Ce sont ses peines, son « dévouement » et son succès qu'on paraît fêter beaucoup plus que la victoire de M. Daniélou [...] Ce qui nous semble le plus choquant, c'est de voir célébrer la victoire de M. Daniélou comme la victoire d'un « parti républicain ». Car, des deux candidats, M. Larvol faisant, avec la seule aide de ses amis, une campagne franche et correcte, et M. Daniélou utilisant un sous-préfet comme agent électoral, avec les pressions officielles et officieuses que suppose ce genre de besogne, reste à savoir quel est le « fasciste » et quel est le « républicain »[6].

Effectivement, lors de son allocution, Jean Moulin a porté un toast au « magnifique succès des partis républicains dans le Finistère ». Son engagement derrière Daniélou n'est pas seulement le résultat de sa reconnaissance pour le parlementaire. Celui-ci l'accueille libéralement dans sa famille, au point que Moulin est devenu l'ami de son fils Louis. Il existe entre eux une réelle communauté d'opinions qui a fait voir à Moulin, dans la réélection de Daniélou, bien plus qu'un enjeu de personne.

En écoutant les discours de Daniélou, en lisant ses professions de foi, Jean Moulin se trouve confirmé dans ses choix. Il adhère totalement à cette conviction que la gauche seule offre les nécessaires garanties, alors que la répétition des scrutins en Allemagne semble rapprocher à chaque fois davantage l'éventualité d'une victoire du parti nazi. Il partage cette idée que les hommes, comme Tardieu, prônant des réformes constitutionnelles et soupçonnés de financer en sous-main les ligues d'extrême droite, veulent en réalité porter atteinte à la démocratie. Il a réellement perçu dans l'éventualité d'un succès électoral de la droite, comme le déclare Daniélou, une lourde menace.

> Convaincus que rien ne pouvait résister aux moyens d'action dont ils disposaient, ils s'apprêtaient à instaurer dans ce libre pays de France je ne sais quelle dictature inspirée du fascisme ou de l'hitlérisme.
>
> La discipline républicaine a déjoué ce complot. [...] Nous avons pris le gouvernail. Nous ne le lâcherons pas. Mais il faut veiller car l'horizon est noir[7].

Moulin a adopté la ligne de politique extérieure qui, dans le droit fil de Briand (dont Daniélou a été un proche collaborateur et qu'il admire), prône le respect des traités, la sécurité collective et le désarmement comme remèdes à la montée des revendications nationalistes. Le sous-préfet, lors d'une prise de parole officielle pour la commémoration du 11 novembre, a d'ailleurs exprimé, avec une ferveur peu commune dans ces exercices en service commandé, un pacifisme qui est à la fois celui des anciens combattants (avec lesquels, pour une fois, il s'identifie) et celui de la jeune génération :

> Vous vous souvenez de son apostrophe fameuse : Arrière canons, arrière mitrailleuses... Pour avoir osé crier cela à la face du monde, il a été critiqué, attaqué, méprisé même. Mais sans défaillance et jusqu'à son dernier souffle, fort de l'approbation de tous ceux qui avaient vécu les heures chargées d'angoisse des tranchées, il n'a cessé de poursuivre son apostolat de paix, sans négliger, à aucun instant, la dignité et la sécurité de la France[8].

Durant le banquet, les parlementaires ont aimablement exprimé leur désir de voir le sous-préfet « rester longtemps dans ce département où il compte de nombreuses sympathies ». Pourtant, quels que soient le confort politique où il se trouve désormais et les amitiés qu'il a nouées dans le Finistère, Moulin, qui ne perd jamais de vue les étapes d'une carrière préfectorale réussie, commence sérieusement à envisager d'obtenir sa première classe, quitte à devoir partir sous d'autres cieux.

Avec l'offre que lui fait Pierre Cot, ce 19 décembre 1932, les autres cieux sont bien là (en l'espèce, rien moins que le Quai d'Orsay), accompagnés d'une situation flatteuse : un cabinet ministériel, ce qui est l'aspiration légitime de tout haut fonctionnaire.

Cette nomination, prestigieuse et hautement pourvoyeuse de relations et d'échanges de services, peut servir d'incomparable accélérateur de carrière. À condition toutefois de ne pas mettre en péril la mécanique compliquée des promotions préfectorales. Avant de lâcher la proie pour l'ombre, Moulin commence par s'assurer qu'il n'indisposera pas Charles Daniélou en acceptant [9]. En effet, le député du Finistère vient d'être nommé ministre de la Santé et doit lui aussi partir pour la capitale. Si Moulin ne marque pas d'étonnement de voir son ami Cot appelé à de hautes fonctions, sa surprise est grande en apprenant la désignation de Daniélou.

> Daniélou a décroché la timbale. Qui aurait dit ça il y a quelques mois ! [...] Car ses ennemis et hélas ses amis avaient déclaré qu'il ne serait plus jamais ministre puisque Briand avait disparu. Il a fort heureusement plus d'un tour dans son sac [10].

En l'occurrence, ce n'est pas tant l'affirmation de son engagement politique qui pose problème que le fait de délaisser son arrondissement pour un poste en cabinet toujours bien précaire. En effet, la formation du nouveau gouvernement, dirigé par le républicain-socialiste Joseph Paul-Boncour, témoigne de l'échec – déjà – du premier gouvernement issu des élections. Après la « valse des ministères » qui a marqué la précédente législature, on peut craindre que ne se répète la tendance fatale des radicaux à abandonner la gauche, dès les premières secousses, pour devenir l'appoint centriste de majorités de droite. La crise économique de plus en plus sensible et les tensions internationales incessantes menacent de paralyser une fois encore les velléités de réformes politiques. Dans ce contexte, l'avenir de tout gouvernement semble limité et celui de ses membres incertain.

Pour Pierre Cot, cette première accession au gouvernement n'est pourtant pas vécue comme une consécration ponctuelle, mais comme un début et le prélude à de grandes ambitions, reconnues pas tous. « Dans les milieux politiques, il est considéré comme un des espoirs du parti radical. On dit couram-

Pierre Cot et Jean Moulin au temps où le ministère de l'Air leur offrait engagement et succès.

ment qu'il sera avant peu appelé à faire partie d'une combinaison ministérielle[11]. » À la Chambre des députés, le leadership du groupe radical est en effet assuré par ceux que l'on appelle les Jeunes Turcs, qui sont favorables à l'alliance avec les socialistes, à l'abandon des Réparations dues par l'Allemagne et à des négociations sincères sur le désarmement. Tout en se montrant très ferme dans ses convictions, Cot sait se garder des emportements et des attaques personnelles. Son attitude responsable et constructive lui ménage une situation en vue au Parlement et dans la presse, y compris étrangère. C'est donc assez naturellement qu'il est appelé au gouvernement en tant que spécialiste reconnu des questions internationales. Il sera le collaborateur le plus immédiat du président du Conseil, qui s'est réservé le portefeuille des Affaires étrangères. Sa nomination est interprétée, dans le savant calcul des équilibres parlementaires, comme une victoire de la turbulente aile de gauche du parti radical et l'arrivée aux affaires de la jeune génération.

Bien que Jean Moulin ait quitté la Savoie depuis deux ans, ses relations avec Cot ne se sont pas distendues. Ils ont continué à se voir régulièrement à Paris et à se retrouver pour skier. C'est donc en ami que Cot l'invite à le rejoindre pour se charger des relations avec le Sénat et avec sa « clientèle » savoyarde. Moulin accepte d'autant plus facilement que Cot et Daniélou ont pris le soin de le faire désigner comme chargé de mission, ce qui lui permet de conserver sa sous-préfecture de Châteaulin. Il lui a fallu renoncer au titre de chef de cabinet adjoint pour le titre assez disgracieux de « sous-chef », mais la prudence l'a emporté sur la vanité. « Si donc le ministère venait à tomber d'ici peu, je retrouverais mon poste, ce qui n'est pas à dédaigner[12]. »

Ayant ainsi pris ses précautions, Moulin accepte avec plaisir et fierté la proposition qui lui est faite. Le 28 décembre, il gagne la capitale et inaugure ses nouvelles fonctions en accompagnant Cot au banquet des Savoyards de Paris. C'est un agréable baptême que cette entreprise d'entre-congratulations qui laisse Moulin, pourtant habitué à ces agapes républicaines, particulièrement enthousiaste, pour avoir été cité comme « l'ancien chef de cabinet du préfet de Chambéry et l'ancien sous-préfet d'Albertville où il a laissé tant de regrets »[13]. « Cot a été très gentil, écrit-il avec émotion. Il a eu pour moi un mot très aimable dans son discours – magnifique de forme et de fond[14]. » Peut-être était-il trop excité pour relever, dans les propos sans fard de Cot, l'annonce du travail qui l'attend :

> Je suis, hélas, dans un ministère technique ! Si l'on m'en avait donné un autre, j'aurais été à même de rendre quelques services particuliers, je vous aurais reçus avant les autres, vous le savez bien ! Du moins pouvez-vous compter sur l'entier dévouement du député que je reste.

Effectivement, Moulin n'est pas plus tôt assis à son nouveau bureau qu'il commence par répondre, en même temps qu'aux lettres de félicitation qui affluent, aux sollicitations, y compris à celles qui lui sont adressées personnellement ou celles qui transitent par son père…

Souvent seul dans sa vie professionnelle et personnelle depuis qu'il est devenu sous-préfet, Jean Moulin se trouve soudain intégré au sein d'une équipe de haut niveau. Le chef de cabinet est un secrétaire d'ambassade, le chef adjoint un receveur des Finances. À Moulin s'ajoutent en outre deux autres chargés de mission : l'avocat André Garnault et Louis Joxe, agrégé d'histoire. Il s'installe au quai d'Orsay, lieu regorgeant de prestige et d'histoire.

Non seulement Cot a le vent en poupe, mais le président du Conseil l'a doté d'attributions aussi larges que flatteuses qui l'autorisent aux plus grandes ambitions. Il représente la France auprès de la Société des nations (SDN) et des autres instances internationales permanentes. Il a la responsabilité des relations avec les commissions parlementaires. Il a reçu la délégation de signature du ministre pour le budget et l'engagement des dépenses. Il contrôle les œuvres et la propagande françaises à l'étranger. À dire vrai, le président du Conseil, aux prises avec de très épineux problèmes budgétaires, y consacre tout son temps, sans s'attacher à la gestion de son portefeuille des Affaires étrangères. Cot peut donc penser qu'il a les mains libres pour mettre en œuvre ses idées : centrer la politique extérieure française sur la sécurité collective et l'arbitrage international, régénérer la représentation de la France à l'étranger et rajeunir le personnel. Sa publicité personnelle et ses amis, politiques et journalistes, insistent lourdement sur sa jeunesse et celle de son équipe, pour en faire un atout en soi. Jeunesse toute relative de ces trentenaires qui n'est un argument que dans une France saignée par la guerre et sans enfants.

> Si, par surcroît, [les murs du ministère] pouvaient parler, ils ne manqueraient point d'exprimer l'étonnement qu'ils éprouvèrent lorsqu'ils virent arriver un ministre aussi juvénile qui, ne reniant si ses idées ni sa jeunesse, s'est entouré aussitôt de collaborateurs encore plus jeunes que lui [15].

Dès les premiers jours, Jean Moulin est enchanté, en particulier par le nombre de parlementaires, de journalistes, de hauts fonctionnaires et de gens influents qu'il rencontre et côtoie. « La vie ici est extrêmement agréable », écrit-il à sa famille [16]. Très prenante, la tâche n'en est pas moins gratifiante.

> Boncour est, comme vous vous en doutez, uniquement préoccupé de mettre sur pied les projets financiers (qui sont loin d'aller tout seuls) et il se décharge sur Cot de tout ce qui a trait aux Affaires étrangères. Comme d'autre part mon jeune patron a une clientèle personnelle importante (Savoie, Haute-Savoie, Savoyards de Paris, etc.), cela nous donne pas mal de travail. Mais il est tellement gentil qu'on supporte ce surcroît de besogne allègrement [17].

Serait-il tenté de se laisser griser que son sens de l'humour et sa lucidité auraient tôt fait de le rappeler aux réalités. D'abord un incident secondaire et comique : Cot, soucieux de donner une image de modernité, veut mettre la force des nouveaux médias au service de la propagande française (et de la sienne). Il donne donc aux Actualités cinématographiques une interview, à une époque où le cinéma parlant, qui n'a que deux ans d'existence, n'est pas encore maîtrisé par le personnel politique. Ce qui devait arriver arrive, comme le raconte Moulin : « le résultat n'est pas brillant et Cot, depuis deux jours, se fait emboîter dans les cinémas parisiens. Espérons qu'il aura plus de succès en province »[18].

Jean Moulin ayant à peine posé ses valises à Paris, il s'est senti tenu d'accompagner Daniélou à la sous-préfecture de Châteaulin où le ministre avait prévu de retrouver ses amis et les élus à l'occasion du nouvel an. La routine a repris le dessus, dictée par la prudence. « Je tiens en effet à garder le contact avec Châteaulin. Je voudrais surtout pouvoir retourner ensuite à Châteaulin pour avoir ma première[19]. »

Bien lui en a pris puisque les signaux alarmants quant à la survie du gouvernement ne tardent pas. « Il est fort probable que ça ne durera pas longtemps, si j'en crois les bruits qui courent à la Chambre et au Sénat, note-t-il le 14 janvier 1933. La situation est extrêmement difficile et il est bien possible que le budget dévore deux ou trois ministères[20]. » Deux semaines plus tard, le gouvernement tient toujours et Moulin se prend à y croire ; « Ici la situation reste toujours assez trouble. Cependant il y a tant à la Chambre qu'au Sénat un désir de conciliation qui pourrait bien permettre au ministère de vivre encore assez longtemps[21]. »

Quelques heures plus tard, le gouvernement est renversé par 401 voix contre 71. Les socialistes ont joint leurs votes à ceux de la droite pour refuser les économies budgétaires proposées.

Tout est-il perdu ? Loin de là. Comme souvent sous la Troisième République, on ne renverse que pour recommencer. C'est encore un radical – Édouard Daladier – qui prend la tête de la nouvelle combinaison gouvernementale, étayée sur sa droite par des modérés. Il garde entre autres Paul-Boncour aux Affaires étrangères, Daniélou à la Santé publique. Pierre Cot accède au rang de ministre, en recevant le portefeuille de l'Air. Il propose à Jean Moulin de rester à ses côtés. Mais celui-ci a anticipé et déjà pris la décision de regagner ses pénates bretons et le stable giron de l'administration préfectorale. Il a acquis à la fois les trois années d'ancienneté préalables à son avancement et les appuis indispensables :

> La chute du ministère ne m'a pas beaucoup ému car j'avais pris la décision, à l'expiration de mon congé (10 février), de regagner

> mon poste à Châteaulin. J'ai été amené à prendre cette décision sur les conseils de Daniélou, qui n'avait pas, malgré un accord de surface, vu d'un très bon œil mon départ de Châteaulin. Restant dans un cabinet, il m'était difficile de conserver ma sous-préfecture et il était extrêmement dangereux, pour moi, à la veille de ma nomination à la première classe, de lâcher cette précieuse monnaie d'échange. Daniélou, d'autre part, en ce moment plus que jamais (puisqu'il ne peut venir qu'à de très longs intervalles dans sa circonscription), a besoin d'avoir un sous-préfet à Châteaulin. Des manifestations ont eu lieu dans le Finistère et les autorités locales s'inquiètent aussi de mon absence. Enfin, Daniélou vient aujourd'hui de s'engager à me faire obtenir ma première classe. J'ai donc été amené à décliner l'offre que vient de me faire Cot comme chef adjoint (du cabinet) au ministère de l'Air. Cot a été extrêmement gentil. Il a insisté très aimablement et très affectueusement et finalement il s'est rangé à mes raisons.
>
> Il est bien entendu qu'il marchera à fond lui aussi pour ma première. J'ai d'ailleurs l'impression que le ministère Daladier, qui débute dans une atmosphère extrêmement mauvaise, ne durera pas longtemps[22].

À peine rentré, Moulin constate effectivement que son arrondissement est en proie à une crise agricole qui a jeté dans les rues de Quimper plusieurs dizaines de milliers de paysans manifestant pour exiger des réductions d'impôts. Le ministère de l'Intérieur, dirigé par le radical Camille Chautemps, y voit la main de la Jeunesse catholique et des royalistes, toutes tendances qui sont toujours tenues en suspicion de sédition par les « républicains ».

Jean Moulin a donc préféré l'ambition raisonnable aux griseries et aux incertitudes des hautes sphères. Il paie paradoxalement son succès des récentes élections en paraissant indispensable à Daniélou, très désireux de le savoir sur place en train de défendre ses intérêts plutôt que de prendre du champ dans la capitale.

Ces six semaines, aussi plaisantes qu'intenses, de découverte du pouvoir, n'ont duré qu'assez pour lui donner quelques regrets mais pas d'habitudes. Et sans doute espère-t-il, en voyant les bonnes fortunes de ses amis politiques, y avoir gagné un passeport pour l'avenir. Pour l'heure, Châteaulin lui paraît plus morne que jamais. Il s'empresse d'accepter la mission au Maroc que lui confie Cot à titre de consolation. Splendide consolation puisqu'il effectue son baptême de l'air : un vol de douze heures de Toulouse à Casablanca, par un temps radieux.

Ses sacrifices, pourtant, ne semblent pas être récompensés. Le préfet du Finistère, son supérieur immédiat, lui cherche querelle pour une vétilleuse histoire de péage qui ressemble fort à un prétexte En effet, tout en mettant la pression sur lui, il l'autorise à prendre un congé pour se rendre à Paris, se doutant bien de ce que Moulin y fera. Effectivement, en moins d'une semaine, Moulin demande et obtient auprès de ses nouveaux et puissants amis ministres sa mutation à la sous-préfecture de Thonon.

L'affaire se règle donc à son avantage puisqu'il est débarrassé d'un supérieur hostile et rejoint les Alpes, se rapprochant de Cot (et des sports d'hiver qu'il aime tant). Mais il y laisse la perspective de se voir décerner à brève échéance la première classe tant convoitée.

Tandis que le ministère Paul-Boncour chutait, était remplacé et que Jean Moulin renonçait à son poste au cabinet du nouveau ministre Pierre Cot pour ménager sa carrière, se produisait un fait sans commune mesure. Le 30 janvier 1933, Hitler était nommé chancelier et accédait légalement au pouvoir à la tête d'un gouvernement de coalition où le parti nazi ne comptait que trois représentants.

En à peine plus de temps qu'il en aura fallu à Moulin pour revenir à Châteaulin, découvrir l'avion et le Maroc, se brouiller avec son préfet et obtenir sa mutation, les nazis auront accaparé tous les leviers du pouvoir et instauré une dictature.

Pourtant, comme souvent, on ignore comment Jean Moulin réagit face à des événements qui, bien plus que les péripéties de sa carrière, allaient changer sa vie.

Le 6 février 1934, Jean Moulin assiste pendant deux heures aux émeutes depuis le pont de la Concorde.

9

La Concorde
6 février 1934

Une lourde fumée tordait ses spirales sur le plus noble et le plus harmonieux des espaces qui puisse être aménagé par les hommes dans une ville. Près de l'Obélisque sur la place de la Concorde à Paris, un autobus achevait de se consumer. Déjà, sa carcasse apparaissait, noire, hideuse. Du sang maculait le sol. Des réverbères rompus, des refuges éventrés gisaient sous le regard immobile des grandes statues, aux blancs profils noyés d'ombre.

Les agents étaient massés au milieu de la place. Tout autour brillaient les casques des gardes mobiles. Et, s'étageant dans une pesante ordonnance, se profilaient les têtes des chevaux, flottaient les crinières des cavaliers.

Contre cette cuirasse humaine battait l'assaut d'une foule hurlante. On entendait :

— Assassins !

— Vive Chiappe !

— Nous n'avons pas peur de vous.

Puis résonnait le bruit d'une charge, d'une mêlée. De nouveaux cris montaient cependant que, sur les façades magnifiques, reposait la lueur de quelques projecteurs intacts[1].

En lointain écho aux manifestations de viticulteurs et à la mutinerie du 17e régiment d'infanterie pour lesquelles il fut, enfant, aux premières loges depuis le balcon de l'appartement familial, Jean Moulin est soudain l'observateur privilégié d'un événement historique. Chef de cabinet du ministre de l'Air, il se poste le soir du 6 février 1934 sur le pont de la Concorde pour suivre les affrontements qui s'enveniment entre manifestants lancés sur le Palais-Bourbon et forces de l'ordre décidées à leur barrer la route. Il fait la navette avec la Chambre des députés où se déroule, depuis plusieurs heures, une séance dramatique dont le spectacle va le bouleverser.

Ayant connu jusqu'alors une existence relativement protégée, Moulin se trouve soudain confronté de plein fouet à la violence et à ses conséquences dévastatrices. Cette journée constitue l'une des expériences les plus marquantes de sa vie.

Ce sont pourtant les meilleurs auspices qui l'ont conduit à se trouver à cet endroit ce jour. Après le faux départ des premières semaines de l'année 1933, Pierre Cot lui a fait l'amitié de le rappeler comme chef de cabinet au ministère de l'Air au mois d'octobre.

Le contexte ne saurait être plus favorable.

Dans ce récent ministère technique où tout est à inventer, Cot semble faire merveille. Il s'est attaqué sans trop de dommages apparents à la création d'Air France, qui implique la nationalisation des compagnies d'aviation commerciale. Il a consolidé l'armée de l'Air en faisant définir par décrets les missions des forces aériennes. Il a obtenu une organisation stable de son ministère qui doit se concrétiser par le transfert dans de nouveaux locaux, boulevard Victor, qu'on appelle déjà la Cité de l'Air[2]. Quand Moulin arrivera au cabinet, le déménagement sera d'ailleurs en cours de préparation. Enfin Cot, a continué à se positionner sur le terrain des relations extérieures qui reste son domaine d'expertise et de prédilection. D'abord en proposant la suppression des aviations militaires et l'internationalisation de l'aviation civile, mesures qui doivent œuvrer dans le sens d'une paix durable. En même temps, et après un voyage en Union soviétique – où il fut le premier ministre français en exercice à se rendre –, qui l'a convaincu de la richesse du potentiel industriel de ce pays, il défend une coopération dans les constructions d'avions et un projet d'assistance mutuelle pour tenir l'Allemagne en respect.

> On se plaît à dire, peut-on lire dans la presse spécialisée, quinze jours avant l'entrée en fonction de Moulin, que depuis bien longtemps, peut-être depuis la création d'une aéronautique officielle, l'aviation française n'a pas connu un tel potentiel de vie, de puissance. De même, on se plaît à penser que ce résultat heureux est dû à la présence, à la tête de l'Air, d'un ministre jeune, compréhensif, plein d'allant qui, à son premier contact avec l'aviation, s'est mis à l'aimer. M. Cot vole, pilote ; son entourage l'imite ; de grands projets sont à l'étude, qu'on va réaliser. Il y a quelqu'un à l'Air qui, enfin anime les bureaux de la rue Saint-Didier[3].

Arrivant au milieu d'une équipe qui a le vent en poupe, Moulin y est accueilli avec une parfaite bienveillance. Le directeur de cabinet, l'ingénieur Daniel Haguenau – sur le départ pour prendre la tête de la direction des Travaux et Installations –, lui adresse une lettre très aimable pour saluer son arrivée :

> Mon cher camarade, je suis très heureux de votre nomination de chef de cabinet et tiens à vous en féliciter ; je suis entièrement convaincu qu'une atmosphère de collaboration confiante et vraiment amicale s'établira immédiatement entre nous et je m'en réjouis. Recevez mes bons vœux de bienvenue ou plutôt de retour au bercail[4].

Parmi la quinzaine de collaborateurs du cabinet (dont un tiers de militaires), il retrouve quelques hommes présents avec lui dix mois plus tôt au quai d'Orsay : Louis Joxe, maintenant chef adjoint, André Garnault, qui s'occupe des aspects juridiques des réformes. Il retrouve Louis Daniélou, alors tout jeune attaché, qui est devenu un ami proche. Lui-même remplace René Corbin qui devient directeur du Budget et de la Comptabilité.

Seul bémol, atténué sans doute par l'amabilité dont Cot fait toujours preuve avec ses collaborateurs, le ministre donne la prime à son entourage militaire : le général Denain, chef d'état-major général de l'armée de l'Air, le lieutenant-colonel Jauneaud et son sous-secrétaire d'État Charles Delesalle, lui-même ancien pilote de guerre.

Un peu sur la réserve dans les premiers temps, Moulin prend rapidement ses marques. Quoique croulant sous le travail, il est enchanté par sa tâche comme par les gens qu'il côtoie.

> Les occupations ne doivent pas me manquer. Elles sont d'ailleurs extrêmement intéressantes – je dirais même, passionnantes. Le milieu de l'aviation – j'entends les pilotes – est infiniment agréable. Ce sont des gens qui exposent tous les jours leur vie et qui ont de ce fait une simplicité et un naturel qu'on trouve difficilement ailleurs. J'ai dans mes attributions des questions très attachantes : les raids, records, etc., les terrains de tourisme et toutes les questions politiques et les travaux parlementaires [5].

Questions moins attachantes, sans doute, mais cruciales puisque l'avenir du gouvernement – et par ricochet le sien – en dépend. Méfiant, il n'a d'ailleurs pas renoncé à la sous-préfecture de Thonon – d'autant qu'elle est très agréable et bien située – et s'est fait mettre en congé au cas où le gouvernement ne tiendrait pas. « C'est plus prudent, écrit-il à sa sœur, car il va y avoir un cap difficile à doubler [6]. »

Le cap est, encore une fois, le débat budgétaire sur lequel les gouvernements radicaux se cassent les dents depuis 1932, agrippés qu'ils sont à l'orthodoxie financière qui ne fait qu'aggraver la crise économique. Mais encore une fois quand tombe le gouvernement Daladier, fin octobre, c'est un autre radical – Albert Sarraut – qui lui succède. Refusant l'alliance à droite, mais ne souhaitant pas la participation des socialistes, les chefs radicaux se remplacent les uns les autres : leur parti s'est résigné à gouverner seul avec des majorités de circonstances.

Après seulement trois semaines dans la capitale, Moulin va-t-il de nouveau devoir faire ses paquets ?

Preuve de ses succès dans son ministère et de la position avantageuse qu'il occupe au sein du parti radical, Cot est reconduit dans ses attributions et son cabinet avec lui. « Pour nous, le bail est renouvelé, soupire Moulin. Est-ce que ce sera pour longtemps ? Il est bien difficile d'en juger mais je crois qu'on hésitera à ouvrir tout de suite une nouvelle crise. D'ailleurs, Sarraut ne manque pas d'habileté politique [7]. »

Toujours aussi piètre pronostiqueur, Moulin voit le gouvernement Sarraut tomber en moins d'un mois, remplacé fin novembre par un gouvernement Chautemps où Cot est néanmoins maintenu au ministère de l'Air. Camille Chautemps jouit sur le moment d'une certaine sympathie et, alors que l'antiparlementarisme s'accroît dans le pays au rythme de l'impuissance des politiques à enrayer la crise économique, il a l'habileté de mettre le marché en main aux députés quand vient l'heure de voter le budget. « Le jour où un gouvernement manquerait à l'un de ses devoirs, ce serait une erreur de penser que le peuple s'en prendrait à une fraction de l'Assemblée seulement. Ce serait le Parlement tout entier qui serait mis en cause. »

Tout paraît aller si correctement que Cot et Moulin, fidèles à leurs habitudes, partent skier en Autriche pour Noël. Sans doute n'ont-ils pas remarqué, pendant leurs vacances, l'information selon laquelle, le 24 décembre 1933, le directeur du Crédit municipal de Bayonne vient d'être arrêté pour escroquerie.

C'est pourtant là le coup d'envoi de ce qui va devenir l'affaire Stavisky.

Dans les jours qui suivent, les mises en cause se succèdent jusqu'au suicide suspect d'Alexandre Stavisky, le 8 janvier 1934, à côté de Chamonix, dans l'arrondissement voisin de celui de Thonon. L'escroc, qui a miraculeusement, louvoyé pendant des décennies au milieu des procédures judiciaires, a noué des relations d'affaires dans les milieux politiques et de presse, essentiellement radicaux. Plusieurs parlementaires et ministres sont plus ou moins compromis. La presse hostile à la République et hostile à la gauche tire à boulets rouges sur les radicaux, les parlementaires et le gouvernement accusé de chercher à couvrir les malversations, d'y avoir trempé et d'avoir finalement commandité le meurtre de Stavisky pour le faire taire.

Pierre Cot, parmi d'autres ministres, fait pression pour que démissionne le ministre des Colonies qui avait, un an plus tôt, autorisé la souscription par les compagnies d'assurances de bons du Crédit municipal de Bayonne.

Un écueil en chassant un autre, Chautemps est bientôt accusé de refuser la constitution d'une commission d'enquête parlementaire parce que son beau-frère, magistrat, serait responsable des indulgences judiciaires dont aurait bénéficié Stavisky. Il est à présent dans l'œil du cyclone, tant dans la presse qu'à la Chambre des députés où l'opposition de droite est passée à l'offensive. Il est couramment désigné comme « le chef d'une bande de voleurs et d'assassins ».

Tous les parlementaires radicaux, à commencer par les ministres, sont dorénavant soupçonnés de collusions avec l'escroc.

Dès le 7 janvier, *L'Action française* s'en prend à Pierre Cot, qui aurait été vu dînant avec Stavisky dans un palace parisien quatre jours avant qu'éclate la fraude. Il aurait reçu au ministère l'avocat de l'escroc. Sous de fausses identités, Stavisky aurait bénéficié de vols gratuits sur les lignes aériennes françaises dispensées par le ministre de l'Air (ou son cabinet) [8]. Faisant feu de tout bois, le journal lui impute par ailleurs la responsabilité de la concurrence que les Allemands et les Italiens veulent faire à l'Aéropostale sur les liaisons transatlantiques. Le quotidien relaie en outre les allégations proférées à la Chambre par Philippe Henriot, qui accuse Cot, parmi d'autres parlementaires, d'être l'avocat d'hommes d'affaires véreux qui profitent de l'entregent de leurs défenseurs pour s'acquérir les indulgences du Parquet [9]. Il est évident qu'il est dorénavant dans le viseur de l'extrême droite, qui tire tous azimuts en attendant de voir si les coups porteront.

Bien entendu, ces mises en cause sont suivies de près par le cabinet, chargé de la revue de presse, et les réactions à avoir sont discutées avec ses membres. Cot, sûr de son intégrité dans cette affaire à laquelle il n'est pas mêlé, choisit d'opposer un démenti en obtenant de *L'Action française* la publication d'une lettre où il réfute point par point les accusations lancées contre lui. Le journal est d'ailleurs obligé d'admettre la validité de ses arguments [10].

Or, tandis que Cot pense en être quitte des désagréments causés par quelques mauvais procédés, l'affaire ne s'apaise pas, loin de là, toujours attisée par des adversaires intéressés par l'opportunité qui s'offre ainsi d'évincer les majorités radicales.

Le 27 janvier, le ministre de la Justice doit se retirer, compromis dans une autre affaire douteuse. Son départ conduit le lendemain à la démission collective du gouvernement, démission dont Cot est partisan, afin d'apurer la situation.

En effet, depuis presque trois semaines, les manifestations se succèdent tous les deux jours, réclamant le départ et le châtiment des élus corrompus et, pour faire bonne mesure, la réforme ou la disparition d'un régime en pleine faillite. À la manœuvre, l'Action française est accompagnée de diverses ligues, ces groupes d'activistes qui refusent la République parlementaire et veulent la remplacer par un régime autoritaire inspiré, pour les uns, par le nationalisme traditionnel et, pour d'autres, par le fascisme.

Jean Moulin est obligé de constater que le parti radical, auquel il a identifié la République depuis son enfance, est frappé de discrédit sous l'effet des scandales politico-financiers où ses membres sont compromis et de son impuissance gouvernementale qui finit par faire douter de la validité de la démocratie parlementaire qu'il incarne. Il voit disparaître certains journaux pour lesquels il a dessiné, à l'époque où Romanin faisait de la caricature. Pire, il lit dans d'autres organes où il publiait une condamnation catégorique de ce à quoi il croit en tant qu'homme et qu'il défend en tant que fonctionnaire d'autorité.

Entre-temps, le sous-préfet Moulin a obtenu de Camille Chautemps sa première classe tant convoitée. Il a été dans la foulée nommé sous-préfet de Montargis, dans le Loiret, pour que son échelon soit en conformité avec son affectation. Mais un collègue occupe le poste afin de lui permettre de rester au cabinet. Au cas où Cot cesserait d'être ministre, il risquerait fort de se retrouver comme l'oiseau sur la branche.

L'alerte est brève. Après d'infructueuses tentatives pour former un ministère d'union nationale, le président de la République se rabat sur le radical Édouard Daladier, qui va devoir se contenter une fois de plus de replâtrer la vieille formule de concentration radicale. Toutefois, sa réputation de probité personnelle et d'énergie, sa qualité d'ancien combattant décoré rendent crédible sa volonté affichée de faire toute la lumière sur les ramifications de l'affaire Stavisky. D'ailleurs, les manifestations s'interrompent faute de nouveaux aliments polémiques.

Partisan du remplacement de Chautemps par Daladier, Cot est reconduit aussitôt au ministère de l'Air. Malheureusement, lorsque Daladier décide de muter le préfet de police, soupçonné à la fois d'avoir eu des complaisances pour Stavisky et de ménager les ligueurs, sa majorité toute neuve se désagrège et les manifestants saisissent ce nouveau prétexte pour reprendre de plus belle leurs rassemblements. Au jour où doivent se dérouler le débat et le vote d'investiture du nouveau gouvernement, le 6 février 1934, rien moins que cinq groupements, ligues, associations d'anciens combattants et même le conseil municipal appellent les Parisiens à protester contre ce passage en force – ce « coup d'État maçonnique » –, dans des termes d'une violence inouïe.

Le 6 février, le débat s'ouvre à 15 heures.

Pierre Cot est sur le banc des ministres. Jean Moulin l'a accompagné au Palais-Bourbon, où il perçoit l'atmosphère électrique de la chambre, dont l'hémicycle et les tribunes sont bondés. À l'extérieur, les gardes mobiles assurent la protection du bâtiment.

La séance n'est pas plus tôt ouverte que les désordres et les interruptions obligent à une suspension de quinze minutes. D'emblée, on comprend que la droite va déployer une tactique d'obstruction systématique visant à retarder les votes au-delà de l'heure prévue pour le début des manifestations, convoquées selon les organisations entre 18 h 30 et 20 heures. Les députés de droite ne s'en cachent pas, qui font la navette entre leur siège et les manifestant qui commencent à converger vers la place de la Concorde.

Tandis que les incidents se multiplient entre députés, deux votes de renvoi de toutes les interpellations interviennent, donnant lieu à de sérieuses empoignades de tribune. À plusieurs reprises, on est au bord de la bagarre générale. La minorité cherche coûte que coûte à retarder le vote d'investiture au moins jusqu'à 19 heures.

À 18 heures, Jean Moulin se poste sur le pont de la Concorde. Tournant le dos au Palais-Bourbon, il fait face à la place où se sont regroupés les manifestants les plus décidés à en découdre et – on le comprend bientôt – à forcer le passage vers la Chambre des députés. Il voit par lui-même la manifestation tourner à l'émeute, tandis qu'aux échauffourées succèdent des affrontements directs de plus en plus violents. Finalement, des coups de feu claquent et les premières victimes tombent, essentiellement parmi les manifestants.

> Je suis resté deux heures, de 6 à 8, sur le pont de la Concorde, racontera peu après Moulin, et j'ai pu voir avec quelle sauvagerie les « croix de feu » et les camelots du roi chargeaient les gardiens de l'ordre désarmés.
>
> C'est par dizaines qu'on emportait les blessés dans les rangs des gardes mobiles et des gardiens de la paix. Les gardes républicains à cheval étaient désarçonnés par les émeutiers qui tranchaient les jarrets de chevaux avec des lames de rasoir.
>
> J'ai vu aussi que les premiers coups sont partis des émeutiers [11].

Les dommages et les torts sont sans doute plus partagés que l'impression qu'en a retirée Jean Moulin. Mais depuis son poste d'observation, situé du côté du Palais-Bourbon, il a constaté que la charge furieuse de certains manifestants, éventuellement armés, était sans merci et il était à proximité des forces de l'ordre mises à mal. Son récit a en outre pour toile de fond les empoignades qui se déroulent au même moment dans l'hémicycle. Vers 20 heures, les abords du pont sont dégagés par les forces de l'ordre. C'est peut-être la raison pour laquelle Moulin regagne le Palais-Bourbon à ce moment.

À la Chambre, la tension atteint son paroxysme.

Après avoir appris que des coups de feu ont retenti et qu'il y a des blessés et peut-être même des morts, certains députés accusent le gouvernement de faire tirer sur les manifestants. Ils utilisent ces événements tragiques comme levier pour obtenir à tout prix le retrait du ministère. Des bagarres éclatent dans l'hémicycle, des coups sont échangés, pour ne rien dire des injures. Le tumulte est tel qu'on ne s'entend plus au milieu des cris et des vociférations. Quoique habituée aux coups d'éclat et aux insultes, la Chambre est ce soir-là au bord de la rupture.

Quand le vote de confiance au gouvernement peut enfin se dérouler, un peu avant 20 h 30, la gauche fait bloc derrière le gouvernement qui obtient l'investiture par 360 voix contre 220. Au soir, on peut donc considérer que l'émeute a échoué et que le régime a tenu bon.

Jean Moulin, pourtant, craque littéralement lorsque la séance est levée. C'est Louis Joxe qui relate cette réaction, où la déception se mêle à la retombée de la tension :

> Moulin se révéla avec les événements du 6 février 1934. Dans les couloirs de la Chambre des députés, il regarda passer comme moi Édouard Herriot sachant tout à la fois s'offrir et se réserver, et Daladier faisant naufrage. Je vis Moulin sangloter de désespoir, je sentis vibrer des cordes que j'avais jusque-là méconnues. Le cœur, chez lui, se mettait d'accord avec la conscience [12].

Prenant le bras de son adjoint, Moulin lui souffle pour excuser son accès de désarroi devant le spectacle offert par une partie du personnel parlementaire : « Tu comprends ? ».

Le jugement porté par Moulin sur les hommes politiques à l'issue de cette affaire est effectivement très sévère. Il écrit le 12 février à sa famille :

> Nous avons vécu ces derniers jours à Paris des heures de fièvre et, hélas !, aussi des heures d'écœurement : impuissance parlementaire, émeutes organisées par ceux qui se disent les partisans de l'ordre, spectacle lamentable du faux énergique qu'est Daladier, affolement du président de la République [13].

Si tout le monde en prend pour son grade, Édouard Daladier n'est pas épargné. En effet, après avoir obtenu de haute lutte le vote d'investiture le 6 au soir, restait au chef du gouvernement à prendre des mesures pour éviter de nouveaux troubles et pour rassurer les Français. Il lance un appel à la population. Les ministres examinent la possibilité de proclamer l'état de siège, d'ouvrir une instruction pour complot contre la sûreté de l'État et le ministre de l'Intérieur, Eugène Frot, propose des arrestations préventives à l'encontre des instigateurs ou des meneurs des manifestations. Cette fermeté ne peut être maintenue que si le gouvernement est sûr du soutien de la majorité du Parlement. Or les présidents des deux assemblées et les leaders du parti radical conseillent le retrait. Qui plus est, un certain nombre de ministres – dont Pierre Cot – se rallient dans la matinée du 7 à ce point de vue et font défection. À 14 h 30 ce jour-là, prenant acte de la situation, Daladier présente la démission de son gouvernement qui n'a finalement tenu que quelques heures. Le parti radical et, avec lui, la République parlementaire ont bel et bien abdiqué devant la rue.

Dans son commentaire, Jean Moulin fustige Daladier, concluant en bon sous-préfet : « La chose la plus regrettable dans tout cela, c'est que le chef du gouvernement responsable n'ait pas rétabli l'ordre comme c'était son devoir. » Au contraire, il loue le calme et le sens des responsabilités de Cot, qui, en tant que ministre « militaire », devait contribuer au maintien de l'ordre. Ses mérites sont d'autant plus grands, estime-t-il, qu'il était sous le feu de menaces incessantes.

> Au milieu de tout cela, Pierre Cot a été l'un des rares à garder tout son sang-froid, prenant toutes les mesures en ce qui concerne la sécurité aérienne – qui, à aucun moment, n'a été troublée.
>
> Cette sécurité, il l'a assurée avec des moyens pacifiques, faisant enlever toutes les cartouches aux aviateurs chargés de la maintenir.
>
> Il n'en a pas été moins traqué et désigné aux émeutiers comme devant être exécuté séance tenante. Chez lui, toutes les dix minutes, on l'appelait au téléphone pour lui lancer des menaces de mort[14].

Or l'attitude politique de Cot, que Moulin n'évoque pas, a été fluctuante et finalement résignée. Dans la nuit, il a soutenu l'hypothèse de l'état d'urgence. Mais, au matin, il s'est rallié avec les autres jeunes ministres radicaux à la démission, après avoir pris connaissance des premiers chiffres fournis par la police : 9 morts et 412 blessés, surtout parmi les manifestants. Il a pressenti quelle pourrait être la réaction de l'opinion publique. Ce bilan, d'ailleurs, s'établira à 17 morts et 1 435 blessés (dont moins de la moitié de civils).

Ce qui est tout à fait vrai, pour autant, c'est que dans la soirée du 6 février, loin de se laisser gagner par la panique, Cot a fait mettre en alerte des escadrilles chargées d'intercepter tout avion suspect et il a transmis l'ordre que les sections militaires qui assuraient la sécurité au ministère, rue Saint-Didier et boulevard Victor, ne disposent d'aucune cartouche : leurs officiers devaient s'en remettre à leur seul pouvoir de dissuasion pour empêcher toute velléité d'intrusion.

Ce qui est vrai aussi, c'est que, presque du jour au lendemain, Pierre Cot focalise sur son nom un torrent de haine. Contre la réalité des faits, il est accusé par la presse d'avoir fait tirer sur les manifestants, d'avoir été au gouvernement l'un des plus chauds partisans et artisans de la répression. Il est traité, à longueur de colonnes, de « fusilleur », d'« assassin », de « serpent à lunettes ». Il reçoit durablement le surnom de « galopin sanglant ». Il est présenté comme un avocat véreux qui s'est mué en brute sanguinaire prête à tout pour couvrir ses concussions. Il est dépeint enfin comme un ambitieux inconséquent et arrogant qui a perdu la tête une fois confronté à une situation difficile.

Tout son bilan ministériel est soudain revu à la lumière de l'anathème jeté sur sa personne. Il est dépeint comme le résultat catastrophique de son idéologie qui l'a poussé à spolier les épargnants et les entrepreneurs français et à engager la France dans un désarmement unilatéral qui menace la sécurité du pays. Le jeune et dynamique ministre apprécié du milieu aéronautique devient pour les mêmes un danger et une honte. Après l'avoir menacé de cour martiale, Léon Daudet en appelle tout bonnement à le « passer par les armes » et, de surcroît, « le plus tôt possible »[15]!

Épargné jusqu'ici dans sa carrière par le feu de la violence polémique, Cot se trouve subitement dans la position d'un des hommes les plus haïs de France et désigné à la vindicte populaire, ce qui excite évidemment les activistes, les hâbleurs et les déséquilibrés de tout poil. Avec d'autres confrères parlementaires, il est ostracisé au palais de justice où des incidents violents éclatent entre avocats. Durant toute l'année suivante, il sera en butte à des accusations aussi folles que venimeuses : fréquentation d'une princesse allemande convaincue d'espionnage, trafic sur les commandes publiques d'avions, indélicatesses dans l'exercice de sa profession d'avocat, soumission d'Air France à la tutelle de la Lufthansa...

Dans ce contexte, Jean Moulin choisit de se tenir résolument à ses côtés, faisant passer la loyauté avant toute autre considération de carrière, de sûreté ou d'agrément. La passation de pouvoir s'effectue au ministère de l'Air, le 10 février, en présence des membres du cabinet. L'émotion est vive [16]. Aussitôt après, Cot et Moulin quittent la capitale pour la sous-préfecture de Thonon, dont Moulin dispose encore et qui sert de refuge au ministre déchu. C'est de là que, le 12 février, Jean Moulin prend le temps d'écrire à ses parents pour les rassurer.

> Pour moi, je vais tout à fait bien, heureux de pouvoir me reposer dans le calme du Chablais, où nous avons trouvé un temps idéal [...] Demain nous allons à Chambéry, nous irons ensuite dans quelques chefs-lieux de canton de sa circonscription [17].

Au bout de quelques jours, les deux hommes partent faire du ski dans le Tyrol autrichien, ces vacances improvisées devant permettre à Cot de couper les ponts, de se distraire et de réfléchir à ce qu'il envisage pour la suite. En effet, s'il fait front aux attaques avec un grand courage physique, le ministre est abasourdi et bouleversé par ce qui lui arrive. Outre les menaces immédiates, les événements des 6 et 7 février remettent totalement en cause le parcours politique et l'avenir qu'il a planifiés avec ténacité depuis quinze ans. Il est difficile de croire qu'il puisse un jour retrouver un poste ministériel. Il est même difficile de croire qu'il puisse être réélu député à la prochaine échéance. « Ça va, écrira-t-il à Moulin deux mois plus tard, mais je souhaite des élections aussi lointaines que possible [18]. » Ces loisirs forcés vont être l'occasion d'une profonde remise en cause de ses conceptions politiques [19].

Jean Moulin ne rentre à Paris qu'au début du mois d'avril, laissant Cot se réinstaller à Chambéry. Dans la capitale, il lui rend quelques services, en particulier en jouant les intermédiaires lorsque les administrés du député le sollicitent.

Au même moment, il se mue en agent littéraire pour son père qui écrit une biographie historique[20]. Il faut dire que le temps libre ne lui manque pas. N'ayant pas pris, en janvier, le poste de sous-préfet de Montargis pour rester au cabinet de Cot, désormais sans portefeuille ministériel, il a été rattaché administrativement à la préfecture de la Seine. Ne sachant pas combien de temps va durer cette situation provisoire, il loue un studio au 26, rue des Plantes, dans le XIVe arrondissement, « quartier populaire et un peu excentrique », confie-t-il benoîtement à ses parents, sans préciser qu'il est à trois stations de métro de son cher Montparnasse[21].

Il ne pâtit pas longtemps de cette incertitude. Pour des raisons d'économie, on décide la suppression des sous-préfets « rattachés ». Moulin s'avise alors de faire jouer quelques appuis et se trouver un point de chute. Il demande un peu d'aide à son père auprès de la vieille garde radicale et à Cot lui-même à qui, décidément, il n'a pas fallu longtemps pour se remettre d'aplomb. À ceci près que, reconnu dans une brasserie parisienne, l'ancien ministre est pris à partie par des clients et défendu par d'autres. Ne cherchant pas la confrontation, il a préféré s'éclipser. Mais ce petit événement témoigne de la persistance d'affrontements qui vont aller crescendo. Malgré les menaces et la multiplication d'incidents violents, Pierre Cot fera face, refusant toute protection policière[22].

Dès le 19 mai 1934, Moulin est nommé secrétaire général de la préfecture de la Somme, poste convoité qui présente le double avantage d'être à proximité de Paris et de constituer un marchepied pour devenir préfet. Pierre Cot lui écrit :

> Il ne faut pas me remercier. J'aurais été furieux si on ne t'avait pas donné une belle première. Furieux et navré de mon impuissance. [...] Pour le surplus, de secrétaire général de première, on devient bien vite préfet. Surtout si, d'ici quelques mois ou quelques années, nous sommes réembarqués dans un cabinet de gauche[23].

Alors, plus de peur que de mal ? Les événements tragiques du 6 février ne sont-ils venus troubler qu'à peine la routine de la République parlementaire et l'inexorable alternance qui finit toujours par ramener la gauche, et en l'espèce le parti radical, au pouvoir ?

D'ailleurs, le gouvernement d'Union nationale formé le 9 février sous la direction de l'ancien président de la République Gaston Doumergue, compte sept ministres radicaux, dont le ministre de l'Intérieur précisément activé par les amis de Moulin pour lui obtenir une belle affectation. On pourrait croire que rien n'a changé.

Ce ne sont pourtant pas les conclusions que Moulin tire des événements du 6 février. Dans l'immédiat, il ne fait pas partie de ceux – nombreux – qui se pâment devant Doumergue, honnête homme soudain promu providentiel. Et s'il pense que le temps est venu d'améliorer le fonctionnement du régime, il ne compte pas parmi les chantres de la « réforme de l'État », formule à la mode qui recouvre des tendances à ses yeux insuffisamment républicaines.

> Je crois que tout n'est pas encore terminé à Paris, et malgré toute la bonne volonté de Doumergue, je ne pense pas qu'on puisse sortir de là avec des moyens parlementaires. Ceux qui, les premiers, sont descendus dans la rue les armes à la main supportent une grave responsabilité[24].

Cette dernière phrase fait écho à la condamnation qu'en 1907, son père prononçait contre les mutins, arguant que la force devait rester à la loi… à condition que celle-ci fût authentiquement républicaine.

Mais ce rapprochement ne suffit pas à épuiser l'analyse de Jean Moulin. À trente-quatre ans seulement, il a déjà passé la moitié de sa vie au service de l'autorité de l'État et du droit. Élevé dans un milieu républicain au sens militant du terme et profondément pénétré des valeurs démocratiques, il ne peut évidemment pas cautionner les mouvements de rue comme correctifs au suffrage universel. En outre, dans le cas particulier des émeutes du 6 février, la gauche à laquelle il appartient a interprété les événements comme une tentative concertée pour abattre par la force le régime parlementaire et démocratique et y substituer un régime autoritaire d'inspiration fasciste, même si ce mot reste flou dans sa définition.

Revenu dans sa circonscription, Cot avait répondu dans son journal aux attaques dont il faisait l'objet par un nouveau mot d'ordre : « Soyons prêts à résister au fascisme par tous les moyens. » Le temps semblait venu d'agir pour sauver la République. D'autant plus que Moulin, jusque-là toujours partagé entre ses convictions et sa carrière, comprenait qu'il pouvait, et même devait, prendre des risques.

10

Portrait de l'artiste en amateur
30 juin 1935

À compter du 30 juin 1935, il est possible de souscrire à l'achat d'*Armor. Poèmes de Tristan Corbière illustrés de huit eaux-fortes originales* de Romanin, édité par les Éditions d'art Édouard Pelletan, vendu au prix de lancement de 300 francs [1].

Armor témoigne d'un temps déjà révolu pour Jean Moulin *alias* Romanin, celui des années passées en Bretagne où il donna sa meilleure part à la création artistique, au milieu du petit cénacle que lui offrirent les hasards de son affectation dans le Finistère. Passé depuis lors par les cabinets ministériels, confronté de plein fouet à une crise majeure qui lui parut mettre la République en péril, il a suivi avec enthousiasme le ralliement du parti radical au Front populaire en train de se constituer. Muté finalement à Amiens pour y devenir le secrétaire général de la préfecture, il a consacré une grande part de ses loisirs à seconder son père dans l'écriture d'une biographie historique, et il semblait bien qu'il avait presque tourné cette page de sa vie.

L'affectation en Bretagne n'avait pas été un choix pour Jean Moulin, mais une simple opportunité concordant avec ses ambitions professionnelles. À son arrivée à Châteaulin en février 1930, il a commencé par se plaindre de l'ennui qui le guettait dans cette petite bourgade isolée qu'il n'appréciera jamais. Pourtant, dès qu'il a commencé à rayonner dans son arrondissement, il s'est rasséréné en découvrant la beauté et le pittoresque de Locronan, Douarnenez, Concarneau, Crozon ou Camaret. Il a eu la chance d'y rencontrer d'emblée des hommes qui partagent ses centres d'intérêt : Jean-Baptiste Lucas, secrétaire en chef à la sous-préfecture et passionné d'art, et Augustin Tuzet, médecin-chef des services d'hygiène départementaux, sculpteur à ses heures. Le premier le conduit dans le manoir de Saint-Pol-Roux à Camaret. Le second lui présente le milieu artistique local, restreint mais florissant : le peintre et céramiste Giovanni Leonardi, le peintre et graveur Lionel Floch, le journaliste Robert-Louis Pillet ou Max Jacob, originaire de Quimper. Grâce à ce dernier, Moulin fera même la connaissance de Céline. À eux trois, ils parleront magie, prémonitions, graphologie et langage corporel. Bien sûr, à cette époque, Louis-Ferdinand Céline n'est pas encore l'auteur de pamphlets antisémites. Il n'est même pas encore Céline (*Voyage au bout de la nuit* paraîtra à la fin de 1932) mais le Dr Destouches, qui a vécu en Bretagne, un médecin hygiéniste de banlieue parisienne dont l'écrit sur « La santé publique en France » paru dans *Monde* d'Henri Barbusse pourrait donner à penser qu'il est un homme de gauche [2].

Jean Moulin retrouve ces hommes à l'hôtel de l'Épée à Quimper pour d'interminables conversations sur l'art. Les activités partagées ne se comptent plus : visites de sites, de monuments, de hauts lieux de la culture bretonne ; travail en commun, les uns posant pour les autres ou partageant leur savoir-faire ; émulation non seulement pour créer, mais pour collectionner des œuvres. C'est en vain que Moulin recherche des toiles de l'école de Pont-Aven, essayant sans succès d'acheter les panneaux que certains de ces peintres avaient réalisés en commun dans un café. Il se rabat sur un paysage de Chamaillard, élève de Gauguin qui a vécu à Châteaulin dans les premières années du XXe siècle. Il se console aussi en courant les antiquaires et les brocanteurs pour trouver de beaux meubles, avec les conseils du maire de Châteaulin, providentiel connaisseur. Quitte à devoir emprunter pour les payer. Il se fait même faire un lit clos sculpté dans la plus pure tradition.

Apparemment, son travail à la sous-préfecture lui laisse du temps libre comme jamais, temps libre qu'il emploie à peindre et à dessiner, mais aussi à s'initier aux techniques de la céramique et surtout de la gravure et des eaux-fortes. « Tout cela est passionnant, avoue-t-il, si on ne se laisse pas impressionner par quelques déboires inévitables dans les débuts[3]. » Il fait ses premières armes en préparant des illustrations destinées à une histoire de Saint-Andiol entreprise par son père : le château, les armes seigneuriales, saint Éloi honoré lors de la fête annuelle, un intérieur provençal. Il a conçu un projet autour des thèmes « paysages, traditions, coutumes »[4].

Le régionalisme devient l'une des inspirations de son travail créatif. Il s'est mis à lire des écrivains bretons et, frappé par le costume breton qu'il voit porté par les élus locaux (« soit par habitude, soit par une sorte de snobisme à rebours[5] »), il s'intéresse de plus près aux traditions des « Cimmériens » (mot qu'il emploie volontiers pour Finistériens). Il ne manque jamais, à la fin août, le pardon de Sainte-Anne-la-Palud, où il se rend dûment muni de son carnet de croquis et de son appareil photo. Ce pardon, qui est l'un des plus importants de Bretagne, a inspiré de nombreux artistes, dont Max Jacob. C'est peut-être par ce truchement que Moulin a découvert Tristan Corbière et les poèmes consacrés par lui à la Bretagne et au pardon dans le recueil *Armor*. La moitié des eaux-fortes qu'il réalise dans l'idée d'illustrer ce recueil concerne le long poème qui évoque le pardon (*La Rapsode foraine*) et utilise le matériau pris sur le vif.

Pour ses illustrations, Jean Moulin choisit un trait fin, grisé, avec beaucoup de hachures et une certaine légèreté, qui contraste avec les emplâtres noirs de bien des gravures. Ce choix s'inscrit pour une part dans le fil habituel de son crayon puisqu'on y reconnaît une certaine épure et une tendance irrépressible à la caricature. Il s'inspire en outre d'un autoportrait du poète figurant en tête d'une édition critique récente de l'œuvre de Corbière[6]. Il aura appris à sa lecture que cet excentrique, diversement apprécié de ses contemporains, avait un goût immodéré pour la charge, servi par un talent de caricaturiste. Cette ironie tapageuse et provocatrice cohabitait avec

Marat-Coty-Spoturno, à sa « garde prétorienne » : « Qu'on veille tout spécialement sur la salle de bains. Après ce qui est arrivé à l'autre directeur de l'Ami du Peuple... »

Les idées politiques s'expriment aussi dans une caricature réussie. La une du *Carnet de la Semaine*, 7 avril 1929.

sa détresse intime, due en grande partie à la maladie qui le rongeait depuis l'adolescence et devait l'emporter à l'âge de vingt-neuf ans. Ses souffrances s'accordaient avec la Bretagne déshéritée dont ses vers se font l'écho aussi compatissant que grinçant. Ce sont ces sentiments ambivalents et violents que Romanin s'efforce de traduire dans ses illustrations dont la grande noirceur semblait jusque lors étrangère à son œuvre de dessinateur de presse amusant.

Du temps qu'il était en poste en Savoie, Jean Moulin a travaillé avec persévérance sur le dessin de presse. Il s'adonne évidemment à la caricature politique qui en est l'un des passages obligés. Le spectacle d'Aix-les-Bains, de Megève ou de Montparnasse alimente aussi sa veine créatrice, jusqu'à en faire sa marque distinctive. C'est durant cette période que Romanin accède à une certaine reconnaissance professionnelle. Dans la première moitié des années 1920, il publiait dans des journaux locaux au rayonnement modeste, parfois grâce à la recommandation de son père. Après son mariage (et son divorce), on trouve la signature de Romanin dans des journaux à grand tirage, comme *En attendant* ou *Le Journal amusant* à partir de 1923[7]. Il s'affilie à la Société des humoristes qui regroupe les dessinateurs et caricaturistes qui travaillent tout particulièrement dans la presse hebdomadaire illustrée, y compris les plus fameux de ces illustrateurs. Cette société organise tous les ans un salon très couru, auquel Romanin participe. L'intégration de Moulin au milieu des dessinateurs humoristes, dans les années 1920 et au tout début des années 1930, coïncide avec l'apogée de cette profession. Sa notoriété est suffisante pour que son nom soit mentionné dans les articles qui annoncent ou commentent le Salon des humoristes, en même temps que ceux de Poulbot, Forain, Cabrol ou Bib. C'est une consécration.

Désormais ses productions paraissent dans certains des plus importants journaux humoristiques nationaux, à commencer par *Le Rire*, véritable institution où il n'est pas douteux que Jean Moulin, enfant et adolescent, a puisé ses modèles parmi l'aréopage de peintres et d'illustrateurs de premier plan qui y ont contribué. Ou *Ric et Rac*, né seulement en 1929 mais qui diffuse à 260 000 exemplaires par semaine. Il fait une percée dans la presse généraliste : à l'hebdomadaire *Candide* (250 000 exemplaires), qui appartient au même groupe d'édition que *Ric et Rac* ; à son grand concurrent, *Gringoire*, qui tire alors à 150 000 exemplaires, où il place un premier dessin dans les semaines qui suivent le lancement du journal, avant d'avoir les honneurs de la première page en mars 1929. Avec un gag où, d'ailleurs, il brocarde une galerie d'art. Mais, même dans ces conditions favorables, les sommes qu'il touche pour ces publications ne représentent que de l'argent de poche qui, sans doute, ne couvre même pas l'achat de son matériel de dessin et de peinture [8].

Les dessins de Romanin utilisent un comique fonctionnant grâce à une légende ou à un dialogue amusant. Le dessin campe une situation, un lieu ou une atmosphère essentiellement grâce à des personnages très typés que l'on retrouve d'un dessin à l'autre. La qualité plastique de son trait incisif, soutenu par des mises en couleurs subtiles et claires, est dissociée du texte. Le dessin, d'ailleurs, ne cherche pas à être drôle au premier regard. Il arrive à Moulin de proposer aux éditeurs la légende, accompagnée d'une description, et de ne réaliser le dessin qu'une fois la commande passée ou de proposer un dessin avec plusieurs légendes possibles [9]. De même, ces cartons contiennent des dessins qui se contentent de mettre en scène deux personnages dialoguant. On peut imaginer qu'il s'agit là de supports de légendes « au choix ».

Les propos de ses dessins sont superficiels et consensuels, bien qu'il s'agisse évidemment de charges. Romanin se conforme à un parti pris selon lequel le dessinateur n'est qu'un observateur amusé de la société. Il raille par exemple le mariage (souvent) ou les nouveaux riches. Mais il se focalise plus volontiers encore sur ce qui est d'emblée outrancier, ridicule ou remarquable. On sait qu'il est un véritable spécialiste des sports d'hiver et des milieux bohèmes. Ses carnets renferment aussi des ébauches représentant la Côte d'Azur ou le music-hall, qui auraient pu constituer de nouvelles sources d'inspiration.

— Je vous le dis entre nous, c'est ma femme qui a posé.
— Je me disais, aussi, j'ai déjà vu ça quelque part...

Dessin de Romanin en une de *Gringoire* en 1929.
Le temps des plus grands succès comme dessinateur de presse.

À côté de ses caricatures d'hommes politiques, qui sont des portraits plus que des « éditoriaux », ses incursions dans l'actualité consistent bien souvent à se moquer de la « vie chère », sujet auquel son sens élastique de l'économie le rend sensible. Il produit ainsi pour *Le Carnet de la Semaine*, en juillet et août 1929, une série sur les escroqueries qui guettent les touristes, série qui répond sans doute davantage à ses propres préoccupations qu'à celles du journal, plus nettement politique le reste du temps. Dans le même ordre d'idées, il représente Henri Chéron, ministre des Finances, en pyjama dans un petit lit et en proie à un cauchemar intitulé « Douzièmes provisoires », en référence à la difficulté à boucler le budget.

Il semble plus inspiré par la politique étrangère. Il caricature un Mussolini vaguement dubitatif face à un pape qui fait un salut fasciste peu convaincant. Dans le coin gauche, un Italien de comédie fait un clin d'œil appuyé : « Chic, ils ont avancé le carnaval cette année. » Une autre fois, un Duce armé d'un fort gourdin semble faire une démonstration à un Führer, petit et intimidé, apprenant à se servir d'une trique. La légende dit : « L'élève Hitler. » Enfin, trois ou quatre croquis se moquent des députés, évidemment opportunistes, paresseux et intéressés. Le ton est très convenu mais c'est loin d'être la seule profession que Romanin caricature sans grande finesse.

Avec le recul du temps, ces dessins – politiques ou non – ne paraissent pas toujours drôles, et pas seulement parce qu'ils peuvent être misogynes ou xénophobes voire racistes. Les gags ne sont ni très fins ni très percutants et la charge manque parfois d'élégance. Mais il faut préciser qu'ils ne déparent pas avec les dessins de l'époque. Pour un lecteur actuel, la plupart d'entre eux ne font pas rire, pas même sourire, et laissent même un peu songeur. Ce qui prouve que l'humour est une denrée très fragile et vite périmée.

Jean Moulin est lui-même grand amateur de dessins de presse, non seulement pour les dessins eux-mêmes et parce qu'il en admire les auteurs, mais aussi parce qu'ils l'amusent tout simplement, quand bien même ils seraient l'œuvre d'hommes de droite. Signalant par exemple à son ami Marcel Bernard le numéro spécial de *Candide*, « Les souvenirs d'Aristide Briand recueillis et illustrés par Sennep », il s'exclame : « C'est roulant[10] ! »

Toutefois, si des dessinateurs comme Sennep, Chancel ou Cabrol sont installés dans la tribune de presse de la Chambre des députés et se rapprochent du journalisme en faisant de leurs dessins d'humour des commentaires ou des éditoriaux, Romanin se tient assez loin de cette position. Certes, il coopère à un journal satirique proche des radicaux, *Le Carnet de la Semaine,* pour lequel il dessine une douzaine de couvertures, le plus souvent avec un thème politique. C'est dans ce journal que Jean Moulin perce le plus sous Romanin, ce qui ne mène toutefois pas loin. Il s'agit de plaisanteries sans violence ni portée et d'une actualité pas très brûlante. Ces dessins les plus virulents (la corruption électorale, l'État « qui sent mauvais ») s'appuient sur des gags éculés, que souligne, d'ailleurs, un dessin peu soigné[11]. Ses caricatures de Cot, Briand et Paul-Boncour sont plutôt des portraits que des charges[12]. Seules exceptions dans ce morne panorama, deux dessins vraiment drôles. L'un montre Mussolini, qui ressemble furieusement à un gorille, absolument seul dans une vaste salle de conseil : « M. Mussolini, qui était déjà titulaire de sept ministères, vient de se charger d'un huitième département ministériel[13]. » Le meilleur représente le parfumeur François Coty qui, fortune faite, finance une droite populiste apparemment destinée à l'amener au pouvoir. Ce dessin, bien exécuté, riche en détails comiques et agrémenté d'une légende aussi amusante que fine est probablement une des plus grandes réussites de Romanin dessinateur politique[14]. On remarquera que Moulin a donné une quinzaine de couvertures au *Carnet de la Semaine* en 1928 et 1929, un hebdomadaire incarnant la mouvance « Jeunes Turcs » du parti radical.

Pour autant, les autres titres dans lesquels Romanin place ses dessins ont de quoi étonner, en regard de ce que l'on sait des convictions politiques de Jean Moulin. *Le Rire* est connu pour avoir exploité la veine antisémite et antirépublicaine pendant l'affaire Dreyfus. *Candide* est l'un des principaux organes d'une droite sous influence maurrassienne. L'équipe de *Je suis partout*, qui revendique son fascisme, en est issue. *Gringoire*, au ton polémique et violent, est le journal d'Henri Béraud ou de Philippe Henriot, futurs porte-parole du pétainisme et de la Collaboration.

À dire vrai, ces remarques, pour exactes qu'elles soient, sont anachroniques. C'est à la fin de 1933 que Romanin cesse de publier ses dessins. À cette époque, *Le Rire* et *Ric et Rac*, sous-titré « grand hebdomadaire pour tous », relèvent tout bonnement d'une presse familiale où les gags et les bandes dessinées (ou leurs ancêtres) ont la part belle, entre les bons mots et les historiettes. *Candide* et *Gringoire* sont d'abord des magazines littéraires. Le premier ressemble à un cénacle d'hommes de plume connus et rassis. Le second, qui se pose en rival, est alors dirigé par Georges Suarez (qui n'est encore que le biographe de Clemenceau ou de Briand) et Joseph Kessel. Béraud et Henriot n'y feront leur apparition que des années plus tard, à un moment où le journal aura nettement accentué son positionnement politique et pris fait et cause contre le Front populaire. À la fin des années 1920 et au début de la décennie suivante, la meilleure part y est faite aux nouvelles, feuilletons et critiques artistiques. Les dessins, qui n'occupent qu'une place secondaire, sont soit des illustrations, soit des vignettes d'humour. Les satires politiques, peu nombreuses, sont de surcroît bon enfant [15].

Ce n'est donc ni une compromission ni un reniement pour Jean Moulin quand Romanin publie dans ces organes. Dans ses cartons demeure d'ailleurs la maquette de la première page qu'il imagina pour un numéro spécial de *Candide* et qu'il titra « Sous le règne de Loubet » [16]. Il ne s'agit nullement du bilan politique d'un septennat qui fut décisif pour les radicaux. C'est la Belle Époque qui est représentée et moquée gentiment, une Belle Époque teintée de nostalgie puisqu'elle correspond à l'enfance de Jean Moulin.

En 1934, Romanin cesse ses publications de dessins dans la grande presse. Elles se sont déjà raréfiées en 1932 et 1933, 1931 ayant été sans doute son année de plus forte activité. On a l'habitude d'expliquer ce tarissement par des conditions matérielles.

Les années 1932 et 1933 correspondent en effet à ses premières expériences dans des cabinets ministériels. On peut admettre qu'il était trop occupé pour consacrer beaucoup de temps à dessiner et, surtout, qu'il s'astreignait à un devoir de réserve scrupuleux pour ne nuire ni à sa carrière ni à celle de son ministre. On peut même ajouter que *Le Carnet de la Semaine* sombre de toute façon corps et biens dans le scandale Stavisky au nombre des journaux qui avaient touché de l'argent dont l'escroc se montrait prodigue pour faciliter ses affaires.

Mais il faut tenir compte aussi des effets de son séjour en Bretagne et des rencontres décisives qu'il y a faites. Il est probable qu'il a dû estimer qu'il devait passer à une production autre que le dessin de presse. Au contact de Max Jacob et de Giovanni Leonardi, il apprend à faire une distinction entre ses propres capacités et ce qui l'attire dans la création moderne. Le dessin de presse est naturellement et fortement figuratif. Son trait devient plus expressionniste et abstrait dès lors qu'il s'éloigne des médias de masse.

Jusqu'ici, il avait vu dans les révolutions picturales du début du siècle une pose et un snobisme dont il exploitait le ridicule dans ses dessins comiques [17]. C'est en Bretagne, paradoxalement, qu'il cesse d'être le provincial qui ne veut pas « qu'on la lui fasse » pour suivre sa sensibilité. Dorénavant, il en comprend l'intérêt et forme son goût, y compris en s'intéressant à l'histoire de l'art et en suivant de près la création contemporaine. À Montparnasse, il ne fréquente pas que les cafés dont il s'inspira dans nombre de ses croquis, mais tout aussi assidûment les galeries et même les académies. Il lit les critiques artistiques dans les grands hebdomadaires et des revues spécialisées dont *Documents* et *L'Amour de l'art*, fondée par un groupe d'amateurs proches de l'École de Paris et supporters, entre autres, du régionalisme artistique. Comme ses nouveaux amis, Jean Moulin prend l'habitude de rentrer de ses incursions dans la capitale avec ses premières acquisitions : une *Composition* de Chirico, *Le Citronnier* de Survage, une huile aussi amusante que lumineuse d'Albert André, *Le Petit Bain sur la corniche*, et *Le Château de Saint-Just-Sauvage* d'Utrillo qui décore le studio qu'il loue à Paris.

Alors qu'il est à l'apogée de sa carrière de dessinateur, qu'il figure même parmi les vedettes du Salon des humoristes de 1931, qu'il est, de notoriété publique, un caricaturiste de Montparnasse, il peut lire précisément dans un des journaux où il publie, sous la plume de l'éminent critique d'art Charles Kunstler, un commentaire, qui sans doute ne se veut pas méchant, mais qui n'en sonne pas moins comme une condamnation de sa facilité :

> Dessins faciles, un peu lâchés, beaucoup trop souvent faits de chic, presque toujours cocasses, lorsqu'ils ne s'efforcent pas d'être grivois, dessins qui ne sont, en somme, que des jeux de mots illustrés. Au vrai, ce sont surtout les légendes écrites au bas de ces dessins qui provoquent le rire du spectateur [...] Voici Romanin qui met sous nos yeux toute la faune d'un grand café de Montparnasse. Une Française, égarée dans cette sorte de Babel, demande à un Levantin :
>
> — Alors, vous faites de la peinture ?
>
> — Oui, jé souis dé l'École dé Paris [18]...

Cette critique doit lui sembler d'autant plus amère que l'apparente spontanéité de son tracé lui demande en fait un travail acharné [19]. Mais il a compris que c'était moins cette fluidité qu'on lui reprochait à demi-mots que la superficialité du résultat. Peut-être le parcours d'Ernest de Chamaillard (mort en 1931) le fait-il réfléchir. Peintre doué, remarqué par Gauguin et Émile Bernard, il n'avait pourtant pas réussi à vivre de son art. Utilisant les études de droit qu'il avait menées bon gré mal gré, il exerça comme avocat à Châteaulin, avant d'entrer à l'office des œuvres de bienfaisance à Paris. Il n'en continua pas moins à exposer dans des galeries parisiennes, même si sa carrière connut des hauts et des bas.

Moulin peut constater aussi qu'en dépit de son indéniable talent, la notoriété de Max Jacob ne dépasse pas un petit cercle d'intellectuels et que ses droits d'auteur comme sa production de peintre assurent à peine sa subsistance. Peut-être le sous-préfet Moulin se dit-il que son père avait raison et qu'en lui donnant une profession qui non seulement le fait vivre, mais lui procure d'indéniables réussites, la carrière préfectorale offre en prime à Romanin la liberté d'être l'artiste qu'il veut, sans s'embarrasser de considérations de public ou d'argent.

Effectivement, il aura fallu à Jean Moulin bien des démarches pour trouver un éditeur pour *Armor* et ses illustrations. Au moins celui qui a accepté est-il de bonne réputation. Comme en témoigne – en termes polis – le critique d'art Gaston Poulain, qui a alors ses habitudes chez René Helleu, le libraire propriétaire des éditions Pelletan où il a rencontré Moulin. Il a fallu à celui-ci faire ses preuves pour emporter une conviction que Romanin ne s'était pas acquise dans ce milieu. « Ces gravures nous frappèrent, tandis que les dessins de Romanin nous avaient moins saisis[20]. » En attendant, Moulin doit se plier aux exigences de qualité de l'éditeur mais le résultat lui donne toute satisfaction puisqu'il estime que la présentation met ses eaux-fortes en valeur[21]. En découle la satisfaction supplémentaire de les voir, ainsi que des pages typographiques de l'ouvrage, exposées au Salon des beaux-arts de 1936. « C'est un succès », conclut-il[22].

À n'en pas douter, puisqu'il se voit là admis au sein d'un des salons les plus prestigieux, créé par des artistes au nombre desquels figurent certains des peintres contemporains qu'il apprécie le plus : Valloton, Bonnard ou Matisse. Il a même l'opportunité d'y ajouter deux gravures inédites, d'une veine aussi sombre[23]. En outre, ses amis férus d'art se montrent enthousiastes et lui donnent raison de persévérer dans sa nouvelle veine.

> Évidemment, lui écrit Lionel Floch en recevant deux tirages préparatoires, j'aime particulièrement les Bretonnes en prière. La composition très spéciale, les profils expressifs sont une de vos meilleures réussites, je crois. Ces « états » sont déjà très poussés. Il me semble qu'il n'y a plus que très peu de choses à y ajouter. Peut-être quelques noirs assez puissants, mais pas trop en volume, plutôt en à-plats, votre conception générale étant surtout décorative et cérébrale. C'est, à mon avis, exactement ce qui convient à ces poésies[24].

Ils se font en outre fort de lui faire de la publicité. Max Jacob se met de la partie, lui manifestant une approbation d'autant plus chaleureuse qu'à son amitié pour Moulin se joint son affinité avec Corbière.

> Les très belles eaux-fortes sont à Paris dans les cartons : elles sont inoubliables et j'y tiens beaucoup. Je les ai souvent montrées. Je vais me permettre d'envoyer votre spirituelle et charmante lettre elle-même au cher Salmon, ce qui simplifiera tout, avec les prospectus. J'aurai bientôt l'occasion d'écrire à Cassou [alors inspecteur des Monuments historiques et très connu pour son intérêt pour l'art moderne]. Je lui dirai ma grande estime pour votre talent si direct et votre œil si juste, votre imagination à la fois si terrestre et si céleste, et cette vaste compassion tendre [25].

Sur ces instances sans doute, Romanin dédicace à Salmon, ami proche de Jacob et grand défenseur de l'École de Paris, un exemplaire d'*Armor* en termes très élogieux : « À M. André Salmon, au poète, à l'apôtre de l'Art vivant, très sincère hommage [26]. » Il semble que Romanin le graveur ne se soit pas recommandé de Romanin le caricaturiste qui publiait quelques années auparavant dans ce même *Gringoire* où Salmon tient la critique artistique. D'ailleurs, Jacob lui fait de la réclame avec tant de chaleur que le critique en rend un compte amusé en évoquant les eaux-fortes d'*Armor* dans son article hebdomadaire.

> Le graveur Romanin n'a cherché qu'une seule recommandation. C'est celle du poète et peintre Max Jacob. Ses amis critiques ont reçu de Quimper une sorte de lettre pastorale du grand converti, les pressant d'aller voir, chez Helleu, les huit eaux-fortes inspirées à Romanin par *Armor* extrait des *Amours jaunes* de Tristan Corbière. L'un des « poètes maudits » révélés par Verlaine, lequel s'y connaissait en malédiction [27].

Tout renfort est le bienvenu, car le succès n'est pas au rendez-vous. Ni pour la souscription ni par la suite. Il n'est pas exclu que la violence macabre des illustrations de Romanin ait eu sa part dans cet échec. En effet, les aquarelles de Montparnasse et la gaieté des sports d'hiver sont bien loin. Les caractères que le dessinateur campe pour *Armor* ne sont plus seulement des types comiques, mais représentent un mélange de grotesque et de spirituel. Et c'est moins l'ironie qui introduit une dissonance qu'une expression pathétique de la souffrance ou de la détresse. Au nombre des illustrations d'*Armor*, une gravure retient particulièrement l'attention de tous les observateurs depuis la fin de la Seconde Guerre mondiale et la découverte des camps d'extermination : celle qui se rapporte à *La Pastorale de Conlie* et représente, de façon saisissante au point d'en être choquante, un charnier. Bien sûr, le dessin de Moulin n'est pas prémonitoire. Il relève toutefois d'un parti pris esthétique tranché, puisque le sujet (la mort de jeunes recrues bretonnes de 1870 décimées par une épidémie et jetées à la fosse commune) avait été traité par ses prédécesseurs de manière plus euphémisée.

Dès lors qu'il a affermi ses techniques de gravure, Jean Moulin privilégie ce moyen d'expression. Il influe sur sa nouvelle manière de dessiner comme sur les thèmes qu'il traite dorénavant plus volontiers et qui tournent autour de la spiritualité, de la souffrance et de la mort.

Il entreprend une représentation de l'enfant prodigue transposé en Provence, où dominent l'émotion et l'empathie. Il y évoque, en fait, le souvenir de son frère mort et de sa famille dévastée. On retrouvera aussi dans ses papiers une petite esquisse frappante qu'il a lui-même nommée *La Famine*. Il dessine une allégorie de la vanité féminine, intitulée *Les Prisonnières*, d'inspiration surréaliste qui tranche avec les allègres pochades aux légendes un peu méchantes « On attend la veuve » ou « Vous ne vous baignez pas aujourd'hui, Mesdemoiselles ? ». Ce sont *Chômage* (tiré de *L'Enfant prodigue*) et *Les Prisonnières* qui seront exposés au Salon avec les eaux-fortes d'*Armor*.

Il est tenté de revenir à Corbière après avoir acquis, en 1938, un album composé par ce dernier de poèmes et d'œuvres picturales comprenant des peintures, des collages et des montages. Cet objet qui est à la fois un manuscrit inédit et une œuvre graphique ne pouvait que susciter son intérêt. Par des relations, il cherche d'ailleurs à recueillir des informations sur le poète

Les Chômeurs, lithographie de Romanin (1935) pour *L'Enfant prodigue*.
Fini de rire. Romanin délaisse la caricature
pour la représentation compassionnelle des êtres souffrants.

provenant de ceux qui l'avaient connu, peut-être inspiré par le travail de recherche biographique qu'il a mené pour le compte de son père[28].

Enfin, trois ans plus tard, il se passionne en découvrant, alors qu'il est préfet de l'Aveyron, un natif du département : le peintre, graveur et poète Eugène Viala, remarquable par son tempérament rebelle. Après avoir admiré quelques-unes de ses toiles au musée des Beaux-Arts de Rodez, Moulin commence à s'intéresser à ses eaux-fortes d'une exceptionnelle qualité, dont il acquiert un recueil. Aidé par sa sœur Laure, il rassemble des articles parus dans la presse locale. Il achète une collection de la revue *Le Cri de la terre* que Viala édita vers 1908 pour la préservation de la nature authentique de sa région. Paul Ramadier, député du département et membre du gouvernement de Front populaire, a consacré une plaquette à Viala quinze ans plus tôt. Peut-être par son intermédiaire, Moulin rencontre sa veuve (le peintre, né en 1859, était mort accidentellement en 1913) qui lui permet de consulter ses carnets de croquis, d'en exécuter des relevés et de prendre des photos de ses eaux-fortes. Il caresse l'idée de lui consacrer une biographie[29]. Intrigué par sa personnalité singulière et libre, plus intéressé encore par son œuvre à la fois très noire et proche de l'impressionnisme, stimulé par son talent inouï d'aquafortiste, Jean Moulin retrouve en lui un caractère aussi exceptionnel que Corbière, mais doté d'une œuvre plus vaste et qui épouse mieux encore ses centres d'intérêt. Pour le connaisseur et le collectionneur qu'il est en train de devenir, il y a un plaisir et une excitation à envisager de devenir le « découvreur » d'un artiste très méconnu.

Le 30 juin 1935, jour du lancement de la souscription pour *Armor* illustré par Romanin, a procuré à Jean Moulin un plaisir aussi intense, sans doute, que celui qu'il avait éprouvé, dix-huit ans plus tôt, lors de la publication de son premier dessin dans un vrai journal. Ce jour marque une date importante dans sa carrière d'artiste. Parce qu'il est un tournant et une fin. En effet, toute son aventure artistique bretonne permet de comprendre pourquoi Daniel Cordier a pu dire que c'étaient les œuvres de Jean Moulin qui constituaient son journal intime.

Le préfet Jean Moulin en représentation. Rodez, 1937.

Non pas parce qu'elles retranscrivent des situations vécues, mais parce qu'elles témoignent des étapes de son évolution.

Ses premiers dessins publiés montrent littéralement un enfant. Un enfant doué qui s'efforce de copier les maîtres qu'il admire, ce qui est effectivement le meilleur moyen d'apprendre. Vient ensuite la phase où il explore une palette large : paysages à l'aquarelle, affiches, esquisses sur le vif et caricatures politiques. Passé le cap des vingt-cinq ans, il lui semble avoir trouvé son meilleur registre : le dessin de presse caustique où le souci du détail cohabite avec une certaine superficialité. La ligne est proche du croquis, évitant tout modelé. Il rencontre le succès, concrétisé par des commandes régulières et une certaine notoriété.

Avec son séjour en Bretagne, il découvre de nouvelles techniques et de nouveaux sujets. En même temps, son ambition s'approfondit. Il ne s'agit plus de rechercher un succès commercial et une reconnaissance facile, mais de s'accorder le privilège d'une expression intime de ses préoccupations tant intellectuelles qu'artistiques. L'approbation d'un cercle restreint mais exigeant lui importe dorénavant d'avantage que l'accès au grand public. Le tragique et la profondeur de son propos ne constituent qu'en apparence une rupture avec la période précédente. Le pessimisme et la critique se paraient d'ironie dans ses caricatures. Il la remplace par une narration abrupte empreinte de plus en plus de compassion.

C'est au moment où il comprend qu'il ne sera jamais un artiste et qu'il commence à collectionner, que ses œuvres acquièrent d'avantage de substance. Faute de pouvoir aller plus loin dans cet approfondissement, à cause des développements de sa vie professionnelle et de la marche des événements, il finit par opter pour le statut d'« amateur », à tous les sens du mot, qui l'amènera ultérieurement à augmenter sa collection, grâce à des moyens financiers plus importants et à une présence plus continue à Paris. Un jour, il deviendra même galeriste[30]. La publication d'*Armor*, en 1935, marque ainsi la fin de Romanin artiste mais annonce l'avènement de Jean Moulin « amateur d'art ».

11

Œuvre en famille
15 décembre 1936

Le fameux ministre de la Police, Joseph Fouché, duc d'Otrante, devenu veuf en 1812, épousa en secondes noces, le 1er août 1815, Ernestine de Castellane, de vieille noblesse provençale et d'une grande beauté. Il avait 56 ans et elle 27, mais elle était pauvre et lui fort riche. Cependant, plus encore que par son immense fortune, la jeune fille avait été séduite par les qualités brillantes de l'homme du monde, les délicates attentions de l'ami et l'extraordinaire prestige dont jouissait alors le restaurateur de la monarchie. L'ancien terroriste n'était-il pas ministre de Louis XVIII et le roi ne daigna-t-il pas signer à son contrat de mariage ? Or, de ce haut degré de faveur, le duc d'Otrante ne tarda pas à être précipité sous la poussée victorieuse des Ultras. Contraint de démissionner, il dut accepter l'ambassade de Saxe. Sa jeune femme, qui voyait ses beaux rêves s'écrouler, l'accompagna à Dresde, puis, quand la disgrâce se fut changée en un bannissement perpétuel, elle partagea vaillamment son exil en terre autrichienne.

D'une conduite parfaite envers son vieux mari, adoucissant par sa jeunesse et sa bonne humeur l'amertume de cette carrière brisée, elle n'est pas épargnée par la haine et la calomnie. La chronique scandaleuse lui prête une aventure galante et une fugue avec le jeune Adolphe, fils du comte Thibaudeau, l'ex-collègue de Fouché à la Convention, et proscrit comme lui à Prague.

Écœurés par ces grossiers mensonges qui sont la fable de l'Europe, les d'Otrante se réfugient à Linz et plus tard à Trieste où ils trouvent enfin, sous un beau ciel, un peu d'agrément et de réconfort dans la société d'Elisa et de Jérôme Bonaparte. Répit d'un an avant la mort de Fouché, le 26 décembre 1820. Sa veuve peut maintenant rentrer en France. C'est ce qu'elle s'empresse de faire, ramenant avec elle les quatre enfants de son mari et veillant particulièrement sur Joséphine, âgée de 16 ans.

N'ayant reçu que la moindre part de la fortune du duc d'Otrante, en un douaire constitué par contrat de mariage, elle vivra désormais, d'une vie honnête et discrète, soit auprès de sa sœur, à Paris ou en Provence, soit de préférence au chalet vaudois de Riond-Bosson[1].

Tel est le scénario – pour reprendre son expression – que Jean Moulin aura, avec quelques variantes, présenté au moins une dizaine de fois à divers éditeurs pour avoir enfin le plaisir de tenir entre ses mains, ce jour de décembre 1936, les exemplaires du *Grand Amour de Fouché, Ernestine de Castellane* que vient de publier la Librairie académique Perrin. Mais, pour parvenir à ce résultat, il ne se sera pas contenté de se muer en agent littéraire. Il aura été l'iconographe – ce qui n'est pas si étonnant –, et se sera transformé en historien – ce qui l'est davantage.

Parce que son installation à Châteaulin lui laissait du temps pour la création artistique, il a proposé à son père d'illustrer de bois gravés une histoire de Saint-Andiol que le vieux professeur écrirait[2]. Mais Antonin Moulin constate bientôt que le sujet est trop rébarbatif et Jean insiste d'autant moins que ce travail le lasse aussi. En découle toutefois l'idée de consacrer un livre à une (petite) célébrité locale : Ernestine de Castellane, seconde épouse de Fouché. Le sujet peut paraître un peu mince, mais la matière historique ne manque pas, non plus que la matière romanesque d'ailleurs.

Le projet est arrêté en 1932, sous la forme d'une véritable entreprise familiale.

Antonin Moulin s'intéresse depuis longtemps à cette descendante des prestigieux châtelains de Saint-Andiol car il dispose d'une source à laquelle il est difficile, pour un professeur d'histoire, de résister : les lettres inédites d'Ernestine à sa nourrice, qui lui ont été remises par des amis (et de quelques archives conservées au château)[3]. Il a déjà à son actif de nombreuses communications historiques à des sociétés savantes, ainsi que des œuvres de fiction. Mais ce travail d'envergure dépasse les recherches qu'il peut mener sur place et implique une logistique déployée avec l'aide de ses enfants. Il est entendu que Laure s'occupera de collecter les recherches, assurera la dactylographie et gérera les corrections. Jean Moulin sera l'antenne parisienne de l'entreprise : il mènera les recherches dans les centres d'archives et dans les bibliothèques et il se chargera de trouver un éditeur. Cela ne saurait mieux tomber, puisqu'il est nommé chef de cabinet adjoint de Pierre Cot, sous-secrétaire d'État aux Affaires étrangères. Il sera non seulement physiquement à proximité des Archives nationales ou de la Bibliothèque nationale – pour ne rien dire des archives du Quai d'Orsay –, mais il pourra faire jouer sa position et ses relations.

Même s'il ne demeure dans ces fonctions que six semaines, il va, dans les années suivantes, être souvent en poste à Paris ou à proximité, et effectuer de nombreux allers-retours dans la capitale. Entre 1933 et 1937, il est successivement sous-préfet de Thonon, chef de cabinet du ministre de l'Air, sous-préfet rattaché à la préfecture de la Seine, secrétaire général de la préfecture de la Somme et préfet de l'Aveyron. Il mettra alors toutes les occasions à profit pour faire avancer la cause d'Ernestine, ne marquant qu'une seule fois de la lassitude, parce qu'elle empiète sur le temps qu'il voudrait consacrer à sa propre œuvre[4]. À croire qu'en plus de l'affection filiale, il s'est piqué au jeu. Il désigne d'ailleurs ce travail commun comme « le sujet qui nous est cher »[5].

À l'origine, il prévient qu'il va donner un petit coup de main, mais sans faire de « promesses excessives »[6]. Il s'agit simplement de profiter de sa présence au Quai d'Orsay pour consulter facilement les archives concernant l'ambassade de Fouché, duc d'Otrante, à Dresde, puis ses différents séjours dans des villes de l'empire des Habsbourg et à Trieste. Il s'en acquitte assez vite, recopiant les documents disponibles et constatant surtout qu'il n'y a pas grand-chose à trouver. Évidemment, eu égard à ses centres d'intérêt, il se met sur la piste de portraits de la jeune duchesse. Tant qu'à faire, il lui est aussi demandé de prendre contact avec le notaire dont l'étude est dépositaire du fameux contrat de mariage signé de Louis XVIII. Il emporte le petit triomphe de le retrouver et d'obtenir l'autorisation de le mentionner, ce qui est une première, alors qu'il faisait depuis cent vingt ans l'objet de tous les commentaires pour avoir été signé par le roi, alors que Fouché avait, en son temps, voté la mort de Louis XVI. « Servant ainsi de témoin à la fois le plus digne et le plus indigne, a écrit Stefan Zweig dans un essai traduit en 1931, au meurtrier de son frère[7]. »

Après des lectures appliquées de la biographie de Fouché par Louis Madelin et quelques premières incursions décevantes aux Archives et à la Bibliothèque nationale, Jean Moulin finit par comprendre que les Archives autrichiennes conservent des lettres d'Ernestine « interceptées » du temps qu'elle vivait à Prague, Linz et Carlsbad. Il met en branle ses accointances au ministère des Affaires étrangères pour en obtenir communication. Les copies lui en arrivent lentement, mais elles dépassent toutes ses espérances. Elles constituent le point fort du livre, éclairant l'exil de Fouché, ses démêlés familiaux et la fameuse affaire de l'infidélité prêtée à Ernestine avec le jeune Adolphe Thibaudeau. C'est un vrai succès pour Jean Moulin, le « chercheur ».

On le retrouve chez les libraires ou dans les bibliothèques où ses déplacements et ses vacances l'amènent, en train de parcourir des livres sur le Premier Empire ou la Restauration. Il s'est déjà rendu près d'une dizaine de fois dans des centres de recherche pour dénicher des vieux papiers et les recopier. Il y a pris goût, sans doute, peut-être plus spécialement à la sombre mais belle salle de lecture de la rue Richelieu, puisque, avant ses incursions dans la capitale, il rappelle à sa sœur de lui signaler les nouvelles recherches à effectuer à la Bibliothèque nationale[8]. Mieux, il décide de lui-même de lancer des recherches au département des manuscrits. Il ne peut évidemment pas savoir que ses propres archives y seront un jour conservées…

Comme un véritable historien, Jean Moulin fait feu de tout bois.

Ayant obtenu du notaire les coordonnées d'une arrière-petite-fille de Fouché, il entre en contact avec la famille qui accepte de le recevoir. On lui montre les reliques de la duchesse d'Otrante : le cahier où elle recopiait des passages de ses livres préférés, sa correspondance de politesse avec quelques têtes couronnées et, clou de cette présentation pour ce nouvel adepte des archives : des lettres envoyées par Fouché à Ernestine quand ils étaient fiancés et la demande en mariage elle-même ! Il est déçu en apprenant qu'elles ne sont pas inédites, mais largement rassuré en s'entendant dire qu'elles n'ont été publiées que dans une revue confidentielle. Ce qui n'est pas tout à fait vrai, mais est compensé par le fait que cette parution a eu lieu pendant la Grande Guerre, ce qui explique qu'elle soit passée inaperçue [9]. C'est à cette trouvaille que *Le Grand Amour de Fouché* doit en grande partie d'être aujourd'hui encore utilisé et cité par les biographes de Fouché et par les spécialistes les plus éminents du Premier Empire ou de la Restauration [10].

Retrouvant ses penchants naturels, Moulin s'est intéressé à une miniature de la duchesse conservée dans la famille, à la photographie d'un portrait de Fouché qui appartient à d'autres membres de la famille, à un fabuleux nécessaire de toilette en or et cristal offert en cadeau de mariage par Fouché à sa nouvelle épouse.

La description minutieuse qu'il en fait par lettre à son père, le 15 mai 1933, est reprise mot pour mot dans le livre. Ont été omises les lignes dans lesquelles il rendait hommage – très logiquement pour lui – à « l'artiste qui l'a fait » [11]. C'est ainsi en tout cas que Jean Moulin apparaît en auteur secondaire de l'ouvrage. Antonin et Laure Moulin ne peuvent rivaliser en évoquant le service à thé – offert aussi dans la corbeille de mariage – conservé par une autre branche de la famille et qu'ils ont vu de leurs yeux. Il n'est mentionné que dans une note en bas de page !

L'accueil a été excellent et la moisson productive. Ils valent à son père la plus longue lettre qu'il ait envoyée à sa famille depuis qu'il a quitté la maison, seize ans auparavant : sept pages de minutieuses descriptions.

Après ces mois de recherches, Jean Moulin n'est pas pour autant au bout de ses peines. Son père s'étant mis à écrire, il est maintenant sollicité pour trouver une dactylo et pour relire le manuscrit. Il s'y attelle effectivement et suggère des améliorations. Ces considérations stylistiques sont échangées alors qu'il est devenu depuis trois semaines chef de cabinet de Pierre Cot, ministre de l'Air, dans un gouvernement en proie à d'intenses difficultés[12]. Le temps se fait plus rare pour Ernestine : une petite incursion à la bibliothèque Thiers (un centre de recherche consacré au XIXe siècle et rattaché à l'Institut), un rapide complément à la Bibliothèque nationale. Jean Moulin consacre dorénavant ses efforts à la recherche d'un éditeur. La crise du 6 février 1934 et la démission du gouvernement le privent bientôt de ses fonctions de chef de cabinet et il est dans l'attente d'une nouvelle affectation.

Il entreprend de démarcher des maisons d'édition de premier plan. Dans le même temps, son père lui demande de placer un chapitre en avant-première dans une revue. Il lui suggère de s'adresser au célèbre journaliste Raymond Recouly, directeur politique de *La Revue de France*, natif de l'Hérault et recommandé à ce titre par un ami montpelliérain. Ce même ami qui, au même moment, propose à Jean d'envisager d'épouser la cousine de sa femme. D'où la nécessité de ne pas le blesser en ne donnant pas suite à la première rencontre. Il serait malheureux de couler Ernestine en refusant Jeannette[13].

Dans toutes ces démarches, et dans toutes celles qui vont se multiplier par la suite, il y a généralement un essai pour trouver des appuis, des introductions, des recommandations en utilisant des relations. Exercice un peu malaisé car le milieu universitaire comme le milieu journalistique parisien sont assez loin des aires habituelles de Moulin. Sa meilleure idée est de s'adresser à Daniel-Rops, connu à l'époque où il n'était encore qu'Henry Petiot, tout jeune professeur d'histoire-géographie à Chambéry. Il est dorénavant directeur d'une collection chez Plon (dans laquelle il éditera en 1938 *La France et son armée* du colonel de Gaulle).

Jean Moulin commence à roder ses talents d'agent littéraire. Il cherche des introductions, décroche des rendez-vous, présente le sujet et fait valoir la qualité et l'originalité de la recherche. « J'ai fait aussi, le plus fidèlement, que j'ai pu, un résumé du livre, un "scénario" comme le demandait Recouly dans sa lettre[14]. »

Moyennant une grande patience et une certaine obstination (cinq mois de pourparlers), Jean Moulin obtient la publication dans *La Revue de France* du chapitre consacré au « scandale Thibaudeau », quand la jeune duchesse fut accusée de s'être enfuie avec le fils d'un ancien conventionnel. Jean Moulin se charge lui-même de souligner les documents inédits pour qu'ils soient mis en valeur par une typographie distincte. Hélas, il faut patienter encore un an entre l'acceptation du manuscrit et sa parution. Tant et si bien que quand arrivent enfin les épreuves, il les corrige lui-même, de peur de manquer la publication[15]. Ernestine lui aura décidément fait faire tous les métiers.

Bien qu'il se plaigne de passer tous ses loisirs en démarches en faveur d'Ernestine, au détriment de son propre travail, Jean Moulin est si satisfait de ce premier succès qu'il propose de lui-même d'essayer de placer un autre chapitre dans une autre revue. Voire deux chapitres différents dans deux revues différentes, dont les plus prestigieuses : *La Revue de Paris* et même *La Revue des deux mondes* où on lui laisse un petit espoir[16]. Finalement, il réussit à convaincre *La Revue mondiale* de publier le chapitre sur le contrat de mariage[17]. Un succès n'arrivant jamais seul, les deux chapitres paraissent presque en même temps, en octobre et novembre 1935, et *Le Temps* leur consacre une longue et élogieuse chronique, les jugeant « bourrés de documents inédits » et vantant « les détails nombreux fournis par A.E. Moulin »[18]. Jean Moulin jubile : « On ne pouvait espérer mieux. C'est épatant ! Et ce sera une publicité sérieuse pour le livre[19]. »

De la persévérance, il en faut plus encore pour trouver un éditeur pour le livre en question. La plupart craignent des redites par rapport à Madelin, considéré comme un classique, et à Zweig, qui vient de connaître un grand succès. Jean Moulin bat le pavé éditorial, son projet sous le bras.En juin 1935, c'est enfin l'aboutissement. Mlle Perrin, de la Librairie académique du même nom, lui annonce en personne que le manuscrit est accepté. Il télégraphie aussitôt à son père. Son travail d'auteur n'est pas terminé pour autant. André Bellessort, conseiller littéraire de la maison et tout nouvel académicien français, voudrait voir les notes en bas de page renvoyées en fin de volume. Il transige en acceptant de supprimer toutes celles qui ne sont pas indispensables. Et Jean Moulin se met aussitôt à en barrer un grand nombre sans barguigner. On constate effectivement que l'appareil critique du livre est au final fort léger.

Son travail d'agent n'est pas pour autant terminé. D'abord parce qu'il est chargé du contrat, qu'il ne négocie pas vraiment, trop heureux de l'avoir décroché. Surtout parce que quelque chose lui tient plus à cœur que les notes infrapaginales : ce sont les illustrations. Il s'agit d'obtenir de Mlle Perrin que le volume soit publié dans la collection à vingt francs (quatorze euros) avec illustrations, et non dans la collection toute simple à quinze francs. Il veut faire insérer une dizaine d'illustrations, dont les portraits d'Ernestine et de Fouché[20]. Il se démène pour centraliser les photographies qui ont été prises et ajouter les gravures représentant les villes qui sont évoquées dans le livre. Très à son affaire, il prend entièrement la main, ne laissant pas son père dire son mot. Il lui faut tout de même tenir compte de l'avis de l'éditeur qui ne veut pas des fac-similés de lettres d'Ernestine et de Fouché, non plus que de la vue du château de Saint-Andiol. En revanche, il demande une vue de Prague. Voici donc Jean Moulin qui repart en campagne. Il va au département des estampes de la Bibliothèque nationale où, faute de trouver ce qu'il cherche, il s'entiche de « gravures en couleurs absolument délicieuses » de Carlsbad[21].

Si les paysages ne sont guère mis en valeur par les petites reproductions en noir et blanc (15 cm sur 9) et ne rendent pas le plaisir que Jean Moulin artiste a eu à contempler la finesse des détails et l'harmonie des compositions, les quatre portraits (deux d'Ernestine, un de Fouché et un de sa fille Joséphine) sont d'une qualité exceptionnelle et retiennent tout particulièrement l'attention. Or ils n'avaient encore jamais été reproduits et sont des découvertes de Jean Moulin.

Un moment, au début du printemps 1936, il redoute que tout soit remis en cause : la remilitarisation de la Rhénanie, qui peut faire craindre une crise dégénérant en conflit armé, la perspective des élections législatives – aussi disputées que décisives –, constate-t-il, « ont affolé pas mal de gens à Paris et, évidemment, n'ont pas poussé à la conclusion des affaires »[22]. Le Front populaire qu'il appelle de ses vœux va-t-il anéantir les espoirs d'Ernestine ? Finalement, le contrat tant attendu avec l'éditeur lui arrive le 20 avril.

Viennent les fameuses élections. La victoire du Front populaire, immense satisfaction pour Jean Moulin, signifie aussi son retour à Paris pour y prendre les fonctions de chef de cabinet de Pierre Cot, ministre de l'Air. Il doit dès le 4 juin faire face aux grèves dans l'aéronautique, aux nationalisations, puis à la question de l'intervention dans la guerre d'Espagne, le tout dans une atmosphère mêlant exaltation et risques[23].

Il n'en est pourtant pas quitte avec Ernestine. Reste en effet à envoyer les épreuves du livre, à contrôler la qualité des reproductions et à s'apercevoir que, finalement, le volume, dont on a coupé les notes, est un peu mince. Reste aussi à s'assurer que le service de presse soit fait convenablement et largement (dix pour cent du tirage).

Le livre paraît à la mi-décembre, date adéquate pour figurer parmi les idées de cadeaux d'étrennes. Jean, Laure et Antonin Moulin se tiennent mutuellement au courant des avancées : articles, entrefilets, conférences, mais aussi ventes. Le libraire de Béziers en a vendu dix exemplaires. Une semaine après la parution, l'éditeur est « très content »[24].

Sait-on parmi les chroniqueurs que le modeste A.E. Moulin, professeur honoraire, est le père du chef de cabinet du ministre de l'Air du Front populaire ? Jean Moulin n'a pas lésiné, dans la mesure de ses accointances, signalant à *L'Œuvre*, grand journal radical, que *Le Grand Amour de Fouché* est écrit par un franc-maçon. « Ça n'a pas été en vain », se félicite-t-il en trouvant dans ce quotidien un long article qui, sur un ton gentiment ironique, souligne l'intérêt du livre[25]. Dans *Vendredi*, l'hebdomadaire le plus emblématique du Front populaire, la recension est élogieuse (« livre minutieux et précis, riche en documents inédits »), mais elle aussi un peu moqueuse, se demandant si ce « grand amour », n'est pas un bien grand mot pour un mariage arrangé[26]. Parmi les critiques, comme parmi les historiens, tout le monde, il est vrai, ne partage pas la foi placée dans l'amour et la fidélité d'Ernestine par Antonin Moulin, qui était un homme honnête doublé d'un sentimental.

Assez drôlement, beaucoup des soutiens du livre auront été des hommes de droite, voire des hommes très à droite. Bien mieux, *Le Grand Amour de Fouché* bénéficie d'une recension sympathique dans *Je suis partout* : « l'intéressante étude de M. Moulin nous fait voir que cette vieille canaille pouvait être bon père de famille et mari amoureux »[27].

« Tout va très bien !, se réjouit Jean Moulin en parcourant la revue de presse. Et ce n'est sans doute pas terminé[28]. » Autant que de bonnes ventes, il ambitionne pour le livre un prix de l'Académie française. Toute la famille compte sur les bons offices d'André Bellessort, académicien depuis 1935. C'est chose faite en juillet 1937 avec un prix modeste dans son renom et son montant, mais du moins obtenu « sans brigue ni sollicitation quelconque »[29].

Le cycle d'Ernestine aura donc été un succès complet. Jean Moulin s'est pris au jeu des recherches et des démarches. Il est indéniable que le livre lui doit beaucoup, dans son contenu comme dans sa publication. L'édition illustrée en outre est essentiellement son œuvre.

S'il est plaisant de le voir par moments transformé en biographe – lui qui fera l'objet de tant de biographies, à commencer par celle écrite par sa sœur qui aura fait ses premières armes avec Ernestine –, il faut reconnaître que cette vocation n'a pas eu de suite. S'il a pris sur son temps, non seulement au détriment de sa propre œuvre de dessinateur, mais encore en dépit de sa charge de travail, à un moment où il est mêlé à l'exercice même de l'État lors d'un épisode historique crucial, ce n'est pas parce qu'il s'est découvert historien et écrivain, mais bien par affection pour son père et, pour appeler les choses par leur nom, par gentillesse. Il n'aura pas lieu de le regretter, lui ayant ainsi offert non seulement d'agréables satisfactions d'amour-propre, mais la joie d'un intense partage.

Antonin Moulin mourra brutalement d'une congestion pulmonaire le 17 avril 1938, à l'âge de quatre-vingts ans.

12

De notoriété publique
27 décembre 1936

« Nous nous moquons de ce M. Moulin que l'on semble vouloir nous jeter en pâture », écrit Henri de Kerillis dans *L'Écho de Paris*, le 27 décembre 1936.

Incriminé au Parlement et dans la presse pour des fournitures d'avions et d'armes au gouvernement espagnol en dépit de l'accord de non-intervention signé par la France, Pierre Cot, ministre de l'Air du gouvernement du Front populaire, s'est défendu en prétextant que son chef de cabinet a commis des maladresses en apurant les livraisons antérieures à l'accord. Dorénavant, il est de notoriété publique que Jean Moulin est partie prenante de l'aide – clandestine – aux Républicains espagnols dans la guerre civile.

*

Le 17 juillet 1936, alors qu'il est au théâtre avec André Malraux et Léo Lagrange, sous-secrétaire d'État aux Sports et ami proche, Cot apprend le déclenchement en Espagne d'un putsch contre le gouvernement du *Frente popular*. Son cabinet est immédiatement placé en alerte. Le surlendemain, le Premier ministre espagnol demande au gouvernement français dirigé par Léon Blum de lui fournir du matériel de guerre (dont une vingtaine d'avions) pour endiguer le coup de force nationaliste. Le gouvernement espagnol a été légalement constitué à l'issue des élections de février 1936 et il existe un accord commercial de 1935 autorisant l'Espagne à acheter en France armes et munitions. Aussi le ministre de l'Air est-il officiellement chargé des premiers envois, malgré quelques hésitations au sein du gouvernement.

Peu après, la presse, alertée par le camp franquiste, commence à s'inquiéter de cette prise de position, qui risque d'impliquer la France dans un conflit intérieur à un pays étranger. Le gouvernement français découvre en outre que son allié britannique est rien moins que favorable à cette aide, tenté même de soutenir les séditieux. Le ministre des Affaires étrangères français fait prévaloir la prudence : les avions livrés à l'Espagne ne seront plus convoyés par des pilotes français. Très divisé, le Conseil des ministres décide de rassembler le matériel destiné à l'Espagne tout en essayant, pendant ce temps, d'obtenir une approbation massive de sa majorité à la Chambre des députés et de faire évoluer la position du gouvernement anglais. L'exportation d'avions civils reste toutefois possible pour les entreprises privées.

Le 30 juillet, deux bombardiers italiens en route pour le Maroc espagnol, base des nationalistes, sont contraints par une panne de se poser au Maroc français : il devient évident que l'Italie fasciste est en train d'appuyer Franco. Le gouvernement français décide de reprendre ses livraisons. Mais le ministre des Affaires étrangères fait valoir qu'au lieu de participer au conflit qui risque de dégénérer, on pourrait rechercher un accord international de non-intervention. Après tout, ce serait peut-être l'intérêt même de l'Espagne. L'accord de non-intervention sera finalisé le 8 août.

Pierre Cot y est opposé, persuadé – à juste titre – que tout en y souscrivant formellement, l'Allemagne et l'Italie ne se priveront pas de continuer à appuyer militairement Franco. Entre le 5 et le 8 août, dix-sept avions ont été livrés à l'Espagne en toute urgence. Les derniers décollent pendant que le conseil de cabinet est réuni pour finaliser l'accord.

Dans ces conditions, il n'est pas surprenant qu'une fois la non-intervention actée, les partisans de l'aide à l'Espagne répu-

André Malraux en Espagne pendant la guerre civile.
Un côtoiement avec Jean Moulin
qui préfigure la « rencontre » en apothéose de 1964.

blicaine au sein du gouvernement ne se résignent pas. Après s'être demandé s'ils ne démissionneraient pas, ils choisissent de rester en poste pour agir, encouragés par le gouvernement espagnol qui redoute qu'une majorité de droite ferme plus hermétiquement encore la frontière. Ils vont tout mettre en œuvre pour contourner les interdictions officielles. Après bien des tergiversations, influencées par les violations avérées de la non-intervention par l'Italie et l'Allemagne, apparaît la « non-intervention relâchée » ou « élastique », approuvée par le président du Conseil, Léon Blum.

Tenu à la solidarité gouvernementale et à l'obligation de ne pas tromper délibérément les parlementaires, Pierre Cot se décharge de la logistique sur son cabinet tant civil que militaire. C'est à ce titre que Jean Moulin se trouve directement impliqué dans cette action clandestine. Celle-ci couvre à la fois la fourniture de matériels : avions, moteurs, armes et pièces détachées, et le recrutement de pilotes.

Sur ce second point, il s'agit de trouver par cooptation des pilotes qui, par conviction ou par intérêt, acceptent soit d'emmener des appareils en Espagne, soit carrément d'aller combattre aux côtés des Républicains. Jean Moulin aide l'aviatrice Adrienne Bolland à faire passer en Espagne des pilotes qu'elle lui recommande. Son rôle se borne toutefois à un accueil, à une sélection subjective et à une orientation vers le cabinet militaire qui se charge des aspects pratiques, intervenant par exemple pour distribuer des congés aux pilotes militaires. Dans le milieu, il est avéré que Moulin est celui qu'il faut appeler pour débloquer les problèmes rencontrés par les pilotes en partance [1].

Tant qu'à faire, Moulin essaie de trouver plutôt des hommes de conviction [2]. Mais l'intervention du cabinet n'est pas uniquement motivée par les sentiments. Parmi les pilotes, certains sont chargés de fournir des comptes rendus détaillés sur les opérations auxquelles ils prennent part et d'agir ni plus ni moins que comme informateurs [3].

Pour le matériel, le défi est encore plus grand puisque rien n'est moins discret que la commande, le paiement et l'acheminent d'avions et d'équipements Toutes les solutions sont mises à contribution, comme le déclassement d'appareils anciens ou non encore réceptionnés par l'armée de l'Air, ou les pseudo-livraisons à des pays tiers ou à des entreprises privées de transport aérien. Les pilotes qui convoient les appareils donnent de faux plans de vol et font mine d'avoir besoin de se poser en Espagne de manière impromptue. Sur les matériels, les références sont effacées. Des caisses transitent par les avions soudainement mis à la disposition de l'ambassade de France à Madrid, qui n'a jamais tant eu besoin de ravitaillement et de valises diplomatiques[4]. Moulin paie de sa personne. Pour éviter de laisser des traces, il recourt au téléphone, mais toujours en usant de sa qualité de chef de cabinet du ministre.

Ces moyens de fortune n'y suffisent évidemment pas et il faut mettre à contribution des fonctionnaires des Douanes, avec l'accord tacite de leur ministre de tutelle. La base d'Air France à Toulouse sert de plaque tournante. Selon les estimations, ce sont entre 40 et 130 appareils (80 probablement) qui sont ainsi acheminés en Espagne après la mise en place de l'embargo, sachant que la production mensuelle en France est alors d'environ 35 à 40 avions militaires. Encore les avions livrés sont-ils de qualités très disparates, anciens, voire vétustes, sans armement et sans personnel servant. Dès la fin de l'année 1936, d'ailleurs, le flux se tarit. Cette aide, aussi risquée qu'elle ait été pour ceux qui la mettaient en œuvre, n'a constitué qu'un appoint secondaire pour la cause républicaine[5].

En dépit des ruses déployées, tout ce remue-ménage ne peut pas passer inaperçu. Dans les usines, on constate l'escamotage d'avions. Dans les entrepôts de l'armée de l'Air, on emballe des matériels sans destinataire, ni expéditeur, ni désignation, pris en charge par des transporteurs privés. Si on demande des précisions, il est répondu qu'on ne peut rien dire et qu'il faut comprendre par soi-même. On prescrit même parfois au personnel de se mettre en civil pour transporter des pièces ou des moteurs[6]. Sur les aérodromes, des avions attirent paradoxalement l'attention par leurs destinations exotiques et les allers-retours de leurs pilotes. Des hauts fonctionnaires et des officiers, adversaires politiques ou choqués par ces pratiques illégales, recensent les opérations frauduleuses.

> On avait envisagé au début la possibilité de cessions de matériels de gouvernement à gouvernement. En fait, ce n'est pas ce qui paraît s'être produit ; en tout cas, le cabinet du ministre a autorisé les Établissements Lioré-Olivier qui fabriquaient des Dewoitine, les maisons Potez et Bloch à prélever des avions sur le contingent en cours de construction pour le compte de l'État. Cette façon de procéder permettait la vente par l'industriel lui-même, mais nuisait cependant à la dotation de l'armée de l'Air en avions nouveaux par le retard qu'elle apportait dans la livraison [...] Les moteurs qui équipaient les appareils vendus appartenaient à l'État car c'était lui qui les fournissait aux avionneurs[7].

Dès la fin août, puis de nouveau en décembre 1936, des journalistes sont mis au courant et la presse hostile au Front populaire dénonce à grands cris des livraisons qui, tout en contrevenant au principe de non-intervention, dépouillent l'armée française d'appareils indispensables à la sécurité nationale et risquent d'entraîner le pays dans un conflit européen. Tout cela par passion politique en faveur des « Rouges ».

*

Déjà, au mois d'août, Jean Moulin s'est trouvé sur la sellette. Des ouvriers de l'usine Bloch ont eu l'idée de produire, sur leur temps personnel, deux avions pour l'Espagne. Mais ils ont estimé qu'il leur faudrait trop de temps, alors qu'une aide immédiate s'imposait. Aussi ont-ils demandé s'il était possible de prélever d'ores et déjà ces appareils sur ceux produits, à charge pour eux de les remplacer par leur travail. La direction de l'entreprise s'est réfugiée derrière la nécessité d'un accord préalable du ministère de l'Air. Une délégation ouvrière s'est donc rendue au ministère où Pierre Cot les a esquivés en arguant qu'il devait quitter Paris, laissant l'affaire à son chef de cabinet.

Prudemment, Moulin a répondu qu'il s'agissait « d'une question d'ordre gouvernemental et qu'il n'était pas qualifié pour

Jean Moulin avec son amie, l'aviatrice Maryse Bastié,
après un record. Il admire et aime les aviateurs
pour leur courage et leur humanité.

la trancher ». Bien lui en a pris, puisque l'information s'est retrouvée aussitôt dans les journaux, *L'Action française* suggérant même qu'il était à l'origine de cette « initiative » des salariés de Bloch[8].

En présence des preuves qui s'accumulent, Cot continue pourtant à nier farouchement en jouant sur les mots : ces avions ne sont pas du matériel militaire puisqu'ils ne sont pas armés, la France a le droit de vendre des avions à la Finlande, au Honduras ou au Hedjaz – dont on n'a jamais autant entendu parler –, les sociétés privées qui exportent des avions sont pourvues des autorisations officielles délivrées par le ministère des Affaires étrangères, les avions ne sont pas partis pour l'Espagne puisqu'ils sont toujours sur un aérodrome français...

> Je viens d'apprendre, écrit-il à un journaliste parlementaire qui fut son ami jusqu'au moment où il s'est mis à écrire dans l'un des journaux qui l'incriminent, qu'on mettait en circulation des faux tendant à démontrer que tu avais raison, et que j'ai bien fait livrer des armes à l'Espagne. Je souhaite que ton journal utilise ces faux pour avoir le droit de poursuivre devant les tribunaux tes petits copains. Mais ils ne valent même pas, ces ratés physiquement et moralement, qu'on se donne cette peine[9] !

À deux reprises, Cot cherche effectivement à étouffer l'affaire en portant plainte contre des journaux pour publication de fausses nouvelles de nature à ébranler le moral et la discipline de l'armée de l'Air. Elles se termineront par des non-lieux[10]. C'est dans ce contexte qu'en décembre 1936, pratiquement pris en flagrant délit, il se défend en prétendant que son chef de cabinet, Jean Moulin, a simplement mal géré des autorisations antérieures à l'accord de non intervention. Personne n'est dupe : le nom de Moulin, d'ailleurs, n'est pas repris dans les journaux, alors que des titres nombreux relaient la campagne de Kerillis, qui est alors député de Paris et journaliste très écouté[11].

> Celui qui fait le jeu d'Hitler, celui qui porte un irréparable préjudice moral à son pays, c'est le ministre qui livre des avions en Espagne au moment où le gouvernement français proclame à la face du monde sa neutralité. Et M. Pierre Cot le sent tellement

bien qu'il essaie déjà de se disculper, qu'il fait retomber sur son chef de cabinet, Moulin, la responsabilité de la lourde faute commise[12].

Mais pourquoi ces hommes, et en particulier pourquoi Jean Moulin, qui depuis presque vingt ans est le représentant de la légalité républicaine, ont-ils choisi de s'embarquer dans une action clandestine ?

Bien sûr, il existe d'emblée mieux qu'une sympathie, une communion avec la cause des Républicains espagnols assimilés au peuple espagnol, assailli par des traîtres soutenus depuis l'étranger. « Des légionnaires et des indigènes encadrés par des Allemands », selon les propos de Cot pour décrire les « nationalistes » espagnols[13]. C'est le danger encouru en France le 6 février 1934 qui semble trouver là une concrétisation, même si Moulin et les collaborateurs de Cot ne croient pas à la menace d'une sédition militaire en France[14]. Il y a de surcroît un regret de n'avoir pas pu intervenir massivement dès les premiers jours, à cause des atermoiements de certains ministres et de la nécessité de négocier au sein même du gouvernement. Selon Cot, une aide prompte et ample aurait étouffé dans l'œuf le *pronunciamiento* et tranché des discussions sans fin sur les risques de contagion de la guerre civile espagnole.

> Suppose que dès les premiers jours, nous ayons envoyé quelques vieux avions réformés, quelques vieux matériels de la guerre 1914-1918 inutilisables : la révolte eût été matée en quelques jours. Crois-tu que cela n'eût pas mieux valu pour l'Espagne ? En tout cas, cela eût mieux valu pour la France et pour la Défense nationale.

En effet, l'aide à l'Espagne républicaine est aussi analysée en termes stratégiques, pour ce que sa défaite induirait comme menaces sérieuses et immédiates pour la sécurité de la France. On peut ici suivre l'analyse de Pierre Cot destinée à l'un de ses amis – pour le moins réticent –, car ces propos sont sans doute très proches des discussions et des raisonnements qu'il tint avec les membres de son cabinet.

Toute notre défense nationale est fondée sur la liberté de nos communications avec l'Afrique du Nord et avec l'Afrique centrale. Et cette liberté suppose la neutralité bienveillante (j'allais dire complaisante) de l'Espagne. Nous avons, en temps de paix, le tiers de nos troupes dans l'Afrique du Nord. Si elles ne passent pas très rapidement sur notre territoire, la mobilisation est paralysée.

Ces troupes ne passeront pas – ou passeront après un long retard – si l'Allemagne obtient des points d'appui aux Baléares et aux Canaries. Si les sous-marins ou les hydravions allemands peuvent se ravitailler aux Baléares et aux Canaries, tout notre système de défense est compromis. Commences-tu à comprendre ?

Ajoute à cela que si nous ne sommes plus assurés de la bienveillance espagnole, nous sommes obligés d'envisager la garde d'une frontière de plus. J'entends bien que l'armée espagnole, même encadrée par des Allemands, n'a aucune valeur. Mais nous devrons construire quelques ouvrages et plus, fixer quelques divisions territoriales dans les Pyrénées. C'est un affaiblissement de nos forces.

De même, c'est un affaiblissement de nos forces d'être obligés de mieux surveiller le Maroc. Une Espagne amie de l'Allemagne ou de l'Italie trouvera là-bas un bon moyen de nous gêner. Dès maintenant, nous devons envisager le renforcement de nos forces aériennes et terrestres au Maroc. Cette fois, as-tu mieux compris ?

[...] Pour l'Italie, obtenir un point d'appui en Méditerranée occidentale, c'est compléter sa victoire éthiopienne au détriment de la France. Quand on connaît l'histoire diplomatique à Tanger, tout cela est clair. Lorsque l'Italie aura organisé une armée coloniale grâce aux Éthiopiens, elle n'aura qu'à profiter du plus petit conflit européen pour mettre la main sur la Tunisie, que nous ne pourrons pas défendre.

Quant à l'Allemagne, son intérêt est plus évident encore. C'est très simple, le succès de Franco nous paralyserait. Quand l'Allemagne aura des bases aux Canaries ou des possibilités de ravitaillement aux Baléares, les gens de ton espèce pourront dormir sur leurs deux oreilles : ils ne risqueront jamais d'être mobilisés, pour la simple raison qu'il n'y aura plus aucun moyen d'assurer notre défense. Nous serons entre les deux mâchoires de la tenaille. L'Allemagne sera maîtresse de l'Europe. Comme dans tes discours – assez vains – sur le national-socialisme, tu négliges le seul point de vue qui compte : celui de la civilisation et de la dignité humaine, cela t'indiffère. Mais figure-toi qu'il y a des gens pour lesquels certaines notions de culture, de liberté intellectuelle et de progrès humains ont de la valeur. Pour ces idiots, dont je suis, le triomphe du racisme n'apparaît pas comme une belle chose.

Aussi, ces idiots ont-ils compris ce que me disait il y a quelques jours un très grand homme politique : « Considérer la lutte espagnole comme une guerre entre le fascisme et le communisme, c'est absurde. C'est la bataille décisive entre la France et l'Allemagne »[15].

On sait, par divers témoignages, que Jean Moulin partageait cette analyse puisqu'il en fit part à son ami de jeunesse, le docteur Antonin Mans, lui-même peu convaincu par la « non-intervention relâchée », dans des termes assez similaires :

> Si les pays démocratiques et nous-mêmes ne portons pas immédiatement secours aux Républicains espagnols, avec des moyens suffisants, malgré leur résistance héroïque et l'aide lointaine de la Russie, ils ne tarderont pas à être écrasés. Le fascisme franquiste s'installera *tra los montes [sic]*.
>
> Les dictateurs grisés par ce succès, qui leur assurera un inestimable bastion en Méditerranée, poursuivront de plus belle leur politique d'agression. Hitler surtout. Il s'attaquera à l'Autriche, à la Pologne, à la Tchécoslovaquie et ce sera ensuite à notre tour d'être menacés.
>
> Nous devons aider les Républicains espagnols si nous ne voulons pas courir à une catastrophe[16].

Il est évident que ce discours, Cot, Moulin et leurs compagnons du cabinet s'en sont pénétrés et l'ont tenu à ceux qu'ils voulaient convaincre. Ils se sont persuadés de sa justesse et il a justifié les entorses à la neutralité qu'ils commettaient et la prise de risque que cela représentait pour leurs carrières respectives. Cot le laisse entendre lorsqu'il s'exclame – tout en continuant à nier toute aide directe aux Républicains – : « Peut-être comprendras-tu que de telles considérations soient plus fortes à mes yeux que les soucis de situation ministérielle que tu veux bien me prêter[17]. »

À cet égard, Moulin met en jeu effectivement sa carrière préfectorale. Si ses activités étaient avérées, s'il était appelé à en endosser la responsabilité à la place de son ministre, il pourrait dire adieu à une future nomination comme préfet, voire à sa position de fonctionnaire. En 1932, il avait déjà pris quelques risques au service de ses convictions, en soutenant ouvertement le candidat « républicain » contre le gouvernement de droite [18]. Aujourd'hui, le risque est plus grand parce que l'enjeu est plus considérable que celui d'une victoire électorale, si désirable puisse-t-elle lui sembler. La victoire des Républicains en Espagne lui apparaît comme une double garantie : elle préservera les moyens de la défense nationale et empêchera ainsi la guerre. Car, faute de cette préservation, l'Allemagne sera en position de passer à l'attaque et la France courra le plus grand risque d'être vaincue. Il s'agit donc d'éviter la guerre et, en tout cas, si elle devait s'enclencher malgré tout, de garder la possibilité de ne pas la perdre.

En cela son pacifisme et sa foi en la sécurité collective restent compatibles avec la plus grande fermeté contre le fascisme. C'est pourquoi il soutiendra toujours Cot lorsque celui-ci affirmera que, loin de vouloir la guerre, il ne la prépare que pour mieux l'éviter.

Pour Moulin, le double enjeu de la sécurité de la France et de la sauvegarde de la démocratie est donc prééminent. Mais cela ne lui fait pas oublier la dimension très concrète du drame humain qu'est la guerre. Il est ému aux larmes en entendant le récit d'André Labarthe, de retour d'Espagne au mois d'août 1936, qui lui raconte les premiers morts qu'il y a vus et la dignité des Espagnols face aux violences et aux deuils [19]. De même est-il bouleversé de devoir annoncer aux familles qu'un pilote recruté ou appuyé par lui a été abattu. « Votre mari était un héros, aurait-il dit à la compagne d'Abel Guidez, cheville ouvrière de l'escadrille de Malraux. Nous allons lui décerner la Légion d'honneur à titre posthume [20]. »

En outre, le secret de ces opérations est bien difficile à tenir. Si Moulin s'efforce d'appliquer les règles de sérieux et de prudence qu'il renouvellera quelques années plus tard dans la Résistance, tout le monde ne se montre pas si circonspect. Le président de la commission aéronautique de la Chambre des députés, le radical-socialiste Lucien Bossoutrot, déclare à qui veut l'entendre que, s'il n'y avait que lui, on en ferait bien plus pour les Républicains espagnols[21]. Malraux a rameuté l'opinion et entrepris dès les premiers jours de faire de l'engagement de l'escadrille España une épopée, là où Moulin demande que les pilotes français soient utilisés pour leur efficacité au combat et non pour faire de la propagande. Ces attitudes influeront sans doute sur la sélection drastique qu'il opérera, dès 1940, au moment de trouver de premiers soutiens. Ainsi, par exemple, il refusera obstinément d'admettre devant Bossoutrot, rencontré par hasard à Marseille, en 1941, alors même qu'il a adopté une nouvelle identité, qu'ils se connaissent et qu'il est bien Jean Moulin[22].

D'ailleurs, au cabinet de Pierre Cot, tout le monde n'est pas prêt à se compromettre dans l'action clandestine. Le directeur du cabinet, Henry Puget, et, dans une moindre mesure, le chef du cabinet militaire, font savoir qu'ils s'abstiendront, d'autant plus qu'ils approuvent le principe de non-intervention. Toutefois, il est entendu qu'ils laisseront agir à leur guise ceux qui sont décidés à intervenir[23]. Des officiers du cabinet militaire ne s'en privent d'ailleurs pas.

Jean Moulin, pour sa part, reçoit les candidats pilotes, téléphone des ordres pour faciliter les expéditions, signe des commandes sans y être autorisé. Au sein du ministère même, il sert de couverture à son patron. Lorsque les chefs de service se plaignent des irrégularités que leur impose le cabinet, Cot leur donne raison et gourmande Moulin en leur présence. Ce dernier y acquiert la réputation d'être la cheville ouvrière d'une activité clandestine qui outrepasse ce à quoi le ministre aurait consenti. « Il n'ignorait sans doute pas ces livraisons, estime ainsi le directeur des Constructions aériennes, mais il les croyait de faible importance et préférait laisser la question “dans le flou”[24]. »

*

Jean Moulin est de toute façon l'homme des missions les plus délicates. Dans ses attributions figurent les relations politiques et parlementaires, les fonds secrets, les questions ouvrières et l'Aviation populaire. Pierre Cot se déchargera d'autant plus volontiers sur ses collaborateurs que ce n'est pas de gaieté de cœur qu'il revient au ministère de l'Air, alors qu'il espérait les Affaires étrangères, plus conformes à ses aptitudes et à ses centres d'intérêt :

> Je savais dans quel pauvre état se trouvait notre aviation et je savais que, par scrupule patriotique, je ne pourrais pas révéler son état. Je savais aussi que je me heurterais aux incompréhensions du ministère des Finances. En bref, j'aurais une tâche immense à accomplir et bien peu de moyens à ma disposition[25].

Comme si de pareils auspices ne suffisaient pas, le gouvernement n'était pas encore constitué qu'une vague de grèves a déferlé sur le pays. Elle a touché d'emblée les usines du secteur aéronautique. À peine nommé, Moulin seconde son ministre pour essayer de trouver un accord de branche qui permette de satisfaire les revendications des salariés tout en préservant les capacités de production. Après deux jours et deux nuits de discussions tendues, un projet de contrat collectif a été proposé à la présidence du Conseil, mais refusé par le patronat des industries métallurgiques[26]. Il a donc fallu recommencer les tractations qui ont abouti à une convention, précédant, d'ailleurs, les accords de Matignon.

Comme souvent dans ce genre de situations, les négociateurs ont fini par faire contre eux le consensus des parties en présence. Moulin est donc considéré du côté patronal comme trop complaisant avec les salariés. « Comme [Cot] n'était pas très assidu dans ses fonctions de ministre, c'est M. Moulin qui a le plus habituellement reçu les délégations ouvrières, faisant droit à peu près systématiquement à leurs revendications. Ces visites ont été si fréquentes qu'elles ont fini par lasser M. Moulin lui-même[27]. »

Tandis que les syndicalistes estiment que le chef de cabinet traite « les ouvriers en dictateur et en fasciste »[28]. Quant aux officiers supérieurs de l'armée de l'Air, ils voient dans tout cela un désordre insupportable, qui menace la sécurité nationale, et se persuadent que Cot et son entourage ont encouragé les grévistes par démagogie.

Pourtant, écrivant à ses parents, le 18 juin, Jean Moulin évoque ce premier round avec un certain optimisme :

> Nous avons, comme vous le pensez, trouvé ici une lourde tâche que n'a pas facilitée le conflit ouvrier. À l'heure actuelle, dans le domaine de l'aviation tout au moins, toutes les grèves sont terminées et l'on peut songer aux problèmes généraux[29].

Peu impliqué dans la mise en œuvre de la nationalisation des constructions aéronautiques, Moulin se voit investi d'une tâche *a priori* très exaltante : la création de l'Aviation populaire, avec un triple objectif, qu'il expose lui-même dans le seul article qu'il ait signé dans un hebdomadaire national :

> Il s'agissait de faire cesser une injustice sociale qui réservait aux seuls privilégiés de la fortune les joies du sport aérien, de donner aux masses les moyens de le pratiquer et, par une grande sélection effectuée dès l'enfance, de rajeunir et renforcer notre personnel aérien.
>
> [...] Le tourisme aérien lui-même y gagnera, puisque aussi bien la construction en grande série de types d'appareils standardisés va permettre de livrer prochainement à la clientèle privée des avions légers à des conditions économiques.
>
> L'organisation de l'Aviation populaire, telle qu'elle a été conçue par M. Pierre Cot, va pouvoir enfin, grâce à la large sélection qu'elle comporte, fournir à nos formations militaires des pilotes très entraînés et aptes, dès leur arrivée dans les escadres, à utiliser des appareils dont le pilotage s'avère de plus en plus délicat[30].

L'article enthousiaste et confiant de Moulin sonne comme la version adulte des rêves du jeune Jean, alors âgé de douze ans :

> Depuis que j'ai vu un aviateur prendre place dans son monoplan, s'élancer dans l'espace, tournoyer dans les airs puis atterrir gracieusement, j'ai senti que moi aussi, je voudrais être aviateur. [...] J'aime tout ce qui se rapporte à l'aviation, je m'intéresse aux progrès qu'elle fait, aux exploits toujours plus hardis des aviateurs et il me tarde d'être assez grand pour faire un peu comme eux[31].

Ce que Moulin ne dit pas, c'est que le déclenchement de la guerre d'Espagne a révélé à quel point l'Allemagne s'est préparée à la guerre moderne en recourant à la généralisation de la pratique de l'aviation « sportive » à l'époque où le Traité de Versailles l'avait privée d'armée de l'Air. Pourtant, on a voulu en France autre chose qu'une préparation militaire aérienne, en donnant au projet une connotation démocratique comme le dit Pierre Cot.

> J'en ai assez de constater que l'État gaspille son argent en faveur de ceux qui en ont déjà. Il donne des primes pour voler à des messieurs chics de 45 ou 55 ans. Ce n'est plus 5 % de la population qui doit être apte à voler, mais 100 %. J'élargis la base du recrutement de l'aviation. J'applique à l'aviation la formule de l'École unique. Sans aucun crédit supplémentaire, je réaliserai cet idéal démocratique que l'aviation ne soit plus, en France, un privilège de classe, mais vraiment la chose du peuple[32].

Former de jeunes pilotes d'origine ouvrière permettrait à la fois de lutter contre les insuffisances du recrutement et de contribuer à démocratiser le corps des officiers. À charge pour Moulin de transformer les pétitions de principe en réalités concrètes. Pour la peine, il est même nommé membre du conseil supérieur des Sports. On propose donc aux enfants des écoles de faire des maquettes, aux adolescents de s'entraîner au vol à voile. Et, après dix-huit ans, les plus doués et les plus assidus pourraient apprendre à voler. On compte donc sur l'Éducation nationale et sur les aéroclubs, amenés à coopérer par un mélange de pressions et d'appât du gain.

Malheureusement, le projet, totalement improvisé, se heurte à la fois à des difficultés de mise en œuvre que Moulin n'a pas les moyens financiers et humains de surmonter et à une levée de boucliers politique. L'Aviation « populaire » apparaît comme une tentative de prise en main partisane des aéroclubs et une grossière éviction des élites au profit d'un peuple méprisable ou malléable. Quant à ses résultats pratiques en termes de formation de pilotes et surtout d'appoints à l'armée de l'Air, ils paraissent infimes[33]. Une fois encore, Moulin, comme son ministre et comme le reste du cabinet civil, est bridé par son état d'infériorité scientifique et technique par rapport aux ingénieurs, aux militaires ou aux constructeurs, ce qui limite finalement son rôle à celui de coordinateur et d'arbitre plutôt que de véritable décideur. Malgré le *satisfecit* que Moulin se décerne dans son article, l'Aviation populaire reste un phénomène anecdotique qui va s'ajouter au bilan très négatif qui sera imputé à Pierre Cot.

Lui reste toutefois la joie d'avoir, dans son domaine de compétence, mené l'organisation des courses et des raids qui l'a mis en contact avec les pilotes, dont il apprécie l'intrépidité et le désintéressement. Mais même ce secteur lui vaudra son lot de déboires[34].

En termes strictement personnels, le bilan de ses fonctions de chef de cabinet du ministre de l'Air semble bien favorable. Le 25 février 1937, il est fait chevalier de la Légion d'honneur en même temps que l'aviatrice Maryse Bastié, qui vient de battre le record de traversée de l'Atlantique Sud. Dans la foulée, il obtient sa nomination comme préfet (devenant, à trente-huit ans, le plus jeune de France), sans même avoir besoin d'occuper son poste dans l'Aveyron plus de quelques semaines avant de revenir au cabinet. Son père, qui mourra l'année suivante, aura eu le temps de voir se réaliser toutes les ambitions qu'il a eues pour son fils dans ce *cursus honorum* républicain.

L'expérience, pourtant, ne se termine pas sans amertume.

Les derniers mois au ministère sont ceux d'une lutte incessante pour défendre la politique de Pierre Cot contre des critiques qui viennent de tous les bords et portent sur tous les sujets. Cot est de moins en moins présent au ministère et il paraît avoir de plus en plus de mal à supporter les attaques qui l'accablent continûment. Au grand dam de ses collaborateurs, il s'est résigné à des réductions considérables dans le budget de l'aviation militaire, laissant dénaturer son programme originel. Il se retrouve maintenant accusé d'avoir saboté la défense aérienne française.

Il a fallu, après le gouvernement dirigé par le socialiste Blum, revenir à un gouvernement emmené par le radical Camille

LES VAINQUEURS D'ISTRES-DAMAS-PARIS...

...ont été reçus hier à l'Aéro-Club, au cours d'une cérémonie où les résultats officiels furent proclamés. Le représentant du ministre de l'air remit aux équipages italiens leur prix. — Ci-dessus : M. Amaury de La Grange, président de l'Aéro-Club ; le représentant du ministère de l'air et le pilote italien Cupini recevant son prix de 1.500.000 francs.

Amère notoriété.
En première page des journaux pour illustrer
le fiasco de la course Istres-Damas-Paris (août 1937).

Chautemps. Cot a accepté de rester en poste. Ce gouvernement tombe à son tour, le 15 janvier 1938. Or, dans le nouveau ministère formé par Chautemps – qui n'est plus un gouvernement de Front populaire, puisque les socialistes n'y participent pas –, Cot se contente du ministère du Commerce. Jean Moulin le presse de refuser ce compromis, qui apporte une caution inutile à une politique qu'il n'approuve plus. Cet épisode suscite le seul accrochage sérieux qu'ils aient eu depuis qu'ils travaillent ensemble[35]. Pourtant, là encore, il l'accompagne comme chef de cabinet, dans une ambiance assez accablante pour que l'un de ses adjoints note que Jean Moulin a développé une mentalité d'assiégé : « Il perdait tout son jugement à l'égard des fonctionnaires ou des hommes politiques dès que la gauche était en cause[36]. »

Pendant ce temps, Hitler a envahi l'Autriche et décrété l'*Anschluss* sans susciter davantage, de la part des démocraties, que des protestations platoniques.

À partir de là, on peut interpréter le contenu d'une note de police, datant de novembre 1939 (après la déclaration de guerre), qui rapporte les propos qu'auraient échangés dans une brasserie Jean Moulin, son amie l'aviatrice Maryse Bastié et un capitaine d'aviation non identifié. Moulin aurait « déclaré qu'il ne comprenait pas que l'on se soit laissé duper de la sorte par les Anglais, que l'on aurait pu éviter la guerre, surtout que l'on savait pertinemment en haut lieu que nous n'étions pas prêts, principalement dans le domaine de l'aviation ». Ce à quoi Maryse Bastié répliqua qu'il avait tort de parler ainsi et « qu'il valait mieux laisser oublier le passage de M. Pierre Cot au ministère de l'Aviation »[37].

Ces propos défaitistes, rapportés en style policier, ne concordent ni avec la défense de Pierre Cot sur laquelle Moulin ne faiblit jamais, ni avec les actes de Moulin qui, au même moment, était en train de se démener pour être mobilisé dans l'aviation, quitte à aller à l'encontre des voies réglementaires et des ordres ministériels. Sans doute faut-il comprendre que Moulin estimait que l'abandon de l'Espagne, les économies budgétaires, la doctrine stratégique de la France, et, enfin, son inconstante politique avaient placé le pays dans l'impossibilité de gagner une guerre.

Cette crainte est alors éprouvée par beaucoup d'esprits clairvoyants, de tous bords, qui estimaient la France et son allié britannique en état d'infériorité par rapport au IIIe Reich, que ce soit du point de vue de l'armement ou de la mobilisation économique, que l'armée comme la nation étaient en état d'impréparation. Recevant sur le front une délégation de parlementaires britanniques, le colonel de Gaulle les accueille par un « Messieurs, cette guerre est perdue… »[38].

*

Au terme de ces vingt mois, Jean Moulin apparaît comme un « homme du Front populaire ». On ne manque pas de le lui faire sentir à son arrivée dans sa préfecture de l'Aveyron. Si sa notoriété n'est pas grande, sa réputation dépasse désormais les cercles étroits de la haute administration et du monde politique. Elle le poursuit pour le meilleur et pour le pire. Au tout début de l'année 1939, alors que, devenu préfet d'Eure-et-Loir, il affiche ses opinions de gauche et se démène pour être mobilisé puisque la guerre lui paraît désormais inévitable, il est l'objet d'une nouvelle dénonciation dans la presse. Et pas n'importe quelle presse.

L'hebdomadaire *Le Défi* ressort l'affaire des livraisons d'avions et du recrutement de pilotes au profit des Républicains espagnols. L'erreur criminelle du Front populaire est dénoncée avec d'autant plus de violence que Franco, vainqueur sur le terrain, est dorénavant reconnu par les gouvernements français et britannique. Jean Moulin est cité dans une série d'articles comme le pourvoyeur de pilotes voués à la mort. Probablement grâce aux confidences de la veuve du pilote Abel Guidez, qui s'estime, dans sa détresse, maltraitée et ignorée par l'équipe de Cot, l'ancien chef de cabinet est dépeint comme l'exécuteur des basses œuvres des hommes du Front populaire qui « trafiquent le sang français » et préparent la guerre par laquelle ils veulent assurer le triomphe de la révolution juive[39] !

Cette série d'articles, parue dans le journal confidentiel d'un non moins confidentiel Front de la jeunesse, ne retiendrait pas l'attention si cet hebdomadaire n'était pas précisément une tête de pont de la propagande nazie en France [40].

La guerre n'est pas commencée. L'occupation ennemie qui suivra la défaite française n'est pas encore envisageable. Pourtant, les camps sont déjà formés qui se feront face dans dix-huit mois. Tous seront les héritiers directs du combat qui s'est livré en Espagne et a profondément divisé les Français.

À l'été 1940, au moment où Jean Moulin aura pris le risque de s'élever contre les violences de l'occupant, le Front de la jeunesse sera en train d'essayer de prendre la roue des nazis en diffusant dans Paris des papillons antisémites [41].

13

Un moment embarrassant
23 août 1937

Sur la photo, Jean Moulin porte un costume clair. Il tend la main vers un homme qui lui répond par un salut fasciste. Pour une fois qu'il est en photo dans de grands quotidiens nationaux et même en première page du *Matin*, il faut que ce soit pour illustrer un échec et une humiliation [1]. Il est en effet immortalisé en train de remettre trois millions de francs (1,7 million d'euros) à un officier italien pour le récompenser, lui et ses compatriotes, d'avoir non seulement gagné, mais littéralement triomphé dans le raid aérien Istres-Damas-Paris organisé par le ministère de l'Air à l'occasion de l'Exposition internationale de Paris. Parmi les aviateurs italiens vainqueurs figure Bruno Mussolini, le deuxième fils du Duce...

« Un ministre du Front populaire vient d'organiser une très belle manifestation à la gloire de l'aviation fasciste », peut-on lire sous le titre de une de *Candide* : « Un agent de la propagande fasciste : Pierre Cot. » Tandis que *Je suis partout* raille : « Encore une victoire du Front populaire ! M. Pierre Cot donne trois millions au fils de Mussolini et à ses camarades italiens. »

En moins de quarante heures de course, on vient d'aboutir à tout ce que l'on voulait éviter, et devant la presse, les photographes et tout ce qui compte dans le monde aéronautique français réuni ce 23 août 1937 à l'Aéro-club de France, à Paris, c'est Jean Moulin qui paie les pots cassés.

*

Le ministère de l'Air avait prévu dès 1934 de prendre une part active à l'Exposition internationale qui se déroulera à Paris de mai à novembre 1937. Il aura son propre pavillon et organisera des manifestations en l'honneur de l'aviation qui jouit d'un véritable engouement, soutenu par les exploits des aviateurs et aviatrices français et la multiplication de records de distance et de vitesse. On a d'abord envisagé une course autour du monde, qui s'est tout de même avérée trop risquée. Héritant du dossier en juin 1936, Pierre Cot a proposé à la place une course New York-Paris, destinée à célébrer les dix ans de la traversée de Lindbergh et à mettre en valeur les capacités de l'aviation française dans la perspective de l'établissement de lignes aériennes commerciales. Apparemment peu convaincues par la faisabilité d'un tel projet, les autorités américaines refusent de participer. Contraint de trouver un événement de substitution, Pierre Cot retient le projet d'un raid d'une distance à peu près équivalente (plus de 6 000 kilomètres), mais offrant la possibilité de se poser et de se ravitailler et n'impliquant que des territoires sous contrôle français : ce sera Istres-Damas-Paris.

Mais les concurrents français ont joué de malchance dans leurs préparatifs. Un appareil a été accidenté, un autre n'était finalement pas prêt. Les pilotes comme les constructeurs ont largement improvisé, aiguillonnés par le ministre qui s'inquiète de voir l'aviation nationale mal représentée, voire pas représentée du tout, dans ce qui est à l'origine une opération de prestige. Finalement, quatre appareils français vont participer, certains militaires, d'autres civils, des prototypes ou des avions commerciaux, avec un pilote seul ou avec équipage. Il a fallu que le ministre fournisse des appareils à deux pilotes de premier plan pour qu'ils puissent s'engager. Quant au quatrième, c'est carrément un membre de son cabinet militaire, le commandant François… [2]

En coulisses, on ne donne pas cher des chances françaises, d'autant plus que l'armée de l'Air italienne a choisi d'aligner huit avions identiques qui voleront en groupe. Qui plus est, la course internationale qui aurait dû accueillir dix-sept appareils, dont par exemple un roumain, n'en compte plus que treize (dont huit italiens et quatre français) et n'est plus très « internationale ». Dans ce duel franco-italien assez bizarre s'est glissé un concurrent britannique qui a adopté une position modeste sur le mode « l'important, c'est de participer ». Jean Moulin l'a d'ailleurs remarqué avec chaleur : « il y a un Anglais qui est arrivé très sportivement, tout seul à Istres, la veille du départ »[3].

Le 20 août au soir, on se retrouve sur la base militaire d'Istres. Jean Moulin est présent, au milieu des personnalités militaires et aéronautiques[4]. Il représente, en tant que chef de cabinet, le ministre de l'Air parti en Norvège. Il assiste au départ des avions. D'abord les avions français entre 18 heures et 20 h 10, le britannique à 21 h 15, et enfin les huit italiens entre 22 heures et 22 h 30. Ils ont demandé à s'élancer plus tard pour arriver, ravitailler et repartir de Damas de jour.

Sur place, les spectateurs ont particulièrement remarqué les seize aviateurs italiens, tous vêtus de combinaisons blanches. Nombreux sont ceux qui ont demandé un autographe au jeune Mussolini, qui s'est exécuté de bonne grâce. Il s'est également prêté au jeu des interviews. « Le fils du Duce attire les regards. C'est un jeune homme de taille moyenne, aux fortes épaules. Ses cheveux sont blonds. Il porte par-dessus sa combinaison blanche une courte veste de peau[5]. » Après s'être diplomatiquement réjoui du magnifique accueil du public, de la magnifique fraternité qui règne entre les pilotes et de la magnifique perspective de cette magnifique course, il ajoute :

> J'éprouve cependant un petit regret, qu'elle n'ait pas lieu de New York à Paris. Celle-ci est toutefois fort intéressante, avec sa traversée du bassin de la Méditerranée et son retour par des pays le plus souvent montagneux.

Son équipier, le colonel Biseo, avec lequel il a battu un mois et demi plus tôt un record de vitesse, se charge pour sa part de mettre les points sur les i. « Nous avons beaucoup travaillé en Italie depuis que le Duce a voulu que notre aviation fût celle qui existe maintenant[6]. » Les Italiens n'ont en effet pas fait les choses à moitié : les huit appareils et leurs seize aviateurs sont accompagnés d'une centaine de mécaniciens !

Ce même jour, Mussolini a prononcé à Palerme, depuis une estrade faisant face à la mer, un discours où il a célébré l'Empire colonial italien qui englobe dorénavant l'Éthiopie et louche vers la Tunisie (protectorat français), et rappelé que la Méditerranée est encore le *mare nostrum* de son pays. À bon entendeur...

Les journaux annoncent tous sans exception le départ de la course en première page, détaillant le parcours, les matériels et supputant les chances des concurrents. Si Bruno Mussolini attire évidemment l'attention, le chouchou de la presse française semble être Maurice Rossi, devant même son ancien co-équipier Paul Codos, tous deux étant les détenteurs de nombreux records. Au milieu de considérations techniques profuses et de quelques inquiétudes sur les chances françaises, le ton dominant est très lyrique : « Sous le soleil et dans la joie, les équipages se préparent à la grande aventure », « Treize avions pacifiques dans le ciel méditerranéen », « À tire d'aile vers l'Orient. Les concurrents de la grande course Istres-Damas-Paris ont pris leur essor au crépuscule ».

Dans la journée du 21, on suit le vol des concurrents, toujours à la merci de la météo ou d'un ennui mécanique. À l'escale de Damas, Rossi arrive exténué, ayant dû batailler contre un appareil qui n'était pas prêt. Il est hors d'état de repartir. Sur les huit avions italiens, l'un capote au redécollage. Le retour vers la France commence pour les onze rescapés.

Dans la matinée du dimanche 22 août, les spectateurs enthousiastes affluent déjà vers l'aérodrome du Bourget où se déroulera l'arrivée des concurrents. L'aérogare, flambant neuve et pas même encore inaugurée, est pavoisée de drapeaux et d'oriflammes. La musique militaire joue à tout va. Les officiels commencent à arriver. Parmi eux, Jean Moulin, remonté d'Istres la veille, personnage secondaire alors même que les journalistes énumèrent Albert Sarraut, ministre d'État, qui représente le gouvernement, Henry Andraud, sous-secrétaire d'État à l'Air, Victor Laurent-Eynac, le tout premier ministre de l'Air, aujourd'hui délégué général pour l'aéronautique à l'Exposition, et le « Tout-Paris des ailes » dont Saint-Exupéry ou Maryse Bastié, sans compter la très jolie Annabella et son mari, le comédien Jean Murat.

Il ne fait pas vraiment beau, le temps est couvert. L'attente se prolonge. La foule augmente. On aperçoit enfin un point qui grossit peu à peu. On commence peut-être à distinguer le bruit d'un moteur. Un avion passe, mais ne semble pas pressé d'atterrir. Les plus avertis sont déjà fixés : c'est l'un des avions italiens, qui, peut-être, attend ses coéquipiers. Reste à savoir de quel appareil il s'agit. Finalement, à 15 h 47, il se pose. Les pilotes descendent : Cupini et Paradisi. C'est une petite déception de ne pas voir de Français en tête, mais sportivement, la foule acclame et applaudit l'exploit des aviateurs, tout en continuant à scruter le ciel. Un autre appareil approche. Au fur et à mesure qu'il grossit à l'horizon, on est fixé : c'est un deuxième avion italien. À 16 h 17, Fiori et son co-équipier atterrissent. On applaudit, on félicite.

Les officiels pâlissent un peu plus. Mais, déjà, un troisième avion est visible. Un peu de patience et on découvre… un troisième avion italien. Nouveaux applaudissements. Nouveaux vivats. Pour la troisième fois de l'après-midi, la musique militaire joue la *Marcia Reale*. Bruno Mussolini descend du cockpit avec le colonel Biseo. On aurait pu jouer *Giovinezza*, l'hymne fasciste : ç'aurait été complet. Le podium est entièrement italien. Tandis que l'ambassadeur d'Italie rayonne, les officiels français prennent sur eux pour essayer de faire bonne figure.

Une bonne heure plus tard, nouvel avion, nouvel espoir. On découvre l'Anglais Clouston. Les bravos éclatent. On joue le *God Save the King*. Au moins c'est un allié, et on peut louer sa sportivité très britannique.

Finalement, à 18 heures apparaît un avion. Trois appareils italiens, victimes d'avarie, ont dû s'arrêter en Italie. On veut vraiment espérer que cette fois, ce soit un français. Il s'agit bel et bien de Paul Codos, très heureux d'en avoir fini et trouvant que son appareil s'est bien comporté. Au soulagement général, on peut enfin entendre *La Marseillaise*. Une demi-heure de patience encore et c'est l'équipage militaire du commandant

François qui touche au but. Les deux derniers concurrents, un Italien et un Français, qui n'est autre qu'Henri Guillaumet, le héros de la cordillère des Andes, n'arriveront que le lendemain. Il est temps de quitter l'aérodrome.

Tout l'après-midi, les commentaires sont allés bon train au Bourget. Jean Moulin a écouté, bien sûr, et dit son mot, sans doute. Toute la gamme des arguments, des critiques, des consolations et des excuses, il l'a entendue tandis que le triomphe des aviateurs de l'armée de l'Air italienne consommait la déroute des équipages français. Il ne pressent que trop ce qu'il pourra lire dans les journaux dès le lendemain matin. Et le surlendemain. Et tous les jours suivants…

Passe encore que cet échec unanimement constaté soit dû, selon la plupart des commentateurs, à ce bricolage de dernière minute si typiquement français. Le problème, c'est qu'il est tout aussi largement imputé au ministère de l'Air et à son titulaire, bien plus qu'aux constructeurs, talentueux, pour ne rien dire des pilotes, magnifiques et irréprochables.

L'improvisation de l'événement, le choix malencontreux du parcours avantageant l'adversaire relèvent, de l'avis général, de la responsabilité du ministre, par désinvolture ou par stupidité. Mais si ce n'était que cela. La politique industrielle menée par le ministre, les choix techniques qu'il a encouragés, l'organisation de l'aviation dans toutes ses dimensions auraient abouti à ce résultat navrant, d'autant plus paradoxal que les pilotes et les constructeurs français, précurseurs depuis trente ans, n'auraient, eux, jamais démérité, alors que le ministère de l'Air ne cesse d'entraver ou de contrecarrer leurs efforts et leurs initiatives. « Si nos aviateurs n'ont pas eu en mains les moyens matériels de vaincre, c'est la faute de M. Pierre Cot[7]. »

Pour absolument tous les journalistes, cette contre-performance n'est pas seulement un revers sportif. C'est un échec industriel et c'est le révélateur, à la face du monde, des immenses faiblesses de l'aviation française, y compris dans sa dimension militaire. En clair, la défense nationale est en péril. « Tout signe de faiblesse dans notre armature de sécurité est par lui-même un danger[8]. »

Du constat de ce fiasco, on passe à une mise en cause globale de la politique de Cot, dont un bilan catastrophique est tiré. « L'armée de l'air affaiblie, les pilotes découragés, la défense nationale ébranlée[9]. » On énumère tous les ratés passés pour lui en faire porter la responsabilité : les records perdus contre les Italiens ou les Américains, les raids manqués contre les Japonais, les meetings où on a été surclassé par les Allemands. La France, pionnière et championne de l'aviation, ne détient plus à ce jour aucun record mondial.

Pourquoi le ministre a-t-il failli aussi lamentablement que complètement ? Par incompétence peut-être. Plus sûrement parce qu'il est animé par les « passions partisanes les plus dangereuses et les plus basses »[10]. « L'opinion est inquiète. » « L'opinion demande des comptes. » « Le pays s'inquiète et il veut comprendre. » Reste à déclencher une enquête parlementaire pour établir jusqu'où s'étend la responsabilité de Pierre Cot dans la mise en danger du prestige et la sécurité nationaux. Reste bien sûr aussi à demander sa démission, en attendant peut-être des sanctions.

Je suis partout, qui n'a pas cessé de vilipender le Front populaire et l'Exposition, enfourche avec bonheur ce nouveau cheval de bataille. Pierre Gaxotte demande ni plus ni moins le conseil de guerre pour Cot, tout en insistant – avec talent, hélas ! – sur le ridicule de toute l'affaire qui discrédite à la fois le Front populaire et la République :

> À cinquante-huit kilomètres derrière le fascisme, la République cessera-t-elle bientôt d'humilier et de ridiculiser la jeunesse française ? [...] La course Istres-Damas-Paris se termine par la victoire écrasante des étrangers et notre aviation se couvre de ridicule [...] Est-ce que la jeunesse française n'en a pas assez d'être bafouée, humiliée, ridiculisée par la bande de polissons, de profiteurs, de ventrus et de crétins qui règne sur notre pays ? Est-ce que la jeunesse française n'en a pas assez d'un régime qui la condamne à être battue toujours et partout[11] ?

Jean Moulin voit, à longueur de colonnes, non seulement son patron mis en accusation et sa politique condamnée en totalité, mais aussi les domaines dont lui-même a la charge – les raids, l'Aviation populaire, l'aide à l'Espagne républicaine – accusés de faire courir des risques considérables à la défense aérienne du pays. « Il ne s'agit pas seulement de la gloire de nos ailes. Il s'agit de la sécurité de la France [12]. »

Certes, il reconnaît là la marque des adversaires déclarés de Cot et du Front populaire. L'aubaine est trop belle et, d'ailleurs, ils ne s'en cachent pas. « L'heure du retour sur nous-mêmes a sonné ! À vrai dire, nous en attendions l'occasion depuis longtemps [13] ! »

On n'a jamais vu autant d'éditorialistes qui ne connaissent rien à l'aviation avoir soudain un avis très tranché, à commencer par André Tardieu, adversaire personnel de Moulin depuis des années.

La lecture des journaux du Front populaire est à peine moins affligeante. La presse communiste affecte de faire comme si de rien n'était, au prix d'acrobaties sémantiques. *L'Humanité* titre : « La Syrie à sept heures de la France ! » et ne dit mot des Italiens, si ce n'est pour souligner lourdement que les vainqueurs transalpins sont des militaires : à cette « flotte aérienne d'agression », la France oppose une joyeuse improvisation qui est le signe de son amour sincère de la paix.

Seule ombre au tableau : « les sabotages du grand patronat et l'anarchie capitaliste » qui entravent les efforts du ministre de l'Air. « Victoire du matériel », annonce pour sa part *Ce Soir*. Même mode mineur pour *Le Populaire* socialiste qui s'en tient aux chiffres : « 6 190 kilomètres à plus de 350 de moyenne. Telle est la performance réalisée par l'équipage Cupini-Paradisi. » Suivent des circonvolutions pour expliquer l'échec des Français. Ces réserves sont partagées, avec moins de précautions, par la presse socialiste de province « Un tournoi sportif réduit à un duel entre les Français et des étrangers, qui voulez-vous qui le remporte ? questionne *Le Midi socialiste*. Fatalement les étrangers, parce qu'ils s'y seront préparés et pas nous. » L'aviateur Édouard Corniglion-Molinier, parce qu'il est de leur bord, trouve des excuses qui, une fois couchées sur le papier, paraissent assez pitoyables :

> C'est entendu, tout cela ressemble fort à de l'improvisation [...] Si vous voulez bien réfléchir quelques minutes à tous les changements (pour ne pas dire révolutions) que vient de supporter l'industrie aéronautique française, avec la décentralisation, la nationalisation, vous penserez que les nouvelles réformes une fois achevées et bien assimilées, notre industrie aéronautique est tout aussi bonne que telle ou telle autre [14].

Le 23 août, le ministère de l'Air se résout à donner sa version des faits et à fournir des explications. C'est *L'Œuvre*, grand quotidien radical, qui se charge de diffuser la bonne parole d'une « haute personnalité du ministère de l'Air », qui a bien des chances de n'être autre que Moulin lui-même.

Selon cette version, c'est le prédécesseur de Pierre Cot qui avait mal engagé les choses en proposant l'irréaliste course autour du monde. Les États-Unis ont commis l'erreur de rejeter l'excellente idée du raid New York-Paris auquel, à cause d'un rayon d'action trop faible, les appareils italiens n'auraient pas été capables de prendre part. L'avion Couzinet, parfaitement calibré pour remporter Istres-Damas-Paris, a eu un accident, ce qui peut arriver. Et le constructeur Amiot a exagéré la prudence en retirant l'appareil sur lequel devait voler l'équipage Rossi-Codos, détenteur de tant de records prestigieux. On ne peut exonérer la responsabilité des constructeurs « qui se sont enrichis sans rien faire en faveur de notre pays dans la compétition internationale » [15].

On se doute que cette défense légèrement vétilleuse n'est pas audible. Elle l'est d'autant moins que les célébrations qui avaient été – inconsidérément – programmées continuent à remuer le fer dans la plaie d'une actualité brûlante. Non seulement c'est un fiasco, mais il va falloir boire le calice jusqu'à la lie.

Quand le raid avait été imaginé, il allait de soi que les aviateurs français seraient à l'honneur et qu'à l'issue de la course, on pourrait célébrer à la fois la valeur des pilotes et des appareils nationaux et la belle solidarité des valeureux chevaliers du ciel, tous pays confondus. On avait donc prévu de belles réceptions, aussi visibles que prestigieuses, de préférence dans le cadre de l'Exposition, et des récompenses significatives en espèces sonnantes et trébuchantes pour les trois premiers classés.

Au programme figurent donc le dîner officiel, le 22 août au soir, dans un restaurant du bois de Boulogne, un déjeuner en l'honneur des vainqueurs au pavillon italien de l'Exposition, une réception à l'Aéro-Club de France avec remise des prix, le 23 août, et la réception des équipages au Palais de l'Air de l'Exposition le 24 août.

> Je voudrais bien prendre Pierre Cot en train de serrer la main de Bruno Mussolini ou bien en train d'offrir le chèque de trois millions au colonel Biseo, raille dans *Candide* un prétendu photographe de presse. Mais c'est un spectacle que vous n'aurez pas aujourd'hui. Le maître de maison n'est pas là pour accueillir ses invités. Il a chargé ses gens de le remplacer. C'est le personnel qui reçoit. J'aime mieux vous dire tout de suite que le ministre avait prévu le coup et qu'il a f... le camp en Norvège ; il prend le frais à Oslo [16].

Effectivement, le ministre de l'Air est en Scandinavie pour un mois. De l'aveu de tous ses collaborateurs, il est de plus en plus souvent et longuement absent du ministère, sous l'effet de problèmes de santé et par lassitude [17]. Il revient à Jean Moulin, parce qu'il est en charge des raids et des courses, de féliciter les Italiens et de leur remettre les récompenses prélevées sur les deniers publics. Nouveau sujet de moquerie ou de lamentation dans la presse.

On sait par le témoignage d'André Labarthe, chef de cabinet du sous-secrétaire d'État, que Jean Moulin envisageait cette corvée avec une certaine appréhension. « Je ne sais pas comment je vais m'en tirer, aurait-il confié à son ami [18]. » Il s'en sort avec le métier du préfet habitué à prononcer en toute occasion des discours satisfaisants pour l'auditoire, adaptés aux circonstances et éventuellement vides de véritable contenu. Les journaux ne s'y sont pas trompés, qui n'ont pas pris la peine de reproduire ses paroles autrement que dans des résumés lénifiants.

> M. Moulin prit la parole et souligna l'importance du succès italien ainsi que l'admirable tenue de tous les concurrents qui firent

> preuve d'un cran et d'une vaillance dignes d'éloges. Immédiatement après les discours, M. Moulin remit aux équipages victorieux les chèques.
>
> M. Moulin, au nom du ministre de l'Air, salua les valeureux concurrents de cette rude randonnée aérienne et remit aux pilotes les récompenses décernées [19].

Se donnant le beau rôle, le colonel Biseo, après avoir remercié l'Aéro-Club de son excellente organisation (et non le gouvernement), les concurrents de leur belle loyauté et le public parisien de son enthousiasme sympathique, annonce que les Italiens font don d'un dixième de leurs gains à l'association française des Ailes brisées, qui vient en aide aux aviateurs invalides et à leurs familles [20].

Le pilote vainqueur, Cupini, « le plus jeune colonel de l'armée italienne », donne des interviews… et des leçons : « On peut arriver à de grandes perfections en servant avec discipline les directives qui viennent des autorités compétentes et responsables [21]. »

En quittant l'Aéro-Club, les Italiens se rendent en délégation au siège parisien du Fascio où ils déposent une couronne devant la stèle érigée à la mémoire des fascistes victimes en France d'antifascistes…

Dans les jours suivants, ils continuent leur tournée parisienne, pistés par les reporters qui n'en ont jamais assez de rendre compte de leurs faits et gestes. Le 24 août, ils sont d'ailleurs reçus à l'hôtel de ville de Paris où un hommage tout particulier est rendu à Bruno Mussolini, qui confirme que son père lui a téléphoné pour les féliciter. Il se déclare enchanté de sa première découverte de la capitale française (il a dix-neuf ans). Il avoue avoir préféré dans l'Exposition tout ce qui concernait les colonies [22]. Ils regagnent leur pays le 26 août, après avoir déposé une gerbe sur la tombe du soldat inconnu.

*

« Par une ironie du sort assez inattendue, a noté cruellement *L'Illustration*, ce sont des personnalités peu suspectes de sympathie pour les méthodes de notre voisin transalpin qui auront offert à celui-ci de nous en administrer l'éclatante démonstration[23]. » C'est peu dire. Jean Moulin et Pierre Cot ne sont pas seulement des hommes qui n'apprécient pas le fascisme. Ce sont des hommes qui ont redéfini leur engagement politique et leur action en fonction de la lutte contre le fascisme et contre son expansion par la force armée ou la séduction idéologique. Contribuer à assurer la propagande du fascisme, de ses succès industriels, de sa valeur militaire est évidemment un paradoxe et même un douloureux échec, rendu possible par une course aéronautique maladroitement conçue et mal préparée. Rendre sympathiques, voire enthousiasmants, ses aviateurs ne leur est pas seulement désagréable, cela leur est odieux.

Car ce sont les mêmes hommes, sur les mêmes appareils, qui ont participé à la conquête de l'Éthiopie l'année précédente et qui combattent en Espagne aux côtés des franquistes. Ces mêmes aviateurs qui, depuis six mois déjà, bombardent régulièrement Barcelone. Ces mêmes aviateurs qui en avril ont pris part au bombardement de Guernica. En visitant l'Exposition, Bruno Mussolini et ses sémillants camarades auraient pu voir l'immense toile que Picasso venait de réaliser pour le pavillon de l'Espagne et qui était l'illustration brute du chaos et de la terreur. Une toile que les critiques interprétèrent immédiatement comme une prémonition. « Picasso nous envoie notre lettre de deuil. Tout ce que nous aimons va mourir[24]. »

Qu'en aura pensé Jean Moulin, le dessinateur et amateur de peinture moderne ? Car on ne devine que trop l'humiliation et la colère ressenties, au moment de féliciter les vainqueurs, par Jean Moulin, le pourvoyeur clandestin d'avions pour l'Espagne républicaine. Car il ne s'agit pas seulement de sport ou de prouesses techniques, mais d'un avant-goût de possibles affrontements.

En dépit des arguments de défense qu'il a tenté de faire passer par l'intermédiaire de journaux amis comme *L'Œuvre* ou *Vendémiaire*, Jean Moulin ne peut méconnaître que, faute d'une préparation anticipée et rigoureuse, la course Istres-Damas-Paris s'est transformée en une fausse bonne idée.

Dans cet échec, le ministère de l'Air et lui-même, en tant que chargé des raids aériens, ont leur part de responsabilité, consistant à avoir fait un peu trop confiance à l'initiative des constructeurs et au talent des pilotes français. C'était oublier que les constructeurs, depuis les accords de Matignon et les nationalisations, ne sont pas tous très bien disposés à l'égard de Pierre Cot et de son équipe

C'était méconnaître, à cause de la grande admiration que Moulin porte aux pilotes d'essai et à leur caractère hors du commun qui a rendu possible tant d'exploits, que la valeur humaine ne fait pas tout dans les sports mécaniques. La charge écrasante de ses multiples tâches, la forte tension qui entoure son travail au ministère depuis plus d'un an, les conditions acrobatiques dans lesquelles s'est ouverte l'Exposition ont contribué à faire passer à l'arrière-plan les considérations logistiques qui ne concernaient pas directement la sécurité ou l'organisation de l'événement lui-même. Lorsque Guillaumet voulut s'excuser d'être arrivé dernier, Moulin le coupa et le réconforta avec la grande gentillesse dont il était coutumier, sans doute plus confus que le pilote de la tournure qu'avait prise la course[25].

Pour porter au comble la situation, le cabinet se déchire au sujet des responsabilités de l'organisation de la course et de l'échec qui s'est ensuivi[26]. Et il n'est pas jusqu'au congrès du parti radical-socialiste où Pierre Cot, déjà controversé, ne soit interpellé sur ce désastre, quand il monte à la tribune, deux mois plus tard[27].

Si la presse interprète d'abord la course comme un fiasco en matière de communication, ce qui peut représenter pour Moulin une blessure intime, elle saisit aussi cette occasion pour dévaluer la totalité de l'action de Pierre Cot à la tête du ministère de l'Air. Elle prédit que l'industrie aéronautique française est en perte de vitesse, en termes de qualité et de quantité, à cause des nationalisations. Elle en déduit que l'aviation militaire française serait surclassée en cas de conflit et incapable de prendre sa part dans la défense nationale. Cette accusation, particulièrement insultante pour Cot et Moulin, n'allait pas cesser de prendre de l'ampleur et se révélerait, à peine trois ans plus tard, comme particulièrement lourde de conséquences.

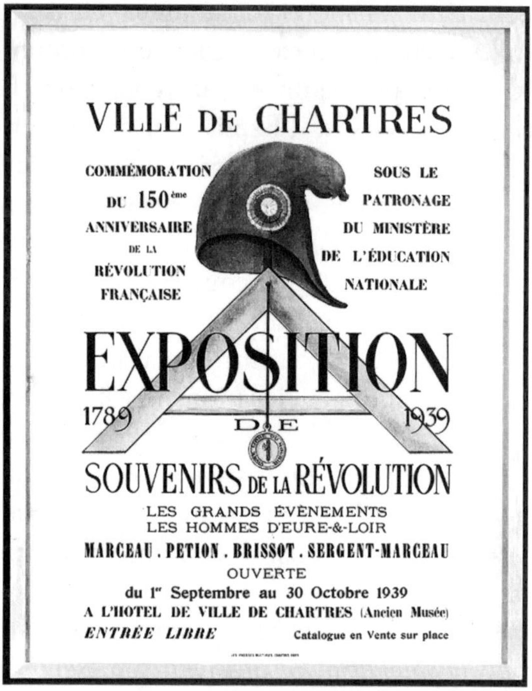

Affiche de l'exposition du cent-cinquantenaire
de la Révolution française, dessinée par Jean Moulin à l'été 1939.
« Soyez digne d'être républicain. »

14

Un certain atavisme républicain
5 mars 1939

Le 5 mars 1939, le préfet Jean Moulin prend part au banquet Marceau organisé à Chartres tous les ans. Le général de la Révolution française François-Séverin Marceau, né le 1er mars 1769 à Chartres, est l'une des plus éminentes célébrités d'Eure-et-Loir. Soldat à quinze ans, il est monté à Paris à dix-neuf ans pour s'engager en juillet 1789 dans la Garde nationale au sein de laquelle il a participé à la prise de la Bastille.

Revenu dans sa ville natale, il a été élu capitaine dans le 1er bataillon de volontaires d'Eure-et-Loir. Lieutenant-colonel au moment où la France déclarait la guerre à l'Autriche, il a pris part aux campagnes dans l'Est puis en Vendée, où il fut nommé général à l'âge de vingt-quatre ans. Trois ans plus tard, il fut blessé mortellement en Allemagne, après avoir réussi la conquête de Coblence, ville-refuge des émigrés qui avaient pris les armes contre la France révolutionnaire, et avoir reçu pour mission de surveiller la rive gauche du Rhin.

Pour le centenaire de la Révolution, en 1889, ses cendres ont été transférées au Panthéon, en même temps que celles de Lazare Carnot, de La Tour d'Auvergne et d'Alphonse Baudin, le député républicain qui mourut sur une barricade parisienne en s'opposant au coup d'État de Louis-Napoléon Bonaparte le 2 décembre 1851.

Ce 5 mars 1939, on célèbre donc à la fois le cent-soixante-dixième anniversaire de la naissance de Marceau, le cinquantième anniversaire de son entrée au Panthéon et le cent-cinquantenaire du début de la Révolution française.

Ce banquet, véritable rituel dans la vie politique française, confère à la commémoration de Marceau une dimension spécifiquement républicaine. Elle est en outre corrélée à une actualité aussi préoccupante qu'envahissante, entre le dépècement de la Tchécoslovaquie par l'Allemagne nazie et l'agonie de l'Espagne républicaine. Le discours que prononce Jean Moulin à cette occasion ne se contente pas d'être un hommage formel. Il a voulu en faire une profession de foi républicaine en la nourrissant de détails personnels. Il commence donc par énoncer de la manière la plus explicite ses convictions :

> Je suis de ceux qui pensent que la République ne doit pas renier ses origines et qu'elle doit, tout au contraire, se pencher avec fidélité, avec respect, sur les grandes heures qui ont marqué sa naissance.

Ayant ainsi revendiqué une filiation politique, non seulement « républicaine » mais de gauche, par référence à la phrase fameuse de Clemenceau, « La Révolution est un bloc », le préfet évoque sa généalogie familiale :

> Quant à moi, arrière-petit-fils d'un soldat de la Révolution, petit-fils d'un homme qui a connu les prisons du Second Empire pour avoir osé proclamer son attachement à la République, ce n'est pas du bout des lèvres que j'apporte ici mon tribut d'hommage à votre grand Marceau [1].

Jean Moulin s'est autorisé deux entorses à la vérité historique.

Son arrière-grand-père, né en 1784, était bien trop jeune pour être *stricto sensu* un soldat de la Révolution. C'est aux armées de l'Empire qu'il appartint. Toutefois la légende familiale en a gardé l'image d'un de ces Français qui, par leurs conquêtes territoriales, ont contribué à exporter dans l'Europe entière les idéaux de la Révolution. Il avait en outre laissé le souvenir d'un « bleu » contraint de se cacher pendant la Terreur blanche qui suivit la seconde Restauration royaliste de 1815.

De même, le grand-père de Moulin, contrairement à ce que pourrait suggérer sa formule, ne fait pas partie des 27 000 personnes arrêtées à titre punitif ou préventif après le coup d'État de Louis-Napoléon Bonaparte. Il n'a pas davantage été emprisonné pendant le Second Empire. Ce qui est vrai, c'est qu'il se rallia à la République en 1870 – et à une République qui n'était pas modérément républicaine – et fut dénoncé, lors de la crise institutionnelle de 1877, comme hostile au gouvernement de l'ordre moral et incarcéré durant trois mois[2]. C'était donc plutôt un républicain de la IIIe République, mais un républicain convaincu à une époque où la République était chancelante et mal définie.

Jean Moulin n'est ni un historien (malgré ses incursions à la Bibliothèque nationale et aux Archives) ni un généalogiste. Ses paroles ne visent pas à fournir à ses auditeurs des informations factuelles sur ses ancêtres. Qui s'en soucierait, d'ailleurs ? Il entend insister par ce biais sur l'identité qu'il s'est donnée tout au long de sa vie. Une identité à laquelle ce passé familial, peut-être fantasmé, mais revendiqué, confère une légitimité qui n'a rien à envier à ceux qui se réclament de la tradition. Il se présente ainsi comme un républicain de combat, descendant d'une lignée, héritée et choisie, de républicains de combat. Ce lien généalogique s'élargit à tous ces républicains pour faire de la République un bloc de mémoire sacrée.

Ce n'est d'ailleurs pas la première fois qu'il utilise publiquement cette légende familiale pour se définir. Lorsque, après les élections législatives de 1932, il célébrait la victoire des partis de gauche – qu'il appelait les « partis républicains » – dans la Finistère, précisément durant un banquet, il s'était étendu sur ce qu'il nommait son « atavisme républicain » :

> Je porte en moi un atavisme républicain que m'ont transmis, à défaut d'autre héritage, ceux des miens qui, modestement mais dans la plus grande dignité, m'ont précédé dans la vie publique [...] Aux tristes jours du 2 décembre, mon grand-père paternel était traîné en prison par les sbires du prince-président, pour avoir protesté avec indignation contre l'infâme coup de force[3].

À son arrivée en Grande-Bretagne, en octobre 1941, il répétera cette même anecdote aux interrogateurs anglais chargés d'établir son profil : « old Republican tradition, e.g. his grand father was imprisoned at the coup d'État of Napoleon III »[4]. Elle constitue manifestement pour lui une sorte de brevet de républicanisme. Ce fait est d'autant plus remarquable qu'il est, dans cet interrogatoire, sa seule entorse à la vérité.

À ces propos fait écho le commentaire qu'en 1942 lui inspire le récit d'un de ses jeunes collaborateurs issu d'un milieu de l'Action française : « En vous écoutant, je mesure la chance que j'ai eue d'avoir une enfance républicaine[5]. »

Ce passé dont il se réclame si fièrement annonce logiquement un avenir pouvant comporter des risques tels que ceux qu'assuma Marceau :

> Dans un temps où, de par le monde, les valeurs spirituelles, les principes de libéralisme, la dignité même de la personne humaine sont constamment bafoués au nom de je ne sais quel réalisme politique, ce n'est pas sans émotion que l'on peut évoquer l'image pure de cet adolescent venu spontanément, sans arrière-pensée, de la bourgeoisie vers le peuple, pour travailler avec lui à sa libération, avec tout l'élan de son cœur et toute la force de son patriotisme.
>
> [...] Et si vous me permettez de joindre à cet hommage un souhait ardent, je voudrais, alors que continuent à s'amasser à l'horizon des nuages chargés de menaces, que le souvenir, que l'exemple d'un homme comme Marceau nous incite à forger à la France à nouveau cette âme forte et généreuse qui était sienne au temps où ces admirables volontaires d'Eure-et-Loir couraient à la frontière pour combattre et mourir pour la liberté[6].

Les crises internationales qui se succèdent, la situation intérieure qui menace de dégénérer ont amené Jean Moulin à se préparer à un engagement total. Dans les jours qui suivent son discours sur Marceau, il s'efforce de mettre ses actes en conformité avec ses paroles. Malgré un premier refus, il insiste auprès du ministre de l'Intérieur pour ne pas bénéficier d'une affectation spéciale en tant que préfet, mais pour être, le cas échéant, mobilisé avec sa classe d'âge.

Appelé peu après à prendre la parole tout simplement pour ouvrir la session du conseil général, il en profite pour rappeler une fois encore sa position. « Je n'ai jamais caché mes sentiments politiques [...] J'entends servir sans faiblesse un idéal qui m'est infiniment cher. » Sa situation personnelle lui paraît de plus en plus frustrante, au point de ne pas résister à y faire allusion.

> Au moment où le peuple de France donne un si bel exemple de labeur et de dignité nationale, au moment où, avec tant de calme et de résolution, des hommes ont quitté leurs foyers pour se mettre au service de la patrie, je pense que ces sentiments doivent s'affirmer avec plus de force encore[7].

En septembre 1938, la crise des Sudètes, qui a conduit au bord de la guerre, a en effet nécessité une mobilisation partielle des réservistes. Cette mobilisation a poussé Moulin à demander une première fois la levée de son affectation spéciale. Alors qu'il s'exprime devant le conseil général en mai 1939, c'est la montée des tensions liées au corridor de Dantzig qui fait à nouveau planer la menace d'une guerre déclenchée par les revendications allemandes sur le territoire polonais. Mais Jean Moulin, âgé de quarante ans, célibataire et sans enfant, demeure rivé à sa préfecture.

Dans le cadre de ses fonctions préfectorales, justement, le voilà amené à mettre la main à la préparation des célébrations du 150e anniversaire de la Révolution française. Au sein d'une classe politique profondément divisée, l'idée même de la célébration a été loin de faire l'unanimité, à tel point que les projets d'envergure sont rejetés par le ministère des Finances et les commissions parlementaires, à la grande satisfaction des partis de droite. La célébration sera explicitement de gauche. Il a d'ailleurs fallu toute l'obstination des groupes de pression laïcs pour que soit finalement voté au Parlement le principe d'une commémoration officielle, assortie d'un crédit somme toute modeste. Le vote n'intervient que le 14 avril, à trois mois de la date symbolique du 14 juillet. Autant dire que le programme sera forcément limité dans ses préparatifs et son ampleur.

Et la célébration du 150e anniversaire de la Révolution française ne sera effectivement pas une réussite. D'abord parce que le peuple fait défection. Alors que la mobilisation lors du 14 juillet 1935 avait constitué une étape importante dans la fondation du Front populaire et dans l'intégration du parti communiste à l'histoire nationale, la pompeuse fête du 14 juillet 1939 apparaît comme un exercice de convenance dont la population et les élus se désintéressent.

Dans la situation internationale extrêmement tendue du début de l'été, les pouvoirs publics essaient de vider la commémoration révolutionnaire de toute passion, quitte à faire l'impasse sur une possible mobilisation nationale autour des valeurs fondatrices de la République. Ainsi, discourant pour célébrer la réunion des États généraux, le leader radical Édouard Herriot surprend les auditeurs en prenant le contre-pied de la *doxa* de gauche. « La Révolution n'a pas tout créé en France », déclara-t-il, avant d'ajouter : « La Révolution n'est pas un bloc. » Toute la mouvance issue de l'Action française exulte. L'extrême droite veut en découdre en présentant 1789 comme la source de toutes les catastrophes ultérieures : la Terreur de 1793, mais aussi la défaite et la guerre civile de 1871, la Révolution russe de 1917 et l'avènement du Front populaire en 1936. Son discours associe avec insistance la Révolution française, la République et la gauche à la guerre, civile et étrangère[8].

À rebours de l'hostilité ou de l'indifférence, le préfet Moulin se démène pour organiser la commémoration de la Révolution dans son département, en application de la circulaire du ministre de l'Éducation nationale, Jean Zay. Il constitue sans délai un comité de célébration, comprenant les parlementaires d'Eure-et-Loir, l'inspecteur d'académie, l'archiviste départemental ainsi que le commandant de la place d'armes.

Se piquant au jeu, comme lorsqu'il aidait son père dans ses recherches sur Fouché et sa seconde épouse, Moulin s'investit dans la préparation d'une exposition de souvenirs de la Révolution dont l'ouverture est prévue le 1er septembre. Il en dessine l'affiche d'après une gravure d'époque. Le motif central représente un niveau à fil à plomb (symbole d'égalité) surmonté d'un bonnet phrygien (symbole de liberté). Et, durant ses loisirs, au mois d'août, il peint différents panneaux et banderoles qui devaient habiller l'exposition [9].

Tandis qu'il travaille encore au montage de cette exposition, il est invité à en inaugurer une plus modeste à la bibliothèque de Dreux, dont le maire est son ami, l'ancien ministre radical Maurice Viollette. Une fois encore, au lieu de se contenter de paroles convenues de félicitation et d'encouragement, il prend nettement position dans la controverse en cours :

> Certes, la Révolution a commis des excès. Ces excès qu'on nous jette à la tête, dont se servent tous les adversaires pour rejeter en bloc l'œuvre de la Révolution, ne trouvent-ils pas leur explication, sinon leur justification, dans les faits ? Oui, les hommes de la Révolution ont été trop souvent désunis, déchirés ; ils se sont heurtés violemment, mais il ne faut pas oublier que par-dessus toutes ces haines, tous ces excès, toutes ces querelles, planait une grande pensée, une forte volonté : défendre la Nation [10].

L'exposition commanditée par le préfet Moulin a le temps d'être montée dans les salles de la mairie de Chartres. Il en subsiste un catalogue avec les notices des presque six cents objets exposés. Sur la dernière page était reproduite une gravure révolutionnaire avec un cartouche proclamant : « Soyez digne d'être républicain » [11].

L'ouverture de l'exposition n'aura jamais lieu. Au jour prévu, la crise polonaise culmine et la mobilisation des réservistes commence en France. Ainsi se télescopent la date emblématique entre toutes du passé républicain et la date de la guerre d'où sortira – mais tout le monde l'ignore alors – la mort de la IIIe République.

C'est bien aussi un combat idéologique qui s'engage. Les nazis ont désigné la Révolution française comme l'antithèse du national-socialisme, Goebbels déclarant en 1933 : « l'an 89 sera rayé de l'histoire ». La Résistance ne s'y trompera pas, qui reprendra à son compte les idées, les mots et la célébration de la Révolution française.

Le 16 juin 1940, au plus fort de l'angoisse, alors qu'il attend d'un moment à l'autre l'entrée de l'envahisseur allemand dans

Chartres, Jean Moulin note cet échange avec deux servants de char français :

> Vingt et un et vingt-trois ans. Des Parisiens. Gonflés à bloc. [...]
> — Vous en faites pas, monsieur le Préfet, me disent-ils en guise d'adieu, ils ne nous possèdent pas encore.
> Je pense que Marceau avait cette flamme qui brille dans leurs yeux[12].

15

Le jour où Jean Moulin s'est tué 17 juin 1940

Fuir ?...

Pour essayer, il faudrait que mes forces le permissent.

Et puis, ne serait-ce pas faire comme tous ceux qui ont fui devant les responsabilités, la faim, le danger !... C'est impossible. J'entends le pas régulier des sentinelles, non seulement dans le couloir, mais aussi devant notre unique fenêtre.

Et pourtant, je ne peux pas signer. Je ne peux pas être complice de cette monstrueuse machination qui n'a pu être conçue que par des sadiques en délire. Je ne peux pas sanctionner cet outrage à l'armée française et me déshonorer moi-même.

Tout plutôt que cela, tout, même la mort [1].

Alors, il ramasse au sol un éclat de verre brisé et se tranche la gorge.

*

Jean Moulin a obstinément essayé d'être mobilisé pour prendre part à la guerre comme combattant. Bien qu'il ait tenté de placer le ministre de l'Intérieur devant le fait accompli, il a dû quitter la base aérienne où il avait réussi à se faire admettre et rebrousser chemin pour retrouver Chartres, sa préfecture et son statut d'affecté spécial.

Et c'est là que la guerre l'a rattrapé. Après le déclenchement de l'attaque allemande du 10 mai 1940, les réfugiés commencent à affluer vers l'Eure-et-Loir, toujours plus nombreux, toujours plus démunis et toujours plus désespérés. Chartres est bombardée à cinq reprises, le 19 mai puis les 3, 13, 14 et 15 juin. Dreux, Châteaudun sont pilonnées à plusieurs reprises. Une demi-douzaine d'autres communes sont touchées. Ce département de l'arrière se trouve de jour en jour plus près de la ligne de front. Le 28 mai, il a été placé dans la zone des armées. Les instructions du général commandant la IVe région laisse envisager l'arrivée de parachutistes ou des incursions ennemis. Finalement, à compter du 14 juin, l'invasion est attendue d'un moment à l'autre.

Privé de communications avec l'extérieur, dépouillé de ses véhicules, le préfet, souvent en uniforme, parfois en civil, court partout pour remédier aux urgences et aux catastrophes qui se multiplient : ravitaillement, évacuations, soins, maintien de l'ordre, tout repose sur les épaules d'un homme de plus en plus seul au fur et à mesure que les élus locaux et les services publics s'éclipsent, que les affectés spéciaux reçoivent l'ordre de partir, que l'armée, elle-même, se replie. Il finit par pousser lui-même un chariot pour répartir du pain et des vivres.

Jean Moulin a trouvé son devoir. Il ne s'y dérobe pas. Bien décidé à rester le dernier, le seul s'il le faut, pour assister et protéger ceux qui n'ont pas pu fuir, il se prive de sommeil, gagné par l'épuisement tant physique que nerveux. Laissé dans l'ignorance de tous les événements qui se déroulent en France au même moment, dépourvu de consignes, il doit sans cesse surmonter sa propre angoisse : fait-il ce qu'il faut ? En fait-il assez ? Que va-t-il advenir de lui et de ceux dont il a la charge ? Pourra-t-il protéger les civils encore présents ? Son choix est-il le bon ? Malgré sa détermination inébranlable et sa débauche d'activités, il se sent très seul dans la ville désertée. « Tout le monde est embarqué. Je rentre chez moi, solitaire », note-t-il le 16 juin 1940 à minuit, lors du départ des dernières troupes françaises.

Après une courte nuit pendant laquelle il est sorti pour voir si les camions qu'il entendait passer étaient allemands ou français, le voilà debout dans la cour de la préfecture, entouré du vicaire général de l'évêché et d'un conseiller municipal, les seuls notables encore présents dans la ville. Ils se sont préparés à l'arrivée dorénavant imminente de l'ennemi. La première patrouille passe devant eux à 7 heures, totalement indifférente à leur présence. Peu après, des officiers s'arrêtent. Moulin a prévu une douloureuse mais nécessaire entrée en matière :

> La fortune des armes vous amène en vainqueurs dans notre ville. Nous nous inclinons devant la loi de la guerre et je puis vous affirmer que l'ordre ne sera pas troublé si, de votre côté, vous nous donnez l'assurance que vos troupes respecteront la population civile et spécialement les femmes et les enfants[2].

On lui répond brièvement : il sera tenu pour responsable de l'ordre public et doit rester sur place. La guerre, d'ailleurs, est finie. Puis les officiers allemands repartent sans plus s'occuper de lui. Cette désinvolture de l'ennemi triomphant ne peut que renforcer l'humiliation qu'il ressent. Humiliation accrue par une suite d'incidents pénibles : un officier qui vient le narguer en prétendant vouloir visiter la cathédrale, l'enlèvement de ses voitures, accompagné d'insultes. Il n'est même pas encore 10 h 30 qu'il peut déjà se faire une idée de ce que sera cette occupation.

Elle diverge sensiblement de la correction affichée par l'armée allemande, dans un double but de propagande et d'efficacité. L'officier qui a répondu au préfet n'a pas manqué d'en rappeler les bases : « Vous pouvez être sûrs que les soldats allemands respecteront la population. » Or, dans l'après-midi, Jean Moulin entend parler des premières exactions commises sur des civils, puis constate la multiplication des pillages.

Les officiers qui ordonnent ou tolèrent ces manquements s'estiment toujours autorisés à le faire pour d'excellentes raisons expliquées par les nécessités de la guerre. C'est tout aussi bien en excipant de la bestialité et de la fourberie des soldats noirs de l'armée française qu'ils avalisent, voire encouragent, les massacres et les violences perpétrés à leur encontre[3]. Cette attitude est à l'origine des événements qui vont amener Jean Moulin à attenter à ses jours.

*

Tout l'après-midi du 16 juin, des combats violents se sont déroulés un peu au nord de Chartres. Les lignes françaises étaient tenues par le 26e régiment de tirailleurs sénégalais. Dans la nuit, des détachements du 26e RTS se sont heurtés pendant leur repli à des soldats allemands et se sont dégagés à l'arme blanche. Ils ont confirmé la hantise des Allemands qui, depuis la Grande Guerre et l'occupation de leur pays, ont intégré l'idée que les soldats africains sont des sauvages qui font fi de toutes les lois de la guerre et de la civilisation. Le bruit s'est répandu que les tirailleurs font mine d'être morts pour tirer dans le dos de leurs adversaires, abattent leurs prisonniers ou mutilent atrocement leurs victimes avant de les achever à la machette. La rumeur se focalise sur le cas d'un sous-officier de la *Wehrmacht* retrouvé énucléé et éventré, près de la nationale 10. Plusieurs officiers du 26e RTS, lorsqu'ils sont faits prisonniers, sont pris à partie par des soldats ou des officiers allemands : ils se voient reprocher les sévices commis par leurs hommes et sont menacés d'être fusillés. Plusieurs simulacres d'exécution se déroulent, assortis d'injures.

Toutefois, dans l'après-midi du 17 juin, il s'avère que le sous-officier en question n'a pas été torturé par des tirailleurs sénégalais, mais a été atteint par les rafales de fusils-mitrailleurs d'un régiment d'infanterie ordinaire.

Dès lors, un revirement s'opère. Forcés de renoncer à incriminer pour cette mort les tirailleurs sénégalais, les Allemands leur imputent dorénavant le viol, la mutilation et la mort de femmes et d'enfants, en réalité pris dans des tirs d'obus sur la petite gare de La Taye ou mitraillés par l'aviation, le 14 juin en tout début d'après-midi[4]. Des officiers allemands décident cependant de faire avaliser leurs accusations par une autorité française. Il leur semble que les atteintes avérées à la réputation des soldats africains permettront de justifier toutes les vengeances exercées sur eux qui jalonnent la progression des forces allemandes depuis la Somme et l'Oise (et se poursuivront jusque dans la Sarthe ou le Rhône, véritable chasse à l'homme). Quant à l'autorité française qui pourrait être utile à leur manœuvre,

Tirailleurs sénégalais faits prisonniers par les Allemands en juin 1940.
Autour de Chartres, les lignes françaises étaient tenues
par le 26e régiment de tirailleurs sénégalais.
Leurs officiers furent accusés à tort de viol et de tortures
par les Allemands, qui voudront faire avaliser
ces motifs par le préfet Jean Moulin.
« Le drame se joue un peu pour eux. »

ils n'en voient guère à leur disposition dans ce département déserté, si ce n'est le préfet lui-même.

Le 17 juin, en tout début de soirée, des officiers allemands viennent demander le préfet. Jean Moulin revêt hâtivement son uniforme avant de les rejoindre. « Je veux en effet, précise-t-il, rester, vis-à-vis de l'ennemi, sur le plan strict des relations officielles[5]. » Ils doivent le conduire, expliquent-ils, auprès du général. Mais il ne le verra pas. On l'entraîne dans une maison réquisitionnée, où on commence à le travailler au corps, à grand renfort de hurlements et de bourrades. Il s'agit de lui faire signer ès qualité un protocole constatant que les troupes noires ont violé et assassiné des femmes et des enfants. Après avoir essayé d'argumenter sur la véracité de ces allégations, le préfet refuse tout net : « Pensez-vous vraiment qu'un Français et, qui plus est, un haut fonctionnaire, qui a la mission de représenter son pays devant l'ennemi, puisse accepter de signer une pareille infamie[6] ? »

À partir de son refus, la situation dégénère rapidement. Jean Moulin est menacé d'une arme, molesté puis frappé de plus en plus durement à coups de crosse et de botte, étranglé, cinglé avec la laisse d'un chien. Il est finalement conduit à La Taye où on lui impose la vision des cadavres avant de le frapper à coups redoublés et de l'enfermer avec un corps atrocement mutilé.

Aux pressions psychologiques s'ajoute ce qu'il faut bien appeler un véritable passage à tabac auquel finit même par participer un simple soldat. Après sept heures de ce calvaire aussi humiliant que douloureux, Moulin est abandonné contusionné et fourbu sur une ultime insulte. Alors qu'on l'enferme avec un tirailleur prisonnier, l'un de ses tortionnaires lui lance : « Comme nous connaissons maintenant votre amour pour les nègres, nous avons pensé vous faire plaisir en vous permettant de coucher avec l'un d'eux[7]. »

Pourquoi Moulin a-t-il refusé de signer ? Après tout, il pouvait se plier à cette mascarade pour la dénoncer dès qu'il aurait retrouvé sa liberté de mouvement. Comme il le dit lui-même à ses tortionnaires : « Ce n'est pas la signature arrachée à un ennemi qui conférera à votre récit un surcroît d'authenticité[8]. » Pourtant, il ne peut absolument pas s'y résoudre, tout en craignant plus que tout de céder. « Je sais qu'aujourd'hui, je suis allé à la limite de la résistance, je sais aussi que demain, si cela recommence, je finirai par signer[9]. »

En un sens – et c'est étonnant –, Jean Moulin n'est pas totalement pris de court par le traitement qui lui est infligé. Il a conclu la lettre qu'il adressait, le 15 juin, en guise d'adieu et de testament à sa mère et à sa sœur, par une phrase presque prophétique : « Si les Allemands, ils sont capables de tout, me faisaient dire des choses contraires à l'honneur, vous savez déjà que *cela n'est pas vrai*[10]. »

Cette prémonition n'est compréhensible que si l'on garde à l'esprit que, contrairement à beaucoup de Français – et des plus éminents –, Moulin s'attend à affronter non « l'ennemi héréditaire », les Prussiens de 1870 ou les Allemands de 1914, mais bien des nazis. Il a saisi, pour une part au moins, la dimension spécifiquement répressive et avilissante du national-socialisme. Dans son récit, il cherche d'ailleurs à distinguer s'il a affaire à des SS ou des membres de la Gestapo plutôt qu'à des membres de la Wehrmacht, comme si cela pouvait expliquer ce qu'ils lui font subir. Son refus obstiné de céder s'inscrit donc pour une part dans la continuité de son engagement contre le fascisme.

Confusément, il perçoit en outre qu'il est personnellement la cible de représailles.

À plusieurs reprises dans ses notes des journées précédentes, il a fait allusion à des entreprises de manipulation ou de sabotage qu'il s'est efforcé de juguler. Il a rapporté des propos qui visaient à exploiter la détresse des réfugiés, tels que « Vivement que les Boches arrivent pour mettre de l'ordre dans tout ça. » « La Cinquième Colonne donne à plein », commente-t-il. « Hitler a envoyé de nombreux avocats, mais le plaidoyer est toujours le même[11]. »

Dans ses communiqués à la population, il la met en garde contre les « nouvelles dont l'origine est suspecte »[12]. « N'écoutez pas les paniquards qui seront d'ailleurs châtiés. Déjà des sanctions ont été prises. D'autres suivront[13]. » Il procède même à des arrestations dans l'après-midi du 16 juin.

Cette Cinquième Colonne – expression alors usuelle pour désigner ceux qui, en France même, participaient à la propagande, à la subversion et à l'espionnage au service de l'ennemi – a souvent été considérée comme un argument de propagande outrancier et vaguement ridicule et, pour tout dire, un fantasme. À cela on peut désormais opposer les éléments nombreux et probants qui apparaissent dans les recherches, maintenant que les archives de la DST et de la Sécurité militaire s'ouvrent. Moulin, en tout cas, est lui bien convaincu que la Cinquième Colonne est à l'œuvre à Chartres comme partout sur le territoire. Ne voit-il pas un ouvrier boulanger qu'il a surpris tenant des propos défaitistes la veille s'afficher bras dessus, bras dessous avec un officier allemand dès les premières heures de l'invasion ? N'entend-il pas ses tortionnaires lui reprocher d'avoir fait apposer des affiches incitant la population à la résistance ? Comment sont-ils si bien informés alors qu'ils viennent d'entrer dans Chartres ?

En outre, tandis qu'il refuse de céder, Moulin est persuadé que la guerre continue un peu au sud de son département et qu'elle va continuer encore, depuis le territoire français non encore envahi ou depuis l'Empire colonial. Il n'a eu de cesse de fluidifier le flot des réfugiés et de juguler un nouvel exode parce qu'ils gênaient le mouvement des troupes et pouvaient contribuer à faire perdre des batailles. « Je suis sûr que notre victoire prochaine – grâce à un sursaut d'indignation du reste du monde et à l'héroïsme de nos soldats (qui valent mieux que l'usage qu'on en a fait) – viendra me délivrer », écrit-il le 15 juin à sa famille[14].

À deux ou trois heures de l'arrivée des Allemands, il se montre encore confiant devant les derniers soldats français battant en retraite. « J'essaie de leur remonter le moral, de leur dire qu'ils se referont derrière la Loire et qu'on tiendra, que l'armée française n'est pas vaincue[15]. » Sans radio, sans téléphone, d'ailleurs sans électricité, Moulin ignore que ce jour, à midi, le maréchal Pétain s'est adressé aux Français à la radio

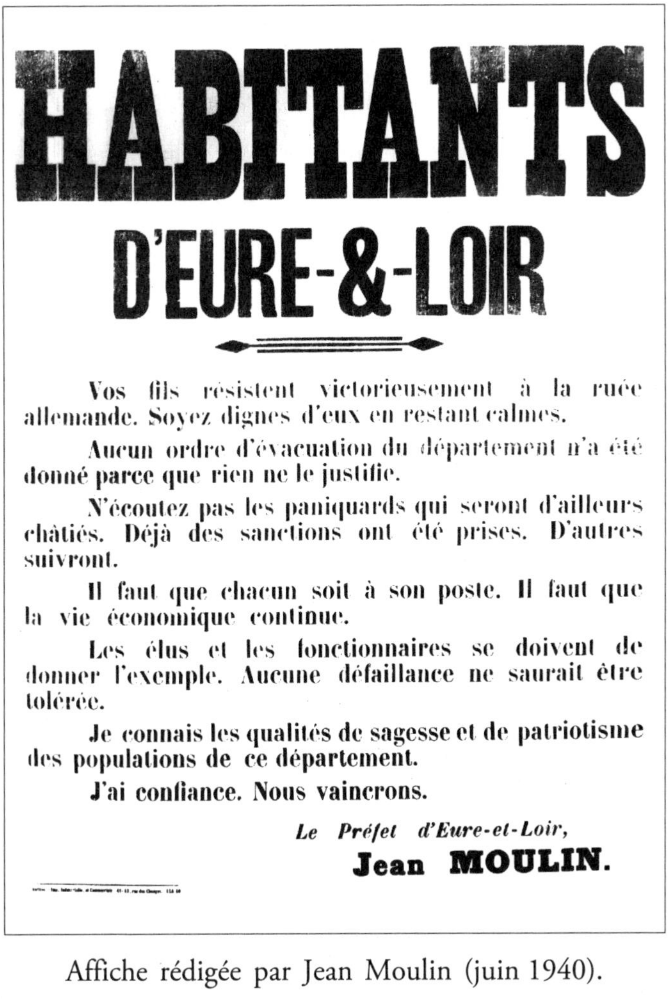

HABITANTS

D'EURE-&-LOIR

Vos fils résistent victorieusement à la ruée allemande. Soyez dignes d'eux en restant calmes.

Aucun ordre d'évacuation du département n'a été donné parce que rien ne le justifie.

N'écoutez pas les paniquards qui seront d'ailleurs châtiés. Déjà des sanctions ont été prises. D'autres suivront.

Il faut que chacun soit à son poste. Il faut que la vie économique continue.

Les élus et les fonctionnaires se doivent de donner l'exemple. Aucune défaillance ne saurait être tolérée.

Je connais les qualités de sagesse et de patriotisme des populations de ce département.

J'ai confiance. Nous vaincrons.

Le Préfet d'Eure-et-Loir,

Jean MOULIN.

Affiche rédigée par Jean Moulin (juin 1940).

pour leur annoncer qu'il demandait l'armistice et qu'il fallait cesser le combat. Les propos, les attitudes de Moulin, tels qu'il les rapporte dans son journal traduisent sa conviction que la guerre n'est pas finie. Il emploie plusieurs fois le mot « résistance » dans son sens militaire usuel : s'opposer à la progression de l'ennemi. C'est aussi pour cette raison que, le 14 au soir, il a autorisé, quoique à contrecœur, le départ des derniers de ses collaborateurs en âge de porter les armes : « La lutte continue. Ils seront plus utiles de l'autre côté[16]. »

Il se considère dans une situation semblable à celle que connurent les départements français du Nord qui furent occupés de 1914 à 1918, tandis que les combats se déroulaient sur une ligne de front stabilisée plus au sud. Les préfets et les secrétaires généraux avaient été conservés un temps pour répondre aux exigences allemandes[17]. Aussi prévoit-il que lorsque l'invasion aura eu lieu, il sera prisonnier[18]. Le préfet Moulin ne peut donc s'associer à une démarche déshonorant l'armée française non seulement parce que ce serait une faute morale, mais parce que ce serait une véritable trahison en temps de guerre. Pas plus qu'il ne l'a fait physiquement au plus fort de la panique des journées précédentes, il ne peut déserter moralement en montrant de la complaisance envers l'ennemi.

Et pourtant, quoique se refusant à déserter, il choisit de se donner la mort.

*

Tout suicide conserve toujours une part inexplicable.

Dans le cas de Jean Moulin, ces mêmes conditions physiques (la douleur, la fatigue, la faim) et psychologiques (l'isolement, la peur, l'humiliation) qui lui font redouter de céder le poussent à trouver une issue et presque un soulagement après des jours d'angoisse et d'épuisement puis des heures de maltraitance. Son suicide est une réaction à une situation qui lui paraît insupportable, dans laquelle se mêlent les brutalités subies dans les heures écoulées, les efforts inouïs consentis dans les derniers jours et le choc immense de la débâcle. Son sentiment de solitude sans recours atteint son paroxysme.

Cette solution s'impose à lui avec d'autant plus d'évidence qu'il a en quelque sorte anticipé son geste, ne cessant d'envisager la mort comme l'aboutissement logique de l'accomplissement de son devoir. « La mort ?... Dès le début de la guerre, comme des milliers de Français, je l'ai acceptée. Depuis, je l'ai vue de près bien des fois. Elle ne me fait pas peur [19]. » Il semble avoir moins anticipé un bombardement ou une balle perdue que les suites de l'occupation ennemie. Dans sa lettre-testament, il a demandé à sa sœur d'adopter un orphelin en mémoire de lui « si, par hasard, je ne revenais pas de cette aventure », juste après avoir annoncé qu'il va être fait prisonnier en raison de l'invasion.

Il n'improvise donc pas l'idée, même s'il improvise tout à fait sa réalisation en se saisissant de ce qu'il a sous la main : un morceau de verre brisé avec lequel il s'ouvre la gorge jusqu'à la trachée.

Ce geste, destiné à s'épargner de nouvelles souffrances et à préserver sa propre dignité, est aussi commis de manière altruiste. « Le Sénégalais dort profondément, sans se douter du drame qui se joue à moins d'un mètre de lui, et un peu pour lui [20]. »

Il s'offre, sans en avoir forcément conscience, comme une victime expiatoire de l'affreuse déroute à laquelle il vient d'assister et qu'il n'a su corriger qu'à une marge infime. Peut-on affirmer qu'il n'a pas le sentiment intime, même s'il n'est pas justifié, d'avoir failli ? Tout cela pour finir entre les mains des nazis.

Or, de manière aussi spontanée qu'instinctive, Moulin reconquiert sa liberté en choisissant de se tuer. Il illustre d'une façon stupéfiante l'analyse que Sartre fera quatre ans plus tard du paradoxe de la liberté suprême de l'homme en situation d'oppression :

> Jamais nous n'avons été plus libres que sous l'occupation allemande. Nous avions perdu tous nos droits et d'abord celui de

> parler ; on nous insultait en face chaque jour et il fallait nous taire [...] Puisque le venin nazi se glissait jusque dans notre pensée, chaque pensée juste était une conquête [...] puisque nous étions traqués, chacun de nos gestes avait le poids d'un engagement. [...] Et le choix que chacun faisait de lui-même était authentique puisqu'il se faisait en présence de la mort, puisqu'il aurait toujours pu s'exprimer sous la forme « Plutôt la mort que... ».
>
> [...] Ainsi la question même de la liberté était posée et nous étions au bord de la connaissance la plus profonde que l'homme peut avoir de lui-même. Car le secret d'un homme, [...] c'est son pouvoir de résistance aux supplices et à la mort. [...] chacun d'eux réalisait, dans le délaissement le plus total, son rôle historique. Chacun d'eux, contre les oppresseurs, entreprenait d'être lui-même, irrémédiablement et en se choisissant lui-même dans sa liberté, choisissait la liberté de tous[21].

*

Mais Jean Moulin ne meurt pas des suites de sa blessure.

Au matin, les Allemands venus le chercher le trouvent conscient et debout. Couvert de sang et la gorge béante, il offre un spectacle effrayant.

On l'emmène. On cherche à le faire soigner. Faible et fiévreux, Moulin utilise sa voix blessée pour raconter ce qu'il a subi dès qu'il est mis en présence de Français. Son témoignage est sa revanche, qui plonge l'occupant dans l'embarras, en le confrontant à sa violence et en le contraignant à des demi-excuses enrobées de mauvaise foi. Il est aussi une garantie de sécurité, espère-t-il, car, dans les premières heures du moins, il envisage qu'il pourrait être à nouveau emmené et brutalisé. Il n'est pas exclu, d'ailleurs, que les Allemands aient hésité sur l'attitude à adopter à son endroit.

Il reçoit les soins d'un chirurgien-dentiste français, seul professionnel de santé encore présent dans la ville. Mais, assez vite, il se montre peu enclin à recevoir plus qu'une petite aide matérielle. Malgré sa faiblesse et sa difficulté à se nourrir, il s'efforce d'offrir toujours une image de parfaite dignité. À la fois pour que l'occupant ne le trouve pas en situation de vulnérabilité et pour afficher qu'il n'est pas un homme défait. Au bout de trois jours, il reprend son travail. Ce qui n'empêche pas sa blessure de nécessiter encore des soins. Un médecin allemand l'examine et préconise qu'il consulte un spécialiste à Paris. Il est appuyé par le professeur Gustave Roussy, recteur de l'Université de Paris, de passage dans le département. Moulin se rendra donc dans la capitale le 5 juillet, non seulement muni d'une autorisation par les autorités d'occupation, mais apparemment conduit par ce médecin militaire dans une voiture allemande [22].

Par la suite, et en dépit du changement des équipes en place à Chartres et du fait que cette affaire ne sera plus évoquée avec les Allemands, Moulin pensera toujours que son geste tint l'occupant en respect [23].

Les Français, pour leur part, vont réagir de manières très diverses. Certains éprouvent de l'effroi. Beaucoup sont compatissants ou admiratifs. En général, sa tentative de suicide est interprétée comme une conséquence directe des brutalités allemandes et un prolongement de l'attitude dévouée et courageuse du préfet pendant les moments critiques de mai-juin 1940. Sait-on toujours, d'ailleurs, qu'il a lui-même attenté à ses jours ? Roger Langeron, préfet de police de Paris, avec lequel Moulin déjeune chez Gustave Roussy le 5 juillet, note ainsi dans son journal non retouché : « Il a été emprisonné, brutalisé et blessé par les Allemands à leur arrivée dans son département [24]. »

Les autorités françaises ne réagissent pas.

Elles ont pourtant été mises au courant par un rapport écrit le 1er juillet par le préfet de la Seine-et-Oise voisine. Averti par des rumeurs, il a envoyé le 30 juin son secrétaire général à la police à Chartres pour vérifier la véracité des faits et établir si son collègue avait besoin d'aide. Quoiqu'il emploie un prudent conditionnel dans son rapport, son récit donne assez fidèlement la version de Jean Moulin lui-même.

> M. Moulin, Préfet d'Eure-et-Loir, lui a fait connaître qu'à l'arrivée des troupes allemandes de graves incidents se seraient produits à Chartres. Des meurtres et des viols ayant été commis, les troupes allemandes auraient demandé au Préfet de signer un procès-verbal

constatant que ces actes avaient été commis par les troupes françaises.

M. Moulin s'y serait refusé et aurait été l'objet de sévices graves de la part des troupes allemandes. Il aurait été frappé, conduit (étant en uniforme) à l'endroit où se trouvaient des cadavres et jeté sur eux. Il aurait été emprisonné et se serait trouvé dans une telle situation qu'il aurait voulu se suicider[25].

Au mois d'août, le président de l'association de l'administration préfectorale adresse un rapport d'ensemble au maréchal Pétain, en conclusion duquel il met en exergue le « courage civique » du préfet d'Eure-et-Loir. Ce récit, qui comporte plusieurs erreurs factuelles, ne parle pas clairement de suicide. Les termes choisis peuvent donner à penser que le préfet a simplement cherché à s'empêcher littéralement de parler :

À leur arrivée à Chartres, les Allemands avaient exigé qu'il signât une déclaration reconnaissant que des aviateurs français avaient fait de nombreuses victimes à Chartres et que nos soldats avaient violenté des femmes. Le préfet s'y étant énergiquement refusé, les Allemands l'ont conduit dans une pièce obscure et l'ont roué de coups. Craignant sous la souffrance de prononcer quelques mots imprudents, il s'est ouvert la gorge. Gravement atteint, les Allemands n'ont pas consenti à son transfert dans un hôpital de Paris. Il a été soigné à Chartres. Il est resté des semaines sans pouvoir articuler une parole avec une blessure grave[26].

On ignore si le suicide est minimisé à dessein, comme un élément embarrassant, trop personnel ou paraissant contradictoire avec le courage. Il n'est pas autrement fait mention de ces événements dans le dossier de Moulin au ministère de l'Intérieur.

De toute manière, Jean Moulin ne tient pas à se faire de la publicité. Il a dû percevoir ou deviner ce que son attitude, sa mésaventure et son geste final ont de dérangeant par rapport à l'attitude d'ensemble des notables, de la classe politique et des fonctionnaires d'autorité. Dans son rapport au ministre de l'Intérieur, son collègue de Seine-et-Oise laisse entendre qu'il l'attend le jour même à Versailles où il doit se faire examiner. On ignore si Moulin est venu. L'aurait-il fait qu'il aurait pu voir la désapprobation de son aîné qui, pour sa part, a quitté sa préfecture juste après l'arrivée des Allemands pour y revenir douze jours plus tard :

> Le Gouvernement du moment [...] a laissé entendre que ses préfets restés et pris par l'invasion avaient bien fait, marquant ainsi leur désir de lier leur sort à celui des populations. C'est une sottise et une lâcheté. Une sottise parce qu'un préfet, c'est le représentant du Gouvernement. Qu'est-il, coupé de lui ? Un otage qui peut servir à l'envahisseur ? Que peut-il faire ? Protéger les populations en parlant au nom du Gouvernement qui dirige la guerre contre l'envahisseur ? Ou servir ce Gouvernement en facilitant – car c'est toujours par là que se soldent les tractations avec l'ennemi – la vie de l'envahisseur ? [...] Je dis une lâcheté parce que, responsable des actes du Gouvernement, on livre ainsi le Préfet à toutes les vengeances de l'envahisseur. [...] Le Préfet ne devait pas rester tant qu'on se battait. Pourtant, ce gouvernement qui songeait à lutter sur la Loire, sur la Garonne, sur les Pyrénées et jusqu'en Algérie, laissait ses délégués, ceux qui parlaient hier et parleront demain en son nom, négocier, insister, discuter de réquisitions avec les chefs de l'armée qui voulaient détruire notre pays !
>
> [...] Je préfère toujours en tant que représentant du Gouvernement n'avoir eu affaire qu'à l'ennemi occupant après l'Armistice et non à l'envahisseur tout-puissant. Je ne devais avoir de contact avec l'envahisseur qu'une fois établi le statut, même provisoire, d'armistice, entre les Allemands et mon Gouvernement, dont je suis le délégué. [...] Je suis revenu quand mon Gouvernement a repris des relations avec l'Allemagne et c'est mieux ainsi pour la dignité et l'efficacité de ma tâche[27].

Jean Moulin qui, selon son ami Maurice Viollette, sénateur-maire de Dreux, a d'emblée fustigé l'armistice et les intentions affichées par le nouveau gouvernement, comprend alors que celui-ci n'a absolument aucune envie, en admettant qu'il en ait les moyens, de demander des comptes au vainqueur pour ses crimes de guerre. Lorsque, le 12 juillet, Moulin adresse son premier rapport à son ministre de tutelle, il ne revient donc pas sur le détail des événements, mais indique juste quelle est sa position : « Un des rares incidents qui se soient produits, depuis l'entrée des troupes allemandes, est celui dont j'ai été la victime les 17 et 18 juin, incident sur lequel j'ai décidé de faire silence dans un but d'apaisement [28]. »

Il ne cherche donc à faire valoir ni son dévouement ni son sacrifice et lorsque le gouvernement de Vichy le démet de ses fonctions, en utilisant la loi qui permet de sanctionner ceux qui ont abandonné leur poste en mai-juin 1940, il ne proteste ni ne rappelle ce qu'il a enduré.

Toutefois, il ne se prive pas de faire état à ses intimes des violences qu'il a subies, comme d'un révélateur de la vraie nature de l'occupation nazie. C'est aussi la raison pour laquelle il choisit de rédiger le journal des journées du 14 au 18 juin.

*

À peine sur pied, Moulin s'est remis au travail. Il reprend ses fonctions dans la même optique de protection de la population, avec le même sentiment du devoir. Les exactions subies, la mort souhaitée semblent déjà n'avoir été qu'une parenthèse. Son premier appel à la population, destiné à inciter à la reprise de l'activité économique, hésite entre sa roideur préfectorale et une chaleur dont il se garde en temps ordinaire :

> Mes chers administrés,
>
> Je vous invite à accueillir les événements avec calme et dignité.
>
> Plutôt que de se livrer à de vains commentaires, chacun doit reprendre son poste. Je n'ai à aucun moment quitté le mien et, dans la mesure du possible, je continuerai à vous apporter mon concours et celui de mon administration.
>
> [...] Je compte sur vous.
>
> Merci [29].

Dans l'action, il fait l'impasse sur son traumatisme tant physique que psychologique. Sa première correspondance avec sa famille est anodine. « Les choses vont aussi bien qu'elles peuvent aller. N'aie aucun souci pour moi [30]. »

Le traumatisme est pourtant bien visible sur la photo prise à la demande du nouveau *Feldkommandant* de Chartres dans les jardins de la préfecture, une dizaine de jours après les événements. L'officier allemand a adopté une pose assez détendue, mais il ne regarde ni le photographe ni le préfet, qui se trouve à sa gauche à moins de 1,50 m. Moulin s'est placé en bordure des massifs, comme s'il s'était éloigné le plus possible sans finir au milieu de la végétation En civil, portant un foulard montant qui lui enserre le cou, il est raide et guindé, presque au garde-à-vous. Il regarde l'appareil photo, mais sa tête et ses yeux sont légèrement baissés. On le sent là, mais à son corps défendant.

Ce traumatisme, il va le surmonter par l'écriture, une démarche qui ne lui est pas habituelle.

Grâce au témoignage de sa sœur, on sait qu'il a écrit le récit des événements de Chartres au printemps 1941, c'est-à-dire huit ou dix mois après qu'ils se sont produits. La lecture de son texte montre un grand degré de précision. Les journées sont scandées par des indications horaires. Moulin détaille ses activités et évoque aussi la météo. Tout incite à croire qu'il a travaillé à partir de notes prises quand ses souvenirs étaient encore frais. Il donne à cette relation la forme d'un journal, sans introduction et sans commentaires, si ce n'est brièvement suggérés. Le titre porté sur le manuscrit est « Journal. Chartres (14 au 18 juin 1940) ».

Il est repris en titre intérieur dans la première édition du texte donné par sa sœur en 1947. Mais il est évidemment connu sous le titre, combien plus puissant, de *Premier Combat*. C'est là l'un des coups de génie de Laure Moulin, au service de la mémoire de son frère, d'avoir trouvé ou accepté ce titre qui, par son immédiateté et sa force d'évocation, est appelé à devenir synonyme des débuts de la Résistance.

*

Dans les décennies qui suivront la Libération, la tentative de suicide de Moulin et les motivations de son geste sont souvent évoquées de manière allusive. Le mot de suicide n'apparaît pas, et il est plutôt question de l'armée française ou des troupes françaises en général que des tirailleurs sénégalais. Son geste prend donc une connotation patriotique et, quoique connu, demeure assez vague [31].

André Malraux, dans le discours fameux par lequel il accueille ses cendres au Panthéon, n'en dit mot, alors même qu'il mentionne les appréhensions de Moulin à l'idée d'être torturé et déporté. Le récit de Moulin, pourtant, ne saurait être plus explicite.

Aujourd'hui, la circonstance précise de son geste, en lien avec la défense de soldats coloniaux, est au contraire notée avec intérêt. Preuve que le travail historique évolue toujours en fonction des époques. Le fait que Moulin ait refusé d'avaliser une accusation mensongère concernant des troupes indigènes est compris comme une manifestation non pas seulement de patriotisme, mais de combat contre le nazisme appréhendé avec lucidité dans sa dimension raciste et criminelle.

Un court épisode de son récit, d'ailleurs, vient le confirmer :

> Moi. – Quelles preuves avez-vous que les tirailleurs sénégalais sont passés exactement à l'endroit où vous avez découvert les cadavres ?
>
> Le nazi. – On a retrouvé du matériel abandonné par eux.
>
> Moi. – Je veux bien le croire. Mais en admettant que des troupes noires soient passées par là, comment arrivez-vous à prouver leur culpabilité ?
>
> Le nazi. – Aucun doute à ce sujet. Les victimes ont été examinées par des spécialistes allemands Les violences qu'elles ont subies offrent les caractéristiques des crimes commis par des nègres.
>
> Malgré l'objet tragique de cette discussion, je ne peux m'empêcher de sourire : « Les caractéristiques des crimes commis par des nègres. » C'est tout ce qu'ils ont trouvé comme preuves !
>
> Mon sourire le met en rage et mon interlocuteur m'injurie furieusement en allemand [32].

On aura garde, toutefois, de faire de Jean Moulin un précurseur de l'anticolonialisme. C'est le défenseur de la République émancipatrice et de la plus grande France, mais aussi un homme qui refuse absolument le racisme, qui a réagi, dans le droit fil des propos qu'il tenait moins d'un an auparavant :

> Je voudrais simplement m'efforcer de dégager brièvement l'esprit qui a présidé à la constitution et à l'organisation d'un empire qui nous place au second rang des puissances coloniales.
>
> Ce n'est point inutile, en un temps où, hors de nos frontières, des propagandes agressives essaient de démontrer notre indignité et notre incapacité d'être les guides et les protecteurs de millions d'indigènes.
>
> Mais quels sont donc ces pays qui décrètent ainsi notre impuissance à faire le bonheur des êtres de couleur ? Ceux-là même qui, chez eux, proclament la hiérarchie des races et qui, sous prétexte de supériorité de la leur propre, s'acharnent à asservir toutes les autres, sinon à les anéantir.
>
> [...] Notre splendide réussite coloniale, l'attachement profond des peuples indigènes à la mère patrie, le dévouement qu'il a suscité chez eux dans un passé récent, sont là, fort heureusement, pour protester contre ces pitoyables inventions.
>
> [...] Née des principes de la Révolution française, fixée par la IIIe République, notre doctrine coloniale n'est pas une création factice, isolée de notre complexion nationale. Elle s'alimente aux sources mêmes de notre génie. Elle puise sa force dans les règles généreuses que s'est données notre régime. Elle fait leur place à la dignité humaine et au droit de tout être et de toute collectivité s'abritant sous notre pavillon et le respectant, de voir s'épanouir ses aspirations ethniques et morales[33].

Le 17 juin 1940, en choisissant de se donner la mort, Jean Moulin entre dans l'histoire.

Bien sûr, au moment où il prend sa décision, il n'a pas l'intention de faire un « geste » pour la postérité. Il n'est pas comme le député Baudin décidé à montrer comment « on meurt pour vingt-cinq francs » (et surtout pour ses convictions). Son suicide, s'il avait abouti, serait depuis lors cité comme une conséquence de la violence nazie, contredisant la prétendue « correction allemande ». Il serait comparé, pour en être distingué, à celui du Dr Thierry de Martel, vaincu par le chagrin et la honte causés par l'effondrement de son pays. Il serait rapporté à l'attitude sacrificielle mais vaine des cadets de Saumur, défendant la Loire même après la demande d'armistice par le maréchal Pétain. Il illustrerait à titre presque anecdotique l'histoire des journées tragiques de juin 1940.

Mais Jean Moulin a survécu à son suicide. Il a survécu pour finalement devenir l'unificateur de la Résistance et, plus tard, le symbole même de cette Résistance. De ce fait, sa tentative de suicide n'est plus seulement un geste de désespoir, mais revêt une signification supplémentaire quant au sens de son engagement futur et à l'ampleur qu'il était prêt à lui donner.

À cet égard, il n'existe pas beaucoup de suicides manqués qui occupent une place si importante dans notre histoire.

16

Joseph Mercier
16 novembre 1940

« Après vingt-trois années passées au service de la République, je pars sans amertume, conscient d'avoir rempli ma tâche sans défaillance. » Ce sont les dernières paroles du préfet Jean Moulin, au moment de quitter non seulement son département, mais la carrière de toute une vie, maintenant que le gouvernement de Vichy l'a relevé de ses fonctions.

En vingt-trois ans – il a désormais quarante et un ans –, Jean Moulin en a quitté, des postes, connu des mutations, fait des adieux plus ou moins navrés ou sincères à des administrés, des élus locaux, des collaborateurs. Mais cette fois, évidemment, est totalement différente. Elle a forcément un goût d'amertume, de tristesse et peut-être d'échec. Il revoit le petit jeune homme de dix-huit ans passant avec appréhension les portes de la préfecture de Montpellier avec le statut modeste d'attaché de cabinet. Il se souvient des moments de gloire : plus jeune sous-préfet, plus jeune préfet de France, et de la fierté de son père qui n'avait vécu, à la fin de sa vie, que pour assister à la consécration qui prouverait qu'il avait eu raison de lui imposer ce choix en 1917. Sûrement, il repense à ses arrivées dans des logements de fonction déserts, souvent trop grands, souvent aussi incongrus ou mal adaptés. Aux soucis financiers qu'avait causés l'achat de son premier uniforme. À son bicorne préfectoral, garni de plumes d'oie frisées, mais aussi d'une cocarde tricolore, qui achevait de le revêtir de l'autorité de l'État. À la masse de travail abattu, de papier noirci, aux heures passées à écouter des discours, aux cérémonies, sous le soleil ou la pluie, dans un froid glacial ou dans une chaleur écrasante. Au trac à l'idée de prononcer son premier discours. À la fastidieuse routine des jours ordinaires, à l'exaltation des périodes passées dans les cabinets ministériels. Aux heures historiques : l'émeute du 6 février, la victoire du Front populaire, la déclaration de guerre, l'invasion. À toutes les fois où il a rappelé son attachement à la République qui était ce qui unissait tous les Français. Cette République qu'en cet instant ultime, il se fait encore gloire d'avoir servie. Et qui pourtant, depuis quatre mois, n'existe plus.

Le 10 juillet 1940, en effet, tandis que depuis sa préfecture partagée de vive force avec le Feldkommandant de Chartres, il achevait de soigner ses blessures et s'efforçait de s'opposer aux « réquisitions » et exactions allemandes qui continuaient dans son département, l'écrasante majorité des parlementaires réunis en Assemblée nationale à Vichy avait voté les pleins pouvoirs à Pétain. Le lendemain, le maréchal, par une série d'actes constitutionnels, s'était nommé chef de l'État, chef du gouvernement et, doté du pouvoir législatif, avait ajourné les assemblées parlementaires et choisi un dauphin. La République, niée dans ses fondements juridiques, passait à la trappe, remplacée par un État français de nature indéfinie qui allait rapidement s'avérer autoritaire, réactionnaire et arbitraire.

L'Eure-et-Loir, qui se trouvait en zone occupée, était pour l'heure coupée du nouveau gouvernement au point d'avoir l'impression d'en être abandonnée. Et c'est livré à ses seules ressources que Moulin fit face à l'occupant, défendant ses administrés, sans même connaître les dispositions de la convention d'armistice non plus que les instructions qu'avait pu édicter le ministre de l'Intérieur, Adrien Marquet. Il anticipa les consignes que le ministre donna finalement aux préfets le 7 août 1940 :

> Par la difficulté des communications [...] vous devez être des hommes d'initiative [...] Je veux que vous ayez l'obsession de la remise en ordre, de la remise en place de chacun [...] Que tous

Cohabitation forcée à la préfecture de Chartres.
Jean Moulin porte un foulard pour masquer sa cicatrice (été 1940).

> vos actes soient des exemples. Votre autorité est à ce prix. Soyez compréhensifs et dignes [...]. Votre carrière ne dépend plus de l'importance de vos protecteurs, mais de votre initiative, de votre conscience, de votre travail et de votre amour de la patrie blessée [1].

« Votre carrière dépend dorénavant de votre adaptation aux impératifs idéologiques du jour », aurait-il été plus juste d'ajouter… En effet, le nouveau pouvoir s'est d'emblée doté des moyens de procéder à une épuration de l'administration qui, sous prétexte de sanctionner les fonctionnaires défaillants pendant l'exode et de cibler les « mauvais Français », lui permet surtout de se débarrasser de ceux qu'il estime trop liés à la IIIe République et aux partis de gauche. Jean Moulin, « préfet du Front populaire » entre bien sûr en plein dans la catégorie de ceux qu'il convient d'éliminer.

Les témoignages avaient pourtant afflué, que ce soit vers le ministre ou vers le chef de l'État lui-même, pour raconter avec quelle efficacité et quelle abnégation le préfet d'Eure-et-Loir s'était démené pour accueillir les réfugiés, nourrir et protéger les civils restés à la dérive tandis que l'exode vidait son département de ses forces vives, de ses fonctionnaires et de ses élus, que des bombardements et des combats s'y produisaient, avant d'être lui-même en butte à la violence de l'ennemi. Ces témoignages spontanés et admiratifs n'ont pas suffi à contrebalancer une décision déjà arrêtée que n'ont probablement pas non plus motivée, d'ailleurs, les rares dénonciations.

C'est que le renvoi du préfet Moulin n'est pas dû seulement à ce qu'il a fait ou n'a pas fait en 1940, ni même avant, mais bien à ce à quoi son nom est attaché : le régime des partis, la République parlementaire, les idéaux hérités de 1789, la gauche, le Front populaire, Pierre Cot « fossoyeur » de l'aviation militaire qui a été si dramatiquement absente lors de l'attaque allemande, bref tout ce qui, dans la nouvelle vulgate, est supposé avoir directement causé la défaite et, plus généralement, l'effondrement français. Le 6 septembre, Pierre Cot est d'ailleurs non seulement déchu de la nationalité française pour avoir quitté le territoire français en temps de guerre, mais encore inculpé par la Cour suprême de justice créée pour juger les personnes réputées avoir trahi les devoirs de leur charge dans la préparation de la guerre. « On sait que la position de Moulin auprès de l'actuel gouvernement français n'est guère solide », constate laconiquement son Feldkommandant, probablement mis au courant par des hommes politiques locaux bien en cour[2].

Tandis que les semaines passent, Jean Moulin s'est mis à croire que le gouvernement, du fait des événements dramatiques du 17 juin, préfère faire profil bas et, selon son expression, le « laisser tranquille ». Il a la certitude, en outre, de s'acquitter au mieux (par modestie il dit « assez bien ») de la tâche consistant à protéger la population française contre les Allemands. D'après son analyse, les Allemands, précisément, ont tiré les conséquences du résultat des brutalités qu'ils ont exercées sur lui et, depuis lors, non seulement s'abstiennent de le menacer, mais le « traitent avec une certaine considération »[3]. Il en profite d'ailleurs pour revendiquer à chaque occasion le respect des « lois de la guerre et des règles élémentaires de l'humanité » et pour afficher fermement et dignement son patriotisme. Par exemple, lors de la rentrée des classes, il s'adresse aux enfants de l'école de la place de la Cathédrale à Chartres. Cette allocution revêt bien plus d'importance que toutes celles auxquelles il s'est plié par le passé en pareilles circonstances. C'est le fils du professeur Moulin qui prend la parole en public, sans doute pour la première fois depuis juin 1940 et pour la dernière :

> Les temps de facilité sont révolus Vous aurez un avenir dur mais je suis certain que vous saurez faire face à cet avenir car vous serez guidés par votre amour pour le pays, pour la France et par la foi que vous devez avoir dans ses destinées[4].

« Je vous félicite, lui déclare le premier Feldkommandant en poste à Chartres, de l'énergie avec laquelle vous avez su défendre les intérêts de vos administrés et l'honneur de votre pays[5]. » Mais, au point où en est l'application de la convention d'armistice par l'occupant, le rôle du préfet se borne le plus souvent à l'exécution ou à la transmission des mesures imposées, tout en subissant un contrôle abrupt et tatillon, émaillé d'incidents plus ou moins graves. C'est une humiliation sans cesse recommencée, dont l'utilité doit lui sembler de moins en moins évidente.

En butte à ces contraintes aussi continuelles qu'avilissantes, Jean Moulin ne désire pas demeurer à son poste. D'autant plus que le versant français des tâches qui lui sont assignées contrevient aussi à ses principes, qu'il s'agisse de recenser les francs-maçons ou d'appliquer des interdictions professionnelles contre des Français d'origine étrangère. Lorsqu'il estime que les impératifs de ravitaillement et de sûreté sont assurés dans le département, quand l'amélioration des communications et la réorganisation administrative ont rétabli la chaîne hiérarchique normale entre le gouvernement et les préfets, il sait qu'il est prêt à partir. Même s'il est douloureux de renoncer à un métier qui a été le fil directeur de toute sa vie d'adulte et d'être remercié sans considération pour ce qu'il a accompli et comme s'il avait failli. Il se prévaudra d'avoir fait lui-même le choix du moment où il ne voulait plus continuer à être un « préfet de Vichy ».

En effet, le ministre de l'Intérieur nommé en septembre 1940, Marcel Peyrouton, s'est donné pour objectif de faire le ménage parmi les conseillers généraux, quintessence de la République radicale-socialiste, dont l'implantation locale et la notabilité constituent une menace pour le nouveau pouvoir et une entrave à la Révolution nationale dorénavant à l'ordre du jour.

Le principe même de l'élection au suffrage universel direct n'est plus dans l'air du temps, car il semble créer une légitimité concurrente à l'immanence maréchaliste. Deux lois, du 18 août et du 12 octobre 1940, interdisent la réunion spontanée des conseils généraux, puis suspendent leurs sessions pour transférer leurs pouvoirs aux préfets qui, ultérieurement, proposeront à leur place des commissions administratives nommées par le gouvernement.

En outre, les décrets-lois pris contre les communistes sous la IIIe République permettent de suspendre des conseils municipaux pour les remplacer par des délégations spéciales. Bon nombre d'hommes politiques, que le régime considère comme des adversaires, vont être privés de leurs mandats[6]. Dans une circulaire datée

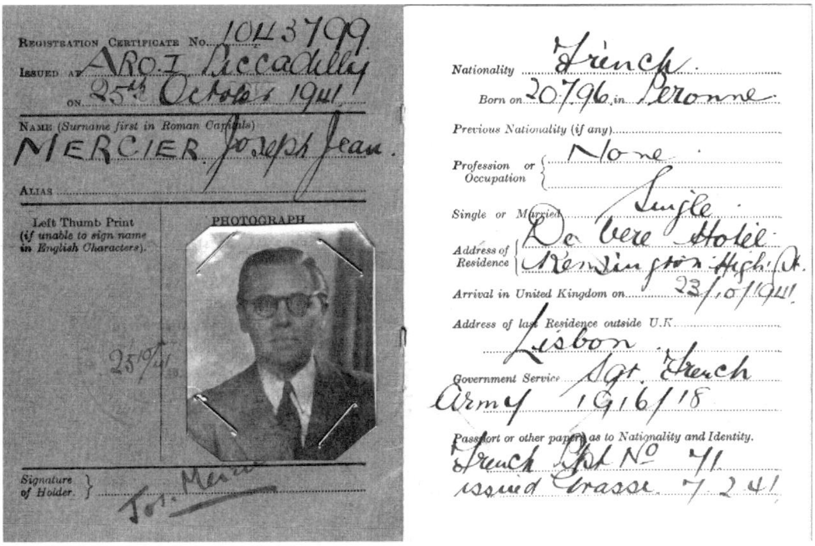

Registration Certificate No. 1043799.
Issued at Aro I Piccadilly
on 25th October 1941
Name (Surname first in Roman Capitals)
MERCIER Joseph Jean.
Alias
Left Thumb Print (if unable to sign name in English Characters).
PHOTOGRAPH
25/10/41
Signature of Holder. Jos. Merc

Nationality French.
Born on 20/7/96 in Peronne
Previous Nationality (if any)
Profession or Occupation None.
Single or Married Single.
Address of Residence De Vere Hotel Kensington High St.
Arrival in United Kingdom on 23/10/1941
Address of last Residence outside U.K. Lisbon.
Government Service Sgt. French Army 1916/18
Passport or other papers as to Nationality and Identity. French Ppt No 71 issued Grasse 7 2 41

C'est sous l'identité de Joseph Mercier que Jean Moulin arrivera en Angleterre en octobre 1941.

du 15 octobre, Peyrouton commente, en déclarant que « l'ancien ordre politique, responsable majeur de nos désastres, était mort et qu'il fallait énergiquement s'opposer à sa restauration ». Il préconise de « combattre toutes les forces, apparentes ou clandestines, qui tenteraient de reconstituer la vieille anarchie profitable[7] ».

Jean Moulin considère que ces mesures sont inacceptables et fait comprendre qu'il refusera d'y prêter la main. Aussi, quand il apprendra son renvoi, il l'interprétera comme la conséquence logique de son refus[8]. Refus dont, en outre, il ne s'est pas caché, comme en témoigne le rapport d'un chargé de mission de la présidence du Conseil, l'ancien secrétaire général du groupe radical-socialiste à la chambre des députés, Jean Montigny :

> Je vous signale que Valadier, vice-président du Sénat, sénateur d'Eure-et-Loir, m'a signalé que le préfet d'Eure-et-Loir, M. Moulin, ancien chef de cabinet de Pierre Cot, s'il s'est bien conduit au moment de l'arrivée des Allemands, n'en continue pas moins à faire une politique Front populaire dans le département[9].

On peut s'étonner, de nos jours, que Jean Moulin, qui avait accepté de transmettre ou de gérer certaines mesures de coercition ou d'exclusion édictées par Vichy comme l'interdiction d'exercice des médecins d'origine étrangère (souvent juifs) ou les déclarations de non-appartenance à la franc-maçonnerie des fonctionnaires, ait trouvé seulement là son point de non-retour. Mais aucun contemporain ne s'y trompa, et le coup porté aux conseils généraux figurera parmi les trois principaux chefs d'accusation retenus contre Marcel Peyrouton lors de son procès devant la Haute Cour de justice en 1948.

Pour Moulin, cette attaque frontale contre ces institutions locales, synonymes de radical-socialisme et de République, est le reniement de ce à quoi il a cru et de ce qu'il a servi depuis son entrée dans la carrière préfectorale, et même depuis sa jeunesse, si l'on veut bien se souvenir qu'il est précisément le fils d'un conseiller général radical-socialiste.

Dans l'immédiat, on lui demande en Eure-et-Loir d'interdire d'activité et de destituer des hommes qui sont non seulement ses amis ou ses camarades – à commencer par Maurice Viollette –, mais qui ont œuvré de leur mieux à sauvegarder leurs administrés, y compris pendant les tragiques journées de juin 1940.

On sait, grâce aux cartes envoyées à sa mère et à sa sœur, qu'il effectua du 23 au 27 octobre un voyage tout à fait autorisé en zone libre. À son retour, il franchit en voiture la ligne de démarcation à Lapalisse qui n'est distant de Vichy que de 25 kilomètres. Est-il passé dans la ville, s'est-il rendu au ministère de l'Intérieur à ce moment-là ? Le fait qu'il ait été autorisé à se rendre en zone libre à cette date est déjà en soi une exception remarquable, dont aucun autre préfet n'a bénéficié [10]. D'ailleurs, il avait demandé, dès la mi-juillet, à être convoqué au ministère pour « exposer de vive voix [ses] préoccupations et recueillir [du ministre] et de [ses services] toutes les directives et toute l'aide nécessaires » [11].

À cette date, le principe de son éviction est pourtant déjà arrêté depuis au moins une dizaine de jours. Mais l'administration militaire allemande, sur l'insistance du Feldkommandant de Chartres, a obtenu qu'il ne soit pas relevé immédiatement de ses fonctions parce que, le secrétaire général prenant sa retraite, ces deux départs simultanés créeraient un vide administratif très dommageable. Le 25 octobre, elle exige du représentant du ministère de l'Intérieur à Paris un délai de trois mois. « J'ai l'honneur de vous faire savoir, répond celui-ci, que les instructions nécessaires ont été données pour éviter une perturbation dans la collaboration avec la *Feldkommandantur* de Chartres [12]. » Cette lettre date du 2 novembre, jour où, précisément, est signé le décret relevant Moulin de ses fonctions.

On peut donc penser, comme le fit Jean Moulin, que son refus de prêter la main à la mise sous tutelle des conseils généraux accéléra un processus déjà enclenché, mais qui aurait dû aboutir seulement en janvier ou février 1941.

Le décret paraît au *Journal officiel* à Vichy le 3 novembre [13]. Il est probable que Moulin en a connaissance vers le 5 [14]. La nouvelle est donnée dans la presse d'Eure-et-Loir le 7, qui rend un hommage unanime et chaleureux au préfet, quelles que soient les tendances politiques – anciennes ou récentes – des journaux, témoignant de la « surprise » et de l'« émotion » ressenties par la population. Averti qu'il devra être parti le 16 novembre, le préfet n'en continue pas moins sa tâche. C'est le 15 novembre qu'il signe le dernier des rapports mensuels qui ont scandé toute sa carrière. Celui-ci est uniquement technique et ne renferme aucune indication sur l'état d'esprit de son auteur, non plus, d'ailleurs, que sur l'opinion de la population dans son département ou sur les relations avec l'occupant[15].

Les conseillers généraux, qui savent être en quelque sorte partie prenante du renvoi de Moulin, le retrouvent dans un café de Châteauneuf-en-Thymerais pour un déjeuner où ils rendent hommage à son efficacité professionnelle, à son patriotisme et à son courage exceptionnel avant de lui remettre des cadeaux d'adieu : les maquettes du projet du sculpteur Jules Dalou pour un monument consacré aux paysans et une édition originale de *Jean-Christophe* de Romain Rolland. Elle porte une dédicace, signée de tous, aussi affectueuse qu'admirative : « En reconnaissance des services rendus et en hommage pour sa fière attitude devant l'ennemi, les conseillers généraux d'Eure-et-Loir à Jean Moulin, leur grand préfet, leur ami »[16]. On sait que le roman de Rolland est un hymne à la réconciliation universelle où le héros atteint la sagesse après avoir traversé bien des épreuves.

Le choix de l'œuvre de Dalou est tout aussi symbolique. Le sculpteur, en effet, avait dû s'exiler en Angleterre après la Commune pour échapper à une condamnation aux travaux forcés à perpétuité prononcée par les adversaires des républicains. Mais, en 1889, il présenta à l'occasion de l'Exposition universelle *Le Triomphe de la République*, érigé sur la place de la Nation. Cette œuvre l'avait occupé pendant presque vingt ans.

Jean Moulin avait vécu bien d'autres banquets républicains, d'autres séances d'adieu et d'hommages plus ou moins convenus avec les conseils municipaux, d'arrondissement ou généraux, d'autres cadeaux heureux ou non, d'autres promesses de ne pas perdre le contact. Nul doute que cette invitation-là ait eu une saveur particulière. Non seulement parce qu'elle est la dernière, avec le lot de nostalgie que cela signifie, mais aussi parce qu'elle est presque clandestine et, en tout cas, chargée de non-dits et de sous-entendus qui se veulent porteurs d'espoir.

Officiellement, pourtant, Jean Moulin fait savoir qu'il part presque pour raisons de santé et sans regret. Remplissant sa fiche de renseignements le 2 octobre, il a noté dans la rubrique « santé : « assez bonne », seulement[17]. Comme le déclare le maire de Chartres – qui, lui, n'est pas un ami – : « Il prendra pendant quelque temps un repos bien mérité, car il s'était beaucoup dépensé pendant la guerre[18] »...

Le 15 novembre 1940, au soir, il n'est plus préfet d'Eure-et-Loir. Il date du lendemain, en homme rendu à sa liberté, une dernière lettre adressée aux maires du département, qui va bien au-delà des remerciements formels attendus :

> Après vingt-trois années passées au service de la République, je pars sans amertume, conscient d'avoir rempli ma tâche sans défaillance [...] Dans les heures difficiles, nous avons travaillé, lutté et souffert ensemble. Vous permettrez que ma dernière pensée soit pour vous exprimer ma profonde reconnaissance et pour vous dire, aussi, ma foi immuable dans les destinées de la France[19].

Une foi qu'il est bien décidé à soutenir par des actes.

Pour la première fois depuis vingt-trois ans, il s'appartient totalement et il est libre de ses choix, à commencer par l'endroit où il résidera. Dans ses bagages, il emporte une carte d'identité parfaitement en règle au nom de Joseph Mercier, né en 1896 à Péronne, ville qui a le double avantage d'avoir vu son état-civil détruit par un bombardement, le 17 mai 1940, et qui est située dans un département – la Somme – où il a été en poste quelques années auparavant. Elle constitue pour l'heure la preuve la plus nette de ses intentions de mener une activité clandestine et, surtout, de quitter la France sous une fausse identité. Mais en se couvrant, sans brûler ses vaisseaux, au contraire de l'immense majorité des volontaires de la France libre. Car si Jean Moulin est bien décidé à partir, il est tout aussi décidé à revenir, et dans les plus brefs délais.

Le représentant de l'État, le fonctionnaire d'autorité est devenu un rebelle, mais un rebelle sérieux.

17

Petits mensonges et grosses omissions
5 mai 1941

Ce lundi, Riom grouille de personnalités, comme tous les jours ouvrables depuis que cette modeste sous-préfecture du Puy-de-Dôme est devenue le siège de la Cour suprême de justice, chargée de juger les responsables de la défaite. On remarque Albert Rivaud, professeur d'histoire à la Sorbonne et ministre de l'Instruction publique pendant à peine un mois dans le premier gouvernement Pétain, les généraux Prételat et Picquendar, respectivement ancien commandant du groupe d'armées affecté à la ligne Maginot et chef d'état-major de l'armée de Terre. Parmi tous ces gens convoqués par l'un ou l'autre magistrat instructeur pour être entendus comme témoins se présente, à l'heure prescrite (10 heures du matin) un homme de taille moyenne, dans la quarantaine, portant moustache. Le voici qui entre dans le cabinet de Paul Tanon, autrefois conseiller à la Cour de cassation, désormais responsable de l'instruction concernant Pierre Cot.

L'An 1941 et le cinq Mai
Par devant nous Paul Tanon
Membre de la Cour Suprême de Justice,
Assisté de M. Jean Jardel notre greffier assermenté ;
A comparu le témoin ci-après dénommé, lequel dûment averti qu'il est appelé à déposer sur les faits déférés à Cour Suprême de Justice par le décret du 1er août 1940 et après avoir prêté serment de dire toute la vérité et rien que la vérité, a déposé ainsi qu'il suit :

Je me nomme Moulin Jean, 42 ans,

Ancien préfet d'Eure-et-Loire *[sic]*, demeurant actuellement à Saint-Andiol (Bouches-du-Rhône)

Ni parent, ni allié, ni au service des inculpés, ni eux du mien [1].

La partie sera-t-elle serrée ? Parmi les membres de la cour, on compte le général Watteau, ami personnel du maréchal Pétain et avocat, huit ans plus tôt, des compagnies aériennes privées s'opposant à Pierre Cot lors de la création d'Air France. Cela n'augure rien de bon pour l'ancien ministre de l'Air. Jean Moulin, pour sa part, marche sur des œufs. S'il savait ce qui s'est dit jusqu'ici dans ce même cabinet, il serait plus inquiet encore.

En demandant l'armistice, et non pas une capitulation, le gouvernement du maréchal Pétain, conseillé par le général Weygand, a voulu faire porter la responsabilité de la défaite sur les hommes politiques et non sur le commandement militaire.

Dès le mois de juillet 1940, le ministre de la Justice, estimant donner satisfaction à une opinion traumatisée, propose la création d'une juridiction spéciale qui désignera et punira les coupables du désastre français, à commencer par les derniers dirigeants de la IIIe République, au premier rang desquels les hommes du Front populaire, dont Blum, Daladier, mais aussi Cot. Celui-ci est accusé d'avoir, par une politique dogmatique de nationalisations, par des choix budgétaires frauduleux et en détournant une partie de la production aéronautique française au profit des Républicains espagnols, détruit l'aviation militaire française. À cause de lui et de son action, dictée par des calculs purement partisans, « le ciel était vide » en mai-juin 1940. À cause de lui, l'aviation française n'a pu jouer aucun rôle pour contrecarrer l'offensive allemande. À cause de lui, les avions allemands et italiens ont eu le champ libre pour attaquer les troupes, bombarder les villes et les installations militaires et mitrailler les civils en fuite sur les routes de l'exode. Il est responsable de la défaite. Il est responsable de la mort de milliers de gens.

Un torrent d'insultes, de haine et de violence se déverse sur les accusés. Jean Moulin a été confronté, depuis 1934, aux attaques les plus ignominieuses contre son ami et patron. Mais Pierre Cot, s'il n'était réfugié aux États-Unis, jouerait cette fois sa liberté et, peut-être, sa vie. En zone libre, *Le Figaro* le dit sur le ton de l'insinuation :

> MM. Pierre Cot et Guy La Chambre [successeur de Cot] auraient sans doute accepté d'un cœur moins léger le ministère de l'Air, s'ils avaient pensé que l'aventure pouvait se terminer au poteau d'exécution. Il est presque certain que cette idée n'a jamais effleuré leur esprit. Elle y eût fait pourtant, à la passion partisane, un contrepoids salutaire pour le pays et pour eux-mêmes[2].

En zone occupée, les champions de la Collaboration s'étonnent que l'on perde du temps avec un procès. Les caricatures et les articles orduriers appellent au meurtre :

> C'est à croire qu'il n'y a plus de branches aux arbres et que toutes les guillotines sont rouillées. On n'a pas encore osé les condamner à mort, les infâmes souteneurs qui ont vendu la France aux Anglais. Pourquoi, je vous prie, la Haute-Cour, les chats fourrés, tout le tremblement ? Pourquoi cette coûteuse mise en scène ? Une bonne exécution suffirait. Il n'y avait qu'un bain de sang qui pût débarrasser de cette vermine[3].

Il n'est pas jusqu'aux communistes, illégaux eux-mêmes, pour réclamer dans leur manifeste-programme « Pour le salut du peuple de France », clandestinement mais largement diffusé, une cour de justice populaire « en vue de juger les responsables de la guerre », dont Cot parmi les anciens ministres de la Défense nationale[4].

Pour l'heure hors de portée, l'ancien ministre fait l'objet d'un mandat d'arrêt depuis le 6 septembre 1940 et les sanctions pleuvent sur lui, comme la mise sous séquestre de ses biens ou la déchéance de la nationalité française. Cela explique, entre autres, pourquoi Jean Moulin, dès son retour en zone libre, en décembre 1940, s'est empressé de dissimuler ses papiers et d'organiser ses affaires pour que sa famille conserve les immeubles et les terres, allant même jusqu'à « vendre » à sa sœur le mas qu'il s'était acheté [5].

C'est donc non seulement un préfet en disgrâce, mais aussi le proche collaborateur du « saboteur de l'aviation française », du « malfaiteur public », de l'homme qui a multiplié les interventions en faveur de « l'Espagne rouge » au détriment de son propre pays [6], qui a été convoqué par la Cour de justice à Riom pour y être entendu comme témoin dans le dossier Cot.

C'est aussi un homme en rupture de ban avec la légalité.

À son départ de Chartres, en novembre 1940, Jean Moulin avait deux projets. Prioritairement, aller chercher hors de France de l'aide pour ceux qui entendent lutter activement contre l'occupant. Ensuite, dans la mesure du possible, recenser un maximum d'informations sur les personnes ou les groupements concernés, afin d'arriver avec des pistes concrètes.

Dès le début du mois de décembre, une opportunité inattendue s'est offerte à lui. Par des contacts communs, il a appris que Suzanne de Larminat, l'épouse du colonel de Larminat qui a rallié la France libre durant l'été 1940, vivait cachée à Marseille avec sa fille de treize ans. Après une première tentative *via* l'Afrique du Nord, qui l'avait fait échouer en résidence surveillée, cette femme intrépide cherche maintenant le moyen de rejoindre son mari en passant par l'Espagne. En situation très précaire, elle ne peut se permettre d'attendre. Pourquoi ne pas prétendre que « Joseph Mercier », professeur résidant habituellement 7c 5e Avenue à New York, souhaite repartir aux États-Unis en compagnie de sa femme et de sa fille ? Leur identité réelle n'en serait que mieux dissimulée et une famille susciterait moins de méfiance qu'un homme voyageant seul. Par surcroît de chance, la législation américaine des quotas d'immigration fait des exceptions pour les universitaires – d'où le choix originel de sa fausse profession par Moulin –, leurs conjoints et leurs enfants [7].

Seulement, il faut se procurer au plus vite des papiers au nom de Mme et de Mlle Mercier et des visas de sortie de France. Jean Moulin a alors l'idée de solliciter un ancien collaborateur en qui il a toute confiance, dorénavant secrétaire général de la préfecture de Haute-Garonne. Il se rend à Toulouse mais, dès qu'il commence à tâter prudemment le terrain, il sent les réticences, voire la désapprobation de son interlocuteur. Comprenant qu'il a fait fausse route, il coupe court, espérant que l'on puisse croire à un malentendu. Il n'en est rien : le secrétaire général en réfère aussitôt à son supérieur, qui signale au ministère de l'Intérieur, par télégramme puis par lettre, les velléités manifestées par l'ancien préfet d'Eure-et-Loir de quitter la France illégalement. Aussitôt, le directeur de la Sûreté nationale avertit les postes-frontières et les ports de la zone libre et demande que Moulin soit surveillé discrètement[8].

Quoique ignorant le signalement dont il fait l'objet, Moulin, conscient des dangers de l'improvisation, décide alors de redoubler de prudence. Limitant ses venues à Montpellier, restreignant ses passages à Saint-Andiol, il s'installe à Marseille où il connaît peu de monde et peut utiliser l'identité de Joseph Mercier sans trop de risques. Il laisse pousser sa moustache et porte régulièrement des lunettes. Son grand ami Louis Daniélou, mobilisé comme officier d'état-major dans la Marine, lui fournit un faux document de démobilisation en règle. Il s'efforce de brouiller les pistes en multipliant les déplacements. Profitant d'un séjour chez ses amis Manhès, qui sont au courant de ses projets, il sollicite à Cagnes-sur-Mer, en février 1941, un passeport au nom de Mercier et obtient le précieux sésame du visa de sortie de France en prétendant devoir reprendre ses fonctions à l'Institut international à New York[9]. À cette période, ces visas paraissent avoir été accordés assez facilement, le gouvernement de Vichy saisissant cette occasion de se débarrasser d'universitaires potentiellement encombrants, de surcroît souvent juifs[10].

Par des amis protestants, il est entré en contact avec le consul américain de Marseille qui ne se fait pas prier pour lui accorder le visa d'entrée aux États-Unis, supposés être sa destination finale. Nena et Pierre Cot lui ont fait parvenir diverses attestations avec les garanties financières qui viennent corroborer l'identité de Joseph Mercier et payer son voyage. Reste à obtenir les visas de passage espagnol et portugais, processus aussi long qu'aléatoire, qui relève moins du droit que de fluctuants calculs politiques de ces pays en principe neutres[11].

Au milieu de ces démarches administratives qui lui prennent du temps et lui font courir des risques, Moulin s'efforce de glaner des renseignements sur ceux que l'on n'appelle pas encore les « résistants », mais plutôt les « partisans de l'ex-général de Gaulle ». Toutefois, à ce stade, il n'a trouvé que des isolés ou des noyaux amicaux qui ne peuvent laisser prévoir la formation de groupes cohérents et actifs.

Si bien qu'il décide de retourner à Paris au mois d'avril pour savoir si les amis auxquels il avait demandé de sonder le terrain ont obtenu quelques résultats. Il ne dispose d'aucun *Ausweis*, non plus que d'une raison crédible pour en solliciter un. Recourant à son réseau personnel, il se rend chez Joseph Paul-Boncour qui possède une propriété à Saint-Aignan-sur-Cher, coupée par la ligne de démarcation. Grâce à la bienveillance de l'ancien ministre, il effectue ainsi l'aller-retour. Ce séjour, toutefois, lui fournit peu de renseignements concluants.

C'est à son retour en zone libre qu'il trouve la convocation à la cour de Riom, adressée à son domicile officiel de Saint-Andiol qu'il a donné pour référence au ministère de l'Intérieur, avec lequel il correspond ostensiblement depuis le mois de février pour régler son éventuelle mise à la retraite. Non seulement il déclare résider dorénavant à Saint-Andiol (et c'est à la mairie qu'il retire ses cartes d'alimentation), mais il prétend y être cultivateur.

Quoique moyennement convaincante, cette reconversion demeure acceptable six mois après son éviction de la carrière préfectorale. On peut en effet admettre qu'il se soit rabattu sur l'option la plus simple, du fait des terres que sa famille possède. Et la brièveté du délai le dispense d'avoir à justifier d'une récolte. C'est donc assez serein qu'il se prépare à répondre s'il croise quelque personne de connaissance à Riom ou si le juge d'instruction se montre curieux.

Pour le reste, il est plus inquiet, n'excluant pas même d'être personnellement mis en cause sur des sujets aussi risqués que la fourniture d'avions (et de pilotes) au camp républicain pendant la guerre d'Espagne, activité non seulement clandestine, mais préconisée par des hommes qui sont aujourd'hui poursuivis [12].

Encore Moulin ignore-t-il que, depuis des mois, les témoins qui passaient devant ce même juge ont détaillé ses activités au sein du cabinet, voire l'ont accablé en sous-entendant qu'il avait abusé de la confiance de son ministre.

— Il est vrai, à ma connaissance, que des avions réformés ont été cédés au gouvernement espagnol. À la même époque, un certain nombre d'avions ont été cédés régulièrement, avec l'autorisation du ministère des Affaires étrangères, à certains petits États comme le Honduras ou le Hedjaz. Mon impression est qu'ils ont pu passer en Espagne. Il n'est pas, à ma connaissance, que des avions ou des moteurs appartenant à l'État français aient été cédés à l'Espagne. Je présume que les négociations relatives à l'achat d'avions ont été connues par le chef de cabinet civil du ministre (Lucien Bossoutrot, ancien président de la commission de l'aéronautique à la Chambre des députés).

— J'ai reçu ainsi des pilotes qui se proposaient ou qui étaient envoyés par Malraux. Nous avons été à ce titre – plus particulièrement mon mari – en relations constantes avec M. Moulin, chef du cabinet de Pierre Cot, avec Marty et avec l'ambassadeur d'Espagne (Léone Bourdel, compagne du pilote Abel Guidez).

— M. Pierre Cot était fidèle à ceux de ses collaborateurs qui lui avaient marqué de l'attachement. Il jugeait parfois avec réalisme les dangers de leur action, mais il n'hésitait pas à les couvrir. J'estime pour ma part que son entourage lui a été néfaste et porte une part de la responsabilité de son action ministérielle. Parmi ses collaborateurs, seul M. Puget représenta un élément modérateur. L'impression personnelle que j'ai eue, c'est qu'il était souvent débordé par l'action personnelle et directe de ses chefs de cabinet militaire et civil, le général Jauneaud et M. Moulin (André Faraggi, ami personnel de Cot, ancien pilote et industriel).

— M. Moulin aurait été très heureux de devenir directeur du cabinet. Il exerçait une influence certaine sur l'esprit du ministre avec lequel il avait des rapports personnels étroits. Il était de notoriété, dans les milieux ministériels, et en particulier à la présidence du Conseil et aux Affaires étrangères, que je représentais auprès de M. Cot, une tendance pondératrice. Ce n'était aucunement le cas de M. Moulin (Henry Puget, ancien directeur de cabinet de Cot)[13].

Le juge Tanon a très bien mémorisé ces déclarations et très bien lu les rares documents qui lui ont été remis. À tel point que son interrogatoire suit dans l'ordre exact les rubriques évoquées par le directeur de cabinet Henry Puget.

Dans un premier temps, le juge d'instruction demande à Moulin de définir ses fonctions au cabinet de Pierre Cot. Celui-ci s'en acquitte de manière très factuelle sans éluder les domaines relevant de sa compétence qui pourraient s'avérer, dans le contexte du moment, embarrassants : les relations avec les parlementaires, les négociations au moment des grèves de 1936, les fonds secrets et l'Aviation populaire, décriée comme une gabegie démagogique. Bien lui en prend, puisque Puget les a énumérées avant lui. Toutefois, il s'applique à délimiter ses responsabilités en se définissant comme un simple exécutant des instructions du ministre, encadré qui plus est par un directeur de cabinet civil et un chef de cabinet militaire.

Il n'y aurait pas grand mal à charger Cot qui est hors d'atteinte et auprès duquel il pourrait ultérieurement s'expliquer. Il pourrait même s'abstenir tout bonnement de donner son opinion. Or Moulin choisit d'emblée de lui rendre hommage dans un plaidoyer qui, pour être bref, n'en est pas moins catégorique :

> À mon avis, M. Pierre Cot a été l'homme le plus mal jugé de son époque et je lui conserve toute mon estime tant sur le plan politique que sur le plan intellectuel et moral. Par ailleurs, son patriotisme ne peut être soupçonné. Il avait eu une très belle conduite pendant la guerre et il a continué à manifester son patriotisme pendant toute la durée de son ministère. Il a fait à mon avis tous les efforts pour améliorer l'état de l'aviation dans les limites des possibilités qui lui étaient offertes et des crédits qui lui étaient accordés[14].

Sur les résultats de ses efforts sincères, il ne dit rien, ayant suffisamment vu de bombardements ennemis sur l'Eure-et-Loir en mai-juin 1940, sans intervention de l'armée de l'Air française, pour ne pas souhaiter épiloguer.

Sa défense de Cot fait écho, avec plus de mesure, à la défense enflammée à laquelle il s'était laissé aller en octobre 1938 quand, préfet de l'Aveyron, il avait abandonné sa réserve professionnelle pour répondre à l'article d'un quotidien local qui accusait Cot de s'être organisé pour se mettre à l'abri en cas de mobilisation, parce qu'il ne savait que trop bien à quel point la guerre avait été mal préparée… entre autres par lui-même. « Comme préfet de l'Aveyron, avait écrit Moulin, je me suis abstenu et je m'abstiendrai de toute polémique politique. Mais je tiens à vous prévenir qu'il y a deux choses auxquelles je ne permettrai à quiconque de porter atteinte : c'est au patriotisme et au courage de mon ancien chef[15]. » Ce à quoi le journal avait riposté en citant un important responsable du parti radical qui traitait Cot d'« antifasciste guerrier » et de « criminel envers la patrie » : « Hier encore, il a osé intervenir dans un débat du groupe parlementaire en faveur de la guerre immédiate qu'il compte sans doute faire avec l'aviation qu'il nous a laissée[16] ! »

De crainte de se laisser entraîner dans une polémique sans fin où Cot serait traîné dans la boue, Moulin préféra y mettre un terme en rappelant qu'il ne voulait pas prendre parti politiquement et avait conclu :

> C'est votre droit de juger des faits et des hommes politiques et c'est l'honneur de notre régime de permettre la libre discussion des idées.
>
> Mais c'est mon droit et mon honneur de ne pas laisser injustement accuser de lâcheté un homme dans l'adversité[17].

En mai 1941, c'est encore son honneur de ne pas laisser accuser ce même homme dans l'adversité. Mais est-ce encore son droit dans ce régime qui, lui, s'honore de ne pas laisser les opinions s'exprimer librement ? Au moins est-il persuadé que le rejet qu'il prononce par-devers lui de la cour de Riom est partagé par la grande majorité de ses concitoyens silencieux : les arrestations de nombreux officiers et hommes politiques connus pour leur patriotisme, écrira-t-il un peu plus tard, ont fait la plus fâcheuse impression sur le public[18].

C'est sans doute dans cette conviction qu'il puise le courage de prendre ce risque qui tranchera avec la suite de sa déposition. En effet, ses réponses aux interrogations du juge d'instruction vont être très circonspectes et minimiseront non seulement son propre rôle, mais les faits eux-mêmes.

Sur les relations avec les parlementaires, Moulin s'en tient à une description générale qui ressemble plus à une fiche de poste qu'à un témoignage et n'apporte en fait pas grand-chose. Pour la distribution des fonds secrets – de toute façon très peu élevés selon lui –, il se positionne comme un modeste agent d'exécution.

Il se montre beaucoup plus prolixe sur la façon dont il fut mêlé à la nécessité de mettre fin aux grèves qui avaient éclaté dans les usines d'aviation en mai 1936. C'est qu'il a dans l'idée de montrer que le ministre et lui furent les promoteurs de la modération tant auprès des patrons – prêts, dans leur affolement, à tout céder – que des ouvriers – pris dans l'ivresse de leur succès. Il se fait le plaisir de rappeler que le cabinet du ministre et lui-même « en particulier » furent traités de « dictateurs et de fascistes » par les délégués ouvriers de l'usine Potez, qui les trouvaient trop accommodants avec le patronat et trop autoritaires dans les négociations. Et voilà pour le préfet « rouge ».

Après une interruption pour le déjeuner, la déposition reprend dans l'après-midi. Va-t-on entrer dans le vif du sujet ?

Le juge d'instruction lui demande en quoi consistait l'Aviation populaire. Moulin s'en explique très longuement, avec un élan qui montre bien quelle fierté il éprouve encore d'avoir participé à cette expérience. Il cite de nombreux noms destinés à prouver que tous les promoteurs de l'Aviation populaire n'ont pas été des révolutionnaires qui voulaient exproprier les bourgeois : l'aviateur Jean Mermoz, qui était Croix-de-Feu, Marcel Déat, aujourd'hui chantre de la Collaboration et protégé de l'ambassadeur allemand, Laurent-Eynac, premier et dernier ministre de l'Air de la IIIe République, et l'aviateur et député

Lucien Bossoutrot, tous deux radicaux-socialistes. Toutefois, faute de chiffres, il ne peut faire valoir la contribution que l'Aviation populaire aurait apportée à l'armée de l'Air, alors que l'une de ses ambitions était bel et bien de fournir de nouveaux pilotes, jeunes mais formés.

Vient enfin la question la plus risquée sur « les livraisons de matériel à l'Espagne ». Sa réponse est brève et, cette fois, carrément mensongère puisqu'il lui est impossible d'avouer qu'il fut l'un des principaux protagonistes de la violation de l'accord de non-intervention. Il est dans le déni le plus total :

> Je n'ai connu que deux sortes de livraisons : celles officiellement faites avant la décision d'embargo en vertu d'un accord antérieur, semble-t-il, à l'arrivée de Pierre Cot, avec le gouvernement espagnol ; et, celles effectuées par des particuliers ou par des sociétés privées, tant au gouvernement Franco qu'au gouvernement républicain. N'ayant pas eu à connaître de celles-ci, je ne peux donner sur elles aucune indication. J'ajoute que pour les livraisons officielles à l'étranger, une autorisation préalable du ministère des Affaires étrangères a toujours été demandée et accordée, du moins à ma connaissance. Ces livraisons étaient du ressort du service de l'Expansion aérienne (colonel Cochet qui a succédé à d'autres officiers dont le nom m'échappe). J'ignore si d'autres livraisons de cette nature ont été faites en dehors de celles que je viens d'indiquer.

Voire dans le mensonge le plus éhonté : « La date de l'embargo est, je crois, du milieu de juillet 1936. Je n'ai pas eu connaissance de livraisons postérieures à cette date. »

Or le magistrat, qui dispose de témoignages qui contredisent Moulin et même de chiffres d'appareils livrés et d'exemples de procédés de camouflage utilisés, se montre fort peu curieux et pas du tout incisif. Il pose une question sans conviction à cet interlocuteur si ignorant de tout : a-t-il connu un pilote nommé Guidez et les deux sociétés Air-Languedoc et Air-Pyrénées qui camouflaient des envois d'avions en Espagne ? Moulin continue avec conviction son faux témoignage :

> J'ai entendu prononcer ce nom : Guidez, pilote qui a, je crois, été tué en Espagne. J'ai même dû voir une femme qui prétendait

être sa femme légitime et qui était venue demander un secours au ministère à la mort de son mari. Je n'ai rien su de l'organisation et du fonctionnement de ces deux sociétés ; toutefois, le nom de la seconde ne m'était pas inconnu.

Ce reniement, peut-être, lui coûte car Abel Guidez, pilote talentueux et homme sympathique, était pour lui plus qu'un nom. Véritable leader technique de l'escadrille de Malraux, il semble qu'il avait été revêtu de la confiance du cabinet de Cot en tant qu'agent recruteur. Il trouva la mort aux commandes d'un avion sanitaire, peu après la dissolution de l'escadrille internationale [19]. Ce fut un choc pour Moulin qui, pourtant, en rajoute sur sa « prétendue » femme légitime, se montrant soudain bien collet monté. C'est qu'il devine qu'elle pourrait l'avoir chargé auprès du juge puisqu'elle l'a déjà dénoncé à des journalistes avant-guerre, estimant qu'après de belles promesses, il l'avait laissée tomber, elle et son enfant.

Or, loin de produire ces dépositions ou les relevés téléphoniques qui les mentionnent, le juge d'instruction n'insiste pas. L'entretien se clôt. « Lecture faite, persiste et signe avec nous et le greffier [20]. »

Jean Moulin sort du cabinet du juge d'instruction soulagé. « La partie avait été très facile pour lui, racontera-t-il à sa sœur. Le juge ne lui avait pas posé de questions embarrassantes et l'avait écouté disculper son ministre sans trop l'interrompre [21]. » Mieux encore, le juge l'a laissé mentir et n'a pas étendu ses investigations au-delà de son mandat : la culpabilité du seul Pierre Cot.

Moulin ne s'attarde pas. Déjà, il a rencontré une des anciennes secrétaires de Cot, appelée elle aussi à témoigner, et s'il a eu plaisir à bavarder avec elle, cette entrevue lui prouve qu'il est connu, reconnu et susceptible de devoir donner au moins de ses nouvelles, sous peine d'attirer l'attention. Qui sait quelles conséquences pourraient avoir une rencontre ou une parole ? Ce n'est pas parce qu'il a l'impression de s'en être tiré à très bon compte qu'il doit baisser la garde. Le procès de Pierre Mendès France, accusé de désertion pour avoir voulu continuer la guerre hors de la métropole, va se tenir à Clermont-Ferrand dans les jours suivants. Il lui prouvera, si besoin était, que le régime ne s'embarrasse pas de respecter le droit quand il s'agit de stigmatiser ceux qu'il considère comme des ennemis.

S'étant entendu condamner à six ans de prison et à la dégradation, Mendès France lança en plein tribunal : « On vient de condamner un innocent par haine politique. Ce n'est pas la justice de la France, c'est celle d'Hitler. Ne désespérez pas de la France[22]. »

C'est bien cette recommandation que Moulin veut mettre en œuvre en réussissant à quitter la France. Assez discrètement, toutefois, pour pouvoir y revenir.

18

Fortes impressions
25 octobre 1941

« C'est un très grand bonhomme, grand de toutes façons. »
Telle est la première impression que le général de Gaulle fait à Jean Moulin, le 25 octobre 1941. Et pas seulement parce que le Général mesure 25 centimètres de plus que lui... Leur première rencontre sera décisive, pour leur vie personnelle comme pour l'histoire de France. Elle marque le point culminant de la succession de « journées particulières » qui ont amené Moulin de France en Grande-Bretagne, en même temps que le début de cette vie nouvelle qu'il est venu chercher.

Après six mois d'une attente incertaine, « Joseph Mercier » a enfin reçu le visa l'autorisant à se rendre au Portugal afin d'embarquer pour New York. Le lendemain, le visa de transit espagnol a suivi automatiquement. Le départ tant attendu devient possible. Il se rend dans sa famille pour faire ses adieux. Il met au point avec sa sœur diverses méthodes pour essayer de lui faire parvenir quelques nouvelles et lui confie trois cartes interzones que leur cousine, institutrice en Seine-et-Oise, devra expédier à raison d'une par mois pour accréditer la fiction selon laquelle Moulin est parti à Paris chercher une situation professionnelle. Ayant découpé sa carte du ministère de l'Intérieur, il en dissimule les morceaux de son mieux dans ses bagages : une fois en Angleterre, elle servira à « Joseph Mercier » pour attester sa véritable identité. Jean Moulin ne part pas sans quelque appréhension, mais du moins avait-il essayé de prendre toutes ses précautions.

Revenu à Marseille, où il s'était installé depuis le mois de mars 1941, il renouvèle son visa d'entrée aux États-Unis pour compléter sa couverture. Par hasard, c'est seulement à ce moment-là qu'il rencontre François de Menthon, animant alors un groupe d'inspiration démocrate-chrétienne qui diffuse avec une certaine efficacité un journal clandestin titré *Liberté*, dont Moulin a la plus haute opinion. « Très documenté, d'une très belle tenue, cet organe dirigé par des intellectuels a de profondes ramifications dans les milieux universitaires [1]. »

Les deux hommes s'étaient côtoyés douze ans plus tôt en Savoie. Sans s'apprécier [2]. Mais l'heure n'est plus aux querelles partisanes. Moulin explique qu'il part incessamment pour chercher de l'aide à Londres et qu'il considère Liberté comme l'un des mouvements les plus importants qu'il ait identifiés. Menthon ne se fait pas prier pour lui fournir de plus amples informations et lui préciser qu'il vient de se mettre d'accord avec les leaders des groupes Libération nationale et Libération pour travailler ensemble. Moulin ne connaît Libération que de nom, mais il a déjà fait la connaissance d'Henri Frenay, le créateur de Libération nationale, qui lui a fait bonne impression par son dynamisme et son sens de l'organisation. Cette nouvelle constitue donc l'élément solide qui lui permet de se présenter en Grande-Bretagne avec un projet crédible.

C'est ainsi que le 9 septembre 1941, Joseph Mercier monte à Marseille dans le train de Barcelone. Il n'est que temps. La cité phocéenne, envahie de réfugiés et bourdonnante de rumeurs, constitue la seule porte de sortie de France depuis l'été 1940. Or elle est en train de se refermer [3]. Le passage de la frontière a lieu à Cerbère. Là, Moulin retient son souffle. Non seulement parce que son identité est fausse, mais parce qu'il est à la merci, comme tous ceux qui veulent entrer en Espagne, d'un refus inexpliqué, voire d'une expulsion différée [4]. Mais tout se déroule pour lui sans encombre. Il passe une nuit à Barcelone. Sans doute n'est-ce pas sans curiosité et regret qu'il découvre l'Espagne franquiste qu'il a combattue cinq ans plus tôt. Il la trouve très pauvre et marquée par les stigmates de la guerre civile.

Mais il ne fait que passer. Un autre train le mène à Madrid. Puis de là, un troisième le conduit à la frontière portugaise qu'il passe à Valencia de Alcántara. Le 12 septembre, il atteint Lisbonne. La ville est alors une plaque tournante, seul port européen ouvert sur les États-Unis et, pour reprendre une expression convenue mais en l'occurrence vraie, un nid d'espions. Aussi y fait-il profil bas.

Il se présente à l'ambassade américaine pour expliquer pourquoi il a demandé un visa américain sous une fausse identité et pourquoi il compte en réalité se rendre non pas aux États-Unis, mais en Grande-Bretagne. Des informations avaient déjà été communiquées aux diplomates américains au cours des mois précédents. Cot et Louis Dolivet, le vibrionnant et suractif ami du Rassemblement universel pour la paix brièvement retrouvé par Moulin à Marseille en décembre 1940, tous deux installés à New York, avaient cité le nom de Moulin et annoncé sa venue en Amérique [5]. Le SOE – le service britannique chargé de soutenir la Résistance dans les pays occupés – avait été dès lors prévenu que Moulin passerait par la capitale portugaise [6].

Moulin s'est en fait assuré d'autres recommandations. Suzanne Schreiber-Crémieux, ancienne vice-présidente du parti radical, lui a remis une lettre pour Alexandre Makinsky. Ce Russe blanc, délégué de la Fondation Rockefeller, auparavant en France, dorénavant à Lisbonne, se charge d'acheminer vers les États-Unis des savants et intellectuels obligés de fuir l'Europe occupée. En l'occurrence, il n'est pas question d'aider un réfugié, mais tout simplement de lui ouvrir des portes à Lisbonne même. C'est chose faite quand Makinsky l'adresse, en se portant garant de lui, à l'attaché de l'Air de l'ambassade britannique, dont le titre cache selon toutes apparences les fonctions de correspondant des services secrets [7].

Le 13 septembre, Moulin se voit confié par l'ambassade aux bons soins du major Mortimore, représentant le SOE à Lisbonne. Ce dernier télégraphie aussitôt à Londres pour annoncer sa présence. Il est entendu que les autorités britanniques vont l'acheminer en Angleterre. Aussi les deux hommes se revoient-ils vite et régulièrement.

Seulement, les semaines passent sans que le départ escompté n'advienne. Les Français libres ne douteront jamais que ce retard ne soit dû aux services secrets anglais, désireux de recruter pour leur compte ce haut fonctionnaire. D'autant plus qu'à ce moment, la crise bat son plein entre le général de Gaulle et le gouvernement britannique, cette fois à propos de la Syrie. À tel point que Churchill vient d'ordonner à ses services de « traiter toutes les requêtes présentées par les Français libres avec lenteur et circonspection »[8]. Les Anglais, pour leur part, se défendront de tout calcul et incrimineront les mauvaises conditions météorologiques et la rareté des avions entre le Portugal et l'Angleterre.

Moulin, de toute façon, n'a pas le choix. Le représentant – officieux – de la France libre à Lisbonne vient d'être arrêté par la police portugaise, et il est cours d'expulsion. Il s'inquiète néanmoins, car le prétexte de son absence, en France, est trop précaire pour résister à un examen sérieux. S'il est découvert, il ne pourra plus rentrer et accomplir la tâche qu'il s'est donnée.

Au pire, il restera coincé au Portugal, sans pouvoir ni rentrer en France ni gagner l'Angleterre. Ne lui reste que la certitude que son profil et ses propositions sont intéressants pour quiconque souhaite vraiment voir la France métropolitaine contribuer à sa propre libération et à l'effort de guerre. Aussi couche-t-il sur le papier les résultats de ses investigations et les conclusions qu'il en a tirées, espérant qu'un document écrit aura plus de poids que ses paroles. Ce sera le « Rapport sur l'activité, les projets et les besoins des groupements constitués en France en vue de la libération du territoire national », écrit durant le mois d'octobre et qui sera dactylographié par l'ambassade anglaise.

L'ancien préfet a retrouvé pour l'occasion ses automatismes : exposer la situation de façon synthétique mais précise, en déduire ce qui permettrait de l'améliorer, proposer des solutions. Il se présente comme mandaté par les mouvements Liberté, Libéra-

« C'est un très grand bonhomme. »
Moulin et De Gaulle se sont trouvés,
dès leur première rencontre, dans une communion de principes
et de projets qui ne se démentira pas.
Novembre 1942, réception à l'hôtel Ritz à Londres
en présence de journalistes.

tion nationale et Libération, qu'il a en fait distingués comme les plus actifs et les plus cohérents. Contrairement à ce qu'on pourrait penser, le fait de se présenter en messager n'est pas une manifestation de modestie, mais le révélateur d'une ambition qui dépasse sa simple personne. Car de tous ceux qui arrivent alors à Londres, Moulin est le seul à proposer d'emblée non pas son ralliement individuel – si bienvenu soit-il –, mais un plan ouvrant sur de nouvelles perspectives : propagande, sabotage, opérations de justice et action militaire, qui nécessitent un soutien moral, des liaisons, de l'argent et des armes. L'ensemble est présenté sous un jour résolument optimiste et sous des dehors très raisonnables. Moulin use de ce mélange, indispensable aux pionniers de la Résistance, de volontarisme et d'aplomb qui confine au bluff, pour rallier des soutiens à une cause qu'il sait fragile [9]. Cette passion qui passe au-dessus de tout n'a pas à s'embarrasser de demi-mesures :

> Simple messager chargé par les trois mouvements de transmettre un SOS à Londres, je peux me permettre de signaler le magnifique esprit de sacrifice de leurs dirigeants et de leurs troupes, leur inébranlable volonté de libérer leur pays. Certains ont déjà payé de leur vie leur dévouement à la cause. D'autres, nombreux, peuplent les geôles françaises et allemandes.
>
> On ne peut laisser sans secours ceux qui continuent la lutte.
>
> C'est l'intérêt immédiat de l'Angleterre et de ses alliés. Ce doit être une des raisons d'être des Forces françaises libres. C'est l'espoir de tout un peuple enchaîné.

À n'en pas douter, il a trouvé les volontaires qu'ils cherchaient, ceux qu'il a décrits dans son Journal de Chartres : « ces hommes et ces femmes venus de tous les horizons politiques et sociaux, hier encore enfermés dans leurs préjugés, souvent inconnus les uns des autres, ennemis peut-être, aujourd'hui communiant avec ardeur dans la même foi et prêts à réaliser une entreprise de solidarité humaine à peu près sans exemple » [10].

En conclusion, réponse indirecte aux ouvertures que lui ont sans doute faites les services anglais, il précise que « les trois mouvements estiment que c'est avant tout aux Forces françaises libres de faire l'effort demandé »[11]. Encore faut-il parvenir à Londres pour avoir la possibilité d'accéder à la France libre et de juger si elle offre bien les meilleures ressources.

À la fin septembre, les services secrets de la France libre sont avertis par leurs homologues britanniques de la présence à Lisbonne d'un certain Mercier, en réalité Moulin, ancien préfet de Chartres, venu se mettre en rapport avec les Britanniques et les FFL au nom des mouvements Liberté, Libération nationale et Libération. Mais ils ne l'ont toujours pas vu arriver, malgré leur insistance due moins à sa personne qu'à l'intérêt des informations dont il serait porteur, alors même que le SR s'apprête à envoyer en France une mission devant prendre contact avec Liberté[12].

Le 20 octobre, perdant patience, le capitaine Bienvenüe, responsable des services Action, relance son correspondant au SOE. Or celui-ci répond en lui annonçant que Moulin est arrivé la veille en Angleterre, et sera à Londres dans la matinée où il sera débriefé au plus vite afin de pouvoir entrer en relations avec les FFL[13]. En fait le commandant Passy, chef du SR, devra encore patienter trois jours avant d'être mis en présence de Jean Moulin, alias Joseph Mercier.

En effet, comme tous les étrangers arrivant en Grande-Bretagne, Moulin est pour l'heure interrogé par le MI5 pour expliquer qui il est, ce qu'il a fait et la raison pour laquelle il vient en Angleterre. Il se trouve à la Royal Patriotic School, orphelinat victorien pour filles, transformé en centre du contre-espionnage. Des officiers se relaient pour poser des questions variées mais précises sur l'âge, les origines, le parcours, les relations ou la façon dont chacun est sorti de France. Ils sont amicaux, mais professionnels et très obstinés. Tout est noté, recroisé et examiné plusieurs fois.

Jean Moulin répète ce qu'il a dit à Lisbonne et éclaire certains points de son rapport en citant des noms et des adresses pour permettre à ses interlocuteurs de vérifier la véracité de ses dires. Ces trois journées, pour intenses qu'elles soient, ne sont pas déplaisantes. La nourriture est bonne, les lits confortables. Les internés provisoires disposent de lecture et du jardin. Seul détail comique : les baignoires sont à la dimension des jeunes pensionnaires habituelles [14].

Le 24 octobre, Moulin, passé au filtre du contre-espionnage, est confié à la section française du SOE où un officier découvre avec surprise un homme paraissant ordinaire et très calme, mais avec une énergie contenue qu'il définit drôlement comme un « ressort à boudin ». À lui comme à ses interlocuteurs britanniques précédents, Moulin redit sa volonté de voir le général de Gaulle et ses services avant de décider de la marche à suivre [15].

Il est enfin conduit à l'hôtel et c'est là que se présente à lui le commandant Passy. Celui-ci est jeune et sympathique, très demandeur d'informations : quelles sont les différences entre les deux zones ? Que peut-on dire de la Résistance française ? Reconnaît-elle l'autorité du général de Gaulle ? Moulin, tout en répondant à ses questions, lui remet un exemplaire de son rapport de Lisbonne. Il demande à son tour des renseignements que Passy donne volontiers. Les relations avec la France sont rares, lentes et difficiles. Les services anglais, dont ils sont tributaires, ne s'intéressent qu'aux renseignements militaires, si bien que les contacts avec la Résistance sont délaissés. N'y aurait-il pas moyen d'établir des liaisons régulières et de trouver des cadres pour un travail d'envergure ?

Les deux hommes se trouvent sur la même longueur d'onde. Moulin était persuadé que la France libre et peut-être les Britanniques se désintéressaient de la jeune Résistance. Ce premier entretien avec Passy lui prouve qu'il n'en est rien. C'est faute de moyens et d'opportunités que le contact n'a pas été établi et régulé. Or voilà que Moulin arrive en proposant de s'y employer et en suggérant la façon de s'y prendre C'est une excellente base pour envisager un travail commun. Il est entendu qu'il sera reçu dès le lendemain par le général de Gaulle.

C'est ainsi que, le samedi 25 octobre 1941, Jean Moulin rencontre le général de Gaulle à son bureau de Carlton Gardens où il est invité à déjeuner. Ils passent environ deux heures ensemble[16].

Le Général n'ignore pas tout de Moulin. Son attitude à Chartres le 17 juin 1940 est connue à Londres, ainsi d'ailleurs que sa mise à pied par Vichy. C'est en outre un préfet, ce qui n'est pas à dédaigner dans une organisation encore modestement pourvue d'hommes d'envergure et d'expérience. D'autant plus que de Gaulle sera toujours sensible aux fonctions et aux grades.

Probablement a-t-il lu avant de le recevoir son rapport de Lisbonne, qui ne fait qu'une dizaine de pages. Il trouve en face de lui un homme habitué aux ministères comme aux responsabilités, « jeune encore », dira-t-il, mais manifestement très déterminé. Il l'interroge et l'écoute parler sans l'interrompre.

Moulin, bien sûr, reprend les éléments de son rapport, dépeignant le sursaut spontané de la « masse ardente des Français restée sous la botte et qui ronge son frein », les efforts entravés mais encourageants des mouvements pour faire de la propagande et, si possible, organiser la Résistance, leurs énormes besoins de liaisons et de secours. « Une belle réussite morale mais l'organisation paramilitaire est tout à fait embryonnaire[17]. » Il s'étend davantage que par écrit sur la situation du gouvernement en France et sur l'état de l'opinion, relatant en particulier les entretiens qu'il a eus avec des hommes politiques et des hauts fonctionnaires.

Moulin a aussi à cœur de rappeler qu'il est un homme de gauche, un « républicain » dans toute l'acception du terme, et qu'il ne renie en rien le travail accompli au côté de Pierre Cot sous le Front populaire[18]. Il est sans doute au courant du refus que le général de Gaulle a opposé aux offres de service de ce dernier, le jugeant « trop voyant ». Mais il va être rassuré par les explications que lui donne le Général : celui-ci avait reçu Pierre Cot très cordialement en juin 1940, mais sa présence avait provoqué un tel tollé parmi les premiers volontaires qu'il avait fallu l'écarter, sous peine de faire voler en éclats le fragile mouvement qui s'esquissait. L'accueil réservé à Moulin tant par les Britanniques que par lui-même prouve assez qu'ils ne pensaient pas que Cot ait été un traître ou un homme corrompu. Seulement, il leur était impossible d'aller contre sa réputation exécrable.

Moulin s'applique à « justifier son ancien patron des calomnies qui avaient abondamment couru contre lui », dans des termes similaires, imagine-t-on, à ceux qu'il a employés à Riom et détaillés à Rodez. De Gaulle en tint compte puisque, un peu plus tard, il écrivit à Cot une lettre qui était presque un quitus, déclarant entre autres que les accusations portées contre lui en tant que ministre de l'Air ne reposaient sur rien, « sinon des passions politiques [...] nuisibles et périmées », affirmant qu'il le considérait comme « un bon Français qui se consacre à la lutte contre le nazisme et le fascisme, ennemis de la France » et qu'il le recevrait sans problème s'il venait à Londres [19]. Les malentendus sont ainsi levés entre de Gaulle et Moulin.

Après avoir écouté Moulin, le Général évoque à son tour les débuts de la France libre, les crises à répétition qui le mettent aux prises avec les Anglais, les déceptions provoquées par l'abstention des personnalités dont il avait espéré le ralliement. À l'entendre, l'ancien préfet comprend que son projet dépasse la création d'une légion de volontaires français combattant aux côtés des Alliés. Depuis juin 1940, de Gaulle se bat pied à pied pour doter son mouvement d'un cadre institutionnel lui permettant non seulement de maintenir la France dans la guerre, mais d'incarner la légitimité de l'État, et pour défendre le rang de la France, y compris contre les Alliés [20]. Aux prises avec cette tâche que d'aucuns estimeraient vouée à l'échec, il commence seulement à se préoccuper d'organiser et de diriger la Résistance qu'il sait émerger en France même.

Au fur et à mesure que la discussion avance, l'un et l'autre voient leurs points de vue converger. En dépit de leurs différences de formation, d'expériences et de rapports à la vie politique, ils se retrouvent sur une vision très concrète de l'action à entreprendre. « Ce qui est urgent, explique Moulin, c'est de se mettre à constituer les noyaux de groupes paramilitaires, partout où c'est possible[21]. »

Mais pas pour faire n'importe quoi. Avant même que le Général ait pris position, dans un discours du 23 octobre 1941, contre les attentats individuels sur des soldats allemands, au risque de décevoir ceux qui rêvaient d'en venir aux actes, Moulin avait expressément écrit que les « actions individuelles » étaient inutiles et qu'« une discipline, des consignes, un plan d'action » permettraient d'encadrer ceux qui voulaient en découdre, lesquels risquaient, faute de telles perspectives, de se laisser séduire par les communistes[22]. « C'est vous, mon général, lui déclare-t-il, qui devez les prendre en main[23]. »

En quittant le général de Gaulle, Moulin a fait son choix : celui de rallier la France libre. Non seulement parce que, comme il le dira aux Anglais puis à plusieurs amis, le Général l'a « impressionné », mais parce qu'il sait qu'il bénéficiera de moyens pour appliquer un projet cohérent. Avec tellement de rapidité, d'ailleurs, qu'il partira moins d'une semaine plus tard en stage de parachutisme pour préparer son retour imminent en France[24].

Pendant ce temps, le capitaine Bienvenüe rédige le brouillon de l'ordre de mission militaire dévolu à Moulin, qui en fait dorénavant le représentant de la France libre auprès des mouvements dont il fut d'abord le « messager ». Le 5 novembre, le texte définitif de la « Mission M. » est signé par le général de Gaulle. « Monsieur M. » incitera les mouvements à séparer en leur sein l'action militaire de l'action politique. Les branches paramilitaires, sous les ordres de la France libre relayés par des officiers de liaison, exécuteront d'abord des opérations locales. En cas de débarquement, elles participeront au plan d'ensemble pour aider les Alliés. En se développant, elles se diversifieront : troupes ordinaires, commandos, saboteurs, agents de renseignement et de contre-espionnage. « La centralisation et la coordination se feront à Londres[25]. »

Dans le même temps, le commissariat national à l'Intérieur – l'équivalent du ministère de la France libre en charge des questions politiques – prépare un ordre de mission de propagande, qui répond aux préoccupations exprimées par Moulin au sujet des limites que les mouvements ont atteintes dans le développement de leurs journaux, malgré leur courage et leur inventivité. Le point essentiel est l'allocation à Moulin d'un budget régulier à répartir entre les organes de propagande. Cet ordre de mission mentionne aussi l'« affectueuse confiance » du général de Gaulle à leur égard, ainsi que sa « volonté d'être en contact avec ces organisations pour les aider ». En cela, il répond explicitement aux demandes de Moulin qui, dans le rapport de Lisbonne, préconisait d'augmenter le tirage des journaux existants et d'améliorer leur présentation, de multiplier les titres pour trouver de nouveaux publics et dérouter la police, de diversifier les vecteurs (radios, graffiti, parachutages) et de former des équipes spécialisées dans la diffusion.

À cette date, Mer (M. Mercier) est doté d'un pseudonyme opérationnel : Ker. Tandis qu'il attend l'opération aérienne, sans cesse reportée, qui doit le larguer sur la France[26], Moulin renouvelle les entretiens avec les divers responsables de la France libre, à commencer par le général de Gaulle, et avec les Anglais. Les projets s'affinent, la confiance s'approfondit entre les parties. Au début de décembre 1941, il apparaît dans les documents avec un nouveau pseudonyme, Rex (roi en latin), signe de l'importance dont il est dorénavant revêtu[27].

Alors qu'il est sur le point de partir, le général de Gaulle coiffe l'ordre de mission militaire et l'ordre de mission propagande, importants mais limités, d'un mandat plus considérable qui désigne « Jean Moulin, préfet », comme son « représentant et comme délégué du Comité national » pour la zone libre avec pour mission de « réaliser dans cette zone l'unité d'action de tous les éléments qui résistent à l'ennemi et à ses collaborateurs »[28]. Il l'accompagne d'une lettre aux résistants, pleine de chaleur et de confiance :

> Je sais ce que vous faites. Je sais ce que vous valez. Je connais votre grand courage et vos immenses difficultés [...] Nous qui avons la chance de pouvoir encore combattre par les armes, nous avons besoin de vous pour le présent et pour l'avenir[29].

Cette lettre pourrait tout aussi bien être adressée à Moulin, tant elle lui correspond. Il en emporte sur lui l'original manuscrit. « C'était à en pleurer, racontera Henri Frenay à l'évocation du retour de Moulin, porteur de ce document, et nous avons pleuré[30]. »

19

Un saut dans le vide
Nuit du 1er au 2 janvier 1942

La nuit, éclairée par la pleine lune, est superbe. Et glaciale.

Dans la carlingue presque vide, trois hommes luttent contre le froid en buvant le thé chaud de leur thermos, enroulés dans leurs sacs de couchage avec l'espoir de trouver le sommeil. Ce sont trois agents de la France libre en route pour les Alpilles où ils doivent être parachutés : Jean Moulin, Raymond Fassin et Joseph Monjaret.

Parce qu'il était supposé repartir en France au plus vite pour ne pas attirer l'attention sur lui par une absence inexplicable, Moulin a été dirigé, six jours seulement après sa première rencontre avec le général de Gaulle, vers le camp de Ringway, près de Manchester, pour y subir une formation express de parachutiste. Les services secrets de la France libre n'ont trouvé aucun moyen plus rapide et moins risqué pour le ramener en métropole dans les meilleurs délais. Quoique âgé de quarante-deux ans, Moulin mise sur son passé de sportif et sur sa détermination pour obtenir son brevet de parachutisme en quelques jours.

Le domaine de Ringway – « un élégant château de brique au squelette de pierre entouré d'un parc mystérieux » – a été réquisitionné par l'Intelligence Service pour entraîner des volontaires en provenance de tous les pays occupés par les nazis représentés à Londres : Belges, Néerlandais, Polonais, Danois, Norvégiens, Français, la plupart âgés d'une vingtaine d'années.

Entraînement des résistants dans le camp anglais de Ringway.

L'entraînement physique est intensif, ponctué de séances de gymnastique qui laissent les recrues percluses de courbatures et ne rêvant que de regagner leurs lits. L'initiation au parachutisme lui-même commence par une séance de vol passée à plat ventre au bord de la trappe ouverte dans le plancher de l'avion pour s'habituer à estimer les distances de largage. C'est déjà passablement impressionnant. Suit une simulation de saut depuis un échafaudage abrité dans un hangar. Une trappe semblable à celle des avions a été construite à 3 mètres du sol. Les apprentis parachutistes s'assoient sur le bord, les jambes pendant dans le vide, et sautent en se donnant de l'élan par une forte poussée des mains. Ils atterrissent sur un épais matelas.

Après des explications sur le fonctionnement du parachute intervient le premier saut. Il a lieu à 2 000 mètres d'altitude pour donner aux novices le temps de manœuvrer en tirant sur les suspentes. Par sécurité, les parachutistes sautent un par un, à chaque passage de l'avion au-dessus du terrain.

> Le vieux Whitney, bimoteur à hélices, tremble de toute sa carcasse dans un bruit assourdissant. À l'intérieur, le mélange d'huile, d'essence et de graisse chaude dégage une odeur écœurante. Le moment le plus éprouvant est le ralentissement quand l'avion se cabre avant de retomber, au hasard des trous d'air.
>
> Ballotté comme une feuille morte, j'ai les mains moites et l'estomac barbouillé. [...] Mon tour arrive enfin. Je m'assois au bord de la trappe ; le dispatcher est agenouillé sur le côté opposé, le bras levé. Quand il l'abaisse en criant *Go !*, la lumière rouge du plafonnier passe au vert : je dois sauter. Les deux mains appuyées sur le sol de l'appareil, je pousse violemment selon la consigne.
>
> Je tombe comme une pierre dans le trou central pour me retrouver aussitôt malaxé dans un tourbillon d'air. Brusquement, ma chute est freinée par l'ouverture du parachute. Arraché aux bruits et aux odeurs, le contraste est absolu [1].

Suivent six autres sauts, toujours à altitude plus basse, jusqu'à 200 mètres, hauteur courante du largage au-dessus de la France. Parfois, tout est facile, parfois au contraire le vent ou un problème technique s'en mêlent et le parachutiste malheureux atterrit sur le dos ou dans un arbre et se trouve contusionné. En cinq jours, Moulin est breveté et considéré comme bon à partir. À ce stade, l'important est qu'il sache suffisamment sauter et se recevoir. Pour le reste, on a prévu qu'il soit accueilli près d'Auch par Jean Forman, l'un des très rares saboteurs envoyés en métropole par la France libre et resté depuis sur place pour essayer de monter un réseau.

Revenu à Londres, Moulin complète sa formation en s'initiant à marche forcée au chiffrement et déchiffrement de textes à partir de grilles préétablies sur la base de quelques vers. Logiquement, il choisit pour base de son code une strophe de Tristan Corbière. On lui remet ses faux papiers, de l'argent, les directives militaires sous forme de microphotographies et ses ordres de mission.

Le 8 novembre 1941, tout est prêt pour son retour en France. Accompagné d'un officier britannique – les Français n'ayant pas le droit de se rendre sur la base de départ –, il gagne Tempsford, près de Newmarket, terrain d'où décollent les avions effectuant des opérations à destination de la France. Il y reçoit, outre sa combinaison et son casque en caoutchouc, un couteau, un pistolet, une lampe de poche, des tablettes de bouillon et de chocolat à diluer dans l'eau chaude et une pilule de cyanure.

Mais l'opération est annulée une première fois à cause du mauvais temps, puis le 12 novembre parce que Forman a reçu l'ordre de ne pas demeurer sur le terrain de réception. La pleine lune étant passée, les Anglais choisissent de reporter l'opération à la fin du mois [2].

On décide que, par discrétion, Moulin restera en résidence à Tempsford, quitte à se rendre presque chaque jour à Londres – distante de 100 kilomètres – pour s'y entretenir avec les différents responsables de la France libre [3].

À Ringway, il avait été accompagné pendant plusieurs jours par Passy, avec lequel il avait non seulement beaucoup discuté mais noué des liens d'amitié [4]. À Tempsford, il côtoie surtout les agents, généralement beaucoup plus jeunes que lui, qui sont en attente de leur propre départ en mission. Ils occupent leurs journées par l'équitation, les promenades, la gymnastique et les jeux de société, les cartes ou le billard [5]. Moulin, pour sa part, se met par hasard à faire des puzzles puis à jouer aux échecs avec le sergent Paul Schmidt, tout en bavardant de choses anodines. Il demande à ce jeune homme de vingt-quatre ans de raconter sa campagne avec le corps expéditionnaire de Norvège, son évacuation vers l'Angleterre le 18 juin 1940, son engagement dans la France libre. Schmidt s'étonne qu'un homme de cet âge, manifestement bien informé, semble aussi ignorant des débuts de la France libre et de la formation du bataillon de chasseurs de Camberley, l'un des principaux camps d'instruction des Forces françaises libres.

Ces conversations auront suffi à Moulin, toutefois, pour se faire une opinion. Il réclamera aux services secrets de la France libre que Schmidt lui soit affecté comme officier de liaison pour le mouvement Libération et il deviendra effectivement l'un de ses plus durables subordonnés en France[6].

Tandis que les jours puis les semaines passent, Moulin s'inquiète. Il lui tarde de repartir, parce qu'il a l'impression de perdre un temps précieux et parce qu'il craint qu'en France, sa disparition soit remarquée. Forman, menacé d'arrestation, a dû gagner la zone occupée. Il faut trouver un nouveau soutien en métropole pour préparer la réception de Moulin. Ce sera le lieutenant Henri Labit, parachuté en France en juillet 1941 pour essayer de monter des réseaux d'action. Grâce au délai écoulé, il a été possible de s'organiser pour que Moulin soit accompagné de deux autres agents, Raymond Fassin, un instituteur de vingt-sept ans devenu officier dans les forces aériennes de la France libre, qui lui servira d'officier de liaison avec le mouvement Liberté, et son radio Joseph Monjaret, âgé de vingt et un ans. Mais la météo s'en mêle une fois de plus, empêchant leur départ pendant la pleine lune de fin novembre 1941. Qui plus est, Labit est à son tour en difficulté et doit se cacher avant de pouvoir être rapatrié[7]. La France libre ne dispose plus maintenant de personne pour réceptionner Moulin en France.

De toute façon, sa mission paraît dorénavant compromise. Chaque jour qui passe accroît le risque de voir son absence découverte et de rendre ainsi son retour impossible. « Au cas où le départ de Robert [Moulin] serait impossible pendant cette

Joseph Monjaret.
Engagé dans la France libre en juin 1940,
il est parachuté avec Jean Moulin le 2 janvier 1942.
Il sera son premier opérateur radio.

période de pleine lune, s'inquiètent les Britanniques, il semble douteux que, pour sa propre sécurité, il soit autorisé à rentrer en janvier. Robert a quitté la France depuis plus de trois mois et il est probable que son absence, si elle n'a pas encore été remarquée, le sera à très court terme[8]. »

Refusant de baisser les bras, le SR de la France libre négocie et obtient que la RAF tente l'opération en dehors de la pleine lune. Mais le service est en plein marasme. Le capitaine Passy a offert à deux reprises sa démission afin d'obtenir plus de moyens pour soutenir les volontaires envoyés en mission en France. Pendant ce temps, le général de Gaulle ayant procédé avec un responsable des services secrets anglais à l'une de ces mises au point très raides dont il a le secret, les Britanniques décident de suspendre toute nouvelle opération. Le Général s'adresse alors à Anthony Eden, ministre des Affaires étrangères, pour lui demander si le gouvernement de Sa Majesté est ou non décidé à poursuivre la collaboration avec la France libre, en dépit de ce que pourrait laisser penser l'incroyable mauvaise volonté déployée par ses services secrets. Il cite en exemple le cas de Moulin :

> M. Mercier [Moulin], personnalité importante venue de France par Lisbonne depuis plus de trois mois [...] et qui devait rentrer d'urgence en France avec ces directives, n'a encore pu quitter l'Angleterre. Sa présence a fini par y être décelée et l'exécution de sa mission est désormais, de ce fait, très difficile[9].

Cette dramatisation porte ses fruits. À moins qu'il ne s'agisse que du retour de la pleine lune. Le départ de Moulin, Fassin et Monjaret est reprogrammé pour le 25 décembre.

Entre-temps, il a fallu repenser entièrement l'opération. Faute d'un quelconque comité d'accueil, les trois hommes vont devoir se débrouiller par leurs propres moyens. Ils seront parachutés à l'aveugle, de nuit, enterreront leurs parachutes pour les cacher et se mettront à l'abri jusqu'au lendemain. Ils se disperseront ensuite pour trouver un hébergement où leur travail respectif sera possible. Ils reprendront contact entre eux ultérieurement grâce aux indications qu'ils auront échangées.

Moulin propose les Alpilles, à proximité de Saint-Andiol. Il connaît très bien cette région et il y possède un mas, La Lèque, acheté en 1940 pour le transformer en atelier de peintre. Cette ancienne bergerie, très isolée, constituera un refuge idéal pour la première nuit. Il fait, à l'usage des pilotes qui les convoieront, un croquis précis du lieu du largage.

Le soir de Noël, les voici donc sur le terrain pour une septième tentative. La météo est clémente. Cette fois sera la bonne. À une panne d'avion près [10]. Panne réelle ou diplomatique, puisque, après avoir suscité une rupture avec les services secrets anglais, le Général est en plein bras de fer avec le Premier ministre britannique et le président des États-Unis – entrés en guerre le 7 décembre – mis devant le fait accompli de la conquête de Saint-Pierre-et-Miquelon par les Forces françaises libres.

C'est de toute façon une déception d'autant plus cuisante que, dans les jours suivants, les conditions atmosphériques se détériorent, rendant impossible tout nouvel essai.

N'y tenant plus, Moulin se rend le 31 décembre auprès du général de Gaulle et lui demande d'intercéder directement auprès de la RAF pour obtenir une opération, quelle que soit la météo, arguant que ses camarades et lui sont décidés à prendre tous les risques.

Finalement, l'opération est programmée dans la nuit du 1er au 2 janvier 1942. Ayant décollé d'un premier terrain à 18 h 30, l'appareil se rend au pays de Galles où il fait le plein avant de repartir pour le sud de la France à 20 h 30 [11]. Le vol de retour commence enfin.

La traversée de la Manche a paru un peu longue, mais, à l'approche des côtes françaises, la satisfaction est supplantée par l'anxiété. Effectivement, la DCA allemande a repéré l'appareil. Braquant sur lui ses projecteurs, elle s'est mise à tirer, obligeant l'avion à manœuvrer pour se dérober. Au cours d'un piqué, les trois passagers ont été projetés les uns contre les autres. Éclairés par la *Flak* allemande, ils y voient comme en plein jour, constatant mutuellement leur pâleur soudaine : ils n'en mènent pas large et imaginent leur dernière heure venue. Aucun moyen de se rassurer car il est impossible de s'entendre dans le bruit des moteurs et le fracas des obus.

> Coup de gong. Tout tourne et l'appareil plonge : j'ai la nette perception que l'avion va s'écraser au sol. Je tente de regarder autour de moi, de voir où me retenir dans l'espoir de ne pas être projeté d'un bout à l'autre de l'immense carlingue. Instinct de conservation. Mais tout tourne et tout est trouble. Effort pour recouvrer la vue distincte des choses. Les moteurs sont au ralenti. Voilà les pires instants [12].

Enfin, l'avion reprend de l'altitude et s'éloigne de la zone de danger. Réconfortés par le flegme du *wingcommander*, ils se mettent à plaisanter entre eux. Avisant l'écharpe de laine que Moulin s'est nouée sur la tête pour essayer de se réchauffer, Monjaret lui demande en riant s'il souffre d'une rage de dents. Il répond qu'il ne sait pas ce qui, de la salle d'attente du dentiste ou de la carlingue de l'Armstrong Whitley, est le pire.

Fassin finit par s'endormir, puis Moulin à son tour. Monjaret s'assoupit à peine. Ils sont réveillés brusquement par le fracas d'une seconde salve de la DCA, toutefois moins violente. Finalement ils sombrent dans le sommeil et Moulin dort si profondément que, vers 1 heure du matin, le *dispatcher* doit le secouer vigoureusement pour le réveiller : il est temps de se préparer à sauter.

Tandis qu'ils boivent un thé chaud, ils se répètent les dernières consignes : suivre si possible des yeux le parachute du poste radio pour le récupérer une fois au sol et converger vers son point de chute pour se retrouver tous les trois. Pour s'identifier dans l'obscurité, ils siffleront si besoin le début de *Y'a une pie dans le poirier...* L'avion approche de sa destination. On ouvre la trappe ronde percée dans le plancher. Les trois hommes s'approchent, équipés de leur parachute passé sur l'empilement de leurs vêtements qui compense l'absence de valises : un pyjama, deux chemises, un costume sous la combinaison de saut. À moins de 500 mètres d'altitude, ils voient défiler sous leurs yeux les villages et les routes.

L'ampoule rouge de l'*action station* s'allume, indiquant de se tenir prêts à sauter. Jean Moulin se place au bord du trou rond, les pieds dans le vide. Mais les minutes s'égrènent sans que la lumière verte autorisant le saut apparaisse. Le pilote finit par déclarer qu'il ne trouve pas le lieu de largage. Moulin remonte ses pieds. Lui et ses deux compagnons restent allongés au bord de la trappe pour regarder le paysage. Il essaie de reconnaître les lieux. La lumière rouge se rallume. Le pilote lève le pouce. *« It's exactly the point. »*

Moulin se remet en position de saut. Les trois hommes gardent les yeux fixés sur l'ampoule. Elle se met à clignoter puis passe au vert. *« Go ! »*. Moulin saute, puis Fassin et enfin Monjaret. Comme ils sont largués à 500 mètres du sol, les parachutes s'ouvrent presque aussitôt. Chacun parvient à suivre dans la nuit les autres corolles blanches jusqu'au moment de se préoccuper de son propre atterrissage.

Malheureusement, Jean Moulin atterrit dans un marécage où il barbote jusqu'à mi-cuisses. Il s'extirpe à grand-peine, perdant au passage sa boussole et les sandwichs de tout le monde dont il s'était chargé. La nuit est étoilée et très froide. Il est 3 h 30. Grelottant et furieux en découvrant qu'ils n'ont pas du tout sauté au point prévu, il se met en quête de ses acolytes. Au bout d'une heure, il finit par retrouver Monjaret qui siffle éperdument sans recevoir de réponse. Encore une demi-heure d'efforts et ils finissent par tomber sur Fassin en train d'enfouir le poste radio. Ils entreprennent de l'aider car le jour ne tardera plus à se lever.

N'ayant plus le temps d'enterrer leurs parachutes, ils les cachent sous un petit pont. Déjà, quelques personnes passent au loin. Il est temps de quitter la zone et d'essayer de gagner La Lèque, près d'Eygalières. Le prétexte de leur improbable randonnée, s'ils étaient interrogés, est de se prétendre trois alpinistes amateurs venus faire un peu d'escalade dans les Alpilles et du tourisme. Ils diront avoir visité le moulin de Daudet à Fontvielle, que Jean Moulin leur a décrit rapidement [13].

Arrivant à proximité du bourg, ils se séparent pour moins attirer l'attention. Mais, au moment de se regrouper, Moulin et Fassin attendent en vain Monjaret. Après avoir patienté, ne s'expliquant pas ce nouveau contretemps, ils se remettent en route. Moulin connaît suffisamment la région pour leur permettre de s'orienter efficacement. Ils sont à environ 25 kilomètres de leur destination. Ils marchent parfois ensemble, parfois séparément, soit sur les petites routes, soit à travers le maquis. Parvenu le premier à bon port, Moulin retrouve sous une pierre la clef laissée par sa sœur. Il fait un feu et prépare un bouillon chaud et du chocolat avec les tablettes de condensé sauvés de son bain forcé. Après que Fassin l'a rejoint, ils se fabriquent un couchage sommaire avec de la paille. Ils cachent sur place leurs armes, des papiers et de l'argent. Puis vient le moment de tenter de dormir pour reprendre des forces.

Le lendemain matin, après avoir essayé de se rendre présentable, Fassin part prendre, à 4 kilomètres de là, le car qui passe sur la route nationale et l'emmènera à Tarascon. Pendant ce temps, Moulin fait à pied les 11 kilomètres qui le séparent de Saint-Andiol, où il se présente chez ses cousins Escoffier. « On dirait que tu tombes du ciel », s'exclame sa cousine Yvonne en découvrant son état peu reluisant. Sa jeune cousine note dans son journal : « Sin Jean est venu samedi [3 janvier 1942] à 10 heures et demie. Il pensait trouver encore tante Laure, mais il est reparti à une heure et demie avec Papa. Il était tout crotté et n'avait pas dormi de la nuit[14]. »

Jean Moulin passe à la maison familiale pour se changer et récupérer le courrier accumulé depuis quatre mois qu'il a quitté la France. Il retire à la mairie ses tickets d'alimentation du mois.

Porteur d'un précieux lapin, il gagne Avignon et prend le train pour Montpellier où il rejoint sa mère et sa sœur. C'est dans leur appartement que, sous un morceau de papier peint décollé, en haut d'un mur du couloir, il dissimule les ordres de mission donnés par le général de Gaulle.

Reste à récupérer le poste radio qui doit permettre d'établir la liaison avec Londres. Mais lui et Fassin sont tombés d'accord pour attendre, craignant d'avoir été repérés durant leur périple calamiteux et bien conscients que les parachutes ont été trop mal cachés pour ne pas être bientôt découverts. Reste aussi à retrouver l'opérateur radio, Monjaret, qui s'est inexplicablement volatilisé. En espérant qu'il n'a pas été arrêté, ils comptent sur les adresses de secours qui lui ont été données.

En fait, Joseph Monjaret a bel et bien été intercepté par les gendarmes, qui lui ont demandé la raison de sa présence si matinale dans le bourg. Ils se sont contentés de son explication touristique à laquelle il a ajouté une foulure à la cheville qui l'aurait obligé à se séparer de ses compagnons de voyage pour ne pas les retarder. Reparti finalement sans encombre, il a toutefois perdu entre-temps Moulin et Fassin. Par ses propres moyens, il a gagné Toulon pour se présenter au beau-frère d'un jeune officier des Forces françaises libres, recommandé comme contact de confiance, et découvrir que cet « ami sûr » est un chaud partisan du régime de Vichy, non seulement nullement disposé à l'aider, mais assez tenté de le signaler aux autorités. « Il n'est pas mauvais de savoir pour l'avenir, en déduit Raymond Fassin, qu'on s'expose à des déconvenues quant à la nature des sentiments de sa propre famille et des sacrifices qu'ils sont disposés à faire. Cet état d'esprit de frousse n'est que trop général[15]. »

Il faudra presque trois semaines à Monjaret pour être retrouvé par Jean Moulin, grâce aux solutions de secours qu'il lui avait indiquées pendant leur attente en Angleterre. Et encore un mois pour récupérer le poste radio, le remettre en état de marche et trouver un lieu sûr depuis lequel émettre[16].

Tout débute donc dans des conditions matérielles contraires. Ces difficultés persisteront et auront d'ailleurs une influence sur le déroulement des événements.

En accord avec ce prélude improvisé, où l'esprit d'initiative et de décision, le sang-froid et la chance des agents doivent suppléer leur isolement et leur dénuement, la mission Rex commence. Elle devra fédérer la Résistance en zone libre pour la placer sous les ordres du général de Gaulle.

20

Un jour à Vichy
23 mai 1942

En ce matin du 23 mai 1942, Jean Moulin sort de la gare de Vichy. À la descente du train, les voyageurs sont nombreux. La petite esplanade grouille de vélos-taxis qui remplacent les automobiles privées de carburant. Il n'en a pas besoin, il n'en aura guère que pour un quart d'heure à pied. Il s'oriente rapidement et, tournant le dos à la station, s'engage dans la rue de Paris. Rue éminemment commerçante où les confiseries et les charcuteries sont toutefois en berne pour cause de rationnement. Ce jour particulier est aussi un jour « sans ». Sans viande, sans vin ou sans tabac.

D'ailleurs, Moulin ne prête pas d'attention aux vitrines dégarnies qui présentent des articles factices et des boîtes vides. Il est soucieux de connaître la raison pour laquelle il a été convoqué par télégramme, ce 23 mai 1942, à la direction du personnel du ministère de l'Intérieur.

Le 2 novembre 1940, le préfet Jean Moulin avait été relevé de ses fonctions en application de la loi du 17 juillet 1940. Étonnante récompense du dévouement exemplaire dont il a fait preuve à Chartres durant les tragiques journées de juin. Étrange remerciement de l'exactitude avec laquelle il s'est acquitté de ses fonctions préfectorales sous le régime de l'occupation allemande, d'abord sans autre recours que son expérience et son jugement, puis en application méthodique des consignes émanant du nouveau gouvernement français. Paradoxale consécration de vingt-trois années passées au service de la République. C'est bien, d'ailleurs, ce qu'on lui reproche. La loi du 17 juillet, transitoire, était supposée sanctionner les défaillances de mai-juin 1940. Elle sert surtout à pratiquer une épuration politique. Dans le cas de Jean Moulin, il est entendu que ce préfet du Front populaire, ce « préfet rouge », ne peut pas faire un serviteur loyal de la Révolution nationale. « Fonctionnaire de valeur, note dans son dossier le délégué du ministère de l'Intérieur dans les territoires occupés, mais prisonnier du régime ancien [1]. » Dès le mois d'octobre, le ministre Marcel Peyrouton a scellé son sort avec celui de 55 collègues (sur 94), mis en disponibilité ou à la retraite.

Jean Moulin lui-même ne souhaitait pas rester. Il aurait pu demander un congé pour raison de santé, en arguant de l'épreuve subie le 17 juin. Mais il a attendu qu'on le chasse pour bien marquer qu'il ne s'est pas dérobé à son devoir. Pour avoir le temps, aussi, de profiter des facilités procurées par son poste : il a emmagasiné toutes les informations qu'il pouvait et s'est établi de vrais faux papiers.

« Admis à faire valoir ses droits à la retraite » en février 1941, Jean Moulin, qui a affecté tour à tour d'être maraîcher dans sa propriété des Bouches-du-Rhône, et dorénavant de monter une galerie d'art à Nice, n'en entretient pas moins une pointilleuse correspondance administrative avec le ministère de l'Intérieur pour voir régler sa situation et obtenir le paiement de son traitement.

La convocation qui lui est parvenue le 21 mai concerne-t-elle quelque litige sur sa carrière ou sa pension ? C'est bien exagéré de le faire venir à Vichy pour ce simple motif. Sa mère a été si bouleversée en recevant à sa place ce télégramme, qu'elle a perdu connaissance. Son inquiétude est sans doute excessive, mais comment en être sûr, si ce n'est en se rendant dans la capitale provisoire de l'État français ? S'agit-il d'une conséquence retardée, mais potentiellement fâcheuse, de son témoignage à la cour de justice de Riom en mai de l'année précédente ? Aurait-il mieux fait d'être plus prudent pour demeurer plus discret ? Maintenant qu'il est chargé par le général de Gaulle d'une mission si essentielle pour l'avenir de la Résistance et, pour tout dire, de la France, il y a de quoi regretter quelque peu sa téméraire défense de Pierre Cot. Il ne peut toutefois pas croire qu'on le convoque pour l'assigner à résidence, l'interner ou l'arrêter. Ce n'est pas ainsi qu'on procède.

Alors, quoi ? Il va bientôt le savoir, car le voici arrivé à l'hôtel des Célestins, rue du Maréchal-Lyautey. Il entre, se présente à l'huissier : il est attendu à la direction du personnel.

En traversant l'hôtel reconverti tant bien que mal en bureaux d'administration centrale, Jean Moulin, qui a tant hanté les ministères et les cabinets, peut hésiter entre la consternation et l'envie de rire en découvrant la manière dont le gouvernement s'est installé dans le provisoire et tente de reconstituer l'appareil de l'État dans les couloirs et les chambres des hôtels réquisitionnés d'une ville d'eau.

On l'introduit auprès du directeur du personnel. Combien de fois, durant les vingt années écoulées, ne s'est-il pas trouvé à Paris dans une situation analogue, venu solliciter une mutation ou tâter le terrain pour un avancement ? Bien entendu, tout est changé. Il n'est plus qu'un fonctionnaire en disgrâce et peut-être en délicatesse avec les autorités. C'est pourquoi ce n'est pas sans stupeur qu'il s'entend proposer, au nom du chef du gouvernement, Pierre Laval, sa réintégration dans le corps préfectoral et son affectation dans une prochaine préfecture vacante. Mieux, il va être reçu par le secrétaire général de l'Administration en personne !

L'homme qui accueille alors Jean Moulin n'est pas un inconnu pour lui. Ils ont beaucoup de points communs. Georges Hilaire est un contemporain, avec toutefois un peu moins d'ancienneté et d'assise dans la carrière préfectorale. Il fut sous-préfet de Pontoise de 1935 à 1940. Il a à plusieurs reprises appartenu au cabinet de Pierre Laval avant la guerre et, brièvement, à l'été 1940, avant d'être nommé préfet de l'Aube puis adjoint du délégué du ministère de l'Intérieur dans les territoires occupés. Depuis le retour de Laval à la tête du gouvernement, le 18 avril 1942, il est secrétaire général à l'Administration, avec rang de ministre. C'est un fidèle de

La Lèque : le mas acheté par Jean Moulin
pour en faire son atelier et qui deviendra sa première cache
au milieu d'une totale improvisation.

Laval, qui cumule pour l'heure les portefeuilles des Affaires étrangères et de l'Information, en plus de l'Intérieur et de la direction du gouvernement. Hilaire fut un radical-socialiste. Il était noté comme « très sincèrement et très nettement démocratique » au temps du Front populaire[2]. C'est presque comme si on était entre soi. Voilà assurément un argument dont Hilaire entend jouer au moment de réitérer sa surprenante proposition.

Convaincu qu'il revient au pouvoir dans des conditions d'une extrême difficulté, Pierre Laval a décidé de rechercher l'efficacité... et d'éviter de se livrer pieds et poings liés aux maréchalistes bon teint qui ont eu sa peau en décembre 1940. Pour ce faire, il souhaite entre autres écarter les nouveaux promus de la Révolution nationale – dont il est un partisan des plus tièdes – et les remplacer par des administrateurs aguerris, quitte à ce qu'il s'agisse d'hommes issus du régime défunt et évincés en 1940. Ce n'est pas pour lui une tare, loin de là, puisqu'il est lui-même un pur produit de la IIIe République et se vante, en toute occasion, de n'être pas sectaire : avec lui, on peut toujours s'entendre. Quatre fois président du Conseil avant 1939, il connaît et apprécie les qualités du corps préfectoral traditionnel dont Moulin est un parfait représentant.

Hilaire, tout comme son patron, se targue d'être républicain, de protéger les fonctionnaires français contre l'occupant et de vouloir revenir sur la « politique antidémocratique » des ministres précédents. Il n'a que la République à la bouche[3]. Aussi, quand il prend la parole, c'est pour reconnaître que l'éviction de Moulin a été une injustice et une erreur car la France a besoin de cadres expérimentés. Or toute sa carrière témoigne de son incontestable valeur. Valeur redevenue appréciable maintenant qu'on recherche de vrais professionnels, et non plus des officiers de marine en reconversion ou des ratés de la République en quête d'aubaines...

Nul doute qu'il ne développe devant Jean Moulin ces considérations tout en en appelant à son sens du devoir pour administrer et protéger les populations du département – important, lui précise-t-il – qui lui serait confié[4]. En effet, s'il parle au nom du chef du gouvernement, Hilaire est le véritable maître d'œuvre de ce mouvement préfectoral[5].

Pour Jean Moulin, cette offre stupéfiante a d'abord un goût de douce revanche. Dix-huit mois après avoir été révoqué sans ménagements, on lui signifie qu'il n'avait pas démérité. Mieux, on se propose de le reconnaître publiquement. On ne lui tient pas rigueur de ses déclarations à Riom. On ne lui tient pas rigueur d'être un homme de gauche et un républicain. Au contraire. On se garde bien, en outre, de lui apprendre qu'il a été signalé au ministère par son ancien collègue, comme manifestant des velléités de quitter la France et que les services de police et les préfets ont alors reçu pour consigne de le surveiller.

Passé ce bref moment de satisfaction, Moulin se trouve dans une position délicate. Bien entendu, il ne peut accepter. Non seulement il trahirait ses convictions et renierait ses engagements anciens et présents en acceptant, mais sa mission d'unification de la Résistance sous les ordres du général de Gaulle ne peut absolument pas s'accommoder d'une couverture aussi encombrante que celle de préfet de Vichy, éventuellement en zone occupée. En outre, il serait incohérent de contribuer de quelque manière que ce soit à la gestion du pays au moment où il perçoit plus nettement que jamais que l'opinion, très hostile à Laval, se détache du régime. Trois semaines plus tôt, il a assisté aux manifestations organisées pour la première fois de manière concertée par les mouvements de résistance et les syndicats. Dans la soirée du 1er mai à Lyon où il se trouvait, un millier de personnes massées devant la statue de la République criaient « Laval au poteau[6] »…

Il refuse immédiatement l'offre d'Hilaire. Mais en quels termes ? Il serait tentant de le prendre de haut et s'accorder le plaisir de dire leur fait aux messieurs de Vichy qu'il tient pour « tarés et impopulaires »[7]. Il est plus raisonnable d'opter pour la prudence et de décliner cette proposition sur le mode mineur : il a tourné la page, il est en train de refaire sa vie. « Il m'a répondu, racontera Hilaire : "J'aime mieux faire de l'agriculture dans le Midi". » Le secrétaire général prend la balle au bond :

Justement. Si vous vous intéressez à l'agriculture, vous êtes l'homme qu'il me faut. Je ne compte pas leur parler de politique, à vos collègues, mais de blé, de vin, de gazogènes et de pommes de terre. Et je m'apprête aussi à leur tenir le langage suivant : Renouez les relations avec les élus ! Appuyez-vous sur les cadres réels de la France ! Ne laissez pas croire à la population que l'on met à profit les malheurs de notre pays pour changer l'ordre naturel des choses ! Vous êtes un préfet républicain. Est-ce qu'une pareille mission vous déplaît ? Allons ! Quel poste voulez-vous [8] ?

Puisque les excuses ne sont pas de mise, Moulin se justifie, le plus sobrement possible, par son opposition à la Révolution nationale et à la Collaboration.

Lorsque j'exerce une fonction, répond Moulin, je ne puis le faire qu'en accord avec ma conscience. Je désapprouve formellement la politique du gouvernement actuel. Il m'est impossible de le servir [9].

Non sans une certaine ironie, il reprend ainsi à son compte, en les inversant, les arguments utilisés par le ministre Peyrouton en 1940 pour le renvoyer : « Il est normal qu'un Gouvernement demande à ses préfets, qui sont ses représentants directs, un minimum d'adhésion morale [10]. »

Hilaire insiste : la Collaboration est ce que l'on en fait. En l'occurrence, il s'agit du choix le plus raisonnable pour minimiser les conséquences de l'occupation et de la prolongation de la guerre et peut-être essayer de tirer l'épingle française du jeu du « nouvel Ordre européen », évidemment dominé par l'Allemagne. D'ailleurs, puisqu'il faut parler net, sans Laval, la situation du pays serait pire : lui seul parvient encore à contenir les exigences croissantes de l'Allemagne qui pourraient aller jusqu'à de nouvelles annexions. Quoi qu'on en pense, il est temps pour tous les vrais patriotes de se serrer les coudes pour sauver ce qui peut l'être. Il ne mentionne bien sûr pas ses solides liens d'amitié avec l'équipe de *Je suis partout*, véritable parangon de collaborationnisme et du fascisme… [11]

Les deux interlocuteurs ont donné leurs versions – très proches – de l'issue de leur conversation. Selon Hilaire, Moulin déclare « avec netteté » :

> Je vous remercie de votre offre. Mais je ne suis vraiment pas d'accord avec votre politique. Je ne puis donc faire semblant de m'y associer. Je ne formulerai qu'un seul vœu. Vos prédécesseurs m'ont révoqué sans pension, ce qui est injuste. Je n'ai commis aucune faute. Je vous demande de rapporter cette mesure et de me mettre à la retraite [12].

Moulin rapportera avoir effectivement remercié pour cette reconnaissance des réussites de sa carrière passée. Il précise qu'il ne reviendra pas sur sa décision mais prend acte du fait qu'il n'a « nullement démérité » et qu'il touchera l'intégralité de son traitement jusqu'à ce jour, quelles que soient les mesures prises à son égard ultérieurement [13].

On se quitte sur le mode courtois. « C'était parler franchement. Je préfère ce langage à bien d'autres. Je l'ai dit à Moulin et j'ai ajouté : "Je ne veux forcer la conscience de personne" » [14]. Mais Jean Moulin n'est pas dupe des propos rassurants d'Hilaire :

> C'est un garçon intelligent et habile, mais il en a été pour ses efforts de persuasion. Laval, qui est malin, cherche à s'entourer de préfets de gauche. Veut-il se concilier une partie de l'opinion pour faire contrepoids à l'impopularité que lui vaut la Relève [remplacement en Allemagne de prisonniers de guerre par des ouvriers à raison d'un pour trois] ? Ou commence-t-il à sentir que le vent peut tourner et cherche-t-il à se dédouaner pour l'avenir [15] ?

Moulin reprend à contresens le chemin qui le ramène à la gare. Peut-être fait-il un détour minime pour voir l'hôtel du Parc où se trouvent le maréchal Pétain et le chef du gouvernement. S'il arrive dans les allées du parc des Sources vers 13 heures, il aura une chance d'apercevoir le chef de l'État faisant sa promenade quotidienne. Il s'attarde peut-être devant le casino où, le 10 juillet 1940, une écrasante majorité des parlementaires présents a accordé les pleins pouvoirs au maréchal

Pétain qui, le lendemain, a signé l'arrêt de mort de la République. Toutefois, peu désireux d'attirer l'attention sur lui dans une ville surpeuplée où il connaît bon nombre d'hommes politiques et de fonctionnaires et où tout se sait, il se hâte d'aller reprendre son train. À la gare, il tombe d'ailleurs sur un ami, l'ancien préfet Roger Genébrier, longtemps chef de cabinet de Daladier, écarté en septembre 1940.

En discutant, les deux hommes s'aperçoivent qu'on leur a fait la même proposition à laquelle ils ont donné la même réponse négative. Tous deux ignorent qu'Hilaire, malgré de vastes projets, ne réussira en définitive à convaincre qu'une quinzaine de hauts fonctionnaires d'accepter une réintégration [16].

Reste à prévenir Londres de cet incident. Avec d'autant plus de soin qu'Henri Frenay, pour s'être risqué quatre mois auparavant à accepter de rencontrer le directeur de la Sûreté générale puis le secrétaire d'État à l'Intérieur d'alors, Pierre Pucheu, avec l'espoir d'obtenir la libération de ses camarades, avait essuyé une salve de reproches et d'accusations [17]. Les services secrets de la France libre avaient carrément questionné Moulin sur l'opportunité de continuer à coopérer avec un chef de mouvement et ses collaborateurs qui « travaillent certainement pour Vichy », tandis que le commissariat à l'Intérieur préconisait de rompre les contacts avec Combat, qu'il supposait largement noyauté [18] ! Moulin avait été obligé de se porter garant de ses intentions et de sa loyauté [19]. Il relate donc aussitôt sa mésaventure dans deux télégrammes où pointent de l'amusement et une légère inquiétude. En peu de mots, il restitue la teneur de l'entrevue et ce qu'il en a déduit.

> M'est arrivé aventure piquante. Ai été convoqué à Vichy où au nom de Laval secrétaire général Hilaire m'a offert préfecture importante. Ai refusé me déclarant contre collaboration et révolution nationale. Espère que mon refus n'aura pas de conséquences graves.
>
> Ai tenu vous signaler cette démarche inattendue qui montre efforts Laval pour gagner opinion. Au cours entretien Hilaire ne m'a pas caché grosses difficultés Laval en face demandes territoriales Axe. On a failli assister ces jours-ci au dépècement de la

France m'a-t-il dit en propres termes. Ne publiez aucune information pouvant me découvrir[20].

Son refus n'eut pas de conséquences fâcheuses. Du moins pas dans le domaine où nous les attendrions. Mais Jean Moulin, toujours attaché à ses prérogatives financières, découvrit quelques mois plus tard que le ministère entendait le priver d'une partie des émoluments qu'il estimait lui être dus. Ce qui suscita de sa part une nouvelle lettre de protestation, destinée à faire valoir ses droits – comme l'aurait fait tout préfet retraité ordinaire uniquement occupé de ses affaires –, mais aussi à marquer que, dans la mesure de ses moyens, il refusait d'admettre la manière dont il avait été évincé. Cette correspondance se poursuivit jusqu'au printemps 1943, Moulin refusant de lâcher prise sur le plan des principes comme du droit. L'administration répliqua en lui expédiant à trois reprises le dossier de liquidation de retraite qu'il refusait d'entériner.

Pour autant, Hilaire semblait ne pas avoir renoncé puisque, le 6 septembre 1942, Jean Moulin recevait encore, de la part du préfet régional de Marseille (son domicile officiel étant à Saint-Andiol) une fiche de renseignements à mettre à jour car le secrétaire général à l'Administration était « désireux de maintenir le contact avec les membres de l'administration préfectorale »[21]. Pour comble, on lui adressa le mois suivant la formule de prestation de serment au chef de l'État imposée à tous les hauts fonctionnaires, à renvoyer dans les meilleurs délais. Et, comme il tardait, on le relança par télégramme[22] ! Les administrations, en effet, rivalisaient d'ardeur pour engranger des résultats et prouver ainsi leur place éminente dans le régime[23].

Tout ce paradoxal épisode fait écho à un événement plus ancien mais aussi troublant dont Jean Moulin ignora tout parce qu'il se produisit le 17 juin 1940 à Bordeaux. Ce jour-là, Charles Pomaret, tout juste nommé ministre de l'Intérieur dans le gouvernement formé dans la nuit par le maréchal Pétain pour demander l'armistice, pensa à Jean Moulin pour devenir le nouveau directeur de la Sûreté nationale :

> Je l'ai connu quand il était chef de cabinet de Pierre Cot, ministre de l'Air, et que déjà par sa calme lucidité, par son rayonnement humain, il s'imposait à l'attention de ceux qui l'approchaient [24].

Dans ces circonstances à la fois tragiques et potentiellement grosses de troubles, Pomaret souhaitait que ce poste crucial soit dévolu à un fonctionnaire expérimenté, doté d'une forte autorité et d'une parfaite intégrité. En tant que ministre du Travail, durant la drôle de guerre, il avait été en relations directes avec le préfet d'Eure-et-Loir pour des affaires concernant la surveillance et l'exclusion des communistes et il avait apprécié son efficacité [25]. Apprenant qu'il était bloqué dans Chartres occupé par les Allemands, peut-être prisonnier, le ministre avait évidemment renoncé. Resté au ministère de l'Intérieur pendant seulement trois semaines, Pomaret fut reversé au ministère du Travail avant d'être remercié sans autre forme dès le 6 septembre. Il fut, dans la foulée, interné. Libéré en février 1941, il préféra se réfugier en Suisse en novembre 1942.

La roue, décidément, tournait vite à Vichy, et même de plus en plus vite.

21

De belles choses
9 février 1943

De nombreuses galeries s'ouvrent un peu partout et hier nous avons eu la joie d'assister à l'inauguration de l'une d'elles et de saluer l'équipe fameuse qu'en sa claire galerie Romanin, 22 rue de France, une jeune directrice, Madame Jacques, a réuni sous ce titre prometteur « Les Maîtres modernes ».

Il nous est ainsi permis – privilège rare – de contempler des Bonnard, des Chirico, des Degas, des Dufy, des O. Friesz, des Kisling, des Laprade, des Matisse, un Rouault, des Severini, des Utrillo et des Valadon.

La Grèce s'est éteinte parce qu'elle n'avait plus de vrais artistes. La France renaît, car l'Art demeure vivant.

C'est sous la signature de Lucienne Sardina que *Le Petit Niçois* publie le 9 février 1943 cet entrefilet bienveillant, quoique ironique, pour annoncer le lancement de la galerie Romanin. Si le ton se veut encourageant, le léger persiflage joint au classement alphabétique des peintres exposés – recopié sur le carton d'invitation – sent un peu la plaisanterie. Quant à la conclusion, elle est trop évidemment une révérence obligée à l'air du temps de la Révolution nationale pour être prise au sérieux.

La veille dans l'après-midi, des invités de marque se sont rendus au 22, rue de France pour découvrir la galerie, admirer les œuvres exposées et boire un verre de muscat en grignotant quelques amandes (temps de restrictions oblige). Parmi eux, certains savaient peut-être que le vrai locataire et bailleur de fonds de la galerie Romanin était M. Moulin, préfet révoqué et amateur d'art. Ils ignoraient bien sûr que cette entreprise était supposée servir de couverture à Rex, le représentant du général de Gaulle en zone libre. Lequel, l'avant-veille, avait rencontré pour la première fois Pierre Brossolette afin de parler du projet de Conseil de la Résistance qui les divisait, et qui, quatre jours plus tard, serait sur un terrain d'atterrissage improvisé, en train d'attendre le Lysander anglais qui l'emmènerait à Londres.

Après sa mise à pied de novembre 1940, Jean Moulin, qui avait le projet de quitter la France, s'était ménagé une porte de sortie… et de retour, en se forgeant une fausse identité. En même temps qu'il s'installait en zone libre sous son vrai nom, il s'était doté d'une activité professionnelle, comme cultivateur à Saint-Andiol, dans la petite propriété familiale. Il avait passé le plus clair des dix mois suivants à circuler un peu partout et à ne pas pratiquer l'agriculture. Il s'était bien sûr avisé que sa prétendue reconversion ne résisterait à aucun examen un peu attentif. Aussi, il semble que, pendant qu'il était en Grande-Bretagne et dès lors qu'il savait qu'il allait revenir en France investi d'une mission clandestine, il avait réfléchi à la nécessité de se doter d'une activité de façade crédible et qui lui permette de justifier des absences et des déplacements incessants. D'ailleurs, il avait lui-même prôné, dans le rapport qu'il écrivit pendant son séjour forcé à Lisbonne, que les résistants « puissent, le plus souvent, dissimuler leur activité sous des façades commerciales ou industrielles, ce qui aurait pour avantage d'éloigner les soupçons et de donner les moyens matériels nécessaires » [1].

Dès les premiers jours qui suivent son parachutage, alors qu'il séjourne chez ses amis Chatain à Megève, il pose des jalons pour ouvrir un magasin à Nice. Paul Chatain, en effet, est fortuné. Il est très probable que Moulin lui demande de lui prêter de l'argent pour lancer une affaire qui ferait de lui un marchand d'art débutant. Habitué lui-même des galeries, Moulin est assez observateur pour avoir compris que l'Occupation, loin d'anéantir le marché de l'art, l'a rendu florissant tout en rebattant les cartes en raison des menaces, des persécutions et des spoliations pratiquées par les nazis. Lors de ses pérégrinations sur la côte méditerranéenne, à la recherche de faux papiers, d'un passage vers la Grande-Bretagne et de contacts avec des résistants, il a également pu constater qu'une partie des acteurs de ce marché, artistes, vendeurs et acheteurs, s'y sont déplacés, bon gré mal gré[2]. Son projet présente donc toutes les apparences de la logique et offre, de ce point de vue, une couverture plausible. D'autres que lui, d'ailleurs, feront le même raisonnement[3].

Par ailleurs, l'opinion que se font généralement les gens sérieux – opinion partagée en l'occurrence par l'administration vichyste et la police allemande – des milieux artistiques vus comme marginaux, frivoles et assurément apolitiques le sert[4]. Moulin s'efforce d'utiliser à son profit l'art du contre-pied. Comme devait le comprendre un Georges Bidault éberlué en rencontrant pour la première fois le représentant du général de Gaulle « en costume de ski » : « la désinvolture de son habillement surprit en moi un homme qui avait encore beaucoup à apprendre de ce qu'il faut faire pour passer inaperçu »[5].

Par la suite, le secrétaire de Moulin, Daniel Cordier, fut lui aussi déconcerté par les monologues sur l'art que Moulin multipliait dans les lieux publics. S'il les interprétait comme une habile diversion, il ne les en trouvait pas moins inutilement insistants et détaillés[6]...

Durant ce passage à Megève en janvier 1942, pendant un dîner, Moulin fait la connaissance d'une très jolie jeune femme de vingt-sept ans, Colette Jacques. Ils sympathisent et bavardent longuement. Il prétend être maraîcher. Elle n'en croit rien. Comme il le fait souvent, il l'incite à parler d'elle-même, de sa famille, de ses sentiments sur la situation de la France vaincue. Il apprend qu'elle a été élevée à l'école de la Légion d'honneur, qu'elle est la fille d'un médecin militaire. Elle lui confie qu'elle vit à Nice près de sa famille depuis son divorce, qu'elle s'ennuie et n'a pas véritablement d'activité. Elle lui avoue son hostilité farouche à l'Allemagne et se laisse aller à lui révéler qu'elle veut rejoindre l'homme dont elle est amoureuse, Philippe Dreyfus, qui s'est récemment engagé dans la France libre. Le frère de celui-ci, Rémy, s'apprête d'ailleurs à passer en Espagne pour essayer de gagner à son tour la Grande-Bretagne. Elle aurait envie de l'accompagner.

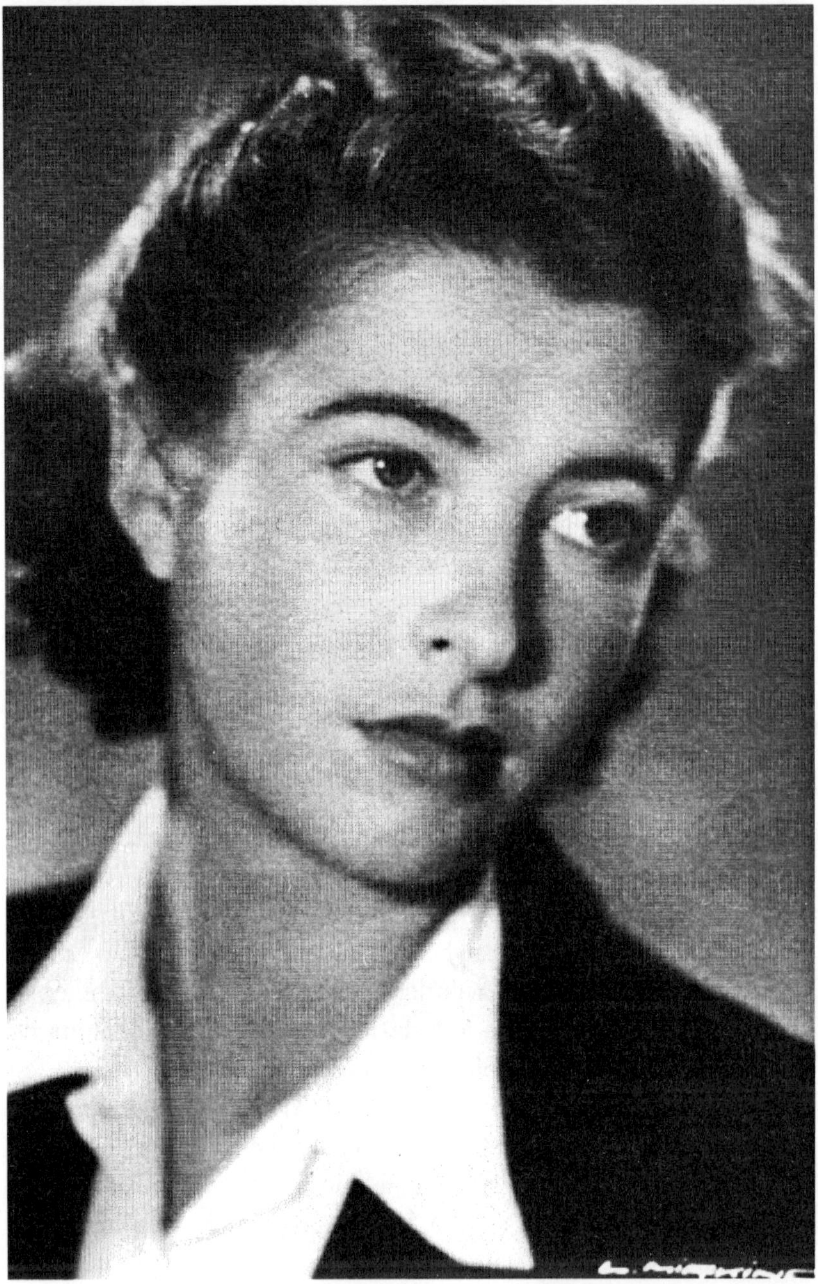

Colette Jacques, la « directrice » de la galerie Romanin, couverture de Jean Moulin.

Ses opinions montrent à Moulin qu'il pourrait se fier à elle. Mieux encore, son charme, son excellente éducation, sa façon distinguée de s'exprimer en font une collaboratrice aussi présentable que crédible. Il lui propose d'abandonner ses projets risqués de départ *via* l'Espagne : il se pourrait qu'il ait un emploi à lui offrir. Intriguée et déjà à demi convaincue, elle lui donne son accord de principe.

Les semaines suivantes sont monopolisées pour lui par une succession de rendez-vous et d'entretiens pour prendre contact avec les dirigeants des jeunes mouvements de résistance, expliquer les missions que lui a confiées le général de Gaulle et mettre en route les transmissions radio avec l'Angleterre. Mais il finit par trouver le temps de rejoindre Colette Jacques à Nice. Il souhaite rencontrer son entourage et la connaître un peu mieux. Ayant jugé cet examen satisfaisant, il lui expose son projet plus en détails. Peut-être a-t-elle deviné qu'il a des activités sur lesquelles il lui faut rester absolument discret, ce qui implique que si elle s'associe avec lui, elle prendra des risques. Mais il aurait besoin d'avoir une occupation professionnelle en règle. Accepterait-elle de créer et de faire fonctionner, avec lui et pour lui, une galerie de tableaux ? « Vous me cherchez une boutique et nous devenons marchands de tableaux. »

Pour charmant qu'il puisse être, Jean Moulin se montre un patron aussitôt exigeant.

Il a choisi Nice car il n'y mène aucune activité clandestine, aussi les risques d'interférence avec sa mission sont-ils réduits. Encore ignore-t-il qu'à la suite de son inscription sous sa véritable identité quand il descend à l'hôtel, il est repéré par l'administration. Le préfet régional signale sa présence au ministère de l'Intérieur à deux reprises, demandant s'il convient de le faire surveiller ou d'intervenir. Mais il ne s'agit que de garder à l'œil l'ancien préfet du Front populaire révoqué : « Pas d'objections particulières. M. Moulin qui s'est déclaré antigouvernemental a été mis à la retraite et fait en principe de l'agriculture[7]. »

Moulin possède à Nice un ami d'enfance devenu avocat, André Milhé, disposé à l'aider dans ses démarches. Ce qui n'empêche pas que le local de la galerie doive répondre à des critères bien définis : une boutique de deux pièces, avec une issue sur l'arrière et un petit appartement en étage. La première tâche de Colette Jacques sera de trouver cette perle rare. Le temps, d'ailleurs, ne presse pas : il sera bien d'ouvrir la galerie, mais pouvoir fournir les preuves des démarches en cours fait aussi bien l'affaire pour se justifier.

Qu'a pu penser Colette en s'embarquant dans cette entreprise ?

Il fallait une bonne dose de confiance pour s'en remettre à cet ancien préfet, respectable mais en disgrâce, qui ne faisait pas de confidences, tout en s'attendant à être obéi sans discussion. En tout cas, elle se met à chercher un magasin à louer et ses tentatives restent infructueuses. Les fonds de commerce disponibles sont rares ou n'ont pas la bonne configuration[8]. Quand elle pense avoir trouvé quelque chose, elle prévient Moulin en téléphonant à sa sœur à Montpellier. Il passe entre deux trains, visite, tranche, donne ses consignes et repart. Un moment, au début septembre 1942, l'entreprise est suspendue. En concurrence avec la multiplication d'émissaires politiques envoyés par la France libre, Moulin a mis sa démission dans la balance. Une fois confirmé dans ses fonctions, il prépare son départ pour l'Angleterre avec Frenay et d'Astier, chefs des mouvements Combat et Libération. « Pour l'instant, femme très occupée, vous pouvez arrêter vos recherches et en rester à cette trouvaille, écrit-il à Colette Jacques. Car depuis nos dernières rencontres, d'autres propositions m'ont été faites qui sont susceptibles de changer mes projets[9]. »

Mais le départ peine à s'organiser et les semaines passent.

Finalement, ils jettent leur dévolu sur le local d'un bouquiniste, 22, rue de France, dans le quartier des Musiciens (où habite Colette), derrière le Palais de la Méditerranée et à 200 mètres du front de mer et du musée des Beaux-Arts. Il répond si bien aux critères que Moulin n'hésite pas à payer de sa personne quand l'ancien locataire fait des difficultés de dernière minute[10].

Ce n'est qu'en octobre 1942 que les documents nécessaires à la location du magasin et à l'ouverture de la galerie sont signés. Le timing est particulièrement malencontreux, puisque Moulin est en attente de son départ imminent pour Londres. Il doit se rendre à trois reprises sur des terrains d'atterrissage et tenter une fois un embarquement maritime à Golfe-Juan, toujours en vain.

Moulin, retrouvant les habitudes de vingt ans de carrière administrative, n'en rédige pas moins une demande en bonne et due forme, adressée au préfet des Alpes-Maritimes, pour être autorisé à ouvrir une « galerie d'exposition et de vente de peintures, dessins et sculptures *modernes* ». Toutefois, il se trompe d'adresse sur sa première version et est obligé de recommencer sa demande, preuve qu'il arrive à cet homme très organisé d'être débordé par la multiplicité et la disparité de ses tâches.

> Je ne crois pas devoir porter préjudice à d'autres commerçants car il n'existe à ma connaissance, à Nice, aucun magasin spécialisé dans les maîtres de la période moderne ou dont ce soit l'activité principale. J'ajoute que je compte mettre ma galerie à la disposition de jeunes artistes à qui je faciliterai l'accès auprès du public [11].

S'il est exagéré d'affirmer que Nice n'est pas bien pourvue en offre d'art moderne, Moulin a raison de considérer que le domaine dans lequel il veut s'implanter n'est pas le plus couru, le public préférant largement l'art ancien, dont la valeur esthétique et financière est éprouvée.

Dans l'impossibilité de se rendre à Nice – il reçoit alors le commandant Manuel, chef du service Renseignement des services secrets de la France combattante, et préside le 27 novembre la première réunion du comité de coordination des mouvements de résistance –, Moulin adresse à sa « directrice » ses instructions écrites : faire enregistrer les actes, réserver le décorateur, faire installer le téléphone, commander des chevalets, « se renseigner sur la possibilité d'avoir du bois de chauffage »...

Pour ce faire, Me Milhé lui remettra de l'argent [12]. Peu après, il témoigne d'une certaine hâte à avoir, comme il l'écrit,

« pignon sur rue ». Le 11 novembre 1942, en effet, les Allemands, arguant du débarquement anglo-américain en Afrique du Nord, ont pénétré en zone libre pour prévenir, disent-ils, un débarquement sur la côte méditerranéenne. La zone libre est devenue « zone d'opérations », différence fallacieuse avec l'ancienne zone occupée. Nice se trouve toutefois en zone italienne, mais il est évident que le danger s'est rapproché, et la couverture que Jean Moulin, ancien préfet devenu marchand d'art, peut offrir à Rex est devenue plus nécessaire que jamais.

Il s'occupe de meubler le magasin, fait des croquis pour indiquer ses projets d'agencement, se met d'accord avec le décorateur Jean Cassarini, un jeune peintre ami de Colette Jacques, très motivé pour transformer « l'antre balzacien d'un bouquiniste » en « galerie des tableaux modernes »[13]. Moulin est content des travaux et du résultat qui s'annonce[14]. Au passage, il se fait voler sa valise. « Je suis très embêté, reconnaît-il, car pensant m'absenter assez longtemps, j'avais emporté la plupart de mes pyjamas, chemises, etc.[15]. » Dans sa vie itinérante et alors que la pénurie généralisée a introduit les bons textile pour pouvoir se procurer des vêtements, ces questions d'habillement reviennent périodiquement dans sa correspondance. À trois jours de l'inauguration de la galerie, il demandera d'ailleurs à sa sœur de remettre une chemise propre à l'émissaire qu'il lui envoie à Montpellier[16]...

Pour réelle qu'elle soit, sa participation se fait toujours à distance ou en coup de vent. Un départ à Londres, avec le général Delestraint, nommé chef de l'Armée secrète, est prévu pour la mi-janvier 1943. Pendant près de deux semaines, ils attendent un Lysander anglais sur un terrain de fortune près de Lyon. En vain. Non seulement Moulin n'a pas pu partir, mais il se retrouve privé de courrier et pratiquement de fonds, puisque les deux devaient arriver par l'avion qui aurait dû l'enlever.

Reste le plus gros morceau : trouver quelque chose à présenter dans le magasin ainsi équipé. Aux grands maux, les grands remèdes : Moulin commence par exposer sa propre collection, qu'il est finalement très heureux d'avoir ainsi l'occasion de montrer et de commenter[17]. *Composition* de De Chirico, *Sous-bois* de Soutine, *Le Petit Bain sur la corniche* d'Albert André, un tableau de Léopold Survage et deux toiles d'Édouard Georg. Des œuvres qui ne sont pas toutes faciles à commercialiser et dont, d'ailleurs, il ne souhaite pas se défaire. Il faut donc compléter le fonds en faisant preuve d'une certaine ingéniosité.

L'implantation de la galerie à Nice a été choisie par souci de discrétion et par commodité ; elle offre en outre des ressources remarquables. En effet, si la Côte d'Azur est un lieu de séjour habituel pour les peintres et les riches amateurs d'art, l'Occupation a fait affluer de nombreux artistes, marchands d'art et collectionneurs désireux ou obligés de quitter Paris. C'est une véritable effervescence d'artistes, d'acheteurs, de vendeurs et de marchands, dont la galerie Romanin, malgré les déclarations de Moulin, n'est pas la seule à saisir l'opportunité. Au moment où elle ouvre, le marché de l'art sur la Côte d'Azur, qui a connu une expansion remarquable depuis l'été 1940, est florissant. Aimé Maeght a, par exemple, transformé son magasin cannois en galerie. Il se prend d'ailleurs d'affection pour Colette Jacques et Jean Moulin et les aide à s'approvisionner, y compris en les adressant à Bonnard et à Matisse, avec lesquels il est ami[18]. Ainsi, les deux apprentis galeristes leur rendent visite et obtiennent le prêt de dessins pour le vernissage. La nouvelle « directrice » démarche des marchands réfugiés sur la Côte. Moulin met à profit ses relations d'avant-guerre. Ils font ensemble un circuit à Arles, Nîmes et Graveson, où ils rencontrent chez lui le peintre Auguste Chabaud auquel ils prennent quatre toiles, dans des conditions cocasses.

> Chabaud les avait accrochées sur plusieurs niveaux dans sa grange ; pour les atteindre et les descendre jusqu'à nous, il les gaulait avec un grand bâton et beaucoup d'habileté. Jean Moulin était affolé quand il les voyait tomber : il avait peur que la toile se crève. Nous avons choisi les tableaux, nous sommes repartis à pied, il y avait un mistral épouvantable. Moulin m'a dit de porter les tableaux au-dessus de nos têtes : comme ça, disait-il, le vent nous poussera.

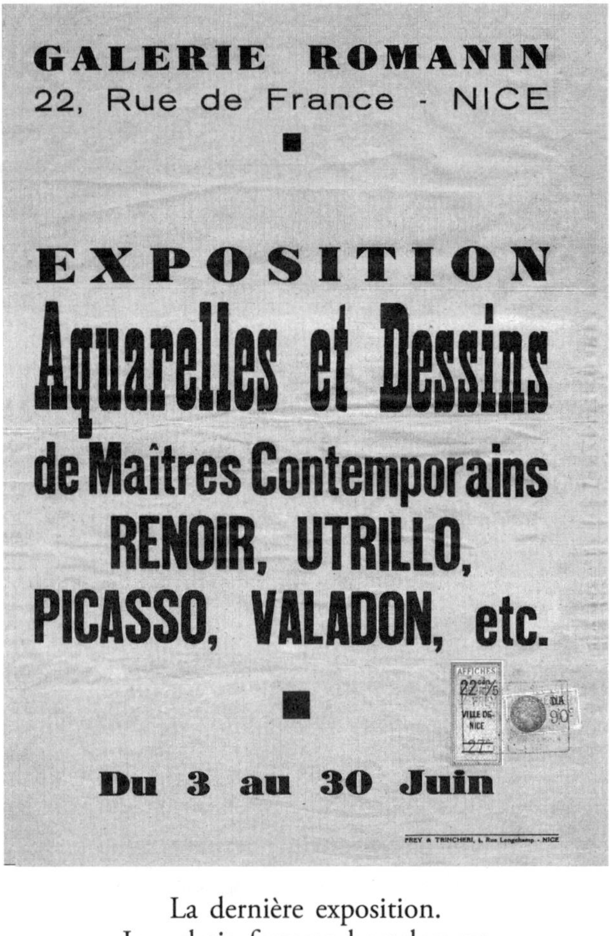

La dernière exposition.
La galerie fermera brutalement
à l'annonce de l'arrestation de Jean Moulin.

Pendant ces déplacements, Moulin partage avec Colette Jacques ses connaissances et ses appréciations sur la peinture moderne. Mais, à cette occasion aussi, ils voient Monjaret, l'ancien radio de Moulin, devenu officier de liaison avec le mouvement Franc-Tireur et responsable régional du Service des opérations aériennes. Lui-même a pour couverture, afin de justifier ses déplacements, un hypothétique portefeuille de représentant en papeterie[19].

Grâce aux prêts des artistes, de collectionneurs et de marchands plus ou moins en difficulté, la galerie Romanin est prête, en février 1943, à exposer les œuvres d'une douzaine d'artistes et pas des moindres. Si Kisling ou Valadon appartiennent, selon les nazis, à cet « art dégénéré » qui sera brûlé quelques mois plus tard dans une cour du musée du Jeu de Paume[20], si Rouault est peu apprécié des « nouveaux messieurs », les autres noms figurant dans la liste des « maîtres modernes » ont plutôt la cote. Marchand débutant mais prudent et collectionneur lucide, Moulin peut prétendre à des goûts qui ne soient pas strictement personnels. Le milieu artistique qu'il côtoie depuis des années est acquis aux avant-gardes apparues avec le XXe siècle, mais le public a adopté une version aménagée des formes nouvelles, adaptées à « l'esprit français » qui est le grand mot d'ordre du moment. Dufy, Vuillard, Friesz sont des valeurs sûres, Matisse et Bonnard sont carrément des valeurs refuges. Certes, l'ensemble est probablement pour le moins éclectique, voire disparate, parce que résultant des circonstances au moins autant que de choix, mais il n'est pas incohérent.

Reste l'accrochage pour lequel Moulin prodigue d'autant plus ses conseils que Colette Jacques est novice. Il demande par exemple qu'Utrillo et Dufy soient placés à proximité l'un de l'autre. Lydia Delectorskaya, modèle et collaboratrice de Matisse, passe vérifier que le dessin confié par le maître est bien présenté et bien entouré[21]. À quelques jours de l'ouverture, il faut encore demander à Laure Moulin d'envoyer quelques cadres stockés chez elle.

Le vernissage est un succès, « époustouflant », dira Colette Jacques.

Jean Moulin en profite-t-il ? Il n'est pas resté longtemps et il est tendu. Sans doute les préparatifs de son départ imminent pour Londres et l'importance des enjeux – présentation au général de Gaulle du projet d'un Conseil de la Résistance et des perspectives de l'Armée secrète – ne quittent-ils guère son esprit.

Par ailleurs, les invitations lancées et acceptées ont amené à la galerie le secrétaire général de la préfecture, Clément Vasserot, qu'il a côtoyé dans les cabinets ministériels du Front populaire et dans les cénacles de jeunes radicaux. Il est le représentant d'une administration préfectorale qui, si elle est très légaliste et sourcilleuse à l'égard de l'occupant italien, semble confondre un débordant zèle maréchaliste avec le patriotisme. Depuis ses déboires avec le secrétaire général de la Haute-Garonne auquel il avait demandé de l'aide pour quitter clandestinement la France, Moulin se montre très prudent lorsqu'il se trouve en présence d'hommes connus dans sa vie professionnelle passée. Aussi témoigne-t-il à son ancien collègue une froideur qui surprend celui-ci et doit l'embarrasser lui-même[22].

Pourtant, ces précautions de Moulin étaient inutiles : peu de temps après, Vasserot sera nommé préfet de la Creuse où, devenu membre du réseau de renseignement Ajax, il s'efforcera de contrecarrer la répression antisémite et de favoriser la Résistance au point d'être démis après avoir été qualifié par la Milice de « préfet du maquis ».

La conversion de Jean Moulin en galeriste laisse tout de même certaines de ses connaissances dubitatives, comme le sculpteur Marcel Courbier qui lui écrit peu après : « Une amie commune rencontrée sur la Côte il y a deux ou trois mois m'a dit qu'elle avait entendu parler d'un projet que tu formais : tu aurais l'intention d'ouvrir une galerie de peinture. Y a-t-il quelque chose de vrai dans ce qu'elle m'a raconté[23] ? »

Moulin, pourtant, n'a eu aucun mal à être pris au sérieux par les marchands d'art et les peintres. Heureusement, puisqu'il importe de prolonger l'activité de la galerie et la couverture qu'elle représente.

Il a dû quitter Nice dès le 9 février au soir. Il se rapproche du terrain d'où un avion doit l'enlever en profitant de la nouvelle lune. Dans la journée du 13, la BBC diffuse à trois reprises la phrase convenue pour confirmer l'opération d'enlèvement. « La maman de Léontine va fêter ses vingt-huit ans. » Il ne lui reste qu'à se rendre sur le terrain. Aussi, en attendant son embarquement clandestin pour Londres, il prend le temps d'écrire à son décorateur, Cassarini, pour le remercier de son travail, et à Colette Jacques pour lui donner ses instructions pour la suite.

Envers l'un comme l'autre, il utilise le prétexte d'un séjour à Paris pour masquer son départ de France, prétendant avoir reçu un laissez-passer. La lettre destinée au décorateur est même antidatée d'après son départ [24]. Ce même jour, depuis le « terrain » d'aviation où doit se poser l'avion venant de Grande-Bretagne, il rédige plusieurs mots pour son secrétaire, afin de lui donner, à lui aussi, des instructions. Mais les siennes concernent le travail clandestin et les aménagements de sa vie camouflée à Lyon [25]. On mesure la somme de petits et grands faits qu'il doit toujours garder présents à l'esprit pour gérer ses vies parallèles en garantissant l'accomplissement de sa tâche et sa sécurité.

Ce n'est pas sans quelque regret qu'il part alors même que la galerie vient d'ouvrir, mais comme il l'écrit avec un certain sens de la litote, il « ne peut faire autrement ». Aussi essaie-t-il de se consoler en affirmant être « plus tranquille maintenant que ce magasin est ouvert ». Il est heureux sans doute du vernissage, même s'il était tendu, car il demande qu'on lui mette de côté, en plusieurs exemplaires, les journaux qui se feront écho de l'ouverture et de l'activité de la galerie.

Il prescrit de faire encadrer un dessin de Forain, mais de ne pas le mettre « en vedette » car il est sur la liste noire des autorités occupantes pour avoir trop brocardé les Allemands durant la Première Guerre mondiale. En vitrine, il faudra installer Utrillo et Friesz, l'une des toiles de Georg et l'aquarelle de Dufy. Au bout de dix ou quinze jours, il serait bien de renouveler la devanture en y plaçant le plus grand tableau d'Utrillo et le Marie Laurencin. Suivent des indications sur le prix à demander pour les différentes œuvres. « Avec le Soutine et le Kisling dont il faut demander 35 et 25, le second Georg (sombre), vous pouvez tenir pendant assez longtemps. Au besoin sortir le petit Chabaud à faire encadrer pour en demander 7. » Aux ventes, il conviendrait d'ajouter de nouvelles acquisitions. Des personnes sont venues proposer des dépôts ou des ventes, qui un Friesz, qui un Guillaumin. Et il serait excellent de retourner voir Matisse et Bonnard pour les solliciter. « Mais je sais combien c'est difficile », reconnaît-il[26].

Jean Moulin reste absent plus d'un mois et lorsqu'il rentre de Grande-Bretagne, il est assailli de tâches aussi urgentes qu'importantes telles que l'encadrement des maquis (qui viennent d'apparaître), le commandement de l'Armée secrète, le financement de la Résistance, et dont la moindre n'est pas la création du Conseil de la Résistance alors même qu'en son absence, les relations se sont détériorées entre la France combattante et les mouvements de résistance.

Dix jours après son retour en France, il gagne Paris où il doit travailler à fédérer les résistances des deux zones dans le Conseil de la Résistance qui aura son siège dans la capitale. Il y rencontre aussitôt Pierre Brossolette, avec lequel l'affrontement est violent sur les initiatives prises par lui depuis deux mois – Moulin estime qu'elles contreviennent aux instructions que tous deux ont reçues –, et sur la composition du Conseil de la Résistance. En dépit de sa colère, Moulin s'abstient de faire connaître aux résistants ce grave désaccord entre représentants de la France combattante, car il mène avec eux, en parallèle, de rudes négociations.

Il se préoccupe néanmoins de la galerie et fait même venir Colette Jacques à Paris durant la deuxième semaine d'avril 1943 pour visiter les marchands et se procurer des œuvres. Il peut croire renforcer ainsi sa couverture non seulement en zone Sud, mais aussi dans la capitale où son séjour peut ainsi être expliqué par des raisons de travail plausibles.

Alors qu'il n'est plus venu à Paris depuis juillet 1942, il a dorénavant prévu d'effectuer la navette entre les deux zones puisque les nouvelles responsabilités qu'il a reçues à Londres concernent toute la France. Sa couverture, d'ailleurs, est double puisqu'il vient de louer, sous le nom de Jacques Martel, peintre-décorateur, un atelier près des jardins de l'Observatoire : le voilà presque revenu à Montparnasse.

La menace est en fait plus lourde que jamais.

L'un de ses collaborateurs en zone Nord, Henri Manhès, arrêté par les brigades spéciales des Renseignements généraux au début du mois de mars, vient d'être remis à la Gestapo. Par sa femme, Moulin a appris que son ami subit des interrogatoires répétés. Les policiers tant allemands que français savent qu'il sert d'agent de liaison entre les responsables de l'organisation gaulliste en zone libre et en zone occupée et qu'il « possède une liaison très étroite avec les organismes gaullistes à Londres »[27]. Aussi Moulin tente-t-il de le secourir dans sa prison. Il demande à Colette Jacques d'aller dîner chez une de ses amies d'école, qui vit avec un officier de la Gestapo, pour récolter des informations. Non sans quelques résultats, selon la jeune femme.

Leur quête d'œuvres d'art est casée entre d'importantes réunions, comme celle du comité de coordination des mouvements de résistance de zone occupée ou la séance inaugurale du comité général des experts dans la capitale, et de non moins importantes négociations pour la constitution du Conseil de la Résistance. Elle n'en est pas moins fructueuse, à en croire une enveloppe conservée par Colette Jacques sur laquelle Jean Moulin a noté, à l'issue de leur campagne, les toiles achetées et le prix payé[28]. Elle les décrit d'ailleurs « des tableaux sous les bras, allant de café en café et aussi un peu en galeries »[29]. Elle fait ainsi ressentir le sentiment d'insouciance et de plaisir qui accompagnait les activités de Moulin dès lors qu'il était question de peinture.

Colette Jacques regagne Nice en emportant leurs achats que Moulin appelle « de belles choses ». Il prolonge pour sa part le séjour à Paris. Là encore, il pense à sa galerie en ayant avec la galerie Pétridès un important rendez-vous d'affaire. Marchand d'Utrillo, Pétridès déborde d'activité sous l'Occupation, ne négligeant pas les clients allemands. Moulin, conservant l'attitude d'un commerçant détaché des considérations patriotiques et politiques, passe un accord multiforme avec Pétridès. Il lui achète ferme trois aquarelles de Marie Laurencin, un grand Utrillo, deux dessins de Renoir (qu'il ne trouve pas très convaincants mais qui ont le mérite de venir de la collection personnelle du grand marchand d'art Ambroise Vollard). En échange, la galerie Romanin dépose chez Pétridès une toile d'Eugène Boudin. Ce premier arrangement doit ouvrir des perspectives pour l'avenir. Moulin espère obtenir la matière d'une exposition Laurencin et d'une exposition de dessins de maîtres en plus de l'exposition Friesz que Colette et lui sont en train de monter[30].

Ces démarches, très « professionnelles », montrent que Moulin prend au sérieux son travail de galeriste. Il ne l'exerce pas en dilettante. On perçoit dans sa correspondance ses connaissances techniques, sa fréquentation assidue des galeries et des catalogues. On se rend aussi compte qu'il se projette dans l'avenir, avec des perspectives s'étalant sur plusieurs mois. Se rendant auprès de sa mère et de sa sœur pour le week-end de Pâques, il ne parle devant la vieille dame que de la galerie et des satisfactions qu'elle lui procure[31].

Ces intentions sont confirmées dans les faits. Tout d'abord, la galerie présente à partir du 7 mai 1943 une exposition consacrée à Othon Friesz. On pourrait penser que l'événement, mettant en avant un peintre qui a effectué le « voyage des artistes » en Allemagne en novembre 1941 et compte au nombre des « amis » du sculpteur préféré d'Hitler, Arno Breker, et parmi les figures de la collaboration mondaine, est, pour cette galerie, le comble de la couverture. Mais il y a, en plus de cette habileté, un intérêt véritable de Moulin pour cet artiste dont il reconnaît le talent.

Par ailleurs, il prévoit de nouvelles entreprises. Il envisage un voyage à Collioure, programmé en juin, pour y rencontrer le sculpteur Aristide Maillol – lui aussi très apprécié des Allemands et très coté dans les milieux collaborationnistes, où ses statues de femmes passent pour le pendant français des créatures surhumaines de Breker[32]. On ne peut oublier que Jean Moulin avait, dans sa jeunesse, eu ses premiers contacts avec le milieu artistique grâce à la sculpture. Il est, en outre, un admirateur sincère de Maillol[33]. Mieux encore, il a prévu un ouvrage sur l'œuvre de Bonnard et en est au stade des projets de contrat avec le peintre[34].

Colette Jacques réussit des ventes. Celles-ci font plaisir à Moulin. L'une d'elles, en particulier, le réjouit particulièrement : la vente de deux Jongkind au musée de Grenoble, qui lui semble confirmer la pertinence de ses choix et la sûreté de son goût. Ce sont de petites joies dont il profite à distance. Il a d'ailleurs à cœur de les partager avec sa mère et sa sœur, comme dans cette lettre du 17 juin 1943 :

> Ici tout va bien et les affaires ne marchent pas trop mal, malgré un ralentissement assez sensible de la vente des objets de luxe en général.
>
> Nous avons eu la bonne surprise d'avoir deux achats faits par le musée de Grenoble. C'est le conservateur du musée qui a fait lui-même cet achat[35].

En mai et juin 1943, il n'a plus de temps pour la galerie, ni pour se rendre « dans cette maison que j'aime bien, dit-il, et dont je suis hélas, trop éloigné », ni même pour écrire à sa directrice. La première réunion du Conseil de la Résistance, les confrontations de plus en plus serrées avec les chefs des mouvements, la nécessité de reprendre en main l'Armée secrète mobilisent son temps et son énergie. Le 12 juin 1943, il trouve enfin le temps de féliciter Colette Jacques et de lui adresser des recommandations : vendre si possible la gouache d'Utrillo et payer à Pétridès les aquarelles de Laurencin et l'un des dessins de Valadon (« le meilleur bien entendu »), continuer à prévoir de petites expositions et envisager d'effectuer seule le voyage à Collioure. « Il m'est impossible de me déplacer en ce moment », précise-t-il[36]. Il n'oublie pas pour autant de faire des projets : en réglant ponctuellement ce qui est dû à Pétridès, on l'incitera à leur confier d'autres œuvres à la vente...

*

Après la guerre, la plupart des résistants et des engagés de la France libre reprirent les activités professionnelles qu'ils occupaient avant le conflit. Une partie d'entre eux entama une carrière politique en passant par l'Assemblée consultative provisoire et l'Assemblée constituante. D'autres résistants se reconvertirent totalement, en tirant parti des expériences ou des rencontres de leur vie clandestine.

Qu'aurait choisi Jean Moulin s'il avait vécu ? Ses responsabilités éminentes et sa proximité avec le général de Gaulle tout comme son passé de haut fonctionnaire le destinaient logiquement à des fonctions politiques de premier plan. Mais aurait-il suivi cette logique ? Ou aurait-il saisi la chance qui s'offrait à lui de se consacrer enfin à ce qui avait été sa première vocation ?

Six membres du Conseil (désormais national) de la Résistance devinrent ministres après la guerre (et presque tous furent plus ou moins durablement parlementaires).

Après la guerre, Aimé Maeght, qui s'était transformé en marchand d'art sur la Côte d'Azur à la faveur des circonstances de la guerre, monta à Paris pour y créer sa galerie avec le soutien de Bonnard et de Matisse.

Quelle aurait été la voie choisie par Jean Moulin : celle de Georges Bidault ou celle d'Aimé Maeght ? Au printemps de 1943, il évoquait régulièrement les visites qu'il ferait après la guerre, espérant en particulier aller voir en Italie les chefs-d'œuvre de la Renaissance. Il confia même à son secrétaire qu'il se consacrerait à la peinture ou accepterait peut-être le ministère des Beaux-Arts, sans que le jeune homme ait pu démêler s'il s'agissait ou non d'une boutade [37].

Quant à Pétridès, il se défendit devant la Commission d'épuration des marchands d'art en soutenant que, pourvoyeur de Jean Moulin, il ne pouvait être soupçonné de complaisances pour l'occupant…

22

Monsieur X
16 février 1943

Le 14 février 1943, Jean Moulin arrive à Londres en compagnie du général Delestraint, commandant en chef de l'Armée secrète désigné par le général de Gaulle. « Le général de Gaulle, qui avait suivi attentivement l'extraordinaire travail accompli en zone libre depuis plus d'un an, par Jean Moulin, racontera le colonel Passy, décida de lui conférer aussitôt la croix de la Libération, en reconnaissance des services exceptionnels qu'il avait rendus [1]. »

Cette croix de la Libération dont le général de Gaulle a défini la philosophie quelques mois plus tôt :

> Il n'existe pas, dans les Forces françaises libres, de plus haute distinction que la croix de la Libération, et tous ceux à qui elle est décernée, du général au simple soldat, deviennent pour la vie des compagnons [2].

Dès novembre 1940, le Général a souhaité récompenser avec éclat les volontaires – souvent même les pionniers – qui prenaient le plus de risques et obtenaient les résultats les plus cruciaux dans la poursuite du combat contre l'Allemagne. Il ne pouvait être question de la Légion d'honneur, sur laquelle le gouvernement de Vichy gardait la main. Pourtant, il était important aux yeux du chef de la France libre, qui connaissait la valeur des symboles, de s'approprier cette prérogative régalienne consistant à créer et à conférer des décorations. Il choisit d'ailleurs de fonder un ordre et non une simple décoration. Les titulaires de la croix de la Libération seront désignés comme des « compagnons », *ses* compagnons, tous égaux entre eux. Lors des premières nominations, il marque le lien essentiel entre cette distinction et le combat dédié à la libération de la France et de son empire colonial. Sont décorés des acteurs décisifs du ralliement de territoires à la France libre, ainsi que des combattants. Certains des premiers décorés le sont sur le front des troupes et d'autres le sont à titre posthume, après avoir perdu la vie en opération.

Ce n'est toutefois que peu à peu que les Français libres eux-mêmes, aux prises avec les dangers et les incertitudes de leur tâche quotidienne, commencent à mesurer la valeur de rareté et le prestige que le général de Gaulle a voulu attacher à la croix de la Libération. Elle est reconnue au fil des mois de guerre comme le signe éminent de la gratitude de la patrie, mais aussi de l'appartenance à une chevalerie du devoir et du sacrifice.

Un conseil de l'Ordre propose des candidatures au Général, sur lesquelles il est, en dernier ressort, seul à trancher. Le 17 septembre 1942, Passy soumet une demande en faveur du « caporal Mercier » en tant que chef de mission. La proposition de citation destinée à accompagner l'attribution de la croix de la Libération insiste tout d'abord sur les capacités d'initiative et de décision de Moulin qui, la plupart du temps, doit se débrouiller à peu près seul en dépit du danger et des obstacles matériels. Un fait précis est aussi porté à son crédit : l'organisation, avec l'aide des mouvements de résistance, de manifestations patriotiques en zone libre les 1er mai et 14 juillet 1942. Est surtout mise en valeur sa contribution décisive au « regroupement des éléments de résistance » qui fait de lui « l'un des artisans de la réunion des combattants français de l'intérieur et de l'extérieur ». On sait que, pour le général de Gaulle, cette unification est cruciale parce qu'en dehors de son indéniable utilité pratique, elle est la preuve, auprès des alliés anglo-américains, que la France combattante incarne et commande l'ensemble des Français qui sont en guerre contre l'occupant allemand. Celui qui a annoté la demande du colonel Passy (peut-être le destinataire de la lettre, le lieutenant-colonel Billotte, chef de l'état-major du général de Gaulle) a d'ailleurs souhaité que soit remontée en exergue la phrase concernant cette réussite de Moulin. Finalement, la citation qui accompagne l'attribution de la croix de la Libération, datée du 17 octobre 1942, est à la fois plus dense et plus catégorique :

> Chef de mission d'un courage et d'un esprit de sacrifice exemplaires, a, en personne, établi les liaisons entre les Forces françaises combattantes et les Mouvements de Résistance en France, en déployant pour y arriver une ardeur exceptionnelle.

Cette distinction n'est pas rendue publique en dehors du milieu très restreint des dirigeants de la France combattante, puisque l'identité et les fonctions de Moulin restent protégées par le secret. C'est à la fin d'un télégramme adressé à Moulin par Frenay et d'Astier de La Vigerie, alors en séjour de travail à Londres, que Raymond Lagier-Bienvenüe, qui était son habituel correspondant au sein du BCRA, glisse la nouvelle : « Êtes compagnon Libération. Je dis compagnon Libération. Amicales félicitations de tous »[3]. Au reçu de ce câble, Jean Moulin sait-il bien ce qu'est un « compagnon Libération » ? A-t-il entendu parler de l'ordre de la Libération pendant son séjour en Angleterre de 1941 ou lui a-t-il fallu recevoir des informations complémentaires pour mesurer l'honneur qui lui était ainsi fait ? Sa réponse, également télégraphiée, est en tout cas sibylline : « Grand merci pour distinction. Pensez à collaborateurs ».

La valeur de l'attribution de la croix de la Libération lui est confirmée par deux lettres personnelles que lui adresse de Gaulle, qui l'appelle maintenant « cher ami ». La première, écrite dans la foulée de la citation accompagnant la croix, se termine par de chaleureux encouragements : « Je tiens à vous dire que vous avez mon entière confiance et je vous adresse toutes mes amitiés. » La seconde, parvenue à Moulin au moment même où il s'apprêtait à partir pour Londres, en février 1943, lui annonce que ses pouvoirs vont être élargis : « Je suis sûr qu'une autorité accrue vous permettra de développer encore plus votre action, vous avez toute ma confiance. Nous approchons du but, voici l'heure des plus durs efforts[4]. »

En tout cas, lorsqu'il arrive en Angleterre, après bien des délais imposés à son opération d'enlèvement aérien, Moulin est précédé par sa réputation et auréolé du succès des missions qui lui ont été confiées en décembre 1941. Pour sa part, il est dorénavant bien conscient de l'importance de cette décoration. Aussi se montre-t-il particulièrement ému lors de la cérémonie très discrète et néanmoins solennelle durant laquelle la croix lui est remise. « Ce caractère d'intimité, précise Passy, rendit cette remise de décoration encore plus impressionnante. » L'émotion de tous est probablement accrue par la conscience que, jusqu'à ce que Moulin ait posé le pied sur le sol anglais, personne ne pouvait savoir si cette remise aurait lieu un jour.

Parvenu à Londres quarante-huit heures plus tôt, il est convié pour l'occasion dans la maison personnelle du général de Gaulle, dans le quartier de Hampstead. Normalement, les cérémonies étaient accompagnées de prises d'armes, avec la plus grande solennité possible. Mais ne sont en l'occurrence présents, dans le bureau du Général, en plus des deux protagonistes principaux, que Delestraint, Passy, Billotte et André Philip, commissaire à l'Intérieur et, à ce titre, interlocuteur régulier de Moulin. Ce tout petit comité, imposé par des considérations de sécurité, souligne aussi combien, au début de 1943, la France combattante demeure un mouvement dont la persistante marginalité crée l'isolement, mais accroît la fraternité de ses membres. Sans le récit rédigé en 1948 par Passy, il ne resterait aucune trace, ni écrite ni, *a fortiori*, photographique, de cette scène.

> Je revois Moulin blême, saisi par l'émotion qui nous étreignait tous, se tenant devant le Général et celui-ci lui disant, presque à voix basse : « Mettez-vous au garde-à-vous », puis poursuivant en détachant les membres de phrase et en les scandant de sa manière personnelle que chacun connaît aujourd'hui : « Caporal Mercier, nous vous reconnaissons comme notre compagnon pour la libération de la France, dans l'Honneur et la Victoire. » Et pendant que de Gaulle lui donnait l'accolade, une larme, lourde de recon-

naissance, de fierté et de farouche volonté coulait doucement le long de la joue pâle de notre camarade Moulin. Comme il avait la tête levée vers le Général, nous pouvions voir encore au travers de sa gorge, les traces du coup de rasoir qu'il s'était donné en 1940, pour éviter de céder sous les tortures de l'ennemi [5].

En choisissant d'évoquer cette cicatrice et les événements auxquels elle renvoie, Passy a sans doute souhaité insister sur la cohérence du parcours de vie de Moulin. À dire vrai, il est bien possible que ce dernier ait alors repensé à la terrible décision qu'il avait cru devoir prendre pour ne pas risquer de nuire à l'honneur de l'armée de son pays envahi. Mais aussi à la manière dont le gouvernement de Vichy l'avait récompensé de son courage et de son dévouement, en le mettant à la retraite sans autre forme. De même, cet instant solennel lui évoque peut-être les efforts déployés en vain pour être incorporé en 1939 et compenser, en quelque sorte, la relative vacuité de sa mobilisation de 1918 qui était devenue pour lui, au fil des années, un amer regret.

Dans le discours qui accompagnera l'entrée des cendres de Jean Moulin au Panthéon, André Malraux citera intégralement le récit de Passy, non seulement pour souligner l'importance de cet épisode, mais aussi pour compenser l'extrême confidentialité qui avait empêché Moulin de recevoir, en 1943, l'hommage public qui lui était dû [6].

Bien entendu, ce second – et dernier – séjour à Londres de Jean Moulin revêt une importance tout autre que symbolique. Sa venue était si impérative après l'échec de l'opération d'enlèvement programmée en janvier 1943 que, de manière exceptionnelle, trois Lysander ont été prévus pour que l'un au moins puisse réussir l'enlèvement. Il est venu en Angleterre pour informer le général de Gaulle de l'évolution de l'organisation de la Résistance en zone Sud, de sa proposition de créer un « conseil de la Résistance » et des projets préparés avec le général Delestraint pour le développement et l'emploi de l'Armée secrète.

Moulin s'attend à recevoir en retour de nouvelles instructions. Effectivement, celles qui ont été rédigées dans les semaines précédentes ont été mises en attente et elles seront réécrites à l'issue de ses conversations répétées avec le Général, les responsables des services de renseignement et du commissariat à l'Intérieur de la France combattante et des membres de l'état-major britannique.

Il en découlera des décisions effectives sur la mise au point du Conseil de la Résistance – que nous connaissons sous son nom ultérieur de Conseil national de la Résistance –, ainsi que sur la stratégie de l'Armée secrète, d'autant que le hasard fit que les premiers maquis se formèrent alors que Moulin et Delestraint se trouvaient en Angleterre.

La toile de fond de ces entretiens cruciaux est constituée par les périlleuses et urgentes négociations ouvertes entre la France combattante et le général Giraud, que les Américains (et les aléas de l'histoire) avaient placé à la tête des territoires coloniaux français qui étaient entrés dans la guerre contre l'Axe. Si le général de Gaulle finissait par être marginalisé, voire évincé, les mouvements de résistance et la démocratie le seraient avec lui. De là naissent les nouvelles instructions données à Moulin, pour élargir la représentativité de la Résistance en métropole afin d'asseoir la légitimité de la France combattante et de prouver aux Anglais et aux Américains que la Résistance française est capable d'un apport significatif à la cause alliée.

Moulin est supposé ne demeurer en Grande-Bretagne qu'une dizaine de jours, pour passer au plus vite à l'exécution de ses nouvelles missions. Mais le Lysander qui le ramène en France dans la nuit du 24 au 25 février ne peut trouver, à cause du brouillard, le terrain, situé près de Châteauroux. Au retour en Grande-Bretagne, le brouillard, là aussi, est tel que l'atterrissage s'effectue en catastrophe. Le train casse et l'avion bascule. Moulin s'en extrait tant bien que mal[7].

Le 17 mars 1943, après plus d'un mois passé en Grande-Bretagne, Jean Moulin dîne avec le général de Gaulle. Ce dernier, comme il l'a déjà fait à plusieurs reprises quand il est confronté à une crise avec les Britanniques, s'est mis ostensiblement en retrait et parle de s'éloigner de Londres à l'occasion d'un voyage dans les territoires ralliés. Moulin le persuade que l'urgence créée en métropole par l'apparition des premiers maquis l'oblige à reprendre langue avec ses alliés pour obtenir au plus vite de l'équipement et des moyens de liaison pour les aider[8]. Il n'est que trop conscient de n'avoir pas vraiment convaincu les Britanniques, qui demeurent réticents à l'idée de multiplier les parachutages d'armes. Le simple fait que le Général l'ait écouté et suivi montre assez quelle estime il lui porte, alors qu'il en est habituellement avare.

Les deux hommes confirment en outre leur accord fondamental sur la nécessité de mener la France non seulement à la victoire, mais au rétablissement de la démocratie. Ce que le Général devait traduire ultérieurement par cet éloge : « Rempli jusqu'aux bords de l'âme de la passion de la France, convaincu que le "gaullisme" devait être, non seulement l'instrument de combat, mais encore le moteur de toute une rénovation, pénétré du sentiment que l'État s'incorporait à la France libre, il aspirait aux grandes entreprises[9]. »

Moulin dut assurer au Général qu'il mènerait à bien la mission qui lui était confiée, quels que soient les risques qu'il encourrait. Les mots, ici, ne sont pas vains. En effet, la première fois que Jean Moulin avait accepté les consignes du général de Gaulle, il s'agissait d'opérer en zone libre et d'être à la merci d'un emprisonnement. Ses séjours en zone occupée demeuraient brefs et représentaient des risques raisonnables. Mais depuis l'invasion de la zone libre, en novembre 1942, les opérations directes des services de police allemands et leur incursion dans les tribunaux et les prisons français ont radicalement modifié la nature du danger. Pour autant, Jean Moulin n'envisage pas plus que ses camarades de combat de se dérober. Dans le dernier document qu'il adresse au général de Gaulle à la veille de son départ, il utilisera une formule de politesse tout à fait explicite : « Tous mes respects et toujours passionnément dévoué »[10].

À la descente du Lysander qui le dépose enfin en France le 20 mars 1943, Jean Moulin aura reçu un nouveau pseudonyme de travail. Il est dorénavant Max et non plus Rex, et doté des pleins pouvoirs, sauf concernant les réseaux de renseignement.

Au cas où les communications seraient interrompues entre la France et Londres, il est habilité à prendre toutes les décisions qu'il estimerait utiles. « Monsieur X » devient le seul représentant permanent du général de Gaulle et du Comité national français pour la France entière, avec le rang de commissaire national – c'est-à-dire de ministre – en mission. Il est le deuxième personnage de la France combattante, derrière le général de Gaulle.

À Londres, Moulin a pensé aux agents du BCRA qui le secondent depuis le début de sa mission. Il rapporte pour Paul Schmidt la croix de guerre et pour Raymond Fassin et Joseph Monjaret la médaille de la Résistance, précisément créée en février 1943. Pour célébrer sa nomination comme compagnon et le remercier, les trois hommes décident de lui offrir un cadeau : ce seront un étui à cigarettes et un briquet de laque noire qui lui seront remis durant le seul dîner que les quatre hommes aient jamais pris ensemble.

Après avoir plaisanté sur le coup de filet que la Gestapo pourrait réaliser en les trouvant tous réunis, Jean Moulin évite de parler travail. Il rit, raconte des anecdotes sur sa vie passée et ses expériences comme dessinateur. Il trace la caricature de ses camarades pour immortaliser la soirée[11]. Trois semaines plus tard, Monjaret est pris par la Gestapo et déporté. Moulin sera arrêté deux mois après lui. Schmidt devra quitter précipitamment la France à son tour. Raymond Fassin, resté le dernier sur le terrain, sera arrêté en avril 1944 et mourra en déportation.

23

Rue du Four
27 mai 1943

En 2013, la loi a institué le 27 mai comme journée nationale de la Résistance, parce qu'il s'agit du jour anniversaire de la création du Conseil national de la Résistance. Même si la plupart des Français ne seraient pas capables d'associer spontanément la date du 27 mai 1943 au CNR, la très grande majorité de ceux qui sont nés après 1945 en ont entendu parler et peuvent se rappeler quelques souvenirs de collège ou de lycée où il est question du programme du CNR, de ce qu'il en reste dans nos institutions et dans notre système de protection sociale. Ce qui fut une « journée particulière » dans la vie de Jean Moulin a ainsi rejoint l'histoire nationale. Lui-même et les autres protagonistes de cet événement en eurent-ils conscience ? Comment vit-on un jour historique quand on en est l'acteur et, qui plus est, un acteur qui risque sa vie ?

Cette journée débute mal puisqu'elle commence par un report. La réunion aurait dû se tenir le 25 mai, mais, l'avant-veille, il apparaît qu'il va manquer un participant qu'il faut absolument remplacer. Aussi les collaborateurs de Moulin se retrouvent-ils à décommander et à prévenir les intervenants, dans les conditions précaires de la clandestinité. De ce contretemps découle le fait que Jean Moulin lui-même, dans les documents qu'il adresse au Comité national français à Londres, donne la date du 25 au lieu du 27.

En un sens, on n'en est plus à deux jours près, puisqu'un premier quiproquo a fait annoncer à la BBC et dans la presse alliée la réunion du Conseil de la Résistance dès le 15 mai. En effet, le Conseil de la Résistance devait, entre autres, contribuer à soutenir le général de Gaulle dans la rivalité avec le général Giraud que les Américains avaient suscitée en instituant ce dernier commandant en chef civil et militaire en Afrique du Nord. Ayant entendu sur les ondes de la BBC que de Gaulle s'apprêtait à partir à Alger pour y négocier avec Giraud, Moulin réagit en envoyant à Londres, le 8 mai, trois télégrammes pouvant appuyer sa cause. Déjà, le 9 avril, il avait adressé un premier câble de soutien, en citant les mouvements de zone Sud Combat, Libération et Franc-Tireur, et le Comité d'action socialiste.

Il élargit cette fois les appuis et leur propos[1]. Le premier télégramme du 8 mai annonce que le Conseil de la Résistance est formé et se réunira bientôt. Les deux suivants contiennent un texte d'adhésion au général de Gaulle, composé par Moulin à partir des entretiens qu'il a eus avec les différents représentants de la Résistance pour préparer le Conseil. Dans son esprit, il s'agit de créer un effet d'annonce, au cas où de Gaulle aurait quitté Londres avant qu'il ait réussi matériellement à réunir le Conseil de la Résistance. Il ne s'est pas résolu sans quelques hésitations à cette anticipation[2]. Plus prosaïquement, il s'agit aussi de demander que de Gaulle n'oublie pas d'adresser un message au Conseil qui sera lu durant sa première réunion, message dont il rappelle ce que doivent être la teneur et la finalité.

> Conseil de la Résistance constitué. Essaie organiser réunion prochaine. Indispensable m'envoyer par premier courrier message de Gaulle qui devra constituer programme politique.
>
> Pour avenir insister primo sur nécessité constituer Quatrième République qui ne sera pas calquée sur la Troisième.
>
> Pour présent souligner difficultés requérant intérieur efforts sacrifice discipline.
>
> Veille départ de Gaulle Algérie tous mouvements et partis résistance zones nord et sud renouvellent général de Gaulle et Comité national attachement total aux principes qu'ils incarnent et dont

ne sauraient abandonner parcelle sans heurter violemment opinion française. Tiennent à déclarer fermement.

Primo pour rencontre prévue doit se faire entre Français au grand jour et au siège gouvernement général Algérie. À suivre.

Secundo que les problèmes politiques ne sauraient être exclus des conversations.

Tertio que subordination de Gaulle à Giraud comme chef militaire ne sera jamais admise par peuple de France qui demande installation rapide gouvernement provisoire Alger sous présidence de Gaulle avec Giraud comme chef militaire.

Quarto quelle que soit l'issue des négociations de Gaulle demeurera pour tous seul chef résistance française. Fin[3].

Par suite des constantes difficultés qui retardent voire empêchent les transmissions entre la France et la Grande-Bretagne (en l'occurrence, après des arrestations d'opérateurs, il n'y a plus de liaison radio entre la zone Nord et l'Angleterre), ces câbles parviennent sur le bureau d'André Philip, le commissaire à l'Intérieur, en début de soirée le 14 mai. Malgré les inévitables raccourcis télégraphiques, ils sont clairs. Ce qui n'empêche pas qu'ils vont être « surinterprétés[4] » parce qu'ils arrivent à point nommé pour affermir la position du général de Gaulle à la veille de négociations risquées. Le Général racontera que Philip et Soustelle (commissaire à l'Information), « triomphants », lui apportent immédiatement les câbles de Moulin[5]. Les montrant lui-même à l'un de ses collaborateurs, il s'exclame d'ailleurs : « Voici l'instrument qui va me permettre de m'imposer à Giraud et aux Alliés. » Plusieurs témoins se souviendront d'ailleurs de son enthousiasme, sentiment qu'il exprime rarement[6]. Effectivement, il les fait aussitôt suivre au général Catroux, qui assure à Alger le rôle d'intermédiaire avec le général Giraud (et ses mentors).

Le Conseil national de la Résistance vient de se constituer en France [...] Notre commissaire national en France préside le Conseil. Je vous envoie par ailleurs le texte du télégramme que le Conseil, unanime, vient de me faire parvenir [...] J'engage, si cela peut être nécessaire, ma parole d'honneur quant à l'authenticité de ces textes et de ces références, authenticité qui est d'ailleurs parfaitement connue des services de l'Intelligence britannique. Je vous prie de donner au général Giraud connaissance de ces diverses communications[7].

Pour être bien sûr que le général Giraud et les Anglo-Saxons ne pourraient minimiser la portée de ce soutien, Jacques Soustelle, opposant catégorique à des concessions à Giraud, fait diffuser dès réception des télégrammes un communiqué de presse annonçant la formation du Conseil de la Résistance et sa composition, en citant le message de Moulin comme la motion du Conseil : « le Conseil de la Résistance vient d'adresser le message suivant au général de Gaulle »[8].

Ce communiqué est répété à la BBC, dans le cadre des cinq minutes de programme de la France combattante, et sur l'antenne de Radio Brazzaville. Il est reproduit dans le *Times* et le *New York Times* et mentionné par des radios américaines et anglaises. Même si certains (à commencer par le commissaire aux Affaires étrangères) jugent qu'il aurait été plus diplomatique de réserver discrètement les télégrammes de Moulin pour la négociation qui va s'ouvrir – et c'est peut-être ce que Moulin a lui-même envisagé en les envoyant –, ils ont produit leur effet. Le général Giraud admettra que, dans sa décision, annoncée dès le 17 mai, de ne plus tarder à rencontrer de Gaulle afin de préparer une union, la constitution du Conseil de la Résistance et la diffusion de sa motion avaient eu leur part.

A posteriori, de Gaulle évoquera cet épisode dans ses *Mémoires* pour lui conférer une grande portée (mais sans s'attarder à l'embrouillamini des dates et des versions).

> La voix de cette France écrasée, mais grondante et assurée, couvrait, soudain, le chuchotement des intrigues et les palabres des combinaisons. J'en fus, à l'instant même, plus fort, tandis que Washington et Londres mesuraient sans plaisir, mais non sans lucidité, la portée de l'événement[9].

Sans plaisir, assurément, puisque le *Foreign Office* exige que la BBC cesse toute mention du Conseil de la Résistance. Les événements ont de toute façon connu une accélération décisive. Le général de Gaulle, répondant le 23 mai 1943 aux ouvertures du général Giraud, lui annonce qu'il arrivera à Alger avant huit jours.

Or, pendant ce temps, la réunion du Conseil de la Résistance n'a toujours pas eu lieu. Et Moulin apprend avec consternation par Bidault, qui l'a entendue sur Radio Brazzaville, la diffusion du communiqué qui anticipe la séance inaugurale du Conseil. Voilà qui risque de compliquer encore une tâche dont il ne voit déjà pas le bout.

Pour nous qui savons quelle est la notoriété du CNR, il est malaisé de comprendre pourquoi il fut si compliqué à mettre en place. Et pourtant, non seulement les obstacles matériels dus au danger furent grands, mais les bonnes volontés firent parfois défaut. Comme Moulin devait le résumer brièvement, « ce n'est pas sans difficulté que je suis parvenu à constituer et à réunir le Conseil de la Résistance : difficultés de principe, difficultés de personnes, difficultés matérielles »[10].

Lors de son séjour à Londres en février et mars 1943, Moulin est venu défendre le projet d'un « Conseil de la Résistance » qui serait une instance représentative de toutes les composantes de la Résistance métropolitaine, en liaison avec le Comité national français et la France combattante. Pour en asseoir la légitimité, il a fait valoir la nécessité que ce Conseil comprenne un délégué de chaque grand mouvement de résistance de zone Sud et Nord, des deux principales confédérations syndicales et des partis politiques représentés au Parlement avant la guerre. Bien que lui-même très déçu par les partis et véritable imprésario des mouvements de résistance, il a fait, contre son cœur, un choix pragmatique pour surmonter la dispersion qui menaçait les chances de succès de l'action en France, l'unité de la Résistance et la paix civile. Le général de Gaulle a approuvé son projet et a doté Moulin de pouvoirs étendus, entre autres pour lui permettre de créer le Conseil et de le présider.

Ce n'est pas sans peine que Moulin a réussi à imposer aux mouvements de résistance (et à certains agents de la France combattante, dont Pierre Brossolette) le principe et la composition de cet organisme. Le principal point d'achoppement est la présence en son sein de représentants des anciens partis politiques. La crise de régime qui sévissait à l'état endémique avant 1939 puis la défaite aussi rapide que totale font que, depuis juin 1940, la détestation des partis est l'un des sentiments les mieux partagés dans tous les secteurs de l'opinion. Les résistants n'échappent pas à cet état d'esprit. Chez eux, l'hostilité s'augmente du constat qu'à l'exception du parti communiste et, dans une moindre mesure, du parti socialiste, les partis en tant que tels ne prennent pas part à la Résistance. Ils ont beau jeu d'opposer le sacrifice des combattants volontaires aux calculs mesquins des politiciens professionnels.

D'ailleurs, si on prône l'union, n'est-il pas totalement contre-productif d'en appeler aux partis qui sont, par définition, synonymes de divisions ? En outre, le combat des résistants implique un projet de profonde rénovation qui exclut absolument de ressusciter les partis discrédités en les faisant bénéficier d'une onction résistante usurpée. C'est de haute lutte que Moulin les a convaincus que la notoriété internationale des partis et de leurs leaders et la caution démocratique qu'ils incarnent serviraient la cause commune.

À Londres, on est également convaincu que dès lors que le parti communiste agit dans la Résistance en tant que parti, il ne faut pas le laisser seul sur ce terrain [11]. Quant aux centrales syndicales, si elles n'attirent pas les mêmes critiques de la part des résistants, elles offrent une assise très précaire, parce qu'elles se sont déchirées avant-guerre entre communistes et non-communistes et parce qu'elles sont malmenées par la législation de Vichy et les réquisitions allemandes de main-d'œuvre.

Reste à trouver qui représentera les différentes composantes et comment se feront les dosages. Déjà, il a fallu à Moulin imposer la liste restreinte des membres du Conseil. Logiquement, il y a, parmi les mouvements de résistance, plus de prétendants éconduits que d'heureux élus, ce qui suscite déceptions et querelles. Plusieurs des organisations cherchent en outre à se dédoubler, sous des prétextes divers, pour acquérir plus de poids. Au contraire, certains dirigeants naturels des mouvements refusent de siéger dans le Conseil pour ne pas laisser oublier leurs griefs, mais entendent que leur mouvement soit tout de même représenté. Enfin, certains partis sont bien en peine de proposer des candidats, soit que leurs membres ne soient pas impliqués dans une résistance active, soit qu'ils soient physiquement empêchés.

Vers la mi-mai, Moulin envoie par télégramme à Londres la liste des organisations retenues, avec le nom de leurs délégués. Si la première est définitivement arrêtée et conforme à ce qu'il a décidé et négocié, la seconde demeure incomplète, justement en ce qui concerne les partis politiques [12]. La clandestinité pose en soi des problèmes ; André Le Troquer, par exemple, désigné par Léon Blum pour représenter les socialistes, vit si bien caché qu'on ne sait pas comment le joindre. Mais il y a plus compliqué encore.

Le parti radical, malgré le ralliement à de Gaulle de son ancien président, Édouard Herriot (pour lequel Moulin n'a aucune estime), et l'opprobre dont il est accablé par Vichy en tant que parangon de la République honnie (et de la franc-maçonnerie), n'est pas actif au sein de la Résistance. On lui reproche d'avoir fait bon marché de la République qu'il était supposé incarner en la bradant allègrement en juillet 1940. Une fraction de ses anciens élus flirte avec le Vichy de Pierre Laval, qui n'a pas renié toutes ses habitudes de vieux parlementaire. D'autres sont internés ou condamnés, à commencer par Pierre Cot, mais aussi Pierre Mendès France, Édouard Daladier ou Jean Zay. L'action résistante des élus radicaux de premier plan reste rare et s'exerce essentiellement à titre individuel.

Quoi que puisse en penser Moulin, qui est issu lui-même de cette mouvance, trouver un représentant du parti digne du Conseil de la Résistance est une gageure. Un timide groupe d'action radicale s'est formé, probablement à l'instigation de Paul Bastid, ancien ministre du Commerce et membre du Comité général des experts que Moulin a créé pour travailler à des projets pour la Libération. Il a suggéré le nom de l'ancien ministre radical de la Justice du Front populaire, Marc Rucart. En tant que franc-maçon de haut grade, il est en outre habilité à représenter la franc-maçonnerie. Il a l'avantage de ne pas avoir voté les pleins pouvoirs au maréchal Pétain, le 10 juillet 1940, d'avoir été arrêté par les Allemands en 1941 et emprisonné plusieurs mois pour ses activités résistantes, balbutiantes mais authentiques.

Reste à aboutir à un résultat aussi probant avec les deux grands partis de droite qui se trouvent, en la circonstance, fort dépourvus. Ils n'en sont pas moins indispensables, car bien connus des dirigeants américains et britanniques.

L'Alliance démocratique est écartelée entre une tendance qui a pris part au gouvernement de Vichy et une autre qui est stigmatisée par ce même gouvernement : Pierre-Étienne Flandin a été désigné comme ministre des Affaires étrangères du maréchal Pétain ; Paul Reynaud a été placé en détention dans une enceinte fortifiée sur ordre de ce même maréchal Pétain. Il a donc fallu dénicher, pour participer au Conseil de la Résistance, un membre de l'Alliance démocratique, si possible avec un peu d'assise, pour personnifier la tendance Reynaud. Le choix finit par se porter sur Joseph Laniel, député du Calvados et brièvement sous-secrétaire d'État dans le gouvernement Reynaud en 1940. Après une entrevue avec Moulin, le 17 mai, il a donné son accord sans faire d'embarras. Le fait qu'il ait démissionné de l'Alliance après que Flandin a félicité publiquement Hitler pour la conclusion des accords de Munich en 1938 apparaît comme un atout.

Ce n'est que cinq jours plus tard que le représentant du général de Gaulle est avisé que Laniel a voté les pleins pouvoirs à Pétain, le 10 juillet 1940. Il s'inquiète de l'aubaine que cette défaillance représente pour les contempteurs de la résurgence des partis. « Pourquoi ne m'a-t-on pas mis en garde ? déplore-t-il. Bastid m'a assuré que c'était le seul présentable à l'Alliance démocratique. Que doivent être les autres [13] ? »

À dire vrai, cette question rhétorique ne prouve pas qu'il n'y ait personne à l'Alliance pour remplacer Laniel, car il existe des parlementaires de ce groupe qui n'ont pas voté pour Pétain et qui font preuve d'un certain engagement depuis 1940 [14]. Simplement, les conditions de la clandestinité font qu'ils ne sont pas identifiés ou pas disponibles. Quant à Laniel, ce n'est tout de même pas un converti de la dernière heure : il a regretté son vote dès le 11 juillet et s'est joint par la suite au groupe de parlementaires réfractaires à Vichy que Bastid animait de façon informelle.

Enfin se pose la question de la Fédération républicaine, déchirée entre une majorité d'attentistes très respectueux du Maréchal, une faction de collaborationnistes aussi acharnés que voyants et quelques individualités favorables à la Résistance, à défaut d'être engagés. La Fédération républicaine étant, entre autres, le parti de Philippe Henriot et de Xavier Vallat, on comprend que les résistants aient été pour le moins réservés à son égard. Toutefois, son leader historique, Louis Marin, a donné son adhésion au général de Gaulle, mais il demeure à Vichy dont il ne rejette pas tout le programme, tout en condamnant la Collaboration. Cette ambivalence le retient de participer en personne au Conseil, estimant en outre que son âge et sa notoriété y font obstacle. Moulin retient le principe que ce sera moins la Fédération républicaine qui sera intégrée au Conseil de la Résistance qu'une « tendance Louis Marin », à charge pour ce dernier de désigner son délégué.

Mais même cette exigence assez modeste pose les plus grands problèmes. Il y aurait apparemment un candidat adéquat, suggéré par Marin. Léonel de Moustier, député du Doubs, président du conseil général, fervent républicain et patriote acharné, s'est, malgré son âge et ses charges de famille, engagé en 1940. Il a, seul de son groupe, refusé de voter les pleins pouvoirs au maréchal Pétain le 10 juillet 1940. Depuis ce moment, Léonel de Moustier est engagé à fond dans une résistance multiforme, s'occupant à la fois de filières d'évasion et de renseignement. Il appartient, au niveau local, au bureau des opérations aériennes qui dépend des services centraux dirigés par Moulin [15]. Mais, repéré par la Gestapo, il se trouve pour l'heure en Belgique.

Lorsqu'on l'a sollicité, Léonel de Moustier a répondu de surcroît n'avoir pas eu de contact avec Marin depuis 1940 et n'avoir reçu aucun mandat de sa part. Moulin n'en est pas plus désolé que cela, puisqu'on lui a décrit Moustier comme « assez giraudiste »... Voilà qui ne règle toutefois pas la question de la représentation de la Fédération républicaine. Moulin fait allusion, dans son rapport, à deux autres possibilités, Louis Jacquinot (de toute façon parti à Londres et qui n'a jamais appartenu à la Fédération républicaine) et un ancien député qui s'était récusé (dont le pseudonyme n'a pas été percé). Il est persuadé que les dangers réels qu'encourent les participants à la réunion du Conseil de la Résistance contribuent à tarir les vocations...

À quarante-huit heures de cette réunion, il manque toujours un délégué de la Fédération républicaine. Moulin prend alors la décision de la reporter, en dépit des inquiétudes de ses collaborateurs. Il est hors de question que l'assemblée ne se trouve pas physiquement au complet pour avoir tout le poids démocratique, républicain et patriotique qu'on attend d'elle. Il décide de retarder la réunion de deux jours, tout en conservant le lieu et l'heure, à charge pour ses collaborateurs de toucher les participants avec les moyens du bord et malgré les aléas de la clandestinité.

Jacques Lecompte-Boinet, délégué de Ceux de la Résistance, s'entremet finalement pour trouver coûte que coûte un représentant pour la Fédération républicaine. Par l'intermédiaire du banquier Pierre Lebon, qui appartient au même réseau de renseignements que lui, il fait toucher Jacques Debû-Bridel. Cet ancien chroniqueur parlementaire fut un protégé d'André Tardieu qui, président du Conseil en 1932, rappela à l'ordre le jeune sous-préfet Moulin un peu trop ouvertement à gauche. Il a été candidat de droite contre Pierre Cot dans sa circonscription de Savoie cette même année. Il a appartenu à l'OCM, un mouvement de résistance de zone Nord, et, à l'heure actuelle, il fournit des renseignements militaires à un réseau anglais, tout en étant membre du Front national communiste et en travaillant pour les Éditions de Minuit et le journal *Résistance*. Éclectique de la Résistance – il est pour sa part très hostile à l'introduction des partis dans le champ résistant et même pas adhérent de la Fédération républicaine –, Jacques Debû-Bridel va se retrouver propulsé au Conseil de la Résistance comme porte-parole de Louis Marin, en raison d'une proximité idéologique jugée suffisante. Il accepte, faute d'autre solution, et pour ne pas sembler se dérober[16]. « J'ai obtenu la veille de la réunion, annonce Moulin, que 7 puisse représenter personnellement M. 3 [Louis Marin] »[17]. Revenant trente-cinq ans plus tard sur cet événement, Debû-Bridel évoquera « le hasard de la clandestinité » pour expliquer pourquoi, le 27 mai 1943, il allait devenir l'un des membres fondateurs du CNR[18].

Depuis les débuts de l'action clandestine en France, aucune réunion plénière de cette ampleur et de cette importance ne s'est encore déroulée. Cette dispersion des contacts contribue d'ailleurs à expliquer l'accumulation de malentendus, ratés, défiances et déceptions suscités par les apartés sans cesse recommencés, qui empoisonne l'atmosphère et complique le travail de tous. Comme, de surcroît, chaque rendez-vous constitue un risque d'être repéré, suivi ou arrêté, on comprend qu'il faudrait déployer un luxe de précautions exceptionnel pour assurer la sécurité d'une telle entreprise.

Mais, de luxe, il n'est pas question quand il s'agit de la Résistance, pauvre en hommes, en argent et en ressources. Jean Moulin ne dispose pas de lieux sécurisés, et encore moins de quartier général secret. Il n'a pas de gardes du corps ou de moyens de communication rapides et sûrs. On va donc s'en remettre à des méthodes rudimentaires, en comptant que cette simplicité, jointe à la chance, suffira à ne pas attirer l'attention de l'ennemi.

Le lieu choisi est l'appartement de René Corbin, qui appartint aux cabinets ministériels de Pierre Cot et qui est pour l'heure trésorier-payeur général du Loiret. Il se trouve 48, rue du Four, dans un immeuble que rien ne distingue de ses voisins. Desservie par plusieurs stations de métro, la rue du Four est à la limite du quartier de Saint-Germain-des-Prés où bien des résistants ont leurs habitudes. C'est à la fois une commodité et une faiblesse.

L'appartement, situé au premier étage, possède une fenêtre donnant sur un toit bas dans une cour intérieure. Elle est supposée faire office d'issue de secours. Il est équipé d'un téléphone, si bien qu'en cas d'alerte, un guetteur est censé téléphoner à Moulin depuis une cabine.

Jean Moulin arrivera le premier, rejoint par Georges Bidault. Trois de ses collaborateurs, Pierre Meunier et Robert Chambeiron qui travaillent en zone Nord, et Daniel Cordier, son secrétaire monté de Lyon, iront chercher les participants par petits groupes, à différentes stations de métro. Les trois anciens ministres ne passeront pas inaperçus, malgré leurs efforts pour changer leur apparence. L'un est grand et fort, un autre manchot et le troisième boite.

Tous les protagonistes seront conduits à la porte de l'immeuble, sans qu'on leur indique préalablement l'adresse. L'étage ne leur est donné qu'au dernier moment. Les trois intermédiaires monteront ensuite la garde, surveillant les abords depuis les intersections les plus proches, en faisant mine de s'intéresser aux vitrines. Les deux heures à venir vont leur sembler interminables [19].

Quinze délégués sont introduits dans la salle à manger de l'appartement. Ils y retrouvent Moulin et Bidault. Moulin connaît très bien certains d'entre eux avec lesquels il travaille (et se heurte) depuis parfois près de dix-huit mois : Claude Bourdet de Combat, Antoine Avinin de Franc-Tireur et Pascal Copeau de Libération (Sud), Il ne côtoie certains autres que depuis quelques semaines : Jacques Lecompte-Boinet de Ceux de la Résistance, Roger Coquoin de Ceux de la Libération, Jacques-Henri Simon de l'OCM, Pierre Villon du Front national et Charles Laurent de Libération-Nord, Louis Saillant de la CGT. D'autres lui sont presque inconnus : Laniel, Debû-Bridel, qu'il n'a vus qu'une seule fois auparavant.

Quant à Georges Bidault, choisi pour incarner la mouvance démocrate-chrétienne, très modestement présente au Parlement avant-guerre mais aux avant-postes de la Résistance, c'est non seulement l'un de ses plus proches collaborateurs, mais un ami. D'où le rôle de premier plan qui lui est dévolu. Tous ces hommes ne se connaissent pas forcément entre eux. Certains se fréquentent, coopèrent ou se disputent régulièrement. D'autres se voient pour la première fois. Les résistants regardent les hommes politiques avec suspicion. Ces derniers semblent leur rendre en condescendance. L'ambiance est tiède.

Bidault sollicite chacun pour la mise au point de la motion finale. Au bout d'une demi-heure, il est temps de prendre place. Moulin et Bidault s'installent chacun à un bout d'une table un peu trop exiguë pour accueillir autant de monde. On se case tant bien que mal en s'asseyant en épi. Les volets sont clos, par sécurité [20].

La première réunion du Conseil de la Résistance est d'abord symbolique.

Parce que tous ses membres sont présents, elle entérine l'union nationale derrière le général de Gaulle et signifie la résurrection de la République. Moulin, qui bien sûr la préside, la conçoit effectivement comme la première réunion d'une assemblée représentative en France depuis juillet 1940 [21]. Il traduit en l'occurrence les instructions qu'il a reçues du général de Gaulle lors de son récent séjour à Londres : « Le Conseil de la Résistance forme l'embryon d'une représentation nationale réduite, conseil politique du général de Gaulle à son arrivée en France [22]. » Elle a aussi une portée pratique et c'est essentiellement celle-ci qui va nourrir l'ordre du jour qu'il a fixé de façon très stricte. Moulin commence par rappeler quels sont les buts de la France combattante, résumés pour plaire aux différentes tendances présentes comme aux Alliés :

> Faire la guerre ;
> Rendre la parole au peuple français ;
> Rétablir les libertés républicaines dans un état d'où la justice sociale ne sera point exclue et qui aura le sens de la grandeur ;
> Travailler avec les Alliés à l'élaboration d'une collaboration internationale réelle, sur le plan économique et spirituel, dans un monde où la France aura regagné son prestige [23].

Il insiste spécifiquement sur le fait que la présence des anciens partis au sein du Conseil ne leur offre pas un blanc-seing pour une résurrection. Il donne ensuite lecture du message qu'il avait demandé au général de Gaulle. Rédigé le 19 mai, celui-ci est parvenu en France le 21 dans les bagages d'un agent FFC parachuté, sous forme de quatre feuillets manuscrits sur papier à en-tête du 5 Carlton Gardens, qui abrite depuis l'été 1940 le cœur politique de la France libre. La lecture de ce message est un moment d'émotion, mais assez roide, comme toujours avec le Général. Moulin, quant à lui, l'a jugé aussi explicite qu'il le souhaitait : « Grâce à ce message, la Résistance entendra la voix de son maître », a-t-il confié dans l'intimité[24]. Effectivement, il y est rappelé que le Conseil n'aura que des fonctions consultatives et ne saurait se poser en rival du Comité national français.

Dans son style inimitable, le général de Gaulle a mêlé des phrases bouleversantes sur le malheur et le destin du pays à des instructions très concrètes sur les tâches dévolues au Conseil pour servir l'union, l'indépendance, la rénovation nationales. Il a pris la peine de souligner les risques encourus par les membres du Conseil pour accomplir le travail qui leur incombe et la totale confiance qu'il lui accorde.

> Il appartient au Conseil de la Résistance, plongé au centre du creuset, où, dans sa douleur et dans son combat, se forge la France nouvelle, de recueillir toutes les données et de susciter tous les travaux qui pourront éclairer la nation et guider ses dirigeants dans le choix de la route qui la mènera vers son avenir.
>
> Telle est la tâche très étendue et très périlleuse qui incombe au Conseil de la Résistance. L'importance en est extrême.
>
> Le Conseil s'en acquittera, malgré toutes les difficultés, avec seul but de servir la France et en s'inspirant constamment de cette fraternité nationale qui seule permet à la nation de résister à ses malheurs, et la mettra demain à même de se reconstruire et de se renouveler[25].

Bidault lit ensuite la motion qui doit apporter l'adhésion du Conseil au Comité national français et au général de Gaulle. Elle a été écrite quelques jours plus tôt, sur la base d'un canevas fourni par Moulin. Les deux hommes l'ont retravaillée ensemble pour rejeter très nettement la dualité d'un pouvoir qui serait réparti entre Giraud et de Gaulle, exiger que soit constitué un véritable gouvernement provisoire dirigé par ce dernier, affirmer l'autorité du Conseil de la Résistance en métropole en tant qu'émanation du Comité national français et rappeler que le but final est de restaurer la patrie en chassant l'occupant et en rétablissant les libertés républicaines.

André Mercier, pour le parti communiste, et Pierre Villon, pour le Front national, soulèvent quelques objections : ne pourrait-on pas préconiser plutôt un partage du pouvoir entre de Gaulle et Giraud et apporter un égal soutien aux deux ? Proposition moins étonnante qu'il n'y paraît, les communistes ayant le souci de favoriser leur propre dynamique en évitant de donner trop de poids au général de Gaulle.

Les réactions fusent, assez vives pour que Moulin éprouve le besoin de rappeler qu'il est imprudent de trop élever la voix et de risquer d'attirer l'attention. Devant l'opposition de tous les autres, les communistes n'insistent toutefois pas. La motion est approuvée, comme on devait s'y attendre. Elle donne tout son sens non seulement à la réunion du Conseil, mais à son existence même.

Durant les débats, les participants demandent qu'on n'omette pas une répudiation solennelle du régime de Vichy qui a pactisé avec l'ennemi et bafoué les libertés de la France démocratique. Elle implique que tous les actes de ses gouvernements successifs soient déclarés nuls. La discussion prend ensuite un tour plus technique sur l'organisation de la Résistance à l'échelon régional. Debû-Bridel, qui a été pris à partie en début de rencontre, veut se faire rassurant : il représente Marin et ses amis présents dans la Résistance, il n'est pas là pour ressusciter la Fédération républicaine. Le sujet étant ainsi amené, Copeau et Le Troquer font quelques remarques acides sur le vote de Laniel à Vichy en juillet 1940. Bourdet enchaîne sur l'opposition d'Henri Frenay et de Combat à la constitution du Conseil.

Délaissant ces éternelles querelles, Villon exhibe soudain une nouvelle motion préconisant de donner des consignes d'action à la population pour concrétiser l'union des patriotes à l'intérieur du pays. Il préfigure la revendication de « l'action immédiate » qui sera l'un des chevaux de bataille communistes pour l'année à venir.

Mais Moulin écourte en arguant qu'il convient, par prudence, de ne pas prolonger outre mesure une séance pleine de dangers. Il propose de surseoir et indique que la prochaine réunion aura lieu avant le 14 juillet. Pour finir, Jacques-Henri Simon proteste contre l'emprise que Moulin a instaurée sur la

Résistance au nom du général de Gaulle, résurgence d'une querelle qu'ils ont déjà eue à Londres deux mois plus tôt[26].

Au bout de deux heures, donc, on se sépare. Les hommes sortent les uns après les autres et s'éloignent dans des directions différentes. En descendant l'escalier, Lecompte-Boinet confie à Coquoin :

> Après avoir vécu une telle journée, on est regonflé pour longtemps et il faudra s'en souvenir le jour où nous nous trouverons dans quelque situation particulièrement pénible. Oui, me répondit-il. C'est l'unité nationale enfin réalisée[27].

Sept mois plus tard, Coquoin sera abattu d'une rafale de mitraillette en tenant d'échapper à la Gestapo.

Moulin part le dernier. Il remet à son secrétaire les documents qu'il a utilisés (il ne garde jamais rien sur lui). Il lui donne rendez-vous dans la soirée. La première réunion du Conseil de la Résistance s'est achevée sans encombre.

Dans quel état d'esprit peut être Jean Moulin ?

Il éprouve sans doute du soulagement : cette réunion à risques s'est déroulée sans problème, et chacun est reparti sans avoir été inquiété. Sur le fond, sa satisfaction peut être plus grande encore. Les buts qu'il s'était fixés avec de Gaulle sont atteints : l'unité derrière le Comité national et le Général est consacrée, rehaussant de manière décisive la crédibilité de celui-ci auprès des Alliés et laissant présager, pour l'après-guerre, le rétablissement de la République. Mieux : les représentants des mouvements de résistance qui s'étaient prêtés de mauvaise grâce à l'entreprise ont compris dès cette première réunion que le Conseil de la Résistance pourrait leur offrir un remarquable tremplin pour participer pleinement à la direction de la Résistance et à la politique de la France[28].

Le succès est tel que Jean Moulin s'accorde, ce soir, un congé.

C'est dans une galerie d'art qu'il a donné rendez-vous à son secrétaire. La galerie Esquisse, dans l'île de la Cité, où travaille Maurice Panier, qu'il a connu au Rassemblement universel pour la paix et qui est un ami de Pierre Meunier. (Maurice Panier s'avérera un informateur des services de renseignements militaires

Daniel Cordier en 1942.
Le secrétaire du « patron » a de bien grandes responsabilités pour ses vingt-deux ans.

soviétiques, ce qui nourrira, cinquante ans plus tard, les soupçons à l'encontre de Moulin[29].) Pour l'heure, la galerie expose des œuvres abstraites et Moulin taquine son jeune secrétaire, évidemment déconcerté. Il met un comble à son étonnement en discutant avec Panier du prêt éventuel d'œuvres pour les exposer dans sa propre galerie. Pour sa peine, il offre à Daniel Cordier un exemplaire d'*Histoire de l'art contemporain* de Christian Zervos : « Grâce aux illustrations, vous comprendrez mieux ce que je vous explique depuis des mois. » Et il l'invite à dîner « pour fêter ce grand jour ». Durant tout le trajet, il parle d'art, il évoque sa collection et son souhait de la sortir du garde-meuble, détaille ses goûts pour l'art moderne et les impressionnistes. Il rêve de la création d'un musée d'art contemporain. Il rentre dormir à l'atelier où il a déposé chevalet, toiles et boîtes de peinture pour compléter sa couverture[30]. La politique et le travail sont loin.

Bien entendu, ceux-ci reprennent leurs droits dès le lendemain.

Moulin doit retourner au plus vite à Lyon où l'appellent les tractations autour de l'Armée secrète. Il doit aussi rendre compte du plein succès de la réunion du Conseil de la Résistance. Il envoie d'abord un télégramme de confirmation où il demande que la publicité soit assurée. Puis il s'en acquitte dans un rapport, écrit le 4 juin sur le ton très factuel qu'il a hérité de ses années de pratique préfectorale.

Reste la conclusion, beaucoup moins convenue, dans laquelle il exprime sa colère et son incompréhension. La diffusion, dès la mi-mai, de la nouvelle anticipée de la formation du Conseil de la Résistance, en particulier à la radio, a non seulement mis en danger les participants, mais a semblé priver d'utilité la vraie réunion. Or, pour comble de désinvolture, celle-ci n'a pas même été évoquée dans les programmes français de la BBC ni sur les radios alliées durant la semaine écoulée depuis son télégramme. Alors que le succès de la réunion montre que le Conseil de la Résistance est appelé à jouer un rôle décisif d'arbitre dans les divergences qui pourraient se révéler. Cette désinvolture est d'autant plus choquante que les risques encourus étaient grands. Jean Moulin en est bien conscient qui, contrairement sans doute à certains participants qui croient que l'heure de la dernière bataille approche, sait bien qu'il ne faut pas espérer un débarquement allié pour l'été 1943 et qu'il faudra tenir encore de longs mois.

> Il ne faut tout de même pas oublier que cette comédie est infiniment dangereuse, certains membres du Conseil ont pris un risque considérable en venant assister réellement à la réunion. L'un d'eux notamment, recherché depuis longtemps par les Allemands, avait vu trois jours auparavant se dérouler à son domicile une bataille rangée dans laquelle un agent de la Gestapo et deux Français furent tués. D'autres sont non moins pourchassés. Le fait de réunir tous ces hommes dans le même lieu leur faisait courir plus de risques encore. Ces risques, ils sont tous disposés à les courir, à condition que ce soit pour faire œuvre utile.
>
> [...] Par suite de ce faux départ, il me sera très difficile sinon impossible désormais de réunir et même de consulter individuellement ses membres si la réunion du 25 *[sic]* mai n'est pas évoquée très prochainement et comme il convient par la radio de Londres ou d'Alger[31].

Elle ne le sera pas. Les Britanniques n'ont pas levé le veto qu'ils ont mis depuis le 17 mai sur tout ce qui concerne le Conseil de la Résistance. Ce sujet ne doit plus interférer dans les négociations qui s'ouvrent ni y faire figure de moyen de pression. Le 30 mai, en effet, l'avion du général de Gaulle se pose à Alger. Le général Giraud l'attend sur le tarmac. Une nouvelle page de l'histoire de la France combattante s'ouvre.

C'est l'épilogue paradoxal, mais temporaire, de ce jour qui va entrer dans l'histoire.

Moulin se rend-il compte que ce qu'il a fait ce 27 mai dépasse le résultat immédiat de la réunion ? Il le croit en tout cas. Il l'a même toujours cru, déclarant à ses collaborateurs qui se demandaient s'il était bien nécessaire de prendre le risque énorme de réunir physiquement tous les protagonistes : « C'est une date fondatrice pour la IVe République[32]. »

Une IVe République qui, il l'a écrit le 8 mai, ne soit pas le décalque de la IIIe République avec ses faiblesses et ses erreurs.

Cette remarque a d'autant plus de poids que, contrairement à d'autres résistants et même à d'autres agents de la France libre, il s'exprime rarement sur la politique de la France après-guerre. En eût-il douté que la lecture du message du général de Gaulle l'aurait conforté dans ses convictions. « Dans cette guerre où la patrie joue son destin, avait-il écrit, la formation du Conseil de la Résistance, organe essentiel de la France qui combat, est un événement capital[33]. »

Jacques Debû-Bridel, participant presque accidentel, confiera des années plus tard que les incidents de tous ordres qui avaient émaillé la préparation de la réunion et la réunion elle-même lui en avaient masqué le véritable enjeu et le succès.

> J'avoue à ma grande honte n'avoir pas attaché assez d'importance à cette réunion aujourd'hui historique, l'altercation de Simon, les réticences à l'égard de Laniel de Copeau et Le Troquer, les révélations de Bourdet sur l'opposition de Frenay, les réserves de Mercier à l'égard de Charles de Gaulle m'avaient fâcheusement impressionné… À tort. Simple traînée d'écume sur le faîte d'une vague de fond.

Aussi fut-il plus que surpris en apprenant que Jacques Lecompte-Boinet était pour sa part bouleversé, ne se cachant pas d'avoir vécu là le jour le plus émouvant de sa vie[34]. Ainsi en va-t-il des jours historiques. Certains en saisissent la portée, parce qu'ils en sont des acteurs conscients. D'autres, comme Fabrice à Waterloo, ne voient que les détails et ont besoin de recul pour comprendre ce à quoi ils ont pris part.

La maison du Dr Dugoujon à Caluire : la souricière.

24

« Max est parmi eux »
21 juin 1943

Jean Moulin a eu quarante-quatre ans la veille. Est-ce qu'on fête son anniversaire dans ces moments-là ? Sans doute pas, mais on y pense quand même. Quarante-quatre ans. De quoi est-ce l'âge ? De la maturité ? Est-on encore un peu jeune ou plus vraiment ? Il y a si longtemps qu'il est un homme sérieux. Il a tant de responsabilités.

Aujourd'hui, c'est l'été. À voir le temps, on ne le dirait pas. Il a plu. « D'ailleurs, à Lyon, il pleut toujours et, quand il ne pleut pas, il menace[1]. » Il ne fait pas chaud.

Est-ce une journée particulière ou est-ce une journée de travail de plus, bien remplie, y compris en soucis ? Une de ces journées dont on a hâte qu'elle soit passée. Toute cette semaine, il n'a fait que courir de rendez-vous en rendez-vous, pour se casser le nez plus souvent qu'à son tour. Il lui a fallu prolonger son séjour, alors qu'il est attendu d'urgence à Paris. Si ce n'était qu'une contrariété, mais c'est une douloureuse obligation. Il a appris le 14 juin que le général Delestraint, qui commandait l'Armée secrète, a été arrêté le 9 dans la capitale. Il y voit le triste résultat des empoignades avec les chefs des mouvements de résistance qui ont fini par manquer de discrétion au point d'attirer l'attention de la Gestapo. Et, déjà, les ambitions s'aiguisent pour savoir qui succédera à Delestraint. « Notre guerre, à nous aussi, est rude », écrit-il au général de Gaulle au moment de lui annoncer ces nouvelles[2]. Une fois encore, ce qu'il écrit est prémonitoire.

Il n'a pas perdu espoir, pourtant. « Je suis bien décidé à tenir le plus longtemps possible », précisait-il il y a un mois, et il n'a pas changé d'avis[3]. L'adjoint qu'il a tellement demandé est enfin arrivé de Londres et il vient de le retrouver. Il s'agit de l'ancien officier d'ordonnance du général de Gaulle, Claude Serreulles, qui s'est proposé à lui comme volontaire lors de son passage à Londres, en février.

Puisqu'il convient de choisir quelles seront ses attributions, il lui demande de l'accompagner à la réunion de l'après-midi, où doit être discuté le choix du remplaçant du général Delestraint. Il espère que la France combattante lui enverra un officier supérieur pour prendre la direction de l'AS et trois officiers pour constituer son état-major[4]. Mais il n'y compte pas vraiment, ou alors, dans quelque temps, tant les communications sont aléatoires. Il faut en conséquence envisager au moins un intérim. Même s'il ne s'agit encore que de consulter des responsables du secteur militaire en zone Sud, la réunion programmée pour ce 21 juin promet donc d'être difficile. Une fois de plus.

Moulin a pris toutes ses précautions. Il les prend toujours.

Ses premiers pas hasardeux dans la clandestinité lui ont appris à éviter d'improviser. Aujourd'hui, puisque la réunion se tient chez un médecin de quartier à Caluire, en plein après-midi de consultation, il prétendra être un patient parmi les autres. Mieux : il s'est muni de la lettre d'un confrère demandant qu'on lui recommande un spécialiste du traitement des rhumatismes. La réalité va dépasser ses intentions.

Obligé d'attendre l'un des participants à la réunion au terminus du funiculaire, il est arrivé en compagnie de deux autres comparses avec presque trois quarts d'heure de retard chez le Dr Dugoujon, contrairement à toutes ses habitudes. La domestique, prévenue de diriger vers la chambre les messieurs qui se présenteront en disant venir de la part de M. Lassagne, un ami de la maison, les a néanmoins pris pour des patients et les a installés dans la salle d'attente. Ils n'ont rien osé dire, pour ne pas attirer l'attention.

Ils patientent presque un quart d'heure. Puis le médecin sort de son cabinet pour raccompagner une patiente. Peut-être est-ce l'occasion de se manifester discrètement ? Avant même d'avoir essayé quoi que ce soit, un fort remue-ménage se fait entendre. Une dizaine d'hommes en armes fait irruption. « Police allemande ! Vous avez une réunion chez vous [5] ! » La plupart de ces policiers se précipitent au premier étage, certains d'y trouver ceux qu'ils cherchent. Les éclats de voix et les bruits que l'on entend alors laissent deviner où étaient, pendant tout ce temps, les autres participants à la réunion.

Au rez-de-chaussée, on fait sans ménagement passer les femmes dans le bureau du docteur, qu'on ramène pour sa part avec les hommes dans la salle d'attente. Ils sont déjà trois : Raymond Aubrac, chargé des groupes paramilitaires à Libération-Sud, le colonel Schwartzfeld, membre du groupe lyonnais France d'abord, pressenti pour prendre un poste de direction dans l'AS, et Jean Moulin. On les fouille sommairement, on les plaque face au mur et on leur menotte les mains dans le dos. On ne leur pose que quelques questions anodines [6].

Ainsi, ce que Moulin redoutait depuis des mois, des années même, est en train de se produire. L'arrestation, la catastrophe. Le 7 mai, il écrivait : « Je suis recherché maintenant tout à la fois par Vichy et la Gestapo qui, en partie grâce aux méthodes de certains éléments des mouvements, n'ignore rien de mon identité et de mes activités [7]. »

Il doit garder son sang-froid. Il y a encore moyen de jouer serré. Il montre sa lettre de recommandation et proteste de sa bonne foi : il n'est qu'un patient venu à la consultation.

On fait sortir les patientes et la domestique. On entend que plusieurs personnes sont en train de descendre les escaliers. Et puis, du tumulte, des cris, des coups de feu à l'extérieur. Que se passe-t-il ? Qui était au premier étage ? Normalement devaient s'y trouver André Lassagne, du 2e bureau de l'AS, organisateur de la réunion, Henri Aubry, de l'état-major de l'AS, membre de Combat, le colonel Lacaze, tout nouveau chef du 4e bureau de l'AS, et Bruno Larat, un agent de la France combattante qui vient de prendre la direction de la centrale des opérations aériennes.

Étaient-ils tous présents ? Ont-ils tous été pris ? Sont-ils encore dans la maison ? Serreulles, à peine arrivé en France, a-t-il déjà été arrêté ? Quelqu'un a-t-il été blessé ou tué ? Quelqu'un est-il parvenu à s'esquiver ?

Pas moyen d'avoir des réponses. On fait monter Moulin, Aubrac, Schwarztfeld et le docteur dans une grosse Citroën avec quatre policiers. La voiture démarre. Elle roule une vingtaine de minutes et s'arrête devant l'ancienne école du service de santé militaire, avenue Berthelot à Lyon. Évidemment. C'est le siège lyonnais de la Sipo-SD, le service de police intégré à la SS chargé de la répression et dont la Section IV, la Gestapo, s'occupe en particulier de la lutte contre le communisme et la Résistance. À sa tête, le *SS-Obersturmführer* Klaus Barbie, qui va personnellement diriger les interrogatoires.

À l'école de Santé, les « suspects » demeurent séparés des « coupables » avérés, arrêtés au premier étage de la maison de Caluire. On les fait asseoir, on leur ôte les menottes. Ils sont questionnés à plusieurs reprises sur leur identité [8].

Moulin aperçoit les participants prévus à la réunion. Sut-il jamais qu'un septième protagoniste s'était joint à eux et qu'il est celui par lequel la Gestapo est arrivée jusqu'à eux ? René Hardy, arrêté le 8 juin et mis sous pression par Barbie, avait cru pouvoir se sauver en dupant la Gestapo, quitte à risquer des « dommages collatéraux » qui lui paraissaient d'autant moins graves qu'il avait pris fait et cause contre Moulin et ses alliés dans les querelles internes à la Résistance.

Pour l'heure, Moulin joue son va-tout. Il s'accroche à sa couverture. Il présente ses papiers. Il s'appelle Jacques Martel. Il est décorateur, domicilié 17, rue Renan à Lyon. Il se tire assez bien du premier interrogatoire. Selon un témoignage plus ou moins sincère de Barbie, il fait la démonstration de ses aptitudes professionnelles en dessinant Barbie et sa secrétaire [9]. Ses faux papiers résistent à l'examen. Il est d'ailleurs écroué à la prison de Montluc, où tous sont conduits tard dans la soirée, sous le

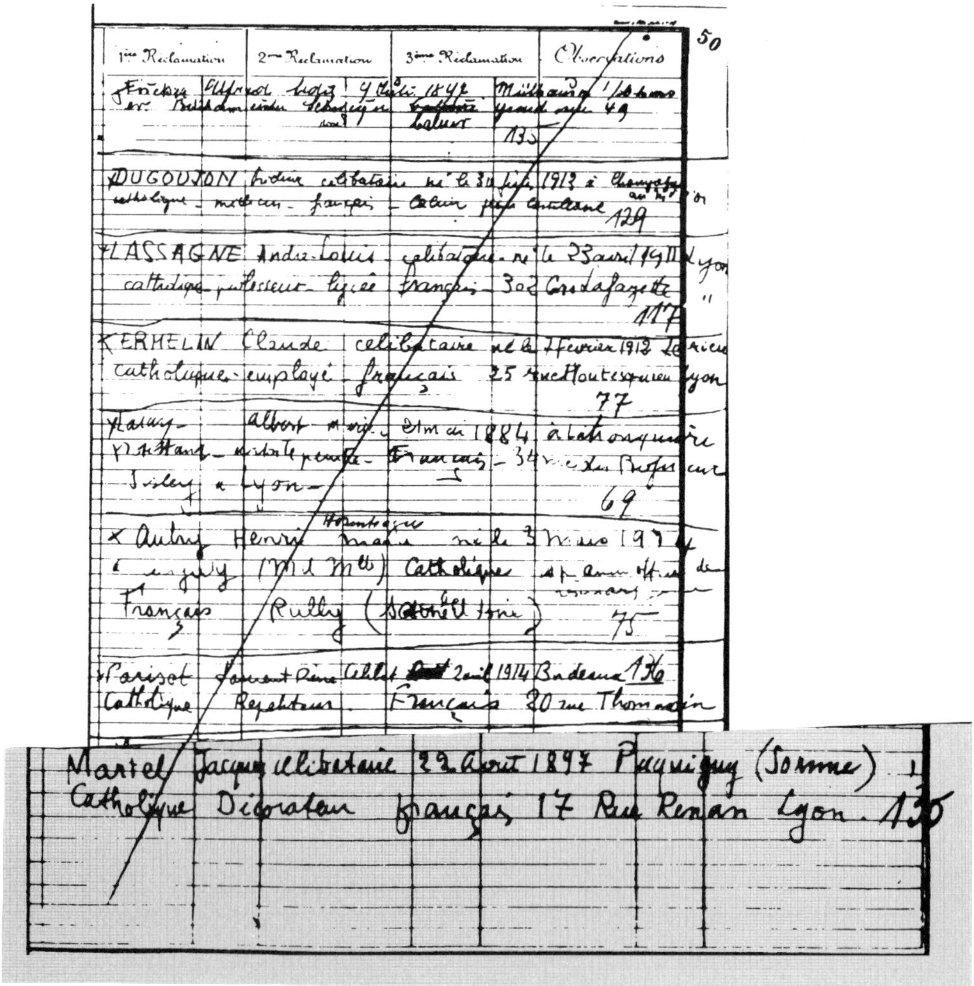
50

1re Réclamation — 2me Réclamation — 3me Réclamation — Observations

LASSAGNE André-Louis célibataire né le 23 avril 1911 Lyon
catholique professeur lycée français 302 Cours Lafayette
117

KERHELIN Claude célibataire né le 7 février 1912
catholique employé français 25 rue Montesquieu Lyon
77

69

75

Martel Jacques célibataire 22 Avril 1897 Picquigny (Somme)
Catholique Décorateur français 17 Rue Renan Lyon 135

Registre d'écrou de la prison de Montluc où apparaissent les noms – vrais ou faux – de participants à la réunion de Caluire. Jean Moulin (Jacques Martel) n'a pas encore été identifié par la Gestapo.

nom de Jacques Martel, né le 29 avril 1897 à Picquigny, dans la Somme, célibataire et catholique [10].

Le lendemain, il prend part à la promenade des prisonniers. Christian Pineau, créateur du mouvement Libération-Nord et chef d'un réseau de renseignement, lui-même incarcéré sous un faux nom, doit cacher l'émotion qui le submerge en le reconnaissant. Les deux hommes échangent à peine un regard et s'ignorent [11].

Cette prudence se justifie amplement. Le fait d'être incarcéré ne signifie pas encore que tout est perdu. Les Allemands ont ratissé large, arrêtant même un ouvrier boulanger fortuitement présent à proximité de la maison du Dr Dugoujon au moment de l'arrivée de la Gestapo. Moulin a peut-être encore une chance de passer pour un simple patient. Toutefois, par un étrange coup du sort, sa couverture est fragilisée par le hasard qui a fait choisir au colonel Lacaze d'inscrire sur ses vrais papiers, puisqu'il a quitté l'armée, la profession de peintre [12]. Les SS ne peuvent que trouver suspecte cette soudaine prolifération d'artistes.

De toute façon, la prise est trop grosse pour qu'ils courent le moindre risque en relâchant qui que ce soit avant d'être sûrs de leur fait.

Pour les résistants identifiés comme tels, les interrogatoires ont commencé le jour même de leur arrestation. Et ils sont atroces. Ils sont roués de coups, au point que leurs corps sont noirs d'hématomes. Leurs membres sont démis. C'est que les documents saisis antérieurement, les enquêtes en cours et peut-être les indications fournies par Hardy en ont révélé l'importance considérable : les gestapistes pensent tenir l'état-major de l'Armée secrète et, mieux encore : « Max est parmi eux [13]. »

Mais lequel est-ce ?

Klaus Barbie sait très bien – en théorie – qui est « Max » : ni plus ni moins que le représentant du général de Gaulle en France, ministre en mission.

> Grâce à l'arrestation des chefs isolés du Mouvement par notre Section, les Mouvements de Résistance unis restent sans direction

> et leur action est paralysée pour un certain temps lorsque l'arrestation des personnes qui ont été découvertes aura été exécutée, il semble que l'anéantissement complet des Mouvements unis de Résistance sera assuré[14].

Reste à le reconnaître parmi la demi-douzaine de suspects arrêtés à Caluire. Car le tenir, c'est décapiter la Résistance et faire la preuve de la domination de l'occupant.

Quelle belle occasion, en outre, de river son clou à Kaltenbrunner, leur supérieur hiérarchique, qui, depuis Berlin, méprise le « menu fretin » des indicateurs et des agents doubles qui travaillent pour la Section IV et voudrait leur voir substituer un « cercle d'environ deux cents personnes de la bonne société et des milieux d'affaire »[15] ! Barbie et ses hommes s'acharnent donc sur les prisonniers identifiés comme résistants pour les faire parler.

Le 23 juin, Henri Aubry, sauvagement frappé depuis quarante-huit heures, soumis à trois reprises à des simulacres d'exécution, à bout de forces, révèle qui est « Max ». La couverture de Jacques Martel se déchire, et le calvaire de Jean Moulin commence.

Il est torturé avec une bestialité incohérente, sachant l'intérêt immense qu'il y aurait à le garder en vie pour obtenir des informations.

Tente-t-il de se suicider en se jetant contre un mur dans les escaliers de la prison ?

Il y a trois ans, presque jour pour jour, il avait choisi cette échappatoire pour ne pas céder. Avant que tous deux aient été interrogés, il a glissé à Dugoujon : « Je vous souhaite bon courage[16]. » Il savait à quoi s'en tenir et peut-être avait-il déjà pris sa décision.

Ceux qui le verront, brièvement, par la suite, à Lyon puis dans divers locaux de la Gestapo à Paris, où il est transféré vers le 28 juin, évoquent son état dramatique, au bord du coma. Il est défiguré, presque méconnaissable, et ne peut marcher à moins d'être traîné plutôt que soutenu par des Allemands[17].

Rien de concret ne pourra être entrepris pour le sauver.

Preuve, s'il en fallait, que, trois ans après son émergence, la Résistance n'avait encore ni assez d'hommes, ni assez de matériel, ni assez d'argent, ni assez d'assise pour monter une opération de commando ou disposer de complicités pour organiser une telle évasion.

Comme le constatera amèrement Claude Serreulles dans son premier rapport à Londres : « Bien que depuis des mois le poste "groupes francs" figure pour plusieurs centaines de milliers de francs au budget des Mouvements unis, ceux-ci n'ont pas été en mesure de nous fournir ni un homme, ni un véhicule, ni une arme [18]. » À quatre reprises durant l'été, Laure Moulin se rend à Paris dans l'espoir de pouvoir secourir son frère, mais n'ose entreprendre aucune démarche auprès des Allemands, de peur d'aggraver les choses au cas où il n'aurait pas été identifié [19]. La rumeur court, dans les milieux résistants, qui le donne pour torturé et mort :

> Malgré nos efforts et ceux de nos amis, il n'a pas été possible d'avoir de nouvelles sûres de Rex. Seuls des bruits circulent dont on ne réussit pas à obtenir confirmation. Ils sont malheureusement tous pessimistes et laissent entendre que Rex qui aurait été peu après son arrestation transféré de Lyon à Paris, aurait succombé aux traitements qu'il a subis. J'ajoute que ce ne sont que des bruits et que nous gardons tous le ferme espoir de le retrouver [20].

Jacques Bingen, arrivant de Londres pour renforcer Serreulles, proposera tout de même, pour sauver Moulin à tout prix, d'inciter le gouvernement britannique à tenter une démarche auprès des dirigeants du IIIe Reich. Il le croit encore en vie et détenu dans le quartier allemand de la prison de Fresnes [21].

Le travail a repris, pourtant. La vie a continué, chacun se résignant d'autant plus facilement qu'il ignore si son tour de faire face à l'arrestation, à la torture et à la mort n'est pas imminent.

Les dernières journées de vie – ou de survie – de Jean Moulin sont enveloppées d'incertitude. Sa mort l'est tout autant.

On ne sait ni comment il est mort, ni où, ni quand.

Plusieurs documents allemands le donnent pour décédé à Metz – ville alors annexée au IIIe Reich –, mort datée du 8 juillet 1943 et attribuée à un arrêt cardiaque. Tout d'abord un certificat signé le 25 juillet à Paris d'un médecin SS, qui déclare avoir constaté le décès du détenu Moulin le 8 juillet à 2 heures, lors d'un transport de Paris en Allemagne, et avoir estimé, après examen du corps, qu'il était décédé d'un arrêt cardiaque. Sur cette feuille ont été ajoutés à la main le lieu de décès : la gare centrale de Metz, et la mention « inhumé à Paris ».

Ensuite une déclaration de décès faite par un membre de la Gestapo de Metz le 2 février 1944, enregistrée le 3 par l'officier d'état civil dépendant lui aussi de la Sipo-SD. Sur l'acte établi sur cette base est portée une mention manuscrite précisant que toutes les demandes de renseignements ou de documents sont à traiter exclusivement par l'officier d'état civil. Ces restrictions sont redoublées par une note du 8 février, qui signale que ces pièces sont bloquées et que les demandes ayant trait à ce cas devront être signalées par écrit au commandant de la Sipo-SD de Metz[22].

Ce déploiement de précautions, les dates tardives des actes officiels, la brièveté du délai entre l'identification de Moulin et sa déportation, la cause déclarée de la mort qui est typique des falsifications utilisées par les SS posent bien des questions. D'autant que des résistants affirment avoir vu Jean Moulin postérieurement au 8 juillet, tandis que des témoins allemands, interrogés après-guerre, affirment qu'il est mort à Francfort[23].

Jean Moulin est-il vraiment mort durant son transfert en Allemagne ou ailleurs ? A-t-il jamais quitté Paris ? Est-il mort le 8 juillet 1943 ou non ? Ces documents sont-ils la couverture d'une grossière manipulation qui aurait tourné court[24] ?

La famille de Jean Moulin est avertie de son décès par la Gestapo de Montpellier le 19 octobre 1943. Le surlendemain, sa sœur se rend à la Gestapo de l'avenue Foch à Paris où, après de difficiles démarches, elle s'entend dire que Jean Moulin, malade, est décédé tandis qu'on le transférait de son lieu de détention (« dans une villa privée où il jouissait d'un traitement d'honneur ») à une clinique. On lui apprend que son corps a été inciné. Ni à Montpellier ni à Paris, aucun document (ni aucun effet personnel du défunt) ne lui est donné.

Ce n'est que le 2 mai 1944 qu'un nouveau membre de la Gestapo de Montpellier apporte au domicile de sa mère un acte de décès établi à Metz. Laure Moulin retourne à Paris pour obtenir qu'on lui remette les cendres de son frère. Elle est éconduite sans ménagement. Ce qui n'empêche pas que, quelques jours plus tard, un autre Allemand vienne lui préciser que sa demande sera prise en compte après la fin des hostilités seulement, eu égard aux difficultés de transport[25]...

On comprend que, dans ces conditions, elle ait continué à avoir des doutes sur la véracité des informations qu'on lui avait données. Elle comme les amis et les collaborateurs de Moulin espéreront encore son retour bien après la libération des camps et la capitulation allemande, au printemps 1945.

Viendra alors le temps de la recherche de son corps. Il sera identifié, après bien des doutes et des hésitations, comme celui d'un inconnu, venant d'Allemagne, que la police française reçut l'ordre, le 9 juillet 1943 au soir, d'aller chercher à la gare de l'Est pour incinération immédiate[26]. Les cendres furent déposées au colombarium du Père-Lachaise.

Finalement, en 1946, pour des raisons uniquement administratives, Laure Moulin acceptera d'utiliser l'acte de décès établi à Metz et portant la date du 8 juillet 1943, bien consciente d'ignorer en réalité ce qu'il était advenu de son frère[27].

> Quand on dresse le bilan des espoirs qui nous animaient dans la lutte et de l'état du monde quelques mois après la victoire pour laquelle tant des nôtres ont tant sacrifié, écrivit André Lassagne à son retour de déportation, il n'y a pas lieu de se montrer satisfaits [...] Peut-être manque-t-il précisément à notre pauvre pays une élite de cœurs et d'hommes de bonne volonté, ceux-là mêmes qui sont morts au combat[28].

25

« La grandeur allait de soi »
19 décembre 1964
(et 21 mai 1981)

La voix est légèrement nasillarde. Elle traîne sur certaines voyelles ou les accentue. L'intonation monte à des moments inattendus. Les silences sont rares, imposés par une petite toux. Le vent parfois emporte le son, et on entend dans les micros le bruit des pages qu'on tourne. L'intensité, pourtant, croît au fur et à mesure que la fin approche, et la voix, rarement, se brise et s'enfle de plus en plus d'emphase jusqu'à ce que la déclamation soit presque un chant. « Une psalmodie hurlée », pour reprendre les mots mêmes de l'orateur [1]. La péroraison s'achève accompagnée du battement à peine audible des tambours de la Garde républicaine.

La raison hésite, un peu goguenarde, mais l'émotion l'emporte, irrésistible. Si forte qu'elle renaît même à la simple lecture du texte de ce qui est probablement le discours le plus fameux, pour la France, de la seconde moitié du XXe siècle ; le discours prononcé par André Malraux pour l'entrée des cendres de Jean Moulin au Panthéon, le 19 décembre 1964.

Il fait froid, très froid même, ce jour-là. Mais, de temps à autre, perce un rayon de soleil. Tout le monde, y compris le général de Gaulle, porte un épais manteau. Car c'est en extérieur, surtout, que s'est jouée depuis la veille la cérémonie qui consacre la place de Moulin parmi les grands hommes ayant bien mérité de la patrie.

Le 18 décembre à midi, en présence d'un service d'ordre composé de gardiens de la paix en grande tenue, le général de Gaulle et Laure Moulin se sont rendus brièvement au colombarium du Père-Lachaise pour se recueillir devant le cercueil recouvert d'un drapeau tricolore où a été déposée l'urne funéraire qu'on a présumée contenir les cendres de Jean Moulin.

C'est par déduction que l'urne numérotée 10137 a été attribuée à Jean Moulin. En effet, cette urne, notée sur le registre des incinérations à la date du 12 juillet 1943 avec la mention « X… venant d'Allemagne », pouvait concorder avec les circonstances et la date de la mort de Moulin telles qu'indiquées par les documents allemands[2]. En 1945, Antoinette Sachs, qui a entrepris des recherches sur la mort de Moulin, pense avoir ainsi localisé ses cendres au Père-Lachaise[3]. Deux ans plus tard, la DST fait procéder, à la demande de ses proches, à des vérifications. Le conservateur du cimetière avait simplement noté que l'urne avait été remise par les Pompes funèbres de Paris. Interrogé en Allemagne, Misselwitz, l'un des policiers présents pendant la détention de Moulin, avait pour sa part affirmé que l'urne numérotée 10137 renfermait bien ses restes. Roger Wybot, directeur de la DST, penche donc pour la concordance. Doutant encore, Laure Moulin a repris les investigations en 1949 et obtenu communication d'une note allemande ordonnant à la police française de prendre à la gare de l'Est, le 9 juillet 1943 à 18 h 45, le corps non identifié d'un ressortissant français décédé en territoire allemand pour le faire immédiatement incinérer et placer ensuite ses cendres dans une urne. Pour elle, ce document est probant et emporte sa conviction[4]. On inscrit sur la plaque derrière laquelle est emmurée l'urne : « Inconnu incinéré. 9-7-43 » et « Présumé Jean Moulin ».

Quittant le Père-Lachaise en tout début d'après-midi, le cercueil est transporté au Mémorial des martyrs de la déportation. Inauguré deux ans plus tôt, il est situé au bout de l'île de la Cité, derrière le chevet de la cathédrale Notre-Dame. Les soldats présentent les armes, et la sonnerie *Aux champs* retentit. Le cercueil est descendu dans la crypte au son de la *Marche funèbre* de Chopin. Quatre cents résistants vont se relayer par groupes, de quart d'heure en quart d'heure, pour se tenir à ses côtés pendant les heures suivantes. Les Parisiens, conviés à venir se recueillir devant la dépouille, d'abord peu nombreux (c'est un vendredi), affluent entre 18 et 21 heures.

À 21 h 30, le cercueil est porté hors de la crypte par six compagnons de la Libération. Vision assez saisissante, vu l'étroitesse et la raideur de l'escalier. Il est placé sur un engin blindé de reconnaissance. Tandis que les cloches de la cathédrale sonnent le glas et que deux jets d'eau s'élèvent de la Seine, le cortège se forme. En tête, soixante-douze gardes républicains à cheval, sabre au clair, puis les drapeaux portés par les anciens résistants et les anciens combattants. Les tambours marquent sourdement, sur un rythme calqué sur le célèbre indicatif de Radio Londres. Le colonel Louis Mangin, qui fut délégué militaire national, porte sur un coussin les décorations de Moulin : Légion d'honneur, croix de la Libération, croix de guerre et médaille de la Résistance.

Derrière la famille se trouvent cinq ministres et, mêlés aux résistants invités, les dix lycéens lauréats du tout jeune concours de la Résistance, qui avaient disserté sur « la part prise par la Résistance dans la Libération du territoire ». Le tout est encadré de cinq cents porteurs de torches et de flambeaux. Dans la nuit noire de décembre, l'éclairage public est éteint à 300 mètres en amont du convoi. La cathédrale semble irradier, tandis qu'un trait de lumière longe les quais et le pont Saint-Michel.

À 22 heures, le cortège atteint le Panthéon. Un catafalque est dressé sur les marches, qui accueille le cercueil tandis que les honneurs militaires sont rendus. Toute la nuit, il est veillé par des compagnons de la Libération ou leur famille (dont Mmes de Larminat, Brossolette ou Scamaroni), des médaillés de la Résistance, des déportés, des résistants et des anciens combattants. Le ministre des Armées, Pierre Messmer, et le général Kœnig montent la première garde d'honneur, petites silhouettes à côté des colonnes du péristyle et de l'immense draperie qui descend de la voûte. Semblant jaillir de la nef, trois projecteurs de la DCA très puissants tracent un pinceau lumineux tricolore vers le ciel, tandis que le catafalque est intensément éclairé[5].

La garde d'honneur dans la nuit glaciale de décembre.
Une du *Paris Match*
lors du transfert des cendres de Jean Moulin
au Panthéon (1964).

Le 19 décembre, le général de Gaulle arrive au Panthéon à 12 h 15, précédé des ministres des Armées et des Anciens Combattants, et accompagné du Premier ministre. La foule est dense, le long des barrières installées rue Soufflot et autour de la place du Panthéon, mais loin d'être écrasante. Le président de la République salue le drapeau, passe en revue un détachement de la Garde républicaine pendant que retentit *La Marseillaise*. Il s'incline, avec les ministres, devant le cercueil, puis prend place dans la tribune officielle. Après le discours de Malraux, clos par *Le Chant des partisans*, défilent les gardes républicains et un détachement des trois armes, précédés par la musique de la Garde. Les drapeaux sont inclinés en passant devant le catafalque, pendant que les militaires saluent.

Le cercueil est lentement porté par six soldats sous la coupole du Panthéon, au son de la *Marche lugubre* de Gossec, choix éminemment réfléchi puisque ce morceau avait été composé pour accompagner le transfert des cendres de Voltaire au Panthéon et fut également joué aux obsèques de Hoche. Gossec ayant été le compositeur quasi officiel de la Révolution, c'est bien la République même qui est ici appelée en renfort. Soixante-dix cavaliers de la Garde républicaine rendent les honneurs, sous le péristyle et à l'intérieur du Panthéon.

Accompagné des ministres, le général de Gaulle s'incline une dernière fois devant la dépouille de Jean Moulin, placée dans la nef vide à l'exception de voilages transparents tricolores tombant d'une hauteur de plus de 30 mètres. Le cercueil est descendu dans la crypte et déposé dans la rotonde en présence de la famille et des trois ministres Malraux, Sainteny et Messmer, avant de gagner son caveau (le numéro 6), où les cendres de Moulin, estime-t-on alors, resteront seules.

La cérémonie du 19 décembre a duré à peine une heure. Elle a été retransmise en direct sur la première chaîne de télévision (la deuxième n'émet qu'à partir de 19 heures), précédée de dix minutes d'un film documentaire sur la vie et l'action de Moulin. La réalisation est d'une sobriété confinant à la monotonie, alternant de longs plans fixes avec quelques vues de la tribune officielle, plus rarement du public, et des images d'archives. Le tout, en noir et blanc, est aussi froid et convenu que les photos qui paraissent dans la plupart des journaux. À la décharge des reporters, un dispositif modeste leur a été concédé : à peine une dizaine de caméras, généralement fixes, et seulement six photographes accrédités au plus près des lieux[6]. Certains de ces chanceux ont toutefois tiré leur épingle du jeu, à en juger par le spectaculaire reportage photo en couleurs qui paraît dans *Paris Match* quinze jours plus tard.

*

C'est par décret signé du président de la République qu'avait été actée la panthéonisation de Jean Moulin. Il n'y en avait pas eu depuis 1952 (Louis Braille), et il a fallu consulter de nombreuses instances pour établir qu'en vertu de la Constitution de la Ve République, cette décision relève dorénavant des prérogatives du chef de l'État.

La distinction par laquelle le général de Gaulle honore une fois encore Jean Moulin paraît presque évidente. Il n'a cessé, depuis 1945, de faire pour lui des exceptions. Il a rédigé pour la publication de *Premier Combat*, en 1947, la seule préface qu'il donnera de toute sa vie. « Je ferai une exception pour le cher et brave compagnon dont je n'ai rien oublié et qui a joué un rôle absolument capital dans tout ce qui a été fait d'utile en fait de résistance réelle à l'ennemi[7]. » Sa préface, courte mais particulièrement élogieuse, est redoublée dans les lettres qu'il adresse à Laure Moulin lors de la parution du livre :

> Jean Moulin, votre héroïque frère, était par excellence mon bon compagnon et mon ami. C'est parce que nous avions, l'un et l'autre, en toute connaissance de cause une confiance entière, que je l'avais choisi et désigné pour agir et pour parler, en mon nom et au nom du gouvernement dont il était membre, sur notre territoire non encore libéré : c'est pour la même raison qu'il avait de toute sa foi accepté de le faire.
>
> Nos entretiens et nos travaux communs à Londres, comme les rapports qu'il m'adressait de France et les instructions que je lui envoyais jusqu'au jour même où l'ennemi l'a saisi pour le torturer

et l'abattre, ont été l'expression éclatante de cet accord et de cette confiance.

C'est dire quel mépris méritent les contorsions calomnieuses de ceux qui, aujourd'hui, voudraient exploiter à leur profit de partisans ou d'arrivistes, contre nos compagnons et moi-même, la pure gloire de Jean Moulin [8].

Il lui a consacré dans ses *Mémoires*, parues en 1954, des pages particulièrement élogieuses, où chaque mot est calibré.

Cet homme, jeune encore, mais dont la carrière avait déjà formé l'expérience, était pétri de la même pâte que les meilleurs de mes compagnons. Rempli, jusqu'aux bords de l'âme, de la passion de la France, convaincu que le « gaullisme » devait être, non seulement l'instrument du combat, mais encore le moteur de toute une rénovation, pénétré du sentiment que l'État s'incorporait à la France libre, il aspirait aux grandes entreprises. Mais aussi, plein de jugement, voyant choses et gens comme ils étaient, c'est à pas comptés qu'il marcherait sur une route minée par les pièges des adversaires et encombrée des obstacles élevés par les amis. Homme de foi et de calcul, ne doutant de rien et se défiant de tout, apôtre en même temps que ministre, Moulin devait, en dix-huit mois, accomplir une tâche capitale. La Résistance dans la Métropole, où ne se dessinait encore qu'une unité symbolique, il allait l'amener à l'unité pratique. Ensuite trahi, fait prisonnier, affreusement torturé par un ennemi sans honneur, Jean Moulin mourrait pour la France comme tant de bons soldats qui, sous le soleil ou dans l'ombre, sacrifièrent un long soir vide pour mieux « remplir leur matin » [9].

Néanmoins, le Général a refusé de présider une association de ses amis, pour ne pas se trouver mêlé à des hommes politiques pour lesquels il n'a pas d'estime ou dont il condamne l'engagement partisan [10].

Depuis la fin de la guerre, la mémoire de Jean Moulin a été rappelée et célébrée grâce aux efforts conjugués de sa sœur, d'Antoinette Sachs – qui jouissait de nombreuses relations – et d'anciens compagnons de la Résistance ou de sa vie d'avant-guerre, dont ses amis d'enfance biterrois, Paule Paget, Émile Claparède et Marcel Bernard… Les années d'après-guerre ont été celles d'un souvenir fervent. Dans les lieux où il a vécu ont été érigés des monuments commémoratifs qui ont impliqué d'importantes souscriptions, comme à Chartres en 1948 ou à Béziers en 1951. À Paris, des plaques ont été apposées au ministère de l'Intérieur et rue du Four. Elles se sont multipliées dans tous les lieux où Moulin a étudié, travaillé ou vécu, et les noms de rues puis d'établissements scolaires ont commencé à proliférer. Beaucoup d'inaugurations ont été accomplies en présence de chefs du gouvernement ou de présidents de la République [11].

L'idée de funérailles nationales a été évoquée par Georges Bidault, à plusieurs reprises, lorsqu'il était chef du gouvernement. D'ailleurs, lors de son discours prononcé à l'Hôtel de Ville au jour de la libération de Paris, il n'avait pas manqué de mentionner Moulin – sans pouvoir donner son nom au cas où il serait toujours détenu par les Allemands –, « notre chef, notre ami, l'un des êtres les plus nobles qu'il nous ait été donné de connaître sur notre chemin [...] En cette heure triomphale, notre souvenir se tourne vers lui avec douleur, avec tendresse, avec fierté, avec espérance » [12]. En 1954, dixième anniversaire de la Libération, le président de la République René Coty s'étant rendu à Chartres pour un hommage à Moulin, Claude Serreulles a alors tenté de lancer une idée qui, selon lui, honorerait la République et rendrait justice à un homme dont la clandestinité et la mort ont injustement dérobé la connaissance à la majorité des Français. « Jean Moulin devrait normalement, écrit-il, jouir d'une renommée égale à celle que le maréchal Leclerc, par exemple, a acquise pour ses hauts faits militaires [13]. » Sa démarche a été soutenue par Georges Altman, communiste avant-guerre, cheville ouvrière du journal *Franc-Tireur* à partir de 1942, qui non seulement a connu Moulin dans la clandestinité, mais était un ami d'enfance de l'un de ses proches collaborateurs mort sans avoir pu rentrer de déportation, Pierre Kaan. Altman sera le chef du service de presse de Malraux, devenu ministre.

Mais les projets se sont perdus dans les méandres de la IVe République, en proie à une incessante instabilité ministérielle et à des déchirements entre partis politiques. En outre, la forme de l'hommage a posé problème, puisque Moulin n'aurait pas approuvé une cérémonie religieuse, mais aussi à cause de l'ambiguïté persistant sur l'identification de ses cendres[14].

La panthéonisation, cérémonie rigoureusement civile pour laquelle la translation du corps est symbolique, pouvait lever ces obstacles pratiques. Quant à la Ve République, dominée par la personnalité du général de Gaulle, elle est plus susceptible de donner de la continuité à un tel projet.

Pour autant, le souvenir de Moulin n'a pas disparu des mémoires. Entre 1957 et 1960, elle est rappelée par l'édition d'un timbre et le baptême de rues et d'écoles à son nom, y compris dans des villes auxquelles il n'est aucunement lié (Tarbes, Soissons, Toulon, Pau...). En visite à Béziers en mars 1960, le chef de l'État s'est rendu au monument dédié à Jean Moulin en compagnie de sa sœur et du président des Amis de l'ancien préfet.

L'année 1963, vingtième anniversaire de la création du Conseil de la Résistance comme de l'arrestation et de la mort de Moulin, est marquée par d'importantes célébrations locales, auxquelles s'associent les autorités, comme l'exposition de ses souvenirs et de ses œuvres au musée Goya de Castres, qui a nécessité le concours d'une centaine de personnalités. Cette relative effervescence a fait évidemment « circuler le nom de Jean Moulin dans les instances décisionnaires »[15].

Dans le droit fil de cette commémoration, deux associations d'anciens résistants de l'Hérault ont adopté en congrès une motion demandant le transfert au Panthéon « des cendres du plus illustre de nos compatriotes héraultais, le préfet Jean Moulin, premier chef de la Résistance sur le sol national et Martyr héroïque de la Patrie »[16]. Si leur présidente d'honneur est Laure Moulin, leur principal animateur est Ferdinand Paloc, dont le profil est aussi riche que surprenant – en apparence – dans ce contexte. Ancien combattant de la Grande Guerre et d'ailleurs invalide, Paloc a été jusqu'en 1942 le secrétaire de rédaction à *L'Éclair*, quotidien de Montpellier catholique et monarchiste. Il a été le collaborateur de plusieurs élus locaux de droite, à commencer par le comte Henri de Rodez-Bénavent, et tous les deux se sont retrouvés dans une opposition frontale au Cartel des gauches puis au Front populaire. Exemple parfait des résistants compatibles avec Pétain, il s'est néanmoins impliqué dès l'automne 1940 en fournissant des informations confidentielles à la toute jeune presse clandestine et en secondant Jacques Renouvin, autre royaliste notoire, qui fut à l'initiative des premiers groupes francs de Liberté.

Paloc prend par la suite des responsabilités dans Combat et dirige les Mouvements unis de Résistance dans l'Hérault jusqu'à son arrestation. Il a été déporté à Buchenwald en mai 1944. C'est donc peu dire que son parcours paraît souvent en contradiction avec celui de Moulin. Pourtant, ils se rejoignent sur plusieurs points fondamentaux : un engagement précoce et clair, un gaullisme raisonné mais convaincu et une primauté donnée à la cause nationale qui outrepasse les oppositions politiques. Évoquant son travail commun avec Paloc et Renouvin au sein de Combat, un militant socialiste montpelliérain déclara ainsi : « À cette époque, la politique ne comptait plus et c'est ce qui était magnifique[17]. » D'ailleurs, en 1963, Paloc trouve pour relayer sa campagne à l'Assemblée un député SFIO, Raoul Bayou, héritier des milieux républicains et laïcs dont Moulin était lui-même issu et, éminemment, un homme de réseaux tant locaux que nationaux (on le surnomme « le député du vin »[18]). C'est donc l'Hérault qui, par son truchement, réclame qu'on rende justice au plus héroïque de ses enfants.

Après avoir fait voter à l'unanimité par le conseil général un vœu pour la panthéonisation de Moulin, Bayou s'adresse au ministre des Anciens Combattants et Victimes de guerre au moyen d'une question écrite. Le député rappelle que « personne ne met en doute le caractère particulièrement héroïque de l'action entreprise par Jean Moulin, véritable fondateur et premier chef de la Résistance sur le sol national » et demande « s'il ne lui semble pas qu'un hommage digne de son sacrifice pourrait être rendu à Jean Moulin par une cérémonie symbolique au Panthéon »[19].

D'emblée, Malraux, ministre des Affaires culturelles, manifeste son intérêt. Il obtient un accord de principe du Premier ministre, Georges Pompidou, qui souligne toutefois que rien ne pourra se faire sans l'accord du président de la République. Or, dans un premier temps, le général de Gaulle a objecté « qu'il n'y a pas de cendres de Jean Moulin (on n'a jamais retrouvé son corps) »[20]. À peine envisagée, l'idée semble s'enliser, et on se met à évoquer plutôt une simple cérémonie au Panthéon, voire au Mont-Valérien, où se trouve le Mémorial de la France combattante, inauguré en 1960. Cette solution aurait sa logique, d'autant que le général de Gaulle a marqué à de nombreuses reprises son attachement au Mont-Valérien.

Mais les partisans de la panthéonisation ne renoncent pas. Paloc, en particulier, noue des relations régulières avec Malraux et avec Jean Sainteny, ministre des Anciens Combattants. Il s'attache à établir la « validité » des cendres déposées au colombarium du Père-Lachaise et fait voter des délibérations de soutien par les conseils municipaux de différentes communes héraultaises. Les amis de Moulin, Antoinette Sachs, Claude Serreulles en tête, jouent de leurs accointances pour faire avancer le projet.

> J'ai vu à diverses reprises les personnalités dirigeantes du ministère des Anciens Combattants, explique Paloc à Laure Moulin en février 1964, et leur ai fait part de la confirmation de votre désir « exclusif » de voir les cendres vénérées de votre regretté frère transférées au Panthéon et en nul autre lieu quel qu'il puisse être[21].

Ces quelques mots suggèrent que ce n'est pas tant l'hommage à Jean Moulin – dont le principe était acquis – qui posait problème, que l'énormité d'une cérémonie largement à (ré)inventer.

La décision va aboutir à la faveur de l'intense célébration du vingtième anniversaire de la Libération, alors que les anniversaires de la première réunion du Conseil de la Résistance et de la mort de Jean Moulin ont passé sans résultat. Le 2 juillet 1964, Louis Joxe, ancien collègue de Moulin au cabinet de Cot trente ans plus tôt, et pour l'heure ministre, peut confirmer la nouvelle à ses proches. Aussitôt, on demande à Laure Moulin de venir au ministère des Anciens Combattants pour commencer à discuter des modalités[22]. La cérémonie, rendue publique le 17 juillet, est prévue avant la fin de l'été, ce qui laisse singulièrement peu de temps.

Trop peu, d'ailleurs, d'autant plus que le calendrier est déjà surchargé d'innombrables commémorations et hommages liés à la Libération : à la gare Montparnasse, à Notre-Dame, à la préfecture de police, à l'Hôtel de Ville, place de la Concorde ou au Pont-Neuf, tandis que se multiplient les spectacles ou les fêtes populaires. Le président de la République visite, le 25 août 1964, l'exposition organisée au musée de la Seconde Guerre mondiale des Invalides – lieu qui lui est particulièrement cher. Préparée par l'historien Henri Michel, qui venait d'écrire la biographie de Moulin, l'exposition comprend toute une première partie (la plus importante en taille), consacrée à Jean Moulin et la Résistance, dont quatre vitrines présentent des objets et des documents ayant directement trait à Moulin. Durant sa visite, le général de Gaulle s'attarde particulièrement devant elles[23]. Selon le témoignage de Colette Jacques, ces simples objets ont de quoi bouleverser ceux qui ont connu Moulin : « L'écharpe de Jean, sa gabardine dont j'avais refait l'ourlet déchiré un jour. Rien, jamais, ne m'avait rendu Jean si vivant, si proche. J'ai pleuré là comme si nous l'avions perdu hier[24]. »

Le 29 août, répondant à Bayou avec plus d'un an de retard, Jean Sainteny, ministre des Anciens Combattants, précise que le transfert des cendres de Jean Moulin au Panthéon aura lieu « dans le cadre des cérémonies nationales qui commémorent cette année le vingtième anniversaire de la Libération du territoire »[25].

C'est donc à la dernière extrémité qu'une date est trouvée – celle du 19 décembre – pour que se déroule le transfert au Panthéon. Au grand soulagement de ses proches, qui ne voyaient pas passer les semaines sans inquiétude. « C'est merveilleux parce que c'est juste », écrit Colette Jacques à Laure Moulin, dès la date confirmée[26].

Reste à organiser la cérémonie, ce qui sera fait avec un grand luxe de détails et de précautions[27]. Le ministère des Anciens

Combattants en établit le programme – et, plus prosaïquement, fournit le cercueil. C'est donc à son cabinet que, pour une grande part, on doit ce protocole classique et militaire, mais aussi les détails spectaculaires du cortège et de la veillée, et la place très large faire aux résistants, et plus particulièrement aux compagnons de la Libération.

Les Affaires culturelles ont choisi et installé le décor éphémère[28]. Mais, pour le ministre, le cœur du propos réside ailleurs que dans les questions matérielles. C'est en effet à André Malraux qu'échoit, lors du conseil des ministres du 9 décembre, la responsabilité du discours qui sera au centre de l'hommage.

Même si le cérémonial des entrées au Panthéon a évolué en presque deux siècles et que l'usage s'en est un peu dilué depuis les années 1920, les bases sont assez immuables : le concours de la foule (100 000 personnes pour la panthéonisation de Jean Jaurès, deux millions pour Victor Hugo) et des autorités officielles, un cheminement vers le Panthéon et une mise en scène devant le monument lui-même, plus rarement à l'intérieur. Un discours n'a jamais constitué le temps fort de la cérémonie, faute pendant longtemps de relais techniques, faute de talent peut-être. Là où vingt orateurs prenant la parole lors de la translation des cendres de Victor Hugo n'ont pas laissé de souvenir, André Malraux va installer aussi sûrement Jean Moulin dans la mémoire nationale que le fera la matérialité de son entrée au Panthéon.

Malraux va parler comme le résistant qu'il a été – plus ou moins. Mais n'a-t-il pas risqué la mort sur le front français en 1944-1945 ? N'a-t-il pas perdu au combat des êtres si chers qu'il renonce à prononcer, dans son discours, certaines phrases trop douloureuses sur la mort qui choisit les siens ? N'a-t-il pas su, surtout, magnifier toutes les aventures humaines qu'il a approchées ?

Le souvenir est transfiguré par l'écriture et se pare de couleurs et de sensations plus vraies que le réel. L'épopée a saisi l'oraison funèbre. Comme Malraux le dira dans l'édition de son discours, « la grandeur allait de soi »[29].

Il va parler comme l'homme qui a connu Moulin, même si ce fut peu et dans d'autres circonstances de la vie. Il va parler pour soutenir un syncrétisme national très « gaullien », sans pourtant trahir l'histoire difficile de la mission de Moulin. Il va parler, de son aveu même, pour la foule qui lui fait face, lui étant seul au pied de l'immense catafalque. Il va parler directement à celui qui s'y trouve, sans que cela paraisse étrange.

Il va parler, enfin, comme un écrivain. À le voir, la semaine précédant la translation, enfermé dans son bureau pour travailler encore et encore son texte, ne s'interrompant que pour s'entretenir avec des témoins, ses collaborateurs du ministère découvrent en lui « le grand écrivain tel qu'on l'imagine [...] sans cesse insatisfait de ce qu'il écrit et n'éprouvant comme joie que celle d'avoir enfin ciselé comme il fallait »[30]. Ouvrage jamais achevé, pourtant, puisqu'il ne lira pas exactement ses feuilles, le 19 décembre, qu'il remettra à divers récipiendaires des manuscrits autographes différents et que l'édition du discours se distinguera encore de celui qui fut prononcé[31]. Mais ces détails sont pour les exégètes et non pour ceux qui l'écoutent, sur le moment ou aujourd'hui, avec leur propre sensibilité.

Il va s'exprimer avec cette voix sans séduction et pourtant envoûtante, en convoquant aussi bien les morts que les générations futures, avec tant de puissance et d'intimité lyrique qu'il va non seulement tirer les larmes de ceux qui l'écoutent alors, mais qu'il continuera à nouer la gorge de ceux qui l'entendront. Cette tonalité sombre qui confine à la tragédie, au risque de frôler le trop-plein, suffit à remplacer le rituel funéraire, forcément absent, et à fonder une légende comparable au récit national dont la IIIe République – celle des Moulin père et fils – tira sa substance et sa longévité. Par la communion qu'il propose puis impose, comme couronnement du rituel de la cérémonie, il offre à ses auditeurs un accès à la grandeur, non seulement en leur proposant le défunt comme un modèle idéalisé, mais en signifiant la victoire de l'homme sur le destin.

Certes, on constate, une fois la tête redevenue froide, que c'est aussi, eu égard au régime présidentiel et à la place si exceptionnelle du général de Gaulle dans l'histoire de France, le chef de l'État qui entre au Panthéon avec le « grand homme » qu'il a désigné. Bien sûr, la cérémonie elle-même, le discours plus encore ont un sens politique évident, coincés qu'ils sont entre la fin de la guerre d'Algérie et la première loi d'amnistie, entre les célébrations du vingtième anniversaire de la Libération et la loi sur l'imprescriptibilité des crimes contre l'humanité, placés moins d'un an avant la première élection présidentielle au suffrage universel. Évidemment, Malraux a dressé le portrait exagéré d'une France unanimement résistante et d'une résistance essentiellement militaire qui n'est pas celle de Moulin.

Il n'en reste pas moins que le génie littéraire et oratoire de Malraux a enclenché une renaissance de Jean Moulin, en recréant sa figure, et en en faisant un mythe. À partir de ce moment, les hommages, les monuments se multiplieront, et Jean Moulin s'installera dans l'histoire et la mémoire des Français.

On sait qu'il n'y a pas de plus grand espoir d'accéder à la postérité qu'un éloge funèbre prononcé par un grand écrivain, doublé qui plus est d'un orateur exceptionnel. À dire vrai, s'il n'avait certes pas de telles prétentions, l'exercice n'était pas étranger à Moulin qui, au long de sa carrière préfectorale, dut s'y plier plus souvent qu'à son tour. On ignore comment, faute d'archives sonores, il lisait ses discours, revêtu de son uniforme, en plein air, cramponnant képi et feuillets. Reste la lecture, par exemple, de son hommage à La Tour d'Auvergne (entré au Panthéon en 1889) :

> Il est bon de dresser le plus souvent possible, devant les jeunes générations, la silhouette de ceux qui sont tombés pour la défense d'un idéal, de ceux qui ont combattu pour que vive notre pays, pour que vivent les libres institutions qu'il s'est données[32].

Et la phrase qu'il répétait devant tous les monuments aux morts : « La République a le devoir d'honorer dignement ses morts. » Alors, sans doute, peut-on croire sa sœur qui répondit à ceux qui doutaient que Jean Moulin eût apprécié de se voir au Panthéon : « Je crois pouvoir dire qu'il l'eût accepté pour lui-même et pour la légion des martyrs de la Résistance dont il est le symbole[33]. »

*

En mai 1981, la dépouille de Jean Moulin se trouve tenir encore sa partie dans une nouvelle journée particulière. Le 21 mai, jour de son investiture, François Mitterrand, quatrième président de la Vᵉ République, clôt les célébrations officielles par une visite au Panthéon durant laquelle il dépose une rose sur le cénotaphe de Moulin, en même temps que sur les tombeaux de Jean Jaurès et de Victor Schœlcher. Pourquoi ce geste qui, sur le moment comme avec le recul du temps, est l'un des plus marquants de cette journée ?

Après l'élection, l'équipe de François Mitterrand a cherché quel marqueur original et fort pourrait venir en point d'orgue de l'intronisation, cérémonie très balisée par la tradition. C'est Claude Manceron, proche conseiller de Mitterrand et auteur d'ouvrages consacrés à l'Empire et à la Révolution, qui suggère une visite au Panthéon pour souligner la dimension solennelle et symbolique de ce jour. Deux idées viennent compléter cette proposition : d'une part, jouer de l'opposition entre la foule qui célébrera l'élection du premier président de gauche de la Vᵉ République et la solitude du chef de l'État porteur de la charge du pouvoir ; d'autre part, inscrire le septennat qui commence dans une filiation historique clairement identifiable[34]. La relative désuétude du lieu contribuera à l'ancrer dans l'histoire nationale et marquera une rupture subtile avec la « modernité » dont se revendiquait Valéry Giscard d'Estaing. Pour mettre en scène le « changement », qui est le grand mot du moment, tout en confirmant sa légitimité, il convient de saluer au Panthéon quelques grands ancêtres, qui doivent incarner des valeurs de manière très explicite. À cet égard, la figure de Jean Jaurès s'impose, mais il serait trop restrictif de s'en tenir à lui. Toutefois, pour des raisons de *timing* et de fluidité, le nouveau président ne peut se livrer à une longue randonnée et naviguer de caveau en caveau, pour honorer un grand nombre des glorieux défunts.

À cette date, il n'y a que soixante-neuf dépouilles dans la crypte. Or, si l'on décompte les scientifiques, qui ne sont pas dans le thème, et les personnalités du Premier Empire – non seulement hors jeu mais inconnues des Français –, il reste une quinzaine de personnalités, dont Rousseau, Voltaire, Carnot, Baudin, Hugo, Gambetta ou Zola qui, pour des raisons diverses, ne font pas tout à fait l'affaire.

On comprend dès lors que, pour un choix qui fasse sens dans ce contexte, Jean Moulin s'impose, parce qu'il fut un homme de gauche et même un homme du Front populaire, parce qu'il incarne la Résistance dont la gauche fut partie prenante, parce qu'il rappelle la Libération, lorsque tous les partis résistants étaient représentés au gouvernement, dans le droit fil du Conseil de la Résistance. Sa notoriété, réelle depuis 1964, dispense d'avoir à fournir de longues explications pour justifier la portée du geste du nouveau président. L'analogie peut se faire naturellement avec cet instant où le peuple de gauche accède de nouveau au pouvoir. Pour reprendre la formule qu'utilisera bientôt le Premier ministre Pierre Mauroy dans son discours de politique générale : « François Mitterrand avait rendez-vous avec l'histoire. La gauche avait de nouveau rendez-vous avec la République[35]. »

Et, effectivement, Jean Moulin est devenu, en quinze ans, un véritable emblème de la République. Il correspond bien à l'idée immédiate presque abstraite que les Français peuvent se faire de ce qu'est un « grand homme » reposant au Panthéon.

Le choix de Jean Moulin a aussi un sens relativement au parcours personnel de François Mitterrand et à son rapport à l'histoire nationale. On sait qu'il a été lui-même résistant, mais que cette qualité lui a été contestée durant la campagne électorale. Il s'en est défendu durant son dernier meeting, le 8 mai, et a fait donner ses amis[36]. Une heure avant sa visite au Panthéon, se trouvant à l'hôtel de ville de Paris, il a évoqué « le grand souvenir » qui lui venait, celui du 25 août 1944 et de la Libération :

> J'ai vécu ces jours, il y a trente-sept ans. J'étais là, parmi d'autres, pour recevoir le général de Gaulle. Comme lui et comme tant d'autres, j'écoutais la profonde rumeur de la foule qui montait vers les fenêtres. Comme lui et comme tant d'autres, je ressentais, ainsi qu'il l'a écrit dans ses *Mémoires de guerre*, l'émotion sacrée qui nous étreint tous, hommes et femmes, en ces minutes qui dépassent chacune de nos pauvres vies.

En vertu d'une idée lyrique due à Jack Lang, l'hommage du nouveau président aux grands hommes devra illustrer aussi le passage de l'ombre à la lumière, sur un mode initiatique. Parce que la représentation doit en être construite d'abord pour la télévision, il est décidé qu'avançant seul dans la nef puis dans la crypte, il déposera une rose sur le cénotaphe de Moulin, puis sur le tombeau de Jaurès (et celui, voisin, de Schœlcher).

Donc, quittant la voiture qui l'a conduit de l'Hôtel de Ville au boulevard Saint-Michel, François Mitterrand remonte à pied la rue Soufflot, accompagné de camarades et d'amis, au milieu d'un bain de foule. Arrivé sur la place du Panthéon, il se détache de ses accompagnateurs et entre seul dans le monument. Là, la retransmission télévisée prend le relais de l'événement, et il accomplit dans une semi-pénombre le parcours prévu. Les téléspectateurs n'entendent plus la rumeur de la foule, mais le bruit des pas du Président et la 9e Symphonie de Beethoven, jouée par l'orchestre de Paris (et non par la Garde républicaine). À l'issue de ce moment de recueillement et de solennité, François Mitterrand émerge du Panthéon, une rose à la main, pour faire face à la foule joyeuse, malgré la pluie, et à la perspective qui s'ouvre sur le Luxembourg et la tour Eiffel.

En dépit des inévitables anomalies d'un tel exercice – les roses qui apparaissent par magie, la caméra qui perd un instant le Président dans le dédale de la crypte, la quasi-improvisation de l'hommage à Schœlcher, la longue station debout parce que la musique a pris du retard[37] –, la séquence est non seulement réussie mais marquante. Elle le doit à une réalisation soignée et même esthétique, qui contraste avec la froideur statique de la retransmission de 1964. La gravité est de mise là où, dix-sept ans plus tôt, l'emportait encore la tragédie. L'emphase bien réelle, au lieu d'être ridicule, ressuscite l'émotion, soutenue par une certaine sacralisation.

François Mitterrand n'a pas, alors, prononcé un mot. Interrogé ultérieurement sur la cérémonie du Panthéon, il fait mine de s'être laissé guider, sans prendre d'initiative. Pourtant, cinq ans plus tard, il a l'occasion de restituer tout son sens à son geste en évoquant, à Chartres, la mémoire de Jean Moulin. C'est ici que prend place l'oraison funèbre qu'il ne pouvait prononcer le 21 mai 1981.

> J'ai connu personnellement la plupart de ses compagnons. Peut-être nos pas se sont-ils croisés lorsqu'il remplissait sa mission. J'ai approché d'assez près les circonstances de sa mort et la plupart des acteurs de ces moments tragiques. Et je crois bien que l'histoire ne s'est pas trompée en le distinguant parmi tous et en le proposant comme celui qui pouvait incarner les vertus de la Résistance.

Des vertus qui, selon lui, recouvrent la patrie, la démocratie et la République. Rejoignant la péroraison de Malraux, sur un mode plus sobre, mais empreint d'une même empathie, il souligne à quel point c'est sa mort à la fois horrible et courageuse qui consacre en Moulin ce qu'il faut bien appeler un héros.

> La jeune et tragique gloire d'un destin vite interrompu, le 17 juin 1940, et puis la fin, l'atroce fin dans sa solitude dernière, dont il avait déjà pu connaître les prémices. Je n'ose imaginer ce qu'étaient ses pensées. Je crois cependant que Jean Moulin a su qu'il avait accompli sa tâche comme patriote, comme un résistant devait le faire. Sans doute n'a-t-il pas imaginé qu'il en deviendrait le symbole. Ce n'est pas ce qu'il cherchait. Mais nous l'avons reconnu et nous savons que Jean Moulin s'inscrit dans la lignée des héros qui ont marqué à travers les siècles le cheminement de la France attachée à ses valeurs profondes.

Et c'est bien de cela qu'il s'agit : du héros et du symbole, peu importe que le tombeau soit vide ou ne contienne peut-être pas les cendres de Moulin, cela n'enlève rien à la force de sa présence au Panthéon.

En 1984, Mona Ozouf, chargée d'évoquer le Panthéon pour le premier tome des *Lieux de mémoire*, se montre aussi pessimiste que sévère, parlant de disgrâce et même d'échec[38]. Le Panthéon, pourtant, s'apprête à sortir de sa déshérence et à rouvrir au public[39]. Cette renaissance se caractérisera par la multiplication des entrées nouvelles et l'intérêt qu'elles susciteront.

À cette renaissance, Jean Moulin n'est pas étranger, loin de là. La boutique du monument témoigne du fait qu'il est, avec Alexandre Dumas, Victor Hugo, Marie Curie et Antoine de Saint-Exupéry (dont le souvenir est rappelé par un panneau dans la nef), l'une des « vedettes » du lieu. Selon les études d'opinion, il est celui dont le nom est cité, spontanément et justement, par le plus de Français comme reposant au Panthéon, avec 7 % des personnes interrogées, ce qui est considérable en dehors de toute actualité[40]. La rose est en outre devenue un élément récurrent du décor extrêmement minimaliste de son caveau.

Alors qu'on supposait qu'il resterait seul dans sa sépulture pour l'éternité, il repose dorénavant en compagnie de Simone Veil, de René Cassin et de Jean Monnet, ainsi que d'André Malraux, ce dernier étant accompagné d'un chat égyptien. Il se trouve en outre à l'origine d'une galerie consacrée à la Seconde Guerre mondiale et marquée par la proximité avec les figures de la Révolution française, dont Lazare Carnot ou Marceau.

Qu'il s'agisse du cœur de Gambetta ou de toute la statuaire qui orne la nef, tout est empreint de l'esprit de la République radicale triomphante qui baigna l'enfance de Jean Moulin, pour une sorte de retour aux sources. Une enfance où résonnaient les vers de Racine ou d'Hugo, *Le Chant des Girondins* comme *La Marseillaise*, et dont les compositions françaises étaient toutes pleines de « Ceux qui pieusement sont morts pour la patrie / ont droit qu'à leur cercueil la foule vienne et prie. »

« Vercingétorix, le héros de l'indépendance gauloise, combattit et se sacrifia pour la liberté de sa patrie, écrivait Jean Moulin à seize ans. C'est notre première gloire nationale, c'est lui que je préfère entre tous. Il employa toute sa vie à affranchir la Gaule du joug des Romains. Mais malheureusement, des obstacles insurmontables se dressèrent sur sa route glorieuse et il mourut en héros dans la fleur de l'âge[41]. »

La photo telle que son ami Marcel Bernard l'a prise à Montpellier au début de 1940.

Épilogue : un héros français

« Ce n'est pas bien brillant pour un virtuose comme lui [1]. » Tel est le commentaire laconique et peu aimable fait par Jean Moulin en découvrant le tirage de la photo prise par Marcel Bernard. S'il s'autorise cette sévérité, c'est peut-être parce qu'il est le sujet de cette photo et ne veut pas paraître trop immodeste. Peut-être ne se reconnaît-il pas vraiment sur le cliché. Il a déjà fait à Marcel Bernard ce genre de remarques à propos d'un autoportrait :

> Évidemment, ce n'est pas tout à fait toi, mais c'est très chic comme photo et l'éclairage est épatant. On reconnaît bien là la main du maître. C'est très Jacque-Catelain [acteur de leur génération] [2].

C'est également parce qu'il a une haute opinion des talents du photographe, dont il est un supporter depuis des années. À ceci près que, lui-même acharné à rechercher la perfection quand il peint ou dessine, il a de la photographie une vision un peu condescendante, la tenant pour une « solution très paresseuse » [3]. Peut-être enfin parce qu'il voit les défauts du cliché : un arrière-plan confus et peu esthétique à gauche, un cadrage à mi-corps qui ne correspond pas aux canons du portrait. Des défauts que Marcel Bernard ne peut pas ignorer, puisqu'il pratique la photographie à un niveau élevé, pas « en pressant un bouton comme font la plupart des gens » [4]. Et aussi parce que les deux hommes partagent, en dehors de leurs souvenirs d'enfance, l'amour de l'art et une préoccupation esthétique qui tient une grande place dans leurs discussions et dans leur correspondance.

Malgré les trois années qui les séparent, ils se connaissent depuis l'enfance. Voisins à Béziers, ils jouaient ensemble, après l'école ou le jeudi. Jean Moulin était un « grand » que Marcel admirait et suivait. Ils allaient l'un chez l'autre. Jean n'appréciait pas la pétanque ou les jeux de ballon, mais tous deux aimaient dessiner. Jean montra à Marcel la collection de timbres héritée de son frère, ce qui le poussa à commencer sa propre collection. Et ce fut Laure Moulin qui donna au petit Marcel l'envie de faire de la photographie en lui montrant les clichés pris en Espagne avec l'appareil offert par ses parents pour ses vingt ans. Marcel avait reçu de sa famille, plutôt fortunée, son propre appareil dès avant la Grande Guerre. Dix ans plus tard, déçu par son peu de talent comme peintre, il décide de se consacrer avec application à la photographie (et au cinéma). Jusqu'à se considérer comme un « demi-professionnel », même s'il n'a pas besoin de travailler pour vivre.

Devenus adultes, Jean et Marcel ne se perdent pas de vue malgré leurs modes de vie différents. Marcel Bernard vit en rentier, pratique le tennis à un bon niveau et s'adonne à ses passions artistiques. Il voyage pour son agrément. Jean Moulin fait ses études en travaillant, puis sa carrière administrative le mène un peu partout en France. Ils se voient en vacances, l'un initiant l'autre au ski. Quand ils se retrouvent à Paris, c'est pour visiter ensemble des expositions, voir des films ou aller au théâtre, mais aussi fréquenter les milieux artistiques de Montparnasse. Jean Moulin le tient au courant de ses publications de dessins dans les journaux. Il l'encourage en retour à exposer ses photographies. La dernière lettre de Marcel Bernard sera, en 1943, pour le féliciter de s'être reconverti en marchand d'art et lui demander des conseils d'investissement en la matière[5]. Pour autant, leur intimité ancienne leur permet d'aborder des sujets plus personnels : Jean Moulin lui raconte ses cours de danse de salon, ses bonnes fortunes d'un soir ou lui emprunte de l'argent pour pouvoir combler ses envies de collectionneur. Au fond, c'est au moins autant Romanin que Jean Moulin que connaît Marcel Bernard.

Son admiration a survécu à l'enfance. Lui, le rentier dilettante, mesure le parcours accompli par son ami, qu'il tient pour un haut fonctionnaire hors pair, en même temps qu'un artiste talentueux et exigeant. À l'occasion de sa Légion d'honneur, en 1937, il le félicite avec sincérité et gentillesse :

> Il ne m'est pas permis de juger ton effort comme secrétaire auprès de M. Cot mais ta rapide ascension dans la carrière administrative prouve bien que tu apportes à ton métier le même amour qui t'a permis de briller d'une manière tout à fait personnelle dans la création artistique. [...] je pense souvent à ces heures de loisir que tu as employées si utilement à la gravure en délaissant des plaisirs faciles et combien plus creux. Tu as choisi la bonne route, celle qui conduit au succès, car tout effort est tôt ou tard récompensé. Je dois avouer que j'ai eu beaucoup de chance de te connaître car j'ai suivi, dans la mesure du possible, ton exemple et, ma fois, je n'ai eu qu'à m'en féliciter[6].

Marcel Bernard se désintéresse de la politique. Or c'est lui, bien plutôt que Jean Moulin, qui descend d'une illustre et active famille républicaine de Béziers. Son lointain aïeul a été le leader des jacobins biterrois sous la Révolution, avant de chercher à lever des troupes contre le roi pendant les Cent Jours. Et c'est le petit-fils de celui-ci, républicain très engagé en 1848, qui a été emprisonné en 1851 pour avoir résisté au coup d'État du 2 décembre. Plus tard, il fut le sous-préfet de Béziers lors de la proclamation de la République en septembre 1870, puis député pendant quinze ans. Enfin, l'arrière-grand-père de Marcel Bernard a été tué, le 4 décembre 1851, pendant les combats qui ont opposé les Républicains et les partisans du prince-président[7].

Marcel Bernard aurait-il su que Jean Moulin avait critiqué sa photo qu'il lui aurait répliqué qu'il a tout de même bien servi son modèle, qu'il ne trouvait pas particulièrement beau. « Il n'était pas laid [...] Il n'était pas mal quand même, mais enfin quand il rentrait quelque part, tout le monde ne le regardait pas[8]. »

Et il estime savoir de quoi il parle, puisque ce modèle, il le connaît bien, pour lui avoir tiré le portrait plus souvent qu'à son tour. Pendant son service militaire, là aussi cadré à mi-corps, d'une manière abrupte, plutôt réussie. Sur un très joli cliché datant de 1916, on voit Jean Moulin, lycéen, mais en col dur, costume et cravate, penché sur un livre. Vingt-trois ans plus tard, Marcel Bernard fera écho à ce portrait en photographiant son ami lisant sous une lampe, toujours de trois quarts, avec la lumière portée sur le visage. Modèle et photographe se trouvent alors dans l'appartement de la Grand-Rue de Montpellier où vivent Laure Moulin et sa mère. Marcel Bernard est venu déjeuner à l'occasion d'une visite de Jean Moulin à sa famille. Il a apporté avec lui son appareil photo parce que, dit-il, il l'emportait toujours partout avec lui. Avant ou après le déjeuner, il a pris ce cliché. A-t-il proposé de faire aussi des photos dehors ? A-t-il emporté son appareil, un Zeiss Ikon Ikoflex, avec lui sans idée préconçue, tandis qu'on lui offrait un tour à la promenade du Peyrou, lieu naturel des déambulations dominicales à Montpellier et distante de moins d'un kilomètre ?

Il faisait frais. Ils ont mis leurs pardessus, leurs chapeaux. Jean Moulin, plus frileux, a ajouté une écharpe. Le soleil était vif et proche de son zénith hivernal. En arrivant près de l'aqueduc des Arceaux, Marcel Bernard a suggéré de faire des photos. Mieux, il a « cherché la meilleure lumière et l'angle le plus favorable »[9]. Jean Moulin s'est adossé au mur. Gardant les mains dans ses poches, il s'est contenté de tourner légèrement son visage vers le photographe qui se tenait sur sa gauche et il a un peu baissé les yeux, car son ami est légèrement plus petit que lui. Il n'a pas souri : Marcel Bernard a l'ambition de faire mieux que des photos-souvenirs. Il ne s'est pas expliqué sur ce qu'il souhaitait réussir : un portrait mettant en valeur tel trait physique ou de caractère de son ami, une composition de noir et de blanc, un travail sur la lumière ? Puis ils sont repartis au pas de promenade pour rentrer.

Ce jour-là, en prenant cette photo, ils ont fait œuvre d'histoire. Bien sûr, ils l'ignorent. Jean Moulin l'ignorera toujours, et Marcel Bernard attendra presque quarante ans pour le comprendre.

*

Contrairement à ce qui se passe pour d'autres figures de la Résistance, il existe de nombreuses photos de Jean Moulin, prises tout au long de sa vie. Il existe même trois films où il apparaît (brièvement) : l'un réalisé par Marcel Bernard, un sujet des actualités cinématographiques et un film amateur fait durant le comice agricole de Brou, en Eure-et-Loir, en juin 1939.

Les photos de Jean Moulin répertoriées se comptent par dizaines et concernent toutes les périodes de son existence, y compris les années 1941-1942. Une douzaine demeure de son enfance et autant de son adolescence, une vingtaine des années 1920, le double pendant les années 1930 et enfin une douzaine dans les années 1940. Elles sont de tous ordres et de toutes qualités : photos d'identité, portraits artistiques, photos de groupe, photos de vacances, photos posées ou instantanés un peu flous. Il est en pied, assis, debout, en buste, de face, de profil. Il fait du vélo, il skie, il se baigne, il est en voiture ou sur un bateau. Il pose tandis qu'on fait son buste ou il dessine lui-même d'après un modèle vivant. Il est sur un terrain d'aviation, dans une synagogue, sur la plage, avec un cardinal. Il porte un costume marin, un canotier, un uniforme militaire ou préfectoral, une jaquette, un complet-veston, une tenue de ski, un maillot de bain, un pantalon de golf, voire des lunettes ou une moustache. Il s'est même fait faire, en 1939, un portrait de prestige au Studio Harcourt, tout velouté de douce lumière.

Il faut y ajouter les portraits (et autoportraits) exécutés de son vivant par des artistes amis de plus ou moins grand talent.

Bref, on a l'embarras du choix. Certaines photos sont excellentes, d'autres moins. Il est vrai qu'on constate, en comparant les photos, qu'il est plus photogénique quand il ne sourit pas, qu'il est légèrement tourné, et qu'il porte très bien les chapeaux. Sa sœur a d'ailleurs pris une très belle photo de lui en compagnie de sa mère sur le bateau qui les emmenait en vacances en Angleterre en août 1939. Il y a un côté Clark Gable aussi flagrant que surprenant. La plupart du temps, il se « ressemble » : on le reconnaît bien sur ces clichés.

Il existe des images qui pourraient paraître *a posteriori* significatives, comme celle prise dans l'appartement de Montpellier où il se trouve à côté d'un buste néo-classique qui évoque une Marianne. Ou encore la photo d'identité placée sur ses faux papiers ou la dernière, faite avec sa sœur et ses cousines le 5 avril 1942 : elles seraient effectivement emblématiques de la période de clandestinité. À tout prendre, la photo qui concentre le plus d'éléments en un seul cliché est celle datant de la fin juin 1940 où, revêtu de son uniforme de préfet, il porte un foulard bel et bien destiné à cacher la marque encore très nette de sa récente tentative de suicide. Seulement, elle n'est ni très esthétique ni même très nette.

En réalité, il n'y a qu'une photo à laquelle on pense immédiatement si l'on cite le nom de Jean Moulin. Une photo identifiable sans légende. *La* photo. On peut la recadrer, la détourer, la colorer, la customiser, la redessiner, la détourner, s'en inspirer seulement. Elle reste aussi reconnaissable qu'un nom ou qu'un logo. Mieux, elle ne s'identifie pas seulement à Jean Moulin, elle signifie la Résistance. Elle est iconique, comme peuvent l'être *la* photo du Che ou *la* photo d'Albert Einstein.

Mais comment l'est-elle devenue ? Cette image ne s'impose dans le domaine public qu'en 1969, lorsque Laure Moulin souhaite illustrer la couverture de la biographie de son frère qu'elle vient d'écrire. Elle cherche conseil auprès de Marcel Bernard, dont elle connaît bien sûr les compétences et l'amitié qui l'a lié à Jean Moulin. Il propose ce cliché.

Pour figurer sur la couverture, l'image est recadrée en plan rapproché, et les ombres portées sur le côté gauche du visage sont atténuées. Ce travail a augmenté la qualité du cliché en lui donnant d'avantage d'intensité en même temps qu'une certaine douceur. Il a contribué à faire de cette photo celle que nous connaissons.

Laure Moulin, avec la force candide de son affection, a réussi là un coup de maître au service de la mémoire de son frère. C'est le second, puisqu'en 1947 elle avait déjà eu (ou approuvé) l'idée remarquable de donner au récit autobiographique laissé par son frère à propos des journées de juin 1940 le titre simple et percutant, et tout à fait juste, de *Premier Combat*.

Ce n'est pourtant pas la première fois que cette photo est montrée. Laure Moulin l'a confiée en 1946 au petit journal de l'Amicale des réseaux Action, regroupant les agents de la France libre ayant accompli des missions en métropole, et qui considéraient Moulin comme leur « patron ». On la retrouve dans quelques journaux lors du premier procès de René Hardy, l'année suivante, toujours fournie par des proches [10]. Elle a aussi été montrée lors de la grande exposition consacrée à Jean Moulin, en 1963, au musée de Castres.

Jusqu'aux années 1970, divers portraits étaient utilisés pour évoquer Moulin, par exemple lors des commémorations et, plus particulièrement, à l'occasion de la cérémonie du Panthéon qui, contrairement à ce que nous penserions spontanément, ne suscite pas du tout un recours massif à *la* photo. Parmi les illustrations abondantes – et pour certaines inédites – qui servent à *Paris Match* pour évoquer la vie de Moulin, elle apparaît en petit format, en bas d'une page. Au contraire, elle est en une du *Républicain lorrain* le 13 décembre 1964 avec le titre « Jean Moulin héros légendaire ».

De même, le timbre, gravé en 1957 par René Cottet, le représente de profil dans une composition originale très fidèle. Les monuments qui lui sont dédiés à l'instigation de ses proches utilisent, des années 1940 aux années 1960, des représentations originales (par exemple, le profil de médaille à Béziers) ou des allégories (un poing tenant un glaive à Chartres, un homme nu assis, une épée sur les genoux à Béziers, le parachutiste touchant terre à Salon-de-Provence).

Mais, à partir de la seconde moitié des années 1970, *la* photo s'impose comme une évidence dès qu'il est question de Moulin. Nimbée d'une sorte de halo, elle suggère le mystère sur la couverture de *L'Énigme Jean Moulin* d'Henri Frenay, tandis que la biographie écrite par Henri Calef inaugure la série des dessins qui s'en inspirent, tout en prouvant que la ressemblance des traits est devenue inutile dès lors que l'on retrouve la pose de trois quarts, le chapeau incliné et l'écharpe un peu lâche. D'ailleurs, sur les monuments commémoratifs qui se multiplient à partir des années 1980, ces accessoires vestimentaires suffisent à identifier Moulin, que son visage soit ressemblant ou non et quel que soit le parti pris du sculpteur (Saint-Étienne, Quimper, Thonon, Toulouse, Issy-les-Moulineaux, Chaville, Châteaulin, Montauban, Caluire, Les Clayes-sous-Bois, l'avenue des Champs-Élysées). Si les bustes et les médaillons exploitent de façon assez classique cette représentation, certaines statues mettent en situation(s) cet homme avec pardessus, feutre et écharpe : à Béziers, il se faufile entre des murs ; à Angers, il est en marche et affronte un vent contraire. Qui plus est, cette silhouette devient un marqueur évident de la Résistance sur les couvertures de livres, pour illustrer des articles et pour toute signalétique facile à identifier. C'est devenu un « motif », voire un logo. La boucle est bouclée par l'apposition d'une plaque à Montpellier, en 1999, reproduisant la photo, sur le mur même de l'aqueduc des Arceaux devant lequel elle fut prise presque cinquante ans auparavant. L'endroit est ainsi érigé en lieu de mémoire.

*

La force de la photo se trouve augmentée par la croyance que cette écharpe masque la cicatrice laissée dans le cou de Moulin par sa tentative de suicide de juin 1940. On croit y deviner les marques de l'héroïsme et du sacrifice qui préfigurent son destin final.

Cette mention apparaît dans le catalogue de l'exposition de 1963 à Castres : « Photo de son ami Marcel Bernard prise en décembre 1940 à la Promenade basse du Peyrou à Montpellier. Il porte le cache-col qui masque la cicatrice de son cou[11]. » Dans son livre, Laure Moulin répète ce détail, en datant la photo de l'hiver 1940-941. À cette période, Jean Moulin s'était installé temporairement à Montpellier et écrivait le texte qui deviendra, après la guerre, *Premier Combat*[12].

Or Marcel Bernard, qui n'avait rien dit en 1963, alors qu'il a contribué à l'exposition, corrige ultérieurement cette date en plaçant sa dernière rencontre avec son ami et la prise de la photo à l'hiver 1939-1940. À dire vrai, il les situe en octobre 1939, ce qui est trop tôt par rapport aux autres éléments que nous connaissons.

En effet, la guerre a commencé le 3 septembre 1939. Retenu à son poste de préfet, Jean Moulin compte être mobilisé dans un délai d'un mois et se démène pour obtenir une affectation comme sergent dans l'armée de l'Air. Il multiplie les courriers et les démarches auprès de différents ministères, propose un remplaçant comme préfet, passe une visite médicale puis une contre-visite à Tours, parce qu'il est jugé un peu âgé, demande une formation de mitrailleur et va même jusqu'à se présenter à la base aérienne d'Issy-les-Moulineaux, où il parvient à rester mobilisé deux semaines, avant que le ministre le convoque directement pour le renvoyer à son poste. En même temps, il a dû mener un travail intense dans le cadre de ses fonctions, y compris l'organisation de l'accueil des évacués dirigés dans son département et la coordination avec les autorités militaires, pour lesquelles l'Eure-et-Loir servait de base arrière. Il est donc peu probable qu'il ait eu le temps d'effectuer un séjour, même court, à Montpellier avant la fin de l'année 1939.

Dans son témoignage, Marcel Bernard dit se souvenir que, durant le déjeuner, ils ont parlé de Paul Reynaud. Mais, si la lettre dans laquelle Moulin fait allusion à la photo est du 12 mars 1940, il ne peut en réalité s'agir d'une discussion sur la désignation de Reynaud comme nouveau président du Conseil, qui ne date que du 22 mars. L'hypothèse serait alors que la conversation aurait été suscitée par l'allocution prononcée à la radio par Reynaud, le 29 février, dans laquelle il avait mis en garde contre les difficultés économiques et annoncé, en même temps que des restrictions, le recensement nécessaire à l'établissement de « cartes de consommation » individuelles.

Dans ces conditions, la photo pourrait avoir été prise entre le 1er et le 10 mars, plus probablement dans la première semaine de mars 1940, ce qui est cohérent avec la tenue hivernale de Moulin et le soleil déjà assez haut qui projette les ombres sur l'image (mais moins avec les frondaisons qu'on croit discerner à l'arrière-plan).

Pourquoi donner raison à Marcel Bernard, dater la photo d'avant l'Occupation et la priver ainsi d'une part de son aura ? Parce qu'on privilégie alors le souvenir de l'auteur de la photo et que de tout petits indices vont dans son sens. Dont la photo prise par Marcel Bernard de Moulin lisant et qui, elle, a toujours été datée de l'hiver 1939-1940 [13].

*

Cette photo, entrée à retardement dans l'histoire, ne correspond à aucun événement remarquable, si ce n'est la promenade de deux amis d'enfance, dont l'un est féru de photographie. La belle gravité de Jean Moulin, son regard à la fois profond et lointain ne cachent ni n'annoncent rien. On peut même imaginer qu'il se plie avec plus ou moins de bonne volonté aux marottes de son ami. Ce jour-là, immortalisé au sens le plus littéral du mot, ne présente rien de particulier pour lui, alors que le résultat en est transformé en icône pour les spectateurs ultérieurs.

Il a fallu la conjonction de cette esthétique tendre et grave, de ce sérieux un peu triste, de cette indéniable beauté avec ce que nous savons de la clandestinité et de la mort de Moulin, pour que la photo soit transfigurée à nos yeux et cesse d'être seulement un portait réussi – quoi qu'en ait dit le sujet – pour devenir le symbole de la Résistance et de l'héroïsme. Cette adéquation miraculeuse entre la forme (le vêtement, l'attitude, la physionomie) et l'idée abstraite de l'action et du sacrifice des résistants (si difficile à représenter) n'a évidemment pas été anticipée par Marcel Bernard.

Ces paradoxes illustrent à quel point la vie de celui qui deviendra un héros emblématique n'est pas une longue suite de prémonitions. Mais que ce sont bien nos esprits et nos yeux qui interprètent les éléments parfois anodins d'une vie pour les transformer en parcours cohérent et, finalement, en destin.

*

En 1945, l'avocat et député Gabriel Delattre, ami intime de Cot, confia au journaliste Jean Galtier-Boissière qu'il n'en revenait pas : « Max, le premier chef de la Résistance, était autrefois Moulin, chef de cabinet de Pierre Cot. Un gentil garçon, menu, souriant, un peu léger, pirouettant… L'Occupation en fit un héros [14]. »

Les hasards des circonstances ne font pas tout, évidemment. La vie n'est pas une pièce qu'on lance et qui retombe indistinctement sur le côté pile ou sur le côté face. Les hommes ne sont jamais autant eux-mêmes que lorsqu'ils agissent en estimant faire ce qu'ils doivent faire. Ils ne sont jamais si libres que quand ils se disent qu'ils n'ont pas le choix. Alors, ils choisissent leur vie et, peut-être, leur destin.

Alors, et alors seulement, comme l'écrivit, mais ne le dit pas, Malraux devant le Panthéon, la mort choisit les siens.

Sigles

AD : Archives départementales
AN : Archives nationales
APP : Archives de la préfecture de police de Paris
BDIC : La contemporaine (Nanterre)
BNF : Bibliothèque nationale de France
BScPo : Bibliothèque de Sciences Po Paris
MLP : Musée de la Libération de Paris – ville de Paris

Notes

Vingt-cinq jours dans une vie

1. « Noms de rue : Jaurès et Moulin les plus donnés », *La Dépêche*, 16 avril 2016 ; « De Jules Ferry à Pierre Perret. L'étonnant palmarès des noms d'écoles, de collèges et de lycées en France », *Le Monde*, 18 avril 2015 ; Richard Vassakos indique en 2015, selon les bases de données de La Poste, 2 159 voies Jean Moulin, cinquième derrière de Gaulle, Pasteur, Hugo et Jaurès, devant Leclerc et la 2e DB et très loin devant Gabriel Péri ou Pierre Brossolette (« Des Catacombes aux places publiques : état des lieux de la mémoire odonymique de Jean Moulin », *Autour de la figure de Jean Moulin*, Éd. du Mont, 2015).

Credoc, « Les représentations de la population française au sujet du Panthéon et des hommages qui y sont rendus », *Collection des rapports*, n° 307, mars 2014.

Renaud, *Hexagone*, 1975.

1
Vue du balcon

1. Laure Moulin, *Jean Moulin*, Presses de la Cité, 1969, p. 37.

2. Rémy Pech et Yves Maurin, *1907. Les mutins de la République*, Privat, 2007 ; André Ferran, *L'État face à la révolte de 1907*, La Découverte, 2007 ; Jean Sagnes (dir.), *La Révolte du Midi viticole cent ans après*, Presses universitaires de Perpignan, 2008.

3. Démos [Antonin Moulin], « Clémence », *L'Union républicaine*, 10 octobre 1907.

4. « La situation », *L'Union républicaine*, 22 juin 1907.

5. Christine Levisse-Touzé et Dominique Veillon, *Jean Moulin, artiste, préfet, résistant*, Tallandier/Ministère de la Défense, 2013, p. 25.

6. *Ibid.*, p 27.

7. Extraits du discours prononcé par Jean Moulin à Chartres au banquet Marceau (Jean Moulin, *Premier Combat*, Éd. de Minuit, 1947, pp. 119-120). Voir le chapitre 14.

8. « Témoignage de Marcel Bernard, l'ami et le photographe de Jean Moulin », *Études héraultaises*, p. 46 (www.etudesheraultaises.fr).

2
Publié !

1. L'attribution de ce dessin non signé est possible grâce à Laure Moulin qui l'a signalé et montré lors de l'exposition consacrée à son frère et à son œuvre par le musée de Castres en 1963 (Ville de Castres, *Jean Moulin*, Musée Goya, 1963, n° 170 « Au rapport. Premier dessin publié. *À la baïonnette*, 3 juillet 1915 »).

2. Laurent Bihl, « La Baïonnette », *Ridiculosa. Les revues satiriques françaises*, n° 18, 2011.

3. Laure Moulin, *Jean Moulin, op. cit.*, p. 46 ; « Témoignage de Marcel Bernard, l'ami et le photographe de Jean Moulin », *Études héraultaises*, p. 44 (www.etudesheraultaises.fr).

4. Voir Stéphane Audoin-Rouzeau, *La Guerre des enfants, 1914-1918*, Armand Colin, 2004, et Manon Pignot, *Allons enfants de la patrie. Génération Grande Guerre*, Éd. du Seuil, 2012.

5. Laure Moulin, *Jean Moulin, op. cit.*, p. 28.

6. *La Colombe*, 1914 et *La Curée*, 1916 (Nelly Bouveret *et alii*, *Jean Moulin. Mémoires d'un homme sans voix*, Éd. du Chêne, 1999, p. 19 et 24-25).

7. *Ibid.*, pp. 18 et 21.

8. La Grèce s'est déclarée neutre en 1914. Le roi Constantin est plutôt partisan des Empires centraux, tandis que son Premier ministre est proche des Alliés. La création d'un nouveau front dans les Balkans et la Méditerranée orientale a conduit le Premier ministre à favoriser ouvertement les Français et les Britanniques. Le roi l'a alors démis, refusant de voir son pays entrer en guerre.

9. Voir Gilles Heuré, *Gustave Hervé. Itinéraire d'un provocateur*, La Découverte, 1997.

10. Lettre de *La Baïonnette* à M. Moulin, 19 juillet 1915, et lettre de *La Baïonnette* à Jean Moulin, 13 août 1915 (www.jeanmoulin.fr).

11. Voir Laure Moulin, *Jean Moulin, op. cit.*, p. 46, et *La Baïonnette*, 17 février 1916.

12. Lettres de *La Baïonnette* à Jean Moulin, 18 et 24 janvier 1916 (www.jeanmoulin.fr).

13. www.jeanmoulin.fr

14. Voir Charles Ridel, *Les Embusqués*, Armand Colin, 2007.

15. *Jean Moulin. Profession ? Artiste peintre*, Les éditions de Paris, 2010, p. 28.

16. Voir Aurélie Luneau, *Radio-Londres. Les voix de la liberté*, Perrin, 2005.

17. Laure Moulin, *Jean Moulin, op. cit.*, p. 46 ; « Témoignage de Marcel Bernard, l'ami et le photographe de Jean Moulin », doc. cit.

18. « Témoignage de Marcel Bernard, l'ami et le photographe de Jean Moulin », doc. cit.

19. Laure Moulin, *Jean Moulin, op. cit.*, p. 41.

20. Lettre de The Press Art School à Jean Moulin, 5 octobre 1917 (www.jean-moulin.fr).

3
« Nous n'avons rien fait jusqu'à présent »

1. Lettre de Firmin Bouille à ses parents, 11 novembre 1918 (Gérard Baconnier *et alii, La Plume au fusil. Les poilus du Midi à travers leur correspondance*, Privat, 1985, pp. 343-344).

2. *Le Télégramme des Vosges*, 16 novembre 1918.

3. Lettre de P. Weill à Jean Moulin, Metz, 18 novembre 1919 (MJM).

4. Lettre de Julien D. à ses parents, 13 novembre 1918 (Gérard Baconnier *et alii. La Plume au fusil, op. cit.*, p. 344).

5. Lettre d'un soldat cantonné dans les Vosges à sa mère, 11 novembre 1918 (www.cheminsdememoire.gouv.fr).

6. Lettre de Jean à Laure Moulin, 17 avril 1918 (Daniel Cordier, *Jean Moulin, l'inconnu du Panthéon,* t. 1, J.-C. Lattès, 1989, p. 407).

7. Voir le chapitre 2.

8. Lettre de Jean Moulin à ses parents, 31 août 1918 (Daniel Cordier, *Jean Moulin*, t. 1, *op. cit.*, p. 408).

9. Lettre de Jean Moulin à ses parents, 18 septembre 1918 *(ibid.)*

10. Lettre de Jean Moulin à ses parents, Socourt, 28 septembre 1918 ; carte à Marcelle Sabatier, Charmes, sd ; deux cartes à ses parents, Charmes, sd (*ibid.*, pp. 409-410).

11. *Ibid.*

12. Laure Moulin, *Jean Moulin, op. cit.*, pp. 50-51.

13. Daniel Cordier, *Jean Moulin, l'inconnu du Panthéon*, t. 1, *op. cit.*, p. 384 ; Pierre Péan, *Vies et Morts de Jean Moulin*, Fayard, 1998, p. 23 ; Jean-Pierre Azéma, *Jean Moulin*, Perrin, 2003, pp. 34-35.

14. Béatrix Pau, *Des vignes aux tranchées. La Grande Guerre en pays biterrois*, Éd. du Mont, 2013, p. 23.

15. « Lettre à un ami imaginaire au sujet de la guerre », composition française, 5 octobre 1915 (Daniel Cordier, *Jean Moulin, l'inconnu du Panthéon*, t. 1, *op cit.*, p. 372).

16. Voir Stéphane Audoin-Rouzeau, *La Guerre des enfants, 1914-1918, op. cit.*, p. 238, et Manon Pignot, *Allons enfants de la patrie. Génération Grande Guerre*, *op. cit.*, p. 70.

17. Laure Moulin, *Jean Moulin, op. cit.*, p. 47.

18. Philippe Boulanger, « Les conscrits de 1914. La contribution de la jeunesse française à la formation d'une armée de masse », *Annales de démographie historique*, n° 103, 2002.

19. Voir le chapitre 14.

20. BNF-NAF17864.

21. Carte de Jean Moulin à ses parents, 12 juillet 1919 (Daniel Cordier, *Jean Moulin, l'inconnu du Panthéon*, t. 1, *op. cit.*, p. 415).

22. Voir le chapitre 10.

23. Lettre de Jean à Laure Moulin, 9 août 1919 ; lettre de Jean Moulin à ses parents, 6 septembre 1919 (MJM – ville de Paris – Legs Escoffier-Dubois).

24. Lettre de P. Weill à Jean Moulin, 18 novembre 1919, doc. cit. (MLP-Ville de Paris-Legs Escoffier-Dubois).

4
« Je l'aime trop pour parler de ça à la légère »

1. Lettre de Jean Moulin à ses parents, 25 mars 1919 (Daniel Cordier, *Jean Moulin, l'inconnu du Panthéon*, t. 1, *op. cit.*, p. 416).

2. Thomas Rabino, *L'autre Jean Moulin*, Perrin, 2013, cahier central.

3. Lettre de Jean Moulin à sa sœur Laure, 27 août 1919 (Laure Moulin, *Jean Moulin, op. cit.*, p. 55).

4. Des photos de ce restaurant, prises en 1926, peuvent être vues sur le site de Roger-Viollet sous les références 4059-3 et 8796-10.

5. Lettre de Jean Moulin à ses parents, 2 juin 1922 (Laure Moulin, *Jean Moulin, op. cit.*, p. 69).

6. Robert Milliat, « Souvenirs sur Jean Moulin », *Administration*, n° 98, décembre 1977 ; témoignage de Lucienne L. cité par Laure Moulin, *Jean Moulin, op. cit.*, p. 70.

7. Lettre d'Antonin Moulin à Abel Auran, 13 mai 1923 (Thomas Rabino, *L'autre Jean Moulin, op. cit.*, p. 51).

8. Lettre d'Abel Auran à Antonin Moulin, 6 juin 1923 (Daniel Cordier, *Jean Moulin, l'inconnu du Panthéon*, t. 1, *op. cit.*, p. 497).

9. Lettre de Jean Moulin à ses parents, Chambéry, 8 juin 1923 (*ibid.*, p. 496).

10. Soit environ 150 euros. (Lettre de Jean Moulin à sa sœur Laure, 7 juillet 1923 *in* Laure Moulin, *Jean Moulin, op. cit.*, p. 72).

11. Lettre de Jean Moulin à ses parents, Chambéry, 8 juin 1923, doc. cit.

12. Soit une fois et demie le salaire d'un ouvrier.

13. Lettre de Jean Moulin à ses parents, Chambéry, 8 août 1923 (Daniel Cordier, *Jean Moulin, l'inconnu du Panthéon*, t. 1, *op. cit.*, pp. 497-498).

14. Un peu plus de 200 000 euros.

15. Notes données à Jean Moulin en mars 1925 par le préfet de Savoie (Laure Moulin, *Jean Moulin, op. cit.*, pp. 95-96).

16. Lettre de Jean Moulin à ses parents, 8 août 1923, doc. cit.

17. Lettres d'Abel Auran à Antonin Moulin, Paris, 10 juin 1923 et 25 mai 1924 (Daniel Cordier, *Jean Moulin*, t. 1, *op. cit.*, pp. 496 et 499).

18. 30e Congrès du parti républicain radical et radical-socialiste tenu à Vichy les 5, 6, 7 et 8 octobre 1933, Siège du comité exécutif, 1933 (BNF-16°Lb5713646 (1933).

5
Lettre à son père

1. Cité par Laure Moulin, *Jean Moulin, op. cit.*, p. 63.

2. Lettre de Jean Moulin à ses parents, 29 janvier 1922, et à sa sœur Laure, 7 février 1922 (MLP).

3. Lettre de Jean Moulin à ses parents, 2 juin 1923 (Daniel Cordier, *Jean Moulin, l'inconnu du Panthéon*, t. 1, *op. cit.*, p. 467).

4. Lettre de Jean Moulin à ses parents, 23 mars 1924 (*ibid.*, p. 483).

5. Laure Moulin, *Jean Moulin, op. cit.*, pp. 77-78.

6. Notes du 13 mars 1925, *ibid.*, pp. 75-76.

7. Voir le chapitre suivant.

8. Il ne s'agit pas d'un argument rhétorique, mais d'une référence explicite au numéro du *Petit Méridional* du 3 mai 1925, que Jean Moulin continuait à lire depuis son départ de l'Hérault. Ce jour, premier tour des élections municipales, donnait lieu à un exercice d'équilibrisme politique particulièrement controuvé puisque l'éditorial prônait le respect des engagements électoraux et le soutien au Cartel, tandis que la page consacrée aux municipales était un appel impératif au vote pour les listes radicales, accompagné d'attaques virulentes contre les listes SFIO et républicaines-socialistes.

9. Lettre de Jean Moulin à son père, 13 mai 1925 (Laure Moulin, *Jean Moulin, op. cit.*, pp. 76-77).

10. Lettre de Jean Moulin à ses parents, 6 août 1925 (Daniel Cordier, *Jean Moulin, l'inconnu du Panthéon,* t. 1, *op. cit.*, pp. 500 et 806).

6
Mariage éclair, divorce éclair

1. Thomas Rabino, *L'autre Jean Moulin, op. cit.*, cahier central.

2. Laure Moulin, *Jean Moulin, op. cit.*, p. 81, et Marguerite Storck-Cerruti, *J'étais la femme de Jean Moulin*, Éd. SECLE-Régine Deforges, 1977, p. 56.

3. Lettre de Jean à Laure Moulin, 1er juillet 1926 (Daniel Cordier, *Jean Moulin, l'inconnu du Panthéon*, t. 1, *op. cit.*, p. 512).

4. Cette lettre, datée du 2 mai 1925, est reproduite en photo dans le livre de Marguerite Storck-Cerruti. Elle est endommagée et partiellement déchirée. Plusieurs fins de lignes sont manquantes. Aussi ne peut-on la lire entièrement.

« Ma chère Riri,

Merci de tes nouvelles qui m'attendaient depuis quelques jours. Que de bouleversements en effet dans ton existence. Vraiment, je connaissais les colères de ta mère, mais je n'aurais pas cru qu'elle aille jusque-là. Ma pauvre petite, tu as dû passer des heures très désagréables ces derniers temps. Enfin, tu as trouvé la solution élégante !

Mais j'eusse voulu que tu me donnes de plus amples renseignements sur ta vie actuelle. Tu ne me dis presque rien.

Vite quelque [suite de la ligne effacée].

J'ai été de mon côté passablement occupé ces derniers jours. Il y a eu un concours d'affiches pour la foire de Chambéry. Nous étions douze concurrents et j'ai été classé premier. C'est donc mon affiche qui sera imprimée. Tu pourras la voir étalée sur les murs de Chambéry si jamais tu reviens dans la capitale savoyarde car la rupture [mots manquants] n'arrange pas les choses. Comment [partie déchirée]. J'ai eu également [partie déchirée] quelques dessins à Aix-les-Bains pour une exposition.

Écris-moi bientôt pour me [partie déchirée].

Mes plus tendres caresses et tous mes vœux de succès pour ton avenir, qui doit entrer maintenant dans une phase décisive. Jean. »

5. Marguerite Strorck-Cerruti, *J'étais la femme de Jean Moulin, op. cit.*, p. 31.

6. Brouillon de lettre d'Antonin Moulin à Mme Cerruti, 4 juillet [1926] (Daniel Cordier, *Jean Moulin, l'inconnu du Panthéon*, t. 1, p. 513).
7. Lettre de Jean à Laure Moulin, 22 juillet 1926 (*ibid.*).
8. Christine Levisse-Touzé et Dominique Veillon, *Jean Moulin, artiste, préfet, résistant, op. cit.*, p. 62.
9. Post-scriptum de Blanche Moulin à la lettre de Jean à Laure Moulin, 22 juillet 1926, doc. cit.
10. Marguerite Storck-Cerruti, *J'étais la femme de Jean Moulin, op. cit.*, p. 45.
11. Lette de Jean Moulin à Mme Cerruti, 23 août 1926 (*ibid.*, p. 52).
12. *Ibid.*
13. *Ibid.*, p. 56.
14. Lettre de Jean à Antonin Moulin, 2 avril 1928 (MJM).
15. Extrait des minutes du greffe du tribunal de grande instance de Chambéry, audience du 19 juin 1928 (BNF-NAF17863).
16. Lettre de Jean à Antonin Moulin, 19 décembre 1928 (MJM).
17. Lettre (illustrée) de Jean Moulin à Marcel Bernard, 21 mars 1931 (Daniel Cordier, *Jean Moulin, l'inconnu du Panthéon*, t. 1, *op. cit.*, p. 583).
18. Lettre de Laure à Jean Moulin, 12 juin 1934 (MLP)
19. Lettre de Jean Moulin à ses parents, 20 juin 1934 (MLP).
20. Témoignage de Madeleine Lazard in *Autour de Jean Moulin. Témoignages et documents inédits rassemblés par François Berriot*, L'Harmattan, 2013, p. 21.

7
Une semaine en voiture

1. Lettre de Jean Moulin à ses parents, 22 février 1929 (MLP).
2. Lette de Jean Moulin à son père, 20 novembre 1929 (MLP).
3. Lettre de Jean à Laure Moulin, 29 décembre 1929 (MLP).
4. Lettre de Jean Moulin à ses parents, 14 décembre 1929 (MLP).
5. Lettre de Jean Moulin aux maires de l'arrondissement d'Albertville, 25 janvier 1930 (Daniel Cordier, *Jean Moulin, l'inconnu du Panthéon*, t. 1, *op. cit.*, p. 542).
6. *Journal d'Albertville*, 11 janvier 1930.
7. Jean-Pierre Azéma, *Jean Moulin, op. cit.*, pp. 43 et 49.
8. Lettre de Jean Moulin à ses parents, mardi soir [28 janvier 1930] (MJM).
9. Carte de Jean Moulin à ses parents, 1er février 1930 (MLP).
10. Lettre de Jean Moulin à ses parents, 3 février 1930 (MLP).
11. *Ibid.*
12. Lettre du Dr Henri Brachet à Antonin Moulin, 13 janvier 1930 (Daniel Cordier, *Jean Moulin, l'inconnu du Panthéon*, t. 1, *op. cit.*, p. 820).
13. Lettre de Jean à Antonin Moulin, 2 avril 1928 (MLP). Voir Sabine Jansen, *Pierre Cot, un antifasciste radical*, Fayard, 2002, p. 93.
14. Lettre de Charles Daniélou à Antonin Moulin, 13 janvier 1930 (Daniel Cordier, *Jean Moulin, l'inconnu du Panthéon*, t. 1, *op. cit.*, p. 817). Voir Patrick Gourlay, *Charles Daniélou. Itinéraire politique d'un Finistérien*, PUR, 1996.

8
L'ombre et les proies

1. Rapports du sous-préfet de Châteaulin au préfet du Finistère, 2 mars et 14 avril 1932 (AD29-3M324).

2. C.G. « Le sous-préfet au banquet », *Le Progrès du Finistère*, 22 octobre 1932.

3. Lettre de Jean Moulin à son père, 5 mai 1932 (Laure Moulin, *Jean Moulin, op. cit.*, p. 101).

4. L. Tual, « Les Républicains de la 1re circonscription de Châteaulin fêtent la victoire de M. Charles Daniélou », *La Dépêche*, 17 octobre 1932.

5. Lettre de Jean Moulin à son père, 17 octobre 1932 (Laure Moulin, *Jean Moulin, op. cit.*, pp. 101-102).

6. C.G. « Le sous-préfet au banquet », *Le Progrès du Finistère*, 22 octobre 1932.

7. L. Tual, « Les Républicains de la 1re circonscription de Châteaulin fêtent la victoire de M. Charles Daniélou », *La Dépêche*, 17 octobre 1932.

8. Discours au monument aux morts de Châteaulin, 11 novembre 1932 (BNF-NAF 17 864). La phrase prononcée en 1926 par Briand dans un discours à propos de l'entrée de l'Allemagne dans la SDN est : « Arrière les fusils, les mitrailleuses, les canons ! Place à la conciliation, à l'arbitrage, à la paix ! »

9. Lettre de Jean Moulin à ses parents, 23 décembre 1932 (Laure Moulin, *Jean Moulin, op. cit.*, p. 105).

10. Lettre de Jean Moulin à sa sœur Laure, 20 décembre 1932 (Daniel Cordier, *Jean Moulin, l'inconnu du Panthéon*, t. 1, *op. cit.*, p. 828).

11. [Note des Renseignements généraux], 4 juillet 1931 (APP-GA74).

12. *Journal officiel. Lois et décrets*, 4 janvier 1933, p. 151 ; lettre de Jean Moulin à ses parents, 27 décembre 1932 (MLP).

13. *Le Savoyard à Paris*, 7 janvier 1933, cité par Daniel Cordier, *Jean Moulin, l'inconnu du Panthéon*, t. 1, *op. cit.*, p. 573.

14. Lettre de Jean Moulin à ses parents, 14 janvier 1933 (MLP).

15. Jean Luchaire, « Trente minutes avec Pierre Cot, sous-secrétaire d'État aux Affaires étrangères », *Le Petit Journal*, 11 janvier 1933 (Sabine Jansen, *Pierre Cot, op. cit.*, p. 136).

16. Lettre de Jean Moulin à ses parents, 31 décembre 1932 (Laure Moulin, *Jean Moulin, op. cit.*, p. 105).

17. Lettre de Jean Moulin à ses parents, 14 janvier 1933 (*ibid.*, p. 106).

18. *Ibid.*

19. Lettre de Jean Moulin à ses parents, 31 décembre 1932, doc. cit.

20. Lettre de Jean Moulin à ses parents, 14 janvier 1933, doc. cit.

21. Lettre de Jean Moulin à sa sœur Laure, 27 janvier 1933 (MLP).

22. Lettre de Jean Moulin à ses parents, 31 janvier 1933 (Laure Moulin, *Jean Moulin, op. cit.*, p. 106).

9
La Concorde

1. Joseph Kessel, « Stavisky, l'homme que j'ai connu », *Marianne*, 3 mai 1934.

2. Georges Houard, « La Cité de l'Air est édifiée », *Les Ailes*, 11 janvier 1934.

3. « Éditorial », *Les Ailes*, 28 septembre 1933.

4. Lettre de Daniel Haguenau à Jean Moulin, 7 octobre 1933 (Daniel Cordier, *Jean Moulin, l'inconnu du Panthéon*, t. 1, *op. cit.*, p. 838). Sur Daniel Haguenau, voir Pierre Lauroua, *L'Aviation civile, une administration dans Paris, 1919-2009*, Mission Mémoire de l'Aviation civile, 2012, p. 13.

5. Lettre de Jean à Laure Moulin, 18 novembre 1933 (Laure Moulin, *Jean Moulin, op. cit.*, p. 108).

6. Lettre de Jean à Laure Moulin, 17 octobre 1933 (Daniel Cordier, *Jean Moulin, l'inconnu du Panthéon*, t. 1, *op. cit.*, p. 599).

7. Lettre de Jean à Laure Moulin, 2 novembre 1933 (*ibid.*, pp. 603-604).

8. « Le scandale Stavisky, l'escroc protégé », *L'Action française*, 7 janvier 1934 ; « Le scandale Stavisky », *L'Action française*, 14 janvier 1934.

9. Pierre Héricourt, « Un réquisitoire écrasant contre les ministres Chautemps-Stavisky », *L'Action française*, 19 janvier 1934.

10. « Le scandale Stavisky. Une lettre de M. Pierre Cot », *L'Action française*, 20 janvier 1934.

11. Lettre de Jean Moulin à ses parents, sd [12 février 1934] (Laure Moulin, *Jean Moulin, op. cit.*, pp. 108-109). Cette lettre est reproduite en fac-similé par Christine Levisse-Touzé et Dominique Veillon, *Jean Moulin, artiste, préfet, résistant, op. cit.*, p. 89.

12. Louis Joxe, *Victoires sur la nuit. Mémoires*, Flammarion, 1981, pp. 197-199.

13. Lettre de Jean Moulin à ses parents, sd [12 février 1934], doc. cit.

14. Lettre de Jean Moulin à ses parents, sd [12 février 1934], doc. cit.

15. Léon Daudet, « Du vol par bandes politiciennes à l'assassinat collectif », *L'Action française*, 10 janvier 1934.

16. Lettre du général Denain à Pierre Cot, sd (CHSP-PC3 Dr3).

17. Lettre de Jean Moulin à ses parents, sd [12 février 1934], doc. cit.

18. Lettre de Pierre Cot à Jean Moulin, 8 avril 1934 (Daniel Cordier, *Jean Moulin, l'inconnu du Panthéon*, t 1, *op. cit.*, p. 845).

19. Sabine Jansen, *Pierre Cot, op. cit.*, pp. 231-246.

20. Voir le chapitre 11.

21. Lettre de Jean Moulin à ses parents, 18 avril 1934 (Daniel Cordier, *Jean Moulin, l'inconnu du Panthéon*, t. 1, *op. cit.*, p. 626).

22. [Notes des Renseignements généraux], 19 juillet 1934 et 28 novembre 1935 (APP-GA74).

23. Lettre de Pierre Cot à Jean Moulin, sd (Daniel Cordier, *Jean Moulin, l'inconnu du Panthéon*, t. 1, *op. cit.*, p. 631).

24. Lettre de Jean Moulin à ses parents, sd [12 février 1934], doc. cit.

10
Portrait de l'artiste en amateur

1. Bulletin de souscription (MLP). Trois cents francs de 1935 représentent environ deux cent trente euros.

2. Geneviève de Gaulle-Anthonioz, « Max Jacob et Jean Moulin », *Espoir*, n° 119, juin 1999 ; Henri Godard, *Céline*, Gallimard, 2011 ; Philippe Roussin, « Destouches avant Céline : le taylorisme et le sort de l'utopie hygiéniste. (Une lecture des écrits médicaux des années vingt) », *Sciences sociales et santé*, novembre 1988.

3. Lettre de Jean Moulin à Marcel Bernard, 21 mars 1931 (*Dessins et aquarelles de Jean Moulin*, Presses du Languedoc/Ville de Béziers, 1993, p. 21).

4. Lettre de Jean Moulin à sa sœur Laure, 30 novembre 1931 (Laure Moulin, *Jean Moulin, op. cit.*, p. 92).

5. Lettre de Jean à Antonin Moulin, 13 mai 1930 (Laure Moulin, *Jean Moulin, op. cit.*, p. 91).

6. Tristan Corbière, *Les Amours jaunes*. Édition définitive établie par Charles Le Goffic, Albert Messein éditeur, 1926.

7. Voir Bénédicte Vergez-Chaignon *et alii, Jean Moulin alias Romanin, artiste, dessinateur, galeriste*, Michel Lafon, 2023.

8. jeanmoulin.fr

9. Lettre de *Ric et Rac* à Jean Moulin (Romanin), 8 juillet 1931 (jeanmoulin.fr).

10. Lettre de Jean Moulin à Marcel Bernard, 23 avril 1930 (*Dessins et aquarelles de Jean Moulin, op. cit.*, p. 19). Il s'agit du numéro 319 bis du 27 avril 1930 intitulé *Grandeurs* et *misères d'une conférence.*

11. *Le Carnet de la Semaine*, 14 avril et 25 août 1929.

12. *Le Carnet de la Semaine*, 1er mars 1929.

13. *Le Carnet de la Semaine*, 12 mai 1929.

14. *Le Carnet de la Semaine*, 7 avril 1929.

15. Voir Christian Delporte *et alii, Histoire de la presse en France*, Armand Colin, 2016, p. 110.

16. jeanmoulin.fr

17. Nicole Riche, « Jean Moulin, l'artiste », *Jean Moulin. Profession ? Artiste peintre*, Les Éditions de Paris, Max Chaleil, 2011, p. 18.

18. Charles Kunstler, « Les Arts… Rions », *Ric et Rac*, 2 mai 1931.

19. Lettre de Jean-Baptiste Lucas au secrétaire général du CHDGM, 20 septembre 1963 (AN-72AJ233).

20. Avant-propos de Gaston Poulain au catalogue de l'exposition Jean Moulin du musée Goya, Castres, 1963.

21. Lettre de Jean Moulin à ses parents, 19 février 1935 (Laure Moulin, *Jean Moulin, op. cit.*, p. 111).

22. Lettre de Jean Moulin à sa sœur Laure, 24 octobre 1935 (*ibid.*, p. 113).

23. Catalogue du salon de la société nationale des Beaux-Arts, 1936, numéros 161, 162 et 163.

24. Lettre de Lionel Floch à Jean Moulin, 15 mai 1935 (jeanmoulin.fr).

25. Lettre de Max Jacob à Jean Moulin, 6 novembre 1935 (Musée des Beaux-Arts de Quimper).

26. http://www.livres-rares-precieux.fr/nature-primitive

27. André Salmon, « Les Arts », *Gringoire*, 22 novembre 1935.

28. Lettre d'Henri Manhès à Jean Moulin, 29 août 1939 (BNF-NAF17863). Cet album, réputé perdu, a été retrouvé dans la succession d'un amie écossaise de Laure Moulin. Il a été édité en fac-similé en 2013 sous le titre *ffocsoR (l'album Louis Noir)*, Françoise Livinec, 2013.

29. Laure Moulin, *Jean Moulin, op. cit.*, p. 135.

30. Voir le chapitre 22.

11
Œuvre en famille

1. A. Moulin, « La duchesse d'Otrante au chalet de Riond-Bosson », *Revue historique vaudoise*, n° 4, 1935.

2. Lettre de Jean Moulin à ses parents, 5 juin 1931 (MJM).

3. Une note en bas de page nous apprend que ces lettres lui ont été remises par la famille d'un ami d'enfance et une autre qu'en 1924, il est allé visiter la résidence vaudoise de la duchesse et a collecté ses premières informations (A.E. Moulin. *Le Grand Amour de Fouché. Ernestine de Castellane*, Librairie académique Perrin, 1937, pp. 5 et 221).

4. Lettre de Jean à Laure Moulin, 8 décembre 1934 (Daniel Cordier, *Jean Moulin, l'inconnu du Panthéon*, t. 2, *op. cit.*, p. 530) : « Il me tarde maintenant d'être sorti d'Ernestine, car pour l'instant, j'y ai consacré tous mes loisirs (démarches et visites, etc.). Si bien que Corbière est toujours en panne. » Voir le chapitre 10.

5. Lettre de Jean à Laure Moulin, 16 juin 1933 (*ibid.*, p. 524).

6. Lettre de Jean Moulin à ses parents, 21 janvier 1933 (*ibid.*, p. 520).

7. Stefan Zweig, *Joseph Fouché*, Grasset, 1931.

8. Lettre de Jean à Laure Moulin, 28 mars 1933 (Daniel Cordier, *Jean Moulin, l'inconnu du Panthéon*, t. 2, *op. cit.*, p. 521).

9. Paul Robiquet, « Fouché pendant les Cent Jours », *La Révolution française. Revue d'histoire moderne et contemporaine publiée par la Société d'histoire de la Révolution*, tome 71, janvier-décembre 1918, pp. 144-146.

10. Par exemple Emmanuel de Waresquiel, *Fouché*, Fayard/Tallandier, 2014 ; Jean Tulard, *Fouché*, Fayard, 1998, et *Napoléon et la noblesse d'Empire*, Tallandier, 2003.

11. Lettre de Jean à Antonin Moulin, 15 mai 1933 (Daniel Cordier, *Jean Moulin, l'inconnu du Panthéon*, t. 2, *op. cit.*, pp. 522-523), et A.E. Moulin, *Le Grand Amour de Fouché*, *op. cit.*, p. 45. Assez drôlement, il y a eu quelques coquilles à la recopie de la lettre : « réchaud à alcool, pot à eau » devient ainsi un surprenant « réchaud à eau ». Une remarque plutôt comique sur la brosse à dents a été supprimée, paraissant sans doute trop triviale : « une merveille – bien entendu les poils de la brosse ne sont pas en or et on peut les changer facilement ».

12. Voir le chapitre 9.

13. Lettre de Jean à Antonin Moulin, 6 juin 1934 (*ibid.*, p. 528). Voir le chapitre 6.

14. *Ibid.*

15. Lettre de Jean Moulin à ses parents, 19 juillet 1935 (*ibid.*, p. 532).

16. Lettres de Jean à Laure Moulin, 8 décembre 1934, doc. cit., et 9 février 1935 ; lettre à ses parents, 12 juin 1935 (*ibid.*, pp. 530-532).

17. Lettre de Jean Moulin à ses parents, 11 juillet 1935 (*ibid.*).

18. Julien Bertaut, « Le mariage de Fouché », *Le Temps*, 7 décembre 1935.

19. Lettre de Jean à Antonin Moulin, 14 décembre 1935 (Daniel Cordier, *Jean Moulin, l'inconnu du Panthéon*, t. 2, *op. cit.*, p. 533).

20. Lettre de Jean à Antonin Moulin, 21 janvier 1936 (*ibid.*, p. 534).

21. Lettres de Jean Moulin, 31 janvier, 6 février, 12 mars, 26 mars 1936 (*ibid.*, pp. 534-536).

22. Lettre de Jean à Laure Moulin, 26 mars 1936 (*ibid.*, p. 536).

23. Voir le chapitre 12.

24. Lettre de Jean Moulin à ses parents, 21 décembre 1936 (*ibid.*).

25. Gaston Martin, « Ernestine de Castellane, duchesse d'Otrante », *L'Œuvre*, 10 janvier 1937.

26. Georges Mongredien, « Variétés historiques. Le second mariage de Fouché », *Vendredi*, 26 février 1937.

27. Bernard de Vaulx, « Chez le libraire », *Je suis partout*, 26 décembre 1936.

28. Lettre de Jean à Laure Moulin, 6 janvier 1937 (Daniel Cordier, *Jean Moulin, l'inconnu du Panthéon*, t. 2, *op. cit.*, p. 539).

29. Lettre d'Antonin à Jean Moulin, 19 juillet 1937 (*ibid.*, p. 540).

12
De notoriété publique

1. Voir le journal des communications téléphoniques au domicile des Guidez, 1er août-28 octobre 1936 (AN-2W33).

2. Jean Gisclon, *La Désillusion. Espagne 36*, France-Empire, 1986. Interview de Jean Gisclon par le service historique de l'armée de l'Air, 12 octobre 1976 (SHD).

3. Interview de Victor Véniel par le service historique de l'armée de l'Air, 6 mars 1979 (SHD).

4. Cour suprême de justice. Déposition d'Auguste Boyer, 3 février 1941 (AN-2W33).

5. Madeline Asorkia, « L'aviation et la guerre d'Espagne », *Deutschland und Frankreich*, Artemis Verlag, 1981.

6. Cour suprême de justice. Procès-verbal de déposition du commandant Auguste Chavane, 5 mars 1941, et déposition du commandant Henri de Soto, 4 mars 1941 (AN-2W33).

7. Cour suprême de justice. Procès-verbal de déposition d'Hippolyte Richard, 7 novembre 1940 (AN-2W33).

8. « Une démarche des ouvriers de la maison Bloch et une “rectification” qui ne rectifie rien », *L'Écho de Paris*, 22 août 1936 ; Maurice Pujo, « La neutralité qui vole », *L'Action française*, 16 août 1936.

9. Lettre de Pierre Cot à Jean Rey, 6 septembre 1936 (AN-AB/XIX/4244).

10. Maurice Pujo, « Les deux “fausses nouvelles” de Pierre Cot », *L'Action française*, 22 décembre 1936. Un dossier renseignant sur la procédure contre *L'Écho de Paris* est conservé dans les archives du cabinet du ministre de la Justice (AN-BB/18/6492).

11. Jean-Yves Boulic et Annik Lavaure, *Henri de Kerillis, l'absolu patriote*, Presses universitaires de Rennes, 1997.

12. Henri de Kerillis, « Les livraisons de M. Pierre Cot portent à la France un préjudice moral considérable et font le jeu d'Hitler », *L'Écho de Paris*, 27 décembre 1936.

13. Lettre de Pierre Cot à Jean Rey, 6 septembre 1936, doc. cit.

14. Georges Vidal, *La Grande illusion ? Le PCF et la Défense nationale à l'époque du Front populaire*, PUL, 2006, p. 159.

15. Lettre de Pierre Cot à Jean Rey, 6 septembre 1936, doc. cit.

16. Laure Moulin, *Jean Moulin, op. cit.*, p. 123. Ces propos furent rapportés après-guerre par Mans à différents amis et figurent donc dans divers ouvrages dans des versions légèrement différentes.

17. Lettre de Pierre Cot à Jean Rey, 6 septembre 1936, doc. cit.

18. Voir le chapitre 8.

19. Laure Moulin, *Jean Moulin, op. cit.*, p. 125.

20. « Le trafic du sang français », *Le Défi*, 2 janvier 1939 ; cour suprême de Riom. Procès-verbal de déposition de Léone Bourdel, 9 septembre 1940 (AN-2W33).

21. Cour suprême de justice. Procès-verbal de déposition du général Armand Pinsard, 20 mai 1941 (AN-2W33).

22. Laure Moulin, *Jean Moulin, op. cit.*, pp. 182-183.

23. Cour suprême de justice. Procès-verbal de déposition d'Henry Puget, 29 mars 1941, et procès-verbal de déposition du général Henri Jauneaud, 21 mars 1941 (AN-2W33).

24. Cour suprême de justice. Procès-verbal de déposition de Jean Volpert, 1er mars 1941 (AN-2W33).

25. Pierre Cot, *L'Armée de l'Air, 1936-1939*, Grasset, 1939, p. 237.

26. Cour suprême de justice. Procès-verbal de déposition de Jean Moulin, 5 mai 1941 (AN-2W33).

27. Cour suprême de justice. Procès-verbal de déposition de Jean Volpert, 1er mars 1941, doc. cit.

28. Cour suprême de justice. Procès-verbal de déposition de Jean Moulin, 5 mai 1941, doc. cit.

29. Lettre de Jean Moulin à ses parents sur papier à en-tête du cabinet du ministre de l'Air, 18 juin 1936 (BNF-NAF17863).

30. Jean Moulin, chef du cabinet civil du ministre de l'Air, « L'Aviation populaire. Comment elle est organisée », *Vu*, 1er novembre 1936.

31. Jean Moulin, « Voudriez-vous être aviateur ? », composition française, 10 novembre 1911 (MLP).

32. « Comment allez-vous nationaliser les usines de guerre ? », *L'Œuvre*, 13 juin 1936.

33. Vital Ferry, *Aviation populaire, ou aviation prolétaire*, Le Gerfaut, 2007.

34. Voir le chapitre 13.

35. Lettre de Pierre Cot à Henri Michel, 23 octobre 1963 (AN-72AJ233).

36. Propos rapporté par Henri Calef, *Jean Moulin, une vie*, Plon, 1980, p. 118.

37. [Note de police], 29 novembre 1939 (APP-GA74).

38. Jean Lacouture, *De Gaulle. Le rebelle*, Éd. du Seuil, 1984, p. 296.

39. XXX, « Le trafic du sang français. Pourquoi le gouvernement français a-t-il étouffé la mort du pilote Abel Guidez ? », *Le Défi*, 2 janvier 1939.

40. Le procureur près la cour d'appel de Paris au ministre de la Justice. Note sur *Le Défi*, organe du Front de la jeunesse (directeur Jean-Charles Legrand), 27 juillet 1939 (SHD-GR7N22087) ; Sûreté nationale. Inspection générale des services de police administrative. L'antisémitisme en France, 5-28 juin 1939 (AN-19940497/14).

41. Note de la préfecture de police de Paris, 29 juillet 1940 (APP-BA 2494).

13
Un moment embarrassant

1. *Le Matin*, 24 août 1937. Cette photo, mal tirée, peut être vue avec une meilleure qualité, mais en plan plus serré, en page 3 du *Figaro* daté du même jour.

2. Ministère de l'Air. Cabinet du ministre (*Journal officiel*, 11 juin 1936, p. 6182).

3. Laure Moulin, *Jean Moulin, op. cit.*, p. 120.

4. *L'Action française*, 20 août 1937.
5. *Le Petit Parisien*, 22 août 1937.
6. *Le Matin*, 20 août 1937.
7. Martin Mamy, « Sous le signe de l'incohérence », *L'Écho de Paris*, 22 août 1937.
8. *Le Temps*, 22 août 1937.
9. *Ibid.*
10. Martin Mamy, « Sous le signe de l'incohérence », *L'Écho de Paris*, 22 août 1937.
11. Pierre Gaxotte, « M. P. Cot donne trois millions au fils de Mussolini et à ses camarades italiens », *Je suis partout*, 27 août 1937.
12. *Journal de Roubaix*, 22 août 1937.
13. *Le Petit Journal*, 23 août 1937
14. Édouard Corniglion-Molinier, « Victoire du matériel », *Ce Soir*, 23 août 1937.
15. « Et si, après le raid Istres-Damas-Paris, on voulait bien honnêtement et objectivement faire le point », *L'Œuvre*, 24 août 1937.
16. Didier Poulain, « Un agent de la propagande fasciste : Pierre Cot », *Candide*, 26 août 1937.
17. Cour suprême de justice. Déposition du général Henri Jauneaud, 21 mars 1941 ; déposition de Jean Volpert, 1er mars 1941 (AN-2W33).
18. Laure Moulin, *Jean Moulin, op. cit.*, p 120.
19. *Le Figaro*, 24 août 1937, *Le Petit Parisien*, 24 août 1937, *Le Temps*, 25 août 1937.
20. *Le Matin*, 24 août 1937.
21. « Cupini, vainqueur d'Istres-Damas-Paris, raconte son raid à *Paris-Soir* », *Paris-Soir*, 23 août 1937.
22. *Le Petit Journal*, 25 août 1937 et *Paris-Soir*, 25 août 1937.
23. 28 août 1937.
24. Michel Leiris, « Faire-part », *Cahiers d'art*, n° 4-5, 1937.
25. Laure Moulin, *Jean Moulin, op. cit*, p. 120.
26. Lettre du général Jauneaud au maréchal Pétain, 12 août 1941 (AN-2W33).
27. 34e Congrès du parti républicain radical et radical-socialiste, Lille, 27, 28, 29, 30 et 31 octobre 1937, Éd. du siège du comité exécutif, 1938, pp. 272-273 (BScPo-COL8°0468(1937)).

14
Un certain atavisme républicain

1. Extraits du discours prononcé à Chartres au banquet Marceau (Jean Moulin, *Premier Combat*, Éd. de Minuit, 1947, pp. 119-120).
2. Daniel Cordier, *Jean Moulin, l'inconnu du Panthéon*, t. 1, *op. cit.*, pp. 308-310.
3. Discours de Jean Moulin sous-préfet de Châteaulin, au banquet donné en l'honneur de Charles Daniélou, Pont-de-Buis, 14 octobre 1932 (BNF-NAF17864).
4. « De vieille tradition républicaine, par exemple son grand-père fut emprisonné lors du coup d'État de Napoléon III » (Interview with M. Moulins *[sic]*, 4 novembre 1941 cité par Daniel Cordier, *Jean Moulin, l'inconnu du Panthéon*, t. 3, J.C. Lattès, 1993, p. 1267).
5. Daniel Cordier, *Alias Caracalla*, Gallimard, 2009, p. 335.

6. Discours prononcé à la première session ordinaire pour 1939 du conseil général d'Eure-et-Loir, 8 mai 1939 (Jean Moulin, *Premier Combat, op. cit.*, pp. 121-122).

7. *Ibid.*

8. Pascal Ory, « La commémoration révolutionnaire de 1939 » *in* René Rémond et Janine Bourdin, *La France et les Français en 1938-1939*, Presses de la FNSP, 1973, pp. 115-136.

9. Laure Moulin, *Jean Moulin, op. cit.*, p. 177 ; lettre de Maurice Jusselin à Laure Moulin, Chartres, 26 juin 1946 ; Christine Levisse-Touzé et Dominique Veillon, *Jean Moulin, artiste, préfet, résistant, op. cit.*, p. 107.

10. « Toast de M. Moulin », *L'Action républicaine*, 5 juillet 1939 (Daniel Cordier, *Jean Moulin, l'inconnu du Panthéon*, t. 2, *op. cit.*, p. 214).

11. Ville de Chartres, catalogue de l'exposition organisée sous le patronage de l'Éducation nationale en commémoration du 150e anniversaire de la Révolution française (1789-1799), Imprimerie Lainé et Tantet, 1939.

12. Jean Moulin, manuscrit du « Journal de Chartres, 14-18 juin 1940 » (BNF-NAF18866).

15
Le jour où Jean Moulin s'est tué

1. Jean Moulin, manuscrit du « Journal de Chartres », 17 juin 1940 (BNF-NAF 17867).

2. Jean Moulin, *Premier Combat, op cit.*, p. 77.

3. Julien Fargettas, *Les Tirailleurs sénégalais. Les soldats noirs entre légendes et réalités, 1939-1945*, Tallandier, 2012 ; Raffael Scheck, *Une saison noire, Les massacres de tirailleurs sénégalais (mai-juin 1940)*, Tallandier, 2007.

4. Jean-Jacques François, « Réflexions sur la cause de la violence allemande à l'égard de Jean Moulin le 17 juin 1940 », *Jean Moulin préfet d'Eure-et-Loir*, Conseil général d'Eure-et-Loir, 2000.

5. Jean Moulin, *Premier Combat, op cit.*, p. 85.

6. *Ibid.*, p. 89.

7. *Ibid.*, p. 106.

8. *Ibid.*, p. 95.

9. *Ibid.*, p. 107.

10. Lettre de Jean Moulin à sa mère et à sa sœur, 15 juin 1940 (MJM). Souligné dans le texte.

11. Jean Moulin, *Premier Combat, op cit.*, pp. 60-64.

12. Communiqué, 14 mai 1940 (Daniel Cordier, *Jean Moulin, l'inconnu du Panthéon*, t. 2, *op. cit.*, p. 271).

13. Affiche du 11 juin 1940 reproduite dans *Jean Moulin. Premier combat à Chartres*, Musée de Chartres, 1990, p. 80.

14. Lettre de Jean Moulin à sa mère et à sa sœur, 15 juin 1940, doc. cit.

15. Jean Moulin, *Premier Combat, op. cit*, p. 75.

16. *Ibid.*, p 34.

17. Philippe Nivet, *La France occupée, 1914-1918*, Armand Colin, 2011, p. 42.

18. Lettre de Jean Moulin à sa mère et à sa sœur, 15 juin 1940, doc. cit.

19. Jean Moulin, *Premier Combat, op. cit*, p. 108.

20. *Ibid.*, p. 109.

21. Jean-Paul Sartre, « La République du silence », *Les Lettres françaises*, 9 septembre 1944 (*Situations III*, Gallimard, 2013).

22. Lettre du Dr Brasser au préfet d'Eure-et-Loir, 30 août 1949 (Musée des Beaux-Arts de Chartres-Documentation Jean Moulin. Exposition de 1990. pièce 69).

23. Voir le chapitre 17.

24. Roger Langeron, *Paris, juin 1940*, Flammarion, 1946, p. 110.

25. Le préfet de Seine-et-Oise au ministre de l'Intérieur, 1er juillet 1940 (AN-F1bI/816 et AD78-1W1).

26. Lettre d'Auguste Autrand, président de l'association de l'administration préfectorale, ancien préfet de la Seine, au maréchal Pétain, 21 août 1940 (AN-F1bI/816 et 1101).

27. Lettre de Robert Billecard, ancien préfet de Seine-et-Oise [à Gaston Henry-Haye, maire de Versailles], sd (AD78-1W1).

28. Rapport du préfet d'Eure-et-Loir au ministre de l'Intérieur, 12 juillet 1940 (AN-F1CIII/1153).

29. Daniel Cordier, *Jean Moulin, l'inconnu du Panthéon*, t. 2, *op. cit.*, p. 346.

30. Carte de Jean Moulin à sa mère, 9 juillet 1940 (*ibid.*, p. 357).

31. Exception notable : Henri Noguères, *Histoire de la Résistance en France*, t. 1, Robert Laffont, 1967, pp. 24-25.

32. Jean Moulin, *Premier Combat, op. cit.*, pp. 90-91.

33. « Les distributions des prix. Au lycée Marceau. Discours de M. Moulin, préfet d'Eure-et-Loir », *L'Indépendant d'Eure-et-Loir*, 18 juillet 1939.

16
Joseph Mercier

1. Circulaire du secrétaire d'État ministre de l'Intérieur à MM. les préfets, 7 août 1940 (AN-F1a/3591).

2. Transcription de la communication téléphonique de la *Feldkommandantur* de Chartres avec le Dr Albrecht de la section Administration du commandement militaire allemand en France, 24 octobre 1940 (AN-AJ40/543).

3. « Interview at Royal Patriotic School », 23 octobre 1941. Texte en anglais reproduit *in* Daniel Cordier, *Jean Moulin, l'inconnu du Panthéon*, t. 3, *op. cit.*, p. 1239.

4. « La première classe », *La Dépêche d'Eure-et-Loir*, 6 octobre 1940.

5. Jean Moulin, *Premier Combat, op. cit.*, p. 114.

6. Michèle Cointet-Labrousse, *Vichy et le fascisme*, Complexe, 1987, pp. 49-51.

7. Le ministre secrétaire d'État à MM. les préfets, 15 octobre 1940 (AN-F1a/3591).

8. « Interview at Royal Patriotic School », 23 octobre 1941, doc. cit.

9. Extrait du rapport de Jean Montigny, chargé de mission à la vice-présidence du Conseil, 29 octobre 1940 (AN-F1BI 816 et 1101).

10. Daniel Cordier, *Jean Moulin, l'inconnu du Panthéon*, t. 2, *op. cit.*, pp. 457-458.

11. Le préfet d'Eure-et-Loir à M. le ministre de l'Intérieur, 12 juillet 1940 (AN-F1CIII/1153).

12. L'ensemble de cette correspondance est conservé aux AN sous la cote AJ40/543. Des traductions en sont données dans Daniel Cordier, *Jean Moulin, l'inconnu du Panthéon*, t. 2, *op. cit.*, pp. 640-641.

13. *Journal officiel.* Lois et décrets, 3 novembre 1940, p. 5543.

14. Sa demande d'*ausweis* à la *Feldkommandantur* signalant qu'il devra quitter ses fonctions le 15 porte un cachet indiquant la date du 6 novembre (fac-similé dans *Jean Moulin. Premier combat à Chartres*, Musée de Chartres, 1990, p. 178).

15. Le préfet d'Eure-et-Loir à M. le ministre de l'Intérieur, 15 novembre 1940 (AN-F1CIII/1153).

16. Discours de Maurice Viollette pour l'inauguration du monument en l'honneur de Jean Moulin à Chartres le 11 juillet 1948, reproduit dans *L'Action républicaine*, 12 juillet 1948 (cité *in* Daniel Cordier, *Jean Moulin, l'inconnu du Panthéon*, t. 2, *op. cit.*, p. 720) ; Laure Moulin, *Jean Moulin, op. cit.*, p. 174.

17. Département d'Eure-et-Loir. Renseignements fournis par M. Moulin sur M. Moulin, préfet d'Eure-et-Loir, 2 octobre 1940 (AN-F1BI 816 et 1101).

18. Procès-verbal du conseil municipal de Chartres, séance du 25 novembre 1940 (cité *in* Daniel Cordier, *Jean Moulin, l'inconnu du Panthéon*, t. 2).

19. Lettre du préfet d'Eure-et-Loir aux maires, Chartres (brouillon manuscrit et circulaire), 16 novembre 1940 (AD28). Fac-similé dans *Jean Moulin. Premier combat à Chartres, op. cit.*, pp. 176-177.

17
Petits mensonges et grosses omissions

1. Cour suprême de justice. Déposition de Jean Moulin, 5 mai 1941 (AN-2W33).

2. *Le Figaro*, 23 septembre 1940.

3. *Au Pilori*, 12 août 1940.

4. Comité central du Parti communiste français (SFIC), « Pour le salut du peuple de France ! », sd [février et mars 1941] (AN-Z4/5).

5. Laure Moulin, *Jean Moulin, op. cit.*, p. 177.

6. *Le Matin*, 19 décembre 1940, *L'Action française*, 15 février et 8 juin 1941.

7. Emmanuelle Loyer, « La débâcle, les universitaires et la Fondation Rockefeller. France/États-Unis, 1940-1941 », *Revue d'histoire moderne et contemporaine*, n° 48, 2001.

8. AN-F1B1/816 et 1101.

9. À M. le sous-préfet de Grasse. Demande de passeport, 4 février 1941 (AD06-0028W0095).

10. Emmanuelle Loyer, « La débâcle, les universitaires et la Fondation Rockefeller. France/États-Unis, 1940-1941 », *Revue d'histoire moderne et contemporaine*, n° 48, 2001.

11. Interview at RPS 23.10.41. Interrogatoire de Jean Moulin à la Royal Patriotic School, 23 octobre 1941, texte anglais joint à la lettre du SOE Adviser Gervase Cowell à Daniel Cordier, 8 avril 1992 (Daniel Cordier, *Jean Moulin, l'inconnu du Panthéon*, t. 3, *op. cit.*, p. 1239). Voir le chapitre suivant.

12. Laure Moulin, *Jean Moulin, op. cit.*, p. 192.

13. Cour suprême de justice. Dépositions respectivement des 13 décembre 1940, 9 septembre 1941, 9 avril 1941 et 29 mars 1941 (AN-2W33).

14. Cour suprême de justice. Déposition de Jean Moulin, 5 mai 1941, doc. cit.

15. Lettre citée dans « Oui ou non, M. Pierre Cot avait-il pris ses précautions ? », *L'Union catholique*, 16-17 octobre 1938 (AN-72AJ233).

16. Article de Marcel Sableau dans *La Relève*, organe des Jeunesses radicales-socialistes du Sud-Est, cité dans *L'Union catholique* du 16-17 octobre 1938 (AN-72AJ233).

17. Minute de la lettre du préfet de l'Aveyron au directeur de *L'Union républicaine*, 19 octobre 1938 (Daniel Cordier, *Jean Moulin, l'inconnu du Panthéon*, t. 2, *op. cit.*, p. 165).

18. Rapport sur l'activité, les projets et les besoins des groupements constitués en France en vue de la libération du territoire national, Lisbonne, octobre 1941 (Daniel Cordier, *Jean Moulin, l'inconnu du Panthéon*, t. 3, *op. cit.*, p. 1212).

19. Robert S. Thornberry, *André Malraux et l'Espagne*, Droz, 1977, pp. 39-40.

20. Cour suprême de justice. Déposition de Jean Moulin, 5 mai 1941, doc. cit.

21. Laure Moulin, *Jean Moulin, op. cit.*, p. 192.

22. Jean-Denis Bredin, *Un tribunal au garde-à-vous. Le procès de Pierre Mendès France*, Fayard, 2001.

18
Fortes impressions

1. Rapport sur l'activité, les projets et les besoins des groupements constitués en France en vue de la libération du territoire national, Lisbonne, octobre 1941 (Daniel Cordier, *Jean Moulin, l'inconnu du Panthéon*, t. 3, *op. cit.*, p. 1211).

2. Voir le chapitre 7.

3. Emmanuelle Loyer, « La débâcle, les universitaires et la Fondation Rockefeller. France/États-Unis, 1940-1941 », *Revue d'histoire moderne et contemporaine*, n° 48, 2001.

4. Voir Robert Belot, *Aux frontières de la liberté*, Fayard, 1998, p. 56.

5. Pierre Péan, *Vies et morts de Jean Moulin*, Fayard, 1998, pp. 307 *et sq.*

6. Télégramme de New York à Londres, 8 avril 1941 (Daniel Cordier, *Jean Moulin, l'inconnu du Panthéon*, t. 3, *op. cit.*, p. 1385).

7. Lettre d'Alexandre Makinsky à Antoinette Sachs, 3 mars 1983 (*Autour de Jean Moulin, op. cit.*).

8. François Kersaudy, *De Gaulle et Churchill*, Perrin, 2010, p. 155 ; François Malye et Kathryn Hadley, *Dans le secret des archives britanniques*, Calmann-Lévy, 2012, p. 51.

9. Laurent Douzou, « Un an de réflexion ? 1940-1941 », *Jean Moulin face à l'histoire*, Flammarion, 2000, p. 90 ; Sébastien Albertelli, *Les Services secrets du général de Gaulle*, Perrin, 2009, p. 164.

10. Jean Moulin, manuscrit du « Journal de Chartres, 14-18 juin 1940 » (BNF-NAF 17865).

11. Rapport sur l'activité, les projets et les besoins des groupements constitués en France en vue de la libération du territoire national, Lisbonne, octobre 1941, doc. cit.

12. Note du capitaine Bienvenüe au capitaine Piquet-Wicks, 20 octobre 1941 (AN-674AP2).

13. Note pour M. le capitaine Bienvenüe. Objet : M. Mercier (Jean Moulins *[sic]),* 21 octobre 1941 (AN-3AG2/172).

14. Christiaan Gutteling, *The War has ended but the memory lingers on*, Eloquent Books, 2009.

15. Eric Piquet-Wicks, *Quatre dans l'ombre*, Gallimard, 1957, p. 55.

16. Laure Moulin, *Jean Moulin, op. cit.*, p. 215.

17. Interview with M. Moulins *[sic]*, 4 novembre 1941, doc. cit.

18. Laure Moulin, *Jean Moulin, op. cit.*, p. 215.

19. Sabine Jansen, *Pierre Cot, op. cit.*, pp. 344-345.

20. Jean-Pierre Azéma, *Jean Moulin, op. cit.*, p. 166.

21. Interview with M. Moulins *[sic]*, 4 novembre 1941, doc. cit.

22. Rapport sur l'activité, les projets et les besoins des groupements constitués en France en vue de la libération du territoire national, Lisbonne, octobre 1941, doc. cit.

23. Laure Moulin, *Jean Moulin, op. cit.*, p. 215.

24. Voir le chapitre suivant.

25. Mission M., 4/5 novembre 1941 (Daniel Cordier, *Jean Moulin, l'inconnu du Panthéon*, t. 3, *op. cit.*, p. 1263).

26. Voir le chapitre suivant.

27. Rapport d'activité de la section Action du SR à la date du 6 décembre 1941 (AN- AN-3AG2/175).

28. Ordre de mission donnée par le général de Gaulle à Jean Moulin, 24 décembre 1941 (Charles de Gaulle, *Mémoires de guerre*, t. 1, Plon, 1954, p. 647).

29. 5 novembre 1941 (Daniel Cordier, *Jean Moulin. La République des catacombes*, Gallimard, 1999, p. 142).

30. Lettre d'Henri Frenay au colonel Passy, 13 juillet 1950 (Colonel Passy, *Mémoires du chef des services secrets de la France libre*, Odile Jacob, 2000, p. 758).

19
Un saut dans le vide

1. Daniel Cordier, *Alias Caracalla*, Gallimard, 2009, p. 246.

2. Daniel Cordier, *Jean Moulin, l'inconnu du Panthéon*, t. 3, *op. cit.*, pp. 869-870.

3. Témoignage de Joseph Monjaret au CHDGM, 20 octobre 1963 (AN-72AJ233).

4. Colonel Passy, *Mémoires du chef des services secrets de la France libre, op. cit.*, p. 190.

5. Laure Moulin, *Jean Moulin, op. cit.*, pp. 221-222.

6. Dominique Schmidt, « Paul Schmidt dit Kim », *Autour de Jean Moulin, op. cit.*, pp. 369 et 383.

7. Rapports d'activité de la section Action du SR à la date du 29 novembre et du 6 décembre 1941 (AN-674AP2) et *Progress Report* n° 17 et 18 (AN-3AG2/175).

8. *Progress Report*, n° 19, 10 décembre 1941 (AN-3AG2/175).

9. Annexe A à la lettre du général de Gaulle à Anthony Eden, 22 décembre 1941 (AN-3AG1/257).

10. *Progress Report*, n° 22, 30 décembre 1941 (AN-3AG2/175).

11. Témoignage d'« Hervé » Monjaret, au CHDGM, 9, 12 et 16 décembre 1946 (AN-72AJ55) ; Rapport d'activités de la section Action du SR, 2 janvier 1942 (AN-674AP2).

12. Claude Bouchinet-Serreulles, *Nous étions faits pour être libres*, Grasset, 2000, p. 279.

13. « Hervé » Monjaret, « Parachuté avec Jean Moulin », *Le Miroir de l'histoire*, avril 1964.

14. Cité in *Autour de Jean Moulin*, *op. cit.*, p. 18.

15. Courrier de Sif [Fassin] parti le 6 avril 1942, (AN-3AG2/183).

16. Laure Moulin, *Jean Moulin, op. cit.*, pp. 220, 232-234.

20
Un jour à Vichy

1. AN-F1B1/816.

2. Dossier personnel de G. Hilaire au ministère de l'Intérieur (AN-F1B1/1082).

3. Georges Hilaire, « Administration préfectorale », *in* Institut Hoover, *La Vie en France sous l'Occupation*, t. 1, Plon, 1957, pp. 393 *et sq.*

4. Lettre de Jean Moulin au secrétaire général à l'Administration, 7 novembre 1942 (Laure Moulin, *Jean Moulin, op. cit.*, p. 277).

5. Marc-Olivier Baruch, *Servir l'État français*, Fayard, 1997, p. 340.

6. Télégramme de Rex [Moulin] à FFL, 2 mai 1942 (AN-3AG2/400).

7. Télégrammes n° 6 et 7 de Rex [Moulin] à FFL, 23 avril 1942 (AN-3AG2/400).

8. Julien Clermont [Georges Hilaire], *L'Homme qu'il fallait tuer : Pierre Laval*, Les Actes des apôtres, 1949, p. 106.

9. Laure Moulin, *Jean Moulin, op. cit.*, p. 276.

10. Déclaration de Marcel Peyrouton lors de son procès devant la Haute Cour de justice. Audience du 17 décembre 1948 (BDIC-F rés 334/87).

11. Voir *Le Dossier Rebatet*, édition établie et annotée par Bénédicte Vergez-Chaignon, Robert Laffont, 2015, pp. 169 et 438.

12. Julien Clermont, *L'Homme qu'il fallait tuer : Pierre Laval, op. cit.*, p. 107.

13. Lettre de Jean Moulin au secrétaire général à l'Administration, 7 novembre 1942, doc. cit.

14. Julien Clermont, *L'Homme qu'il fallait tuer : Pierre Laval, op. cit.*, p. 107.

15. Laure Moulin, *Jean Moulin, op. cit.*, p. 276.

16. Marc-Olivier Baruch, *Servir l'État français, op. cit.*, p. 340.

17. Voir Bénédicte Vergez-Chaignon, *Les Vichysto-résistants*, Perrin, 2008, pp. 176-187.

18. Courrier n° 1 pour Rex [Moulin] (AN-3AG2/181) et pour Rex [Moulin] de la part de Diethelm, 20 avril 1942 (AN-3AG2/178).

19. « Militant de la Résistance de la première heure [...], plein d'allant et de courage, F. [Frenay] ne peut voir sa bonne foi contestée dans cette affaire. » (Rapport n° 1 de Rex [Moulin], 1er mars 1942 (AN-3AG2/181).

20. Télégrammes de Rex [Moulin] à FFC, 26 mai 1942 (AN-3AG2/400).

21. BNF-NAF17865.

22. BNF-NAF17865.

23. Voir Marc-Olivier Baruch, *Servir l'État français, op. cit.*, pp. 309 *et sq.*

24. Charles Pomaret, *Le Dernier Témoin. Fin d'une guerre, fin d'une république*, Presses de la Cité, 1968, pp. 130-131.

25. Voir Daniel Cordier, *Jean Moulin, l'inconnu du Panthéon*, t. 2, *op. cit.*, p. 250.

21
De belles choses

1. Rapport sur l'activité, les projets et les besoins des groupements constitués en France en vue de la libération du territoire national, Lisbonne, octobre 1941, doc. cit.

2. Laurence Bertrand-Dorléac, « Le marché de l'art à Paris sous l'Occupation », *Pillages et Restitutions. Le destin des œuvres d'art sorties de France pendant la Seconde Guerre mondiale*, Direction des musées de France/Adam Biro, 1997 ; Limore Yagil, *Au nom de l'art, 1933-1945*, Fayard, 2015.

3. Voir par exemple Maurice Laffaille, *Chronique d'une galerie de tableaux sous l'Occupation*, Marval, 1988.

4. Cette idée a été mise en avant par Laurence Bertrand-Dorléac lors du colloque tenu à Marseille le 27 mai 2000 dans le cadre de l'exposition « Jean Moulin, artiste, résistant, marchand de tableaux ».

5. George Bidault, *D'une résistance à l'autre*, Les Presses du siècle, 1965, p. 37.

6. Daniel Cordier, *Alias Caracalla, op. cit.*, pp. 814-815 et 820-821.

7. Annotation sur une note de l'intendance de police de la préfecture régionale de Nice au secrétariat général à la police du ministère de l'Intérieur du 9 janvier 1943 (AN-F1BI/816).

8. Lettre de Jean Moulin à sa mère et à sa sœur, sd [fin août 1942] (MLP).

9. Lettre de Jean Moulin à Colette Jacques, 7 septembre [1942] (MLP).

10. Témoignage de Colette Dreyfus, mars 1993 (MLP).

11. Lettre de Jean Moulin au préfet des Alpes-Maritimes, Saint-Andiol, 16 octobre 1942 (MLP).

12. Lettre de Jean Moulin à Colette Jacques, 22 novembre 1942. (MLP).

13. Jeance [Jean Cassarini], « Diptyque », *L'Art vivant*, 1945.

14. Lettre de Jean Moulin à sa mère et à sa sœur, 12 décembre [1942] (MLP).

15. Lettre de Jean Moulin à Colette Jacques, 10 décembre 1942 (MLP).

16. Lettre de Jean Moulin à sa mère et à sa sœur, 2 février 1943 (MLP).

17. Jeance [Jean Cassarini], « Diptyque », *L'Art vivant*, 1945.

18. Lettre de Colette Dreyfus à Laure Moulin, 29 avril-10 mai 1969 (MLP) ; Yoyo Maeght *et alii, Maeght, l'aventure de l'art vivant*, La Martinière, 2006.

19. Lettre de Colette Dreyfus à Laure Moulin, 6 août 1972 (MLP) ; témoignage de Colette Dreyfus cité par Alain Paire, « La galerie Romanin » in *Jean Moulin dit Romanin, artiste, résistant, marchand de tableaux*, Actes Sud, 2000 ; témoignage de Joseph Monjaret, 1993 (memorialjeanmoulin.fr).

20. Rose Valland, *Le Front de l'art*, Plon, 1961.

21. Témoignage de Jean Cassarini au musée d'art moderne de Nice, sd.

22. Témoignage de Clément Vasserot, 21 juin 1978 (Jean-Louis Panicacci, « Jean Moulin et la galerie Romanin », enligne.cg06.fr/jean-moulin).

23. Lettre de Marcel Courbier à Jean Moulin, Nîmes, 3 mars 1943 (MJM).

24. Lettre de Jean Moulin à Jean Cassarini, Montpellier, 16 février [1943] (MLP).

25. Daniel Cordier, *Alias Caracalla, op. cit.*, pp. 651-653.

26. Lettre de Jean Moulin à Colette Jacques, 13 février 1943 (MJM).

27. Extrait d'un rapport des Renseignements généraux du 5 mars 1943 (APP-1W1307/68797) ; note de renseignement, 5 novembre 1943 (APP-GA205).

28. Lettre de Colette Dreyfus à Laure Moulin, 29 avril-10 mai 1969 (MJM).

29. Lettre de Colette Dreyfus à Laure Moulin, 9 novembre 1964 (MJM).

30. Lettre de Jean Moulin à Colette Jacques, 24 avril 1943 (Laure Moulin, *Jean Moulin, op. cit.*, pp. 290-291).

31. Laure Moulin, *Jean Moulin, op. cit.*, p. 349.

32. Lettre de Colette Dreyfus à Laure Moulin, 6 août 1972 (MJM). Voir Laurence Bertrand-Dorléac, *L'Art de la défaite*, Éd. du Seuil, 1993, p. 28.

33. Daniel Cordier, *Alias Caracalla, op. cit.*, p. 822.

34. Lettre de Colette Dreyfus à Laure Moulin, 29 avril-10 mai 1969, doc. cit..

35. Lettre de Jean Moulin à sa mère et à sa sœur, Nice, 17 juin 1943 *in* Christine Levisse-Touzé et Dominique Veillon, *Jean Moulin, artiste, préfet, résistant, op. cit.*, p. 150).

36. Lettre de Jean Moulin à Colette Jacques, 12 juin 1943 (MJM).

37. Daniel Cordier, *Alias Caracalla, op. cit.*, pp. 821-822.

22
Monsieur X

1. Colonel Passy, *Mémoires du chef des services secrets de la France libre, op. cit.*, p. 505.

2. Lettre du général de Gaulle à un journaliste américain, citée *in* Guillaume Piketty et Vladimir Trouplin, *Les Compagnons de l'aube*, Textuel/Ministère de la Défense, 2014, p. 21.

3. Télégramme de Nef [Frenay] et Bernard [d'Astier] à Rex [Moulin], 10 novembre 1942. Mention à la fin : « De RB je dis René Bernard » (AN-3AG2/401).

4. Lettre du général de Gaulle, 22 octobre 1942, citée *in* Jean-Pierre Azéma, *Jean Moulin, op. cit.*, p. 260 ; Rex, 9.2.43 (AN-3AG2/318), et Charles de Gaulle, *Mémoires de guerre. L'Unité*, Plon, 1956, p. 91.

5. Colonel Passy, *Mémoires du chef des services secrets de la France libre, op. cit.*, pp. 505-506.

6. Voir le chapitre 25.

7. Hugh Verity, *Nous atterrissions de nuit*, France-Empire, 1982.

8. Journal de Claude Bouchinet-Serreulles, 18 mars 1943, cité *in* Daniel Cordier, *Jean Moulin. La République des catacombes, op. cit.*, p. 913.

9. Charles de Gaulle, *Mémoires*, Gallimard, 2000, p. 233.

10. Observations concernant le « mémorandum pour l'amiral Stark », 18 mars 1943 (AN-3AG2/1).

11. Ville de Castres, *Jean Moulin*, Musée Goya, 1963, n° 136 ; « Hervé » Monjaret, « Parachuté avec Jean Moulin », *Magazine 39-45*, n° 88, octobre 1993 (memorialjeanmoulin.fr/articles).

23
Rue du Four

1. Câble de Rex [Moulin] à FFC, 9 avril 1943 (AN-3AG2/400).

2. Daniel Cordier, *Alias Caracalla, op. cit.*, p. 817.

3. Télégrammes de Rex [Moulin] à FFC, 8 mai 1943 (AN-3AG2/400).

4. Lettre de Jacques Soustelle, 6 juillet 1943 (AN-F1a3735).

5. Charles de Gaulle, *Mémoires*, Gallimard, 2000, p. 363.

6. Entretien de Raymond Offroy avec Daniel Cordier, 23 juin 1998 (Daniel Cordier, *Jean Moulin. La République des catacombes, op. cit.*, p. 393) ; témoignage de José Aboulker, rapporté par Christine Levisse-Touzé lors du colloque du 28 mai 2003 à l'Assemblée nationale.

7. Télégramme du général de Gaulle au général Catroux, sd [vers le 15 mai 1943] (Charles de Gaulle, *Lettres, notes et carnets, juillet 1941-mai 1943*, Plon, 1982, pp. 593-594).

8. Jacques Soustelle, *Envers et contre tout*, t. 2, Robert Laffont, 1950, pp. 70-71.

9. Charles de Gaulle, *Mémoires, op. cit.*, p. 364.

10. Rapport de Rex [Moulin] du 4 juin 1943 à M. André Philip (AN- 3AG2/181 et F1a 3738).

11. André Philip, À Rex personnel, avril 1943 (AN-3AG2/401).

12. Ce télégramme est évoqué par le colonel Passy dans ses *Mémoires*, mais il ne le reproduit pas. La liste qu'il donne paraît plutôt reconstituée, entre autres parce qu'elle mêle pseudonymes et identités véritables que Moulin ne pouvait évidemment pas avoir données dans son câble (Colonel Passy, *Mémoires du chef des services secrets de la France libre, op. cit.*, p. 636).

13. Daniel Cordier, *Alias Caracalla, op. cit.*, p. 834.

14. Par exemple Joseph Lecacheux ou Louis Jaquinot.

15. Henri de Moustier, *1940, l'armistice-trahison. Le courage politique de Léonel de Moustier*, Cêtre, 2002.

16. Jacques Debû-Bridel, *Les Partis contre Charles de Gaulle*, Somogy, 1948, p. 42, et *De Gaulle et le Conseil national de la Résistance*, Éd. France-Empire, 1979, pp. 23-25.

17. Rapport de Rex du 4 juin 1943, doc. cit.

18. Jacques Debû-Bridel, *De Gaulle et le Conseil national de la Résistance, op. cit.*, p. 12.

19. Daniel Cordier, *Alias Caracalla, op. cit.*, p. 843 ; témoignage de Robert Chambeiron (Henri Noguères, *Histoire de la Résistance*, t. 3, Robert Laffont, 1972, p. 399).

20. Jacques Lecompte-Boinet, Journal (AN-450AP1 et 72AJ542).

21. Daniel Cordier, *Alias Caracalla, op. cit.*, p. 837.

22. Nouvelles instructions du 21 février 1943 (AN-3AG2/181).

23. Rapport de Rex du 4 juin 1943, doc. cit.

24. Daniel Cordier, *Alias Caracalla, op. cit.*, p. 834.

25. Message du général de Gaulle au Conseil de la Résistance, 19 mai 1943 (AN-3AG2/409).

26. Témoignage de Pierre Villon (Henri Noguères, *Histoire de la Résistance*, t. 3, *op. cit.*, p. 403) ; Journal de Jacques Lecompte-Boinet, doc. cit.

27. Journal de Jacques Lecompte-Boinet, doc. cit.

28. Rapport de Rex du 4 juin 1943, doc. cit.

29. Thierry Wolton, *Le Grand Recrutement*, Grasset, 1993.

30. Daniel Cordier, *Alias Caracalla, op. cit.*, pp. 844-849.

31. Rapport de Rex du 4 juin 1943, doc. cit.

32. Daniel Cordier, *Alias Caracalla, op. cit.*, p. 837.

33. Charles de Gaulle, Message du 19 mai 1943 au Conseil de la Résistance, doc. cit.

34. Jacques Debû-Bridel, *De Gaulle et le Conseil national de la Résistance, op. cit.*, pp. 37-39.

24
« Max est parmi eux »

1. [Claude Serreulles], 27 novembre 1945 (AN-72AJ2323).

2. Lettre de Rex [Moulin] au général de Gaulle, 15 juin 1943 (Daniel Cordier, *Jean Moulin. La République des catacombes, op. cit.*, p. 444).

3. Rapport de Rex [Moulin] au général de Gaulle, 7 mai 1943 (AN-3AG2/181).

4. Lettre de Jean Moulin au général de Gaulle, 15 juin 1943, doc cit.

5. Procès de René Hardy devant le tribunal militaire de Paris. Audience du 3 mai 1950. Déposition de Frédéric Dugoujon (AN-334AP50).

6. Direction générale de la police nationale. Procès-verbal de déposition de Frédéric Dugoujon, 27 décembre 1944 (AN-Z6/244).

7. Rapport de Rex [Moulin] au général de Gaulle, 7 mai 1943, doc cit.

8. Direction générale de la police nationale. Procès-verbal de déposition de Frédéric Dugoujon, 27 décembre 1944, doc. cit.

9. Témoignage de Klaus Barbie, SS Hauptsturmführer à la Stapelstelle *[sic]* de Lyon, sd [14 mai 1948] (Pierre Péan, *Vies et morts de Jean Moulin, op. cit.*, p. 563).

10. Ce registre d'écrou, en assez mauvais état, est conservé au Centre d'histoire de la Résistance et de la déportation de Lyon sous la cote ar 190.

11. Christian Pineau, *La Simple Vérité*, Julliard, 1960, p 115.

12. Procès de René Hardy devant la cour de justice de la Seine. Audience du 21 janvier 1947. Déposition d'Albert Lacaze (AN-334AP24).

13. Témoignage de Henri Aubry reproduit par Henri Noguères, *Histoire de la Résistance en France*, t. 3, Robert Laffont, 1972, pp. 460-461.

14. Rapport final d'enquête sur l'affaire « Flora » concernant les mouvements de Résistance gaulliste ou « Mouvements unis de Résistance » en France, sd [AN-Z6/244).

15. Quartier général de la 12e Armée américaine. Centre d'interrogatoire. Prisonnier, Kaltenbrunner Ernst, contact du RSHA à l'étranger, 28 juin 1945 (SHD-GR28P9/481).

16. Procès de René Hardy devant le tribunal militaire de Paris. Audience du 3 mai 1950. Déposition de Frédéric Dugoujon (AN334AP50).

17. Christian Pineau, *La Simple Vérité, op. cit*, pp. 116-117 ; témoignage d'André Lassagne au CHDGM, sd [avant janvier 1947] (AN-72AJ36) ; lettre d'André Lassagne à Antoinette Sachs, 14 novembre 1945, et témoignage de Suzanne Olivier à Antoinette Sachs, 1er juin 1945 (MJM-Fonds Antoinette Sasse).

18. Rapport de Sophie [Serreulles], 14 juillet 1943 (AN-3AG2/397). 100 000 francs de 1943 représentent environ 22 000 euros.

19. Lettre de Laure Moulin à Antoinette Sachs, 9 novembre 1944 (MJM-Fonds Antoinette Sasse).

20. Rapport de Sophie [Serreulles], 16 août 1943 (AN-72AJ234).

21. Jacques Baynac, *Présumé Jean Moulin*, Grasset, 2006, pp. 866-867.

22. Abschrift, Paris, 25.7.1943 ; Todesanzeige, Metz, 2 février 1943 ; Vormerkung, Metz, 8 février 1944 (Archives municipales de Metz-9S73). Voir « Discours de M. Henri Tribout de Morembert, président de l'académie nationale de Metz à la séance solennelle du 5 novembre 1981 » (documents.irevues.inist.fr).

23. Témoignage d'André Lassagne au CHDGM, sd [avant janvier 1947], doc. cit. ; lettre d'André Lassagne à Antoinette Sachs, 14 novembre 1945, doc. cit. ; témoignage de Suzanne Olivier à Antoinette Sachs, 1er juin 1945, doc. cit.

24. Guillaume Bourgeois, « Guerre des reliques au Panthéon », *Reliques politiques du XVI*[e] *au XXI*[e] *siècle*, PUR, 2018. Voir aussi Nicolas Bertrand, *L'Enfer réglementé. Le régime de détention dans les camps de concentration*, Perrin, 2015.

25. Lettre de Laure Moulin à Antoinette Sachs, 9 novembre 1944, doc. cit. ; « La mort de mon frère. Mes contacts avec la Gestapo », slnd (BNF-NAF17869) ; Laure Moulin, *Jean Moulin, op. cit.*, pp. 368-372.

26. « La mort de mon frère. Mes contacts avec la Gestapo », doc. cit. Voir le dernier chapitre.

27. Lettre de Laure Moulin au directeur de cabinet du ministre des Anciens Combattants et Victimes de guerre, 5 octobre 1946 (AN-F1BI/816).

28. Lettre d'André Lassagne à Antoinette Sachs, 5 janvier 1946 (AN-Z6/244).

25
« La grandeur allait de soi »

1. Cité par Charles-Louis Foulon, *Jean Moulin, la passion de la République*, Éd. Ouest-France, 2013, p. 120.

2. Voir le chapitre précédent.

3. Cahier, fin novembre 1945 (MLP-Fonds Antoinette Sasse).

4. Laure Moulin, *Jean Moulin, op. cit.*, pp. 378-379 ; lettre de Laure Moulin à Antoinette Sachs, 8 janvier 1950 (MLP-Fonds Antoinette Sasse).

5. Gouvernement militaire de Paris. Note de service, 11 décembre 1964 ; Préfecture de police. Transfert des cendres de Jean Moulin au Panthéon, sd (AN-5AG1/962). Des photos ont été publiées dans *Paris Match*, 2 janvier 1965.

6. Photographes et cinéastes autorisés à opérer à l'extérieur et à l'intérieur du Panthéon, sd et Préfecture de police. Direction générale de la police municipale. Additif et rectificatif à la note de service 163-64, 17 décembre 1964 (AN-5AG1/962).

7. Lettre du général de Gaulle à Laure Moulin, 14 mai 1946 (MLP-Fonds Antoinette Sasse).

8. Lettre du général de Gaulle à Laure Moulin, 8 avril 1947 (MLP-Fonds Antoinette Sasse).

9. Charles de Gaulle, *Mémoires, op. cit.*, pp. 233-234.

10. Lettres du général de Gaulle à Laure Moulin, 14 mai et 1er juin 1946, et lettres de Laure Moulin à Antoinette Sachs, 24 mars et 21 juin 1946 (MJM-Fonds Antoinette Sasse).

11. Voir Michel Fratissier, *Jean Moulin ou la fabrique d'un héros*, L'Harmattan, 2011.

12. Lettre de Léo Hamon à Laure Moulin, 15 avril 1949 (BNF-NAF17865). Discours de Georges Bidault à l'hôtel de ville de Paris, 24 août 1944 (*Autour de Jean Moulin, op. cit.*).

13. « Le 30 mai prochain », sd [1954] (AN-72AJ2323).

14. Lettres de Laure Moulin à Antoinette Sachs, 21 juillet 1946 et 27 avril 1954 (MLP-Fonds Antoinette Sasse).

15. Michel Fratissier, *Jean Moulin ou la fabrique d'un héros, op. cit.*, p. 173.

16. Michel Fratissier, « À l'origine de la panthéonisation de Jean Moulin », *Jean Moulin et son temps,* Ville de Béziers/Presses universitaires de Perpignan, 2000 ; Vœu formé par l'Union départementale des résistants, déportés et internés de la

Résistance de l'Hérault transmis par Fernand Paloc à M. André Malraux, ministre des Affaires culturelles, 15 avril 1963 (AN-5AG1/2278).

17. Sur Ferdinand Paloc, voir son témoignage dans H.R. Kedward, *Naissance de la Résistance dans la France de Vichy*, Champ Vallon, 1989, pp. 276-278 ; Olivier Dedieu, « Anciens combattants et revanche politique : l'Hérault et la légion des combattants », *Annales du Midi*, n° 245, 2004 ; François-Marin Fleutot, « Les royalistes du refus, 1940-1944 », *Revue des deux mondes*, octobre 2016 ; Michel Fratissier, « À l'origine de la panthéonisation de Jean Moulin », *Jean Moulin et son temps, op. cit.*

18. Olivier Dedieu, « Raoul Bayou, député du vin : les logiques de construction d'un patrimoine politique », *Pôle Sud*, n° 1, 1998.

19. *Journal officiel*. Assemblée nationale. Débats parlementaires. Compte rendu intégral. Questions écrites, 9 mai 1963, p. 2806.

20. Lettre d'André Holleaux [directeur du cabinet du ministre des Affaires culturelles] à Étienne Burin des Roziers [secrétaire général à la présidence de la République], 18 juin 1963 ; Note manuscrite jointe, 11 juillet [1963] (AN-5AG1/2278).

21. Lettre de Fernand Paloc à Laure Moulin, 19 février 1964 (Michel Fratissier, *Jean Moulin ou la fabrique d'un héros, op. cit.*, p. 1181).

22. Michel Fratissier, « À l'origine de la panthéonisation de Jean Moulin », art. cit.

23. AN-2AG5(1)/499.

24. Lettre de Colette Dreyfus à Laure Moulin, 9 novembre 1964, doc. cit.

25. *Journal officiel* du 29 août 1964, cité par Michel Fratissier, « À l'origine de la panthéonisation de Jean Moulin », art. cit.

26. Lettre de Colette Dreyfus à Laure Moulin, 9 novembre 1964, doc. cit.

27. Henry Rousso, *Le Syndrome de Vichy*, Éd. du Seuil, 1990, p. 102. La note de service de la préfecture de police fait à elle seule 67 pages (AN-5AG1/962).

28. Ministère des Affaires culturelles. Direction de l'Architecture. Le ministre d'État à M Petit, architecte en chef des bâtiments de France, 1er décembre 1964 (AN-5AG1/2278).

29. André Malraux, *Le Miroir des limbes. Antimémoires* in *Œuvres complètes*, t. 3, Gallimard, 1996, p. 450 ; *Oraisons funèbres*, Gallimard, 1971, pp. 9 et 11.

30. André Holleaux, *Malraux ministre au jour le jour*, Travaux et Documents. Comité d'histoire du ministère de la Culture, n° 17, 2004, pp. 125-126.

31. André Malraux a remis un manuscrit autographe à Laure Moulin (BNF-NAF 17869) et en a fait porter un autre, différent, à l'Ordre de la Libération. Le discours a été publié par Malraux dans le recueil *Oraisons funèbres* en 1971 et figure également dans le tome 3 de ses *Œuvres complètes* dans la bibliothèque de la Pléiade (édition établie en 1996). Sur ces différentes versions, voir Pierre Laborie, « Malraux et la Résistance : expérience et transcendance », *André Malraux et le rayonnement culturel de la France*, Complexe, 2004 ; Charles-Louis Foulon, *André Malraux, ministre de l'irrationnel*, Gallimard, 2010 ; Pierre Assouline, « Malraux et la fabrique des héros », *Le Magazine littéraire*, n° 516, février 2012.

32. Discours de Jean Moulin, sous-préfet de Châteaulin, devant la statue de La Tour d'Auvergne à Carhaix (BNF-NAF17864).

33. « "J'accepte l'hommage qui va être rendu à mon frère", nous écrit Mlle Laure Moulin », *Le Monde*, 12 décembre 1964.

34. Serge Moati a bien voulu m'accorder un entretien sur cet événement, le 31 juillet 2017. Voir aussi Serge Moati, *30 ans après*, Éd. du Seuil, 2011, p. 4 ; Jack Lang, *Dictionnaire amoureux de François Mitterrand*, Plon, 2015, article « Panthéon » ; Christian Dupavillon, *Libération*, 4 mai 21, et *Le Monde*, 10 mai 2011 ; Christian-Marc Bosséno, « François Mitterrand au Panthéon. L'œil était dans la tombe », *Vertigo*, n° 48, 2015.

35. Discours de politique générale de Pierre Mauroy devant l'Assemblée nationale, 8 juillet 1981 (archives.gouvernement.fr).

36. Bénédicte Vergez-Chaignon, *Les Vichysto-résistants*, *op. cit.*, pp. 693-695.

37. « Les roses du Panthéon », *Bouillon de culture*, émission de Bernard Pivot, 11 mai 1991 (youtube.com).

38. Mona Ozouf, « Le Panthéon », *Les Lieux de mémoire*, t. 1, Gallimard, 1984, p. 155.

39. Patrick Garcia, « Les panthéonisations sous la Ve République », *Façonner le passé*, Publications de l'université de Provence, 2004.

40. Credoc, « Les représentations de la population française au sujet du Panthéon et des hommages qui y sont rendus », *Collection des rapports*, n° 307, mars 2014.

41. Composition française « Désignez votre héros préféré et justifiez ce choix », classe de première, 13 octobre 1915 (Daniel Cordier, *Jean Moulin, l'inconnu du Panthéon*, t. 1, *op. cit.*, p. 373).

Épilogue : un héros français

1. Lettre de Jean à Laure et Blanche Moulin, 12 mars 1940 (Christine Levisse-Touzé, « Études Jean Moulin », histoire-image.org).

2. Lettre de Jean Moulin à Marcel Bernard, 23 avril 1930 (Daniel Cordier, *Jean Moulin, l'inconnu du Panthéon*, t. 1, *op. cit.*, p. 831).

3. Lettre de Jean Moulin à Marcel Bernard, 23 août 1932 (*ibid.*).

4. « Témoignage de Marcel Bernard, l'ami et le photographe de Jean Moulin », *Études héraultaises*, art. cit.

5. Voir le chapitre 22.

6. Lettre de Marcel Bernard à Jean Moulin, 17 mars 1937 (MLP).

7. Michel Fournier, Présentation du témoignage de Marcel Bernard, art. cit.

8. « Témoignage de Marcel Bernard, l'ami et le photographe de Jean Moulin », art. cit.

9. Interview de Marcel Bernard par Antoine Moulinier, *Le Midi libre*, 29 août 1991, citée par Michel Fournier dans sa présentation du témoignage de Marcel Bernard, art. cit.

10. Par exemple *Le Monde illustré*, 1er février 1947, ou *La Marseillaise*, 27 mars-2 avril 1947.

11. Ville de Castres, Jean Moulin, Musée Goya, 1963, n° 111.

12. Laure Moulin, *Jean Moulin, op. cit.*, p. 177.

13. Elle est conservée aux Archives municipales de Béziers, série 6Fi (Jean Sagnes, *Jean Moulin. Catalogue d'exposition*, éd. Aldacom, 2013).

14. « 6 février 1945 », Jean Galtier-Boissière, *Journal 1940-1950*, Quai Voltaire, 1992, p. 338.

Remerciements

J'ai accumulé depuis vingt-cinq ans tant de dettes de gratitude que je ne peux pas toutes les recenser. Je m'en tiens donc aux plus récentes.

Qu'il me soit permis de remercier pour leur aide très précieuse et leur accueil très généreux : Nicolas Bertrand, directeur du Mémorial du camp de concentration de Langenstein-Zwieberge, Régis Le Mer, du Centre d'histoire de la Résistance et de la déportation de Lyon, les équipes du Mémorial de la prison de Montluc, les équipes du centre de documentation du Musée du général Leclerc de Hautecloque et de la Libération de Paris-Musée Jean Moulin de la Ville de Paris, Caroline Piketty et Patricia Gillet, des Archives nationales, Frédéric Queguineur, du Service historique de la Défense, et Serge Moati, qui m'a offert le Panthéon après Sigmaringen.

Un grand merci, pour avoir partagé leurs informations, à Guillaume Bourgeois, Eugène Saccomano, Céline, Philippe Bihouée du musée de Beaux-Arts de Chartres, Sara Fattori, l'antenne italienne de la maison, et Mojab Lechâble, pour m'avoir permis de vivre à Vichy. Merci aussi à la famille Escoffier.

Et bien sûr toute mon affection et mon admiration à Daniel Cordier pour les dix années exaspérantes et merveilleuses que j'ai passées avec lui.

Crédits photographiques

p. 22 : Musée du Général Leclerc de Hauteclocque et de la libération de Paris – Musée Jean Moulin (EPPM) © Coll. Escoffier ; p. 24 : © DEA/Biblioteca Ambrosiana/Getty images ; p. 28 : Musée du Général Leclerc de Hauteclocque et de la libération de Paris – Musée Jean Moulin (EPPM) © Coll. Escoffier ; p. 33 haut : © Caricadoc/Leemage ; p. 33 bas : Musée du Général Leclerc de Hauteclocque et de la libération de Paris – Musée Jean Moulin (EPPM) ; p. 47 : © Collection famille Escoffier ; p. 56 : © Archives Yvette Hardy ; p. 58 : Musée du Général Leclerc de Hauteclocque et de la libération de Paris – Musée Jean Moulin (EPPM) © Coll. Escoffier ; p. 69 : Musée du Général Leclerc de Hauteclocque et de la libération de Paris – Musée Jean Moulin (EPPM) © Coll. Escoffier ; p. 72 : Musée du Général Leclerc de Hauteclocque et de la libération de Paris – Musée Jean Moulin (EPPM) © Coll. Escoffier ; p. 79 : Musée du Général Leclerc de Hauteclocque et de la libération de Paris – Musée Jean Moulin (EPPM) © Coll. Escoffier ; p. 85 : Musée du Général Leclerc de Hauteclocque et de la libération de Paris – Musée Jean Moulin (EPPM) © Coll. Escoffier ; p. 87 : Musée du Général Leclerc de Hauteclocque et de la libération de Paris – Musée Jean Moulin (EPPM) © Legs Sasse ; p. 90 : Collection particulière ; p. 93 : Musée du Général Leclerc de Hauteclocque et de la libération de Paris – Musée Jean Moulin © Legs Andrée Escoffier-Dubois ; p. 99 : Musée du Général Leclerc de Hauteclocque et de la libération de Paris – Musée Jean Moulin (EPPM) © Coll. Escoffier ; p. 103 : © Roger-Viollet ; p. 109 : © BnF ; p. 116 : © Roger-Viollet ; p. 136 : Musée du Général Leclerc de Hauteclocque et de la libération de Paris – Musée Jean Moulin (EPPM) © Legs Andrée Escoffier-Dubois ; p. 139 : © BnF ; p. 148 : Musée du Général Leclerc de Hauteclocque et de la libération de Paris – Musée Jean Moulin (EPPM) © Coll. Escoffier ; p. 150 : Musée du Général Leclerc de Hauteclocque et de la libération de Paris – Musée Jean Moulin (EPPM) © Coll. Escoffier ; p. 167 : © Service historique de la Défense, CHA-Vincennes, Fonds Air, négatif B 77/1222 ; p. 171 : Musée du Général Leclerc de Hauteclocque et de la libération de Paris – Musée Jean Moulin (EPPM) © Coll. Alain Lebougre ; p. 182 : © Le Figaro (24 août 1937). Document : © BnF ; p. 200 : Musée du Général Leclerc de Hauteclocque et de la libération de Paris – Musée Jean Moulin (EPPM) ; p. 213 : © Service historique de la Défense, CHA-Vincennes, Fonds Terre, GR 2 K 207 ; p. 217 : © Service historique de la Défense, CHA-Vincennes, Fonds du Comité d'Histoire de la Seconde Guerre mondiale ; p. 231 : Musée du Général Leclerc de Hauteclocque et de la libération de Paris – Musée Jean Moulin (EPPM) © Legs Sasse ; p. 235 : Musée du Général Leclerc de Hauteclocque et de la libération de Paris – Musée Jean Moulin (EPPM) © Legs Sasse ; p. 259 : ECPAD © Photographe inconnu, Droits réservés ; p. 270 : ECPAD © Photographe inconnu, Droits réservés ; p. 274 : © Service historique de la Défense, CHA-Vincennes, Fonds du Comité d'Histoire de la Seconde Guerre mondiale ; p. 284 : © Service historique de la Défense, CHA-Vincennes, Fonds du Comité d'Histoire de la Seconde Guerre mondiale ; p. 296 : Musée du Général Leclerc de Hauteclocque et de la libération de Paris – Musée Jean Moulin (EPPM) © Coll. Privée ; p. 302 : Musée du Général Leclerc de Hauteclocque et de la libération de Paris – Musée Jean Moulin (EPPM) © Legs Andrée Escoffier-Dubois ; p. 335 : Musée du Général Leclerc de Hauteclocque et de la libération de Paris – Musée Jean Moulin (EPPM) © Collection Daniel Cordier ; p. 339 : © Tallandier / Bridgeman Images ; P. 345 : © Service historique de la Défense, CHA-Vincennes, Fonds du Comité d'Histoire de la Seconde Guerre mondiale ; p. 354 : © R.Vital / Paris Match / Scoop ; p. 372 : Musée du Général Leclerc de Hauteclocque et de la libération de Paris – Musée Jean Moulin (EPPM) © Legs Sasse

INDEX

Table

NORD COMPO
multimédia

Composition et mise en pages
Nord Compo à Villeneuve-d'Ascq

Achevé d'imprimer en février 2023
par Normandie Roto Impression s.a.s.
61250 Lonrai
N° d'impression : 2300269
N° d'édition : 560547-0
Dépôt légal : mars 2023

Imprimé en France